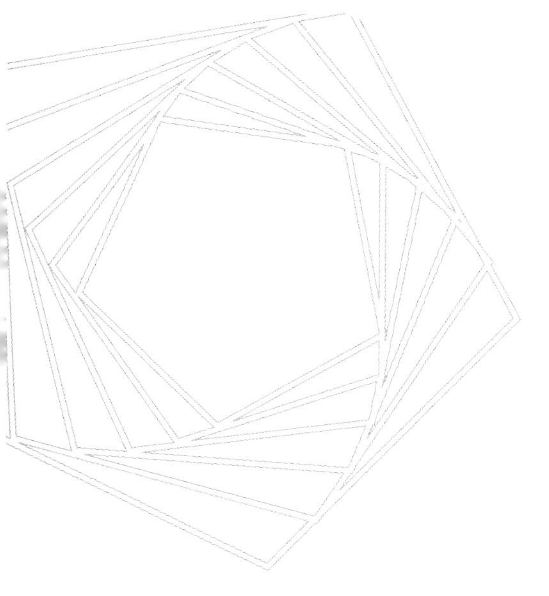

清华大学新闻与传播学院成立20周年纪念文集

中国特色新闻学研究前沿

Leading-Edge Research

in Journalism of Chinese Characteristics

胡 钰 虞 鑫 / 主 编

中国社会科学出版社

图书在版编目(CIP)数据

中国特色新闻学研究前沿/胡钰,虞鑫主编. —北京：中国社会科学出版社，2022.4

(清华大学新闻与传播学院成立20周年纪念文集)

ISBN 978-7-5203-9942-5

Ⅰ.①中… Ⅱ.①胡…②虞… Ⅲ.①新闻学—研究—中国 Ⅳ.①G210

中国版本图书馆CIP数据核字(2022)第054204号

出 版 人 赵剑英
责任编辑 郭晓鸿
特约编辑 杜若佳
责任校对 师敏革
责任印制 戴 宽

出 版 中国社会科学出版社
社 址 北京鼓楼西大街甲158号
邮 编 100720
网 址 http://www.csspw.cn
发 行 部 010-84083685
门 市 部 010-84029450
经 销 新华书店及其他书店

印刷装订 北京君升印刷有限公司
版 次 2022年4月第1版
印 次 2022年4月第1次印刷

开 本 710×1000 1/16
印 张 23
插 页 2
字 数 343千字
定 价 128.00元

目　　录

第一部分　新闻理论

第二部分 新闻实践

第三部分 新闻教育

"清华大学新闻与传播学院成立 20 周年纪念文集"序

陈昌凤[*]

值此清华大学新闻与传播学院建院 20 周年之际，学院教师遴选了自己的一些近作，辑成此系列文集（五部），作为院庆的纪念。

20 年，对于人生，是懵懂中才觉醒；对于学科，仅够打下最初的基础。诞生于 2002 年 4 月 21 日的清华大学新闻与传播学院，虽然后生后进，但是经过了严峻而又富力量的磨砺，成长于一个日新、日日新的时代，她生逢其时、恰逢盛世。人类历史上从没有哪个时代，有 21 世纪这么多的转型、新知、创造与不确定；新闻与传播学，也从未有过这么多的变革、颠覆、未知与求索。

清华大学新闻与传播学院见证了波澜壮阔的 21 世纪初期的 20 年，也努力以与时俱进的理念去回应时代的变迁。诞生于 21 世纪初的新闻与传播学院，既能立于中国新闻与传播教育研究的历史基石，又有条件充分批判借鉴发达世界的前沿经验；既见证了传统新闻业的巅峰时刻，也迎接了新兴科技、互联网的兴起与迭代的挑战和成就。清华大学新闻与传播学院在范敬宜院长领导的第一个十年，确立了学院的基本方针、奠定了发展基础，在柳斌杰院长领导的第二个十年，学院开拓进取、创新发展。20 年来经历了王健华、金兼斌、胡钰三任书记，胡显章、李希光、尹红、陈昌凤四任常务副院长，以及数十位孜孜矻

---

* 陈昌凤，清华大学新闻与传播学院教授，常务副院长。

砣、奋发向上的“清新人”的努力，“清新”得以与时代同向同行。在清华大学一百多年积淀的新闻传播根基上，新闻与传播学科经20多年打磨凝练而成“两大脉络”“五个集群”。这五部文集，便是“五个集群”近年的一点学术探索。

“清新”的发展脉络之一，是建设中国特色的新闻与传播学。这个脉络可以上溯至晚清民国时期，最早的代表人物是梁启超先生。清华大学国学研究院四大导师之一梁启超56年的生涯中，投身新闻业约27年，担任了10种报纸的主编，为另外19种报纸撰稿。他创办或主持过的常常是引发社会思潮的报纸，“是19世纪中国新闻传播思想的集大成者”（方汉奇语），其新闻思想影响深远，在19世纪末的中国成为主流话语，并在20世纪的中国保持着影响力（张咏语）。他还致力于建立新闻的规范理论，曾撰写十数篇文章详述现代新闻业的重要性、功能，他的新闻理念被介绍到海外。他将新闻视为知识分子的政治事业，是中国第一位提出新闻媒体具有“耳目”和“喉舌”作用的人。他还论述了报刊之“去塞求通”的功能，他的中国本土新闻思想均深深根植于中国文化。梁启超从事新闻实践和研究，均以改造社会、振兴国家为己任。尽管他有时代的局限性，但是中国的新闻学的文化根脉是无法割断的。他的新闻思想具有超越时代的道德意义，因此也被当代中国的新闻观所吸收，具有持久的理论意义（张咏，2021）。清华曾经为中国的新闻传播事业输送过一大批杰出人才，比如历史系的胡鼎新（胡乔木），哲学系的章汉夫、乔冠华、杨述、韦君宜，法律系的王造时、王纬，外文系的李侠文，电机系的唐西民、常振铮、曾建徽，中文系的柏生，这些人有的成了著名记者有的成了著名“新闻官”，等等，在中国的新闻传播史上产生过重要影响。此外，一代报人、新闻教育家俞颂华，报刊评论家、烈士羊枣，著名记者、路透社远东分社社长、抗战后上海《新闻报》总编辑、新中国成立初期复旦大学新闻系教授赵敏恒，记者、报人、新闻教育家、《文汇报》总编辑徐铸成等，都曾就读于文理交融的清华大学。清华人的新闻思想、传播观念和新闻实践，对中国的新闻传播理论与实践具有重要意义。

清华大学经过近百年的积淀以及改革开放以后20多年的酝酿，在恢复文科教育的背景下创建了新闻与传播学院，目标是建设新时代中国特色的新闻传播学。首任院长范敬宜先生确立了马克思主义新闻观在新闻教育中的统领地位，确定了“素质为本，实践为用，面向主流，培养高手”的十六字育人方针，并将专业实践和社会实践结合起来作为培养人才的基本实践路线，其名言“离基层越近，离真理越近”，成为新闻实践的永不过时的指南。范敬宜的新闻教育思想与实践，也彰显了建设中国特色新闻学的时代追求。

“清新”的另一个发展脉络，是基于清华大学学殖深厚、学科交融的传统，将科学技术应用于新闻传播学，形成“清新”特色的科学应用传播研究。这里以控制论思想为例。世界著名应用数学家、控制论创始人之一诺伯特·维纳（Norbert Wiener）对自动化、信息通信的变革产生了深远的影响。1935 年 8 月至 1936 年 5 月，维纳受邀从美国麻省理工学院来到清华大学担任客座教授，在清华大学电机馆工作了十个月。维纳在自传中曾将 1935 年的中国之行大致作为控制论的创立起点。60 多年后的 2002 年，维纳工作过的、曾与中国的同事们在门前留影过的电机馆，改作新闻与传播学院院馆。虽然这只是一个历史的巧合，但是维纳所创立的控制论思想，正在深度融入传播学之中，却有着学科交叉发展的必然性。维纳传播思想中的人文主义面向、维纳对社会控制论的反思以及对人机关系的思考和实践，对于智能时代的传播研究，有着深刻的启发性。如今的国家发展战略中，强调要运用信息革命成果，推动新闻传播业的变革，“清新”近年开展的融合传播研究（如视听传播、经济传播），科学传播研究（如智能传播、健康传播、环境传播等），正是在这个脉络下开展的。

这两大脉络，一个厚基础，一个精前沿。在此两大学科脉络下，“清新”经过 20 多年的锻造，形成了五个学科集群。这五个学科集群，即此系列文集的五个主题：中国特色新闻学，视听传播与创意媒体，传媒发展与经济传播，智能与科技传播，国际传播与全球治理。这五个学科集群，既尊重了“清新”20 年的历史沿承，也进行了时代化的凝练与创新。冠以“研究前沿”，一方面确实涵盖了新锐的、新近的学术思考，另一方面也与建院十年时出版的“前沿”系列文集遥相呼应。

经过20年“清新人”的共同努力，“清新”的发展思路渐行渐明。“清新”是在服务国家战略和人民福祉、建设一流新闻传播专业目标中，寻求自己的特色之路；是在全球视野、中国特色、一流大学以及一流专业等四个层次中，确定“清新”两大发展方向：厚基础，精前沿。我们希望，在“清新”建院三十年、四十年乃至更久远的未来，“清新人”始终立于时代的前沿、勤于学术的探究。

20岁的青年，风华正茂；20岁的学院，朝气蓬勃！愿“清新”青春常驻！长风破浪会有时，直挂云帆济沧海！

2022年3月于北京

引言　构建中国特色新闻学：何以可能与何以可为

胡　钰　虞　鑫*

摘要　本文聚焦“新闻学”的学科主体，从国际与国内、历史与现在、资本主义与社会主义的视野出发，探寻现阶段中国新闻学理论出现真空的原因，从而回答“何以可能”的问题，在此基础之上，本文将对西方新闻学的历史、概念和理论进行梳理，并以此作为批判的逻辑起点，而后立足于中国特色新闻学的理论体系、教学体系、实践体系，展开对于“何以可为”的论述。

关键词　新闻学；理论体系；教学体系；实践体系

中国的发展进入一个崭新的历史阶段。在这个阶段，由于以经济实践为代表的发展实践在全球范围内取得了不同凡响的成绩，全球理论界都对中国产生了浓厚兴趣并进行解读。但是，由于历史文化、意识形态等方面的差异，西方理论对中国的解读总是存在不准确、不契合的问题，而中国理论界也逐渐意识到，仅仅依靠西方理论、跟随西方理论对自己的发展进行阐释是不够的。这种反省意识与理论自觉逐渐积累，成为中国哲学社会科学发展重要的内在动力。直至 2016 年习近平总书记明确提出“打造具有中国特色和普遍意义的学科体系”，

* 胡钰，清华大学新闻与传播学院教授、博士生导师；虞鑫，清华大学新闻与传播学院副教授（北京，100084）。

列举的 11 个学科中，就包括“新闻学”[①]。如何构建中国特色新闻学，成为中国新闻理论工作者的重要使命。在新的时代条件下，要做好这一工作，就要做到理论与现实的高度统一，立足现实，直面问题，融会中西，返本开新，以彻底的理论去观察新闻传播实践并赢得国际话语权。

事实上，对中国“另类道路”的研究始终是国际学术界所关心的，也因此希望基于这种新道路提出人类发展新模式、新理论。当代西方传播政治经济学的奠基人达拉斯·斯迈思（Dallas Smythe）1971—1972 年曾经到访中国。在他看来，在西方资本主义生产和消费方式下，传媒技术不仅没有促进多元化、多样性和民主，反而强化了资本的控制。带着这种批判性的反思，斯迈思来到了作为“另类道路”想象的社会主义中国。在和当时的科学、教育、文化等领域人士交谈后，斯迈思发现中国可能存在“走回资本主义发展道路的危险”，于是他写下《自行车之后是什么？——技术的政治与意识形态属性》的“内参”，期待能够得到当时中国高层的回应。这篇文章并未公开发表，却在西方批判传播学派的学者间广为流传[②]。在斯迈思访问中国十年后，美国传播学经验学派的集大成者威尔伯·施拉姆（Wilbur Schramm）也来到中国，向国内同行介绍“传播科学”的发展情况，一时受到热捧，并在之后的几十年成为中国新闻传播学界的“显学”。与此同时，以斯迈思为代表的批判学派却悄然失踪了[③]。

中国学界的理论选择一定程度上反映了彼时的新闻实践。随着市场化成为新闻体制改革的主导逻辑，自由主义理念下的“新闻专业主义”也成为新闻从业者无可争议的“典范”和“远方”。另一方面，作为新闻公共性的“群众”被作为新闻商业性的“受众”/“消费者”

---

① 《习近平：在哲学社会科学工作座谈会上的讲话》，《新华每日电讯》2016 年 5 月 19 日第 2 版。

② ［加］达拉斯·斯迈思：《自行车之后是什么？——技术的政治与意识形态属性》，王洪喆译，《开放时代》2014 年第 4 期。

③ 刘海龙：《“传播学”引进中的“失踪者”：从 1978 年—1989 年批判学派的引介看中国早期的传播学观念》，《新闻与传播研究》2007 年第 4 期。

所替代[①]，当普遍的媒介消费主义兴起后，国家则不仅无法作为一个参与主体在公共舆论中得到平等发言的权利，甚至如果介入还会被轻易贴上“专制”的标签[②]——资本主义的逻辑已经主导了公共舆论空间，同时伴随着社会的重新政治化，作为协商机制的公共领域因而面临“再封建化”（refeudalization）的威胁[③]。

面对理论和实践的挑战，新闻传播学领域掀起了一场对“学科”的讨论[④⑤⑥⑦]，也有越来越多的学者从批判学派的理论出发，从城市与乡村关系、内地与边疆关系、古代与现代关系、中国与世界关系等方面进行了学科重构的尝试[⑧⑨]。上述学界的讨论，给予作者诸多启发和参考。

一　理论真空的出现

（一）为何重构：全球资本主义的危机

2008 年，由华尔街引爆的全球金融和经济危机，引发了美国“占领华尔街”的大规模社会抗议运动，“反对资本主义”和“不平等”成为这项抗议活动的主题。然而迄今为止，西方的政治体制还未给予解决之道。法国经济学家托马斯·皮凯蒂（Thomas Piketty）在《21 世纪资本论》一书中，通过对多个国家历年数据的研究发现全球财富的

---

① 王维佳：《传播治理的市场化困境——从媒体融合政策谈起》，《新闻记者》2015 年第 1 期。

② 王维佳：《“党管媒体”理念的历史生成与现实挑战》，《经济导刊》2016 年第 4 期。

③ ［德］尤尔根·哈贝马斯：《公共领域的结构转型》，曹卫东等译，学林出版社 1999 年版，第 170—171 页。

④ 杜骏飞、周玉黍：《传播学的解放》，《新闻记者》2014 年第 9 期。

⑤ 吴飞：《何处是家园？——传播研究的逻辑追问》，《新闻记者》2014 年第 9 期。

⑥ 张涛甫：《新闻传播理论的结构性贫困》，《新闻记者》2014 年第 9 期。

⑦ 黄旦：《对传播研究反思的反思——读吴飞、杜骏飞和张涛甫三位学友文章杂感》，《新闻记者》2014 年第 12 期。

⑧ 李彬：《重思中国传播学》，《当代传播》2015 年第 4 期。

⑨ 沙垚：《重构中国传播学——传播政治经济学者赵月枝教授专访》，《新闻记者》2015 年第 1 期。

两极分化状况在持续恶化[①]。曾担任克林顿政府经济顾问委员会主席、世界银行副行长兼首席经济学家的诺贝尔经济学奖获得者约瑟夫·斯蒂格利茨（Joseph E. Stiglitz）在《不平等的代价》一书中，以大量访谈和数据说明1%的人口对财富的占有到了何等严重的地步，并提出建立另一种世界的可能性[②]。

这种分配的失衡问题在经济发展出现停滞的情况下不断加剧其对社会进步的影响，造成社会各阶层的对立。资本主义西式民主已经在不断的“否决政治”中[③]，渐渐丧失了回应经济和社会问题的能力。2016年6月发生的英国脱欧公投及其结果，造成了英国社会内部的民意对立，大量的平民和劳动者认为英国应该离开欧盟，甚至认为欧盟必将破裂，因为东欧等国家人工成本低，挤占了英国的就业市场。而与之对应的，大学教授、媒体领袖和企业家等精英阶层则认为，此次公投实际上是多数中下层民众基于自身的短期利益对国家长远重大命运的决定，英国知识界需要开始反思简单选票民主的价值。

与此同时，西方的新闻业也同样遭到挑战和批评。一方面，报道中的“选择性忽视”问题日益突出。美国批判传播学者麦克斯韦尔（Richard Maxwell）认为，在金融危机期间，媒体一次又一次地证明了其无力帮助公民理解所发生的一切，而所谓的财经新闻报道完全没能及时就形势发出警报以减轻灾难。只有那些参与现在广为人知的“占领运动”（Occupy Movement）的人才能引起人们关注不平等和灾难性的公共政策这样的基本问题，这是“人民权力”的一个实例，它以其口号“我们是99%！”令主流媒体不知所措。而且，一个世纪以来，保持美国作为世界经济、军事与传播“头号”强权的野心一直是其统治阶级的主流价值，其有悖常情的政策导致了两次血腥的战役，并且构建了一个全

---

① Thomas Piketty, *Capital in the Twenty-First Century*, trans. Arthur Goldhammer, Cambridge, M. A.: The Belknap Press of Harvard University Press, 2014, pp. 246 – 250.

② Joseph E. Stiglitz, *The Price of Inequality: How Today's Divided Society Endangers Our Future*, New York: W. W. Norton and Company, 2013, pp. 22 – 39.

③ Francis Fukuyama, "America in Decay", *Foreign Affairs*, Vol. 93, No. 5, September/October, 2014, pp. 3 – 26.

球性的网络间谍系统[①]。2016 年 4 月，美国各地爆发了以“民主之春”为名的社会运动，抗议金钱操控政治。然而与声势浩大的示威形成鲜明对比的是，CNN 等美国主流媒体对此漠视不提，或者给予极不重要的报道，“政治正确性”在西方媒体报道中的作用非常鲜明。

另一方面，“煽情性新闻”的问题日益突出。2016 年美国总统选举出现了多位“观点犀利”的候选人，这无疑为市场化媒体提供了大量具有“新闻价值”的素材，占据了媒体的大量版面。新闻媒体不对其正确性与社会价值作出批判，只是基于其标新立异的程度予以报道，这使得极端言论获得了极大的传播效力。在竞选报道中，候选人互相暴露对方私生活，互相揭短、谩骂，新闻媒体则以“新闻自由”为原则进行报道，推波助澜。除此之外，新闻媒体对各种暴力事件的报道也在一定程度上激发了现实中暴力事件的不断发生，造成了较大的社会不安定感。西方新闻业的这些“作为”和“不作为”，都为我们反思当前西方新闻实践提供了重要角度。

（二）另类道路：社会主义的探索

冷战结束之后，包括自由主义、资本主义、消费主义等价值观在内的西方主流意识形态被认为是一种“历史的终结”。这种认识在西方经济、科技霸权的支撑下，风靡全球。全球化成为西方化，西方化成为美国化。在这样的全球性文化霸权下，中国的新闻改革和社会观念也不可避免地受到影响，尤其是“原子化”的个体更是无法摆脱。

改革开放以来，随着中国经济实力的大幅度提升，中国对自己道路的自信心增强，道路自信、理论自信、制度自信乃至文化自信成为不断强调的内容。文化自觉、文化自强逐渐成为政界和学界共同的诉求。在学界逐渐引介和重视西方批判传播学派理论资源的同时，中国共产党的领导人也在强调新闻舆论工作中的社会主义基因。比如，“党的群众路线教育实践活动”和针对新闻工作的“走基层、转作风、改文风”活动则具有历史上“群众办报”的思想；“党媒姓党”和“党管媒

① ［美］理查德·麦克斯韦尔：《信息资本主义时代的批判宣言：赫伯特·席勒思想评传》，张志华译，华东师范大学出版社 2015 年版。

体”原则的提出，则与“政治家办报”的思想相呼应；开展马克思主义新闻观教育则是强调马克思主义对社会主义新闻舆论工作的指导。在清华大学新闻与传播学院，从建院开始就明确了“面向主流、培养高手”的理念，很早就开始进行马克思主义新闻观的研究与教学。

值得关注的是，在以移动化、社交化、个性化为特征的新媒体格局和舆论生态下，社会主义传统的回归遭到资本主义意识形态霸权、社会转型期民众思想多元化的冲击，中国互联网上出现了持续性的争议和分歧。在微博、微信、知乎等社交媒体上，对社会主义传统的支持者和反对者都进行了各自的解读和评论，各种争论此起彼伏。一个新的趋势是，近几年来，随着西方资本主义危机的加重和中国发展的成功实践，相比于早期舆论“一边倒”的情况，理性探讨“中国道路”的声音越来越多地出现在社交媒体上，这为中国尝试探索一条不同于西方理论的“另类道路”提供了空间。

（三）中国特色：历史文化的传统

相比于世界其他国家，中国的历史文化具有成熟较早、包容性强、发展空间大的特点。诺贝尔和平奖得主、德国哲学家史怀哲（Albert Schweitzer）在其《中国思想史》一书中讲述了中国思想被欧洲认识的过程，当欧洲启蒙时期的哲学家了解到中国思想后惊讶地发现，中国思想和他们的思想多么接近。当他们想要努力达到符合理性的伦理世界观时，却发现孔子及其后来者早在两千年前就已经实现了。莱布尼茨（Gottfried Wilhelm Leibniz）在研究了中国思想后感叹道：“谁以前会想到，世界上还会有这样的一个民族，他们修养之细腻、伦理之高尚几乎要胜过我们?”[①] 当代新儒学代表人物、美籍华裔哲学家成中英认为，中国文化强调和谐，强调互动，强调自我管理、相互合作，这些有它的普及性，西方在18世纪已经学习了中国的这些有价值的东西。我们要用新的声音说明我们的价值，这是一个长期的过程，中国文化会越来越发挥出其自身的价值。再过五十年，世界从中国受益的

① ［德］阿尔伯特·史怀哲：《中国思想史》，常暄译，社会科学文献出版社2009年版，第98页。

不仅是在经济方面，而且是在文化方面。会出现18世纪那样的中国文化对西方的启蒙。我们将进入新的“觉醒时代”，再造我们的文明，再造我们的哲学[①]。他提出了“新觉醒时代”，包括对宇宙自然认知的觉醒、对生命与文化感悟意义的觉醒、对社会发展与道德建设的觉醒、对政治与经济新含义及相互作用的觉醒、对中国哲学在新科学宇宙观建设或科学发展上的觉醒[②]。

在近现代中国的文化观念构建中，源于近代反抗侵略的历史进程的“救亡图存”的思想贯穿始终[③]，这种文化是反抗帝国主义文化和封建主义文化的，这种新文化是民族的、科学的、大众的文化，“是在观念形态上反映新政治和新经济的东西，是替新政治和新经济服务的”[④]。民族的新文化，强调要对自己的传统尊重与辩证吸收；科学的新文化，强调要尊重客观事实与科学规律；大众的新文化，强调要以文化为人民服务而不是为少数人服务为目标。

当前，随着中国文化自觉、自强、自信意识的强化，中国的历史文化成为中国特色理论构建的重要依据，也成为中国为世界理论发展提供贡献的重要来源。“中华民族有着深厚文化传统，形成了富有特色的思想体系，体现了中国人几千年来积累的知识智慧和理性思辨。这是我国的独特优势。中华文明延续着我们国家和民族的精神血脉，既需要薪火相传、代代守护，也需要与时俱进、推陈出新。要加强对中华优秀传统文化的挖掘和阐发，使中华民族最基本的文化基因与当代文化相适应、与现代社会相协调，把跨越时空、超越国界、富有永恒魅力、具有当代价值的文化精神弘扬起来。要推动中华文明创造性转化、创新性发展，激活其生命力，让中华文明同各国人民创造的多彩文明一道，为人类提供正确精神指引。要围绕我国和世界发展面临的重大问题，着力提出能够体现中国立场、中国智慧、中国价值的理

---

① 王媛媛：《中国文化将迎来新觉醒时代——对话成中英》，《中国教育报》2014年12月5日。

② 成中英：《新觉醒时代：论中国文化之再创造》，中央编译出版社2014年版，第3—12页。

③ 项飚：《普通人的“国家”理论》，《开放时代》2010年第10期。

④ 毛泽东：《新民主主义论》，《毛泽东选集》第2卷，人民出版社1991年版，第695页。

念、主张、方案。”[①]

中国的特殊历史文化反映在国家与社会关系上，意味着中国的社会和政府之间是基于义务的互相依赖，而非西方基于权利的彼此独立[②]。同样，随着全球化导致的观念碰撞，中国的国家与社会关系也表现出一对张力：一方面，社会希望政府能带领人民致富，而非仅仅提供公共服务；另一方面，社会又试图阻止政府对其他公共事务的介入。新闻业作为社会运行的重要力量，既是社会管理者的重要工具，又是民众表达的重要途径，同样身处这对矛盾和张力之间。

（四）新闻学理论的真空

面对不同国家、不同制度、不同历史传统下的经济、政治及社会实践，冷战遗留下来的单一的意识形态叙事已经失去了普遍性的解释力和说服力。全球化深度发展带来了前所未有的“全球问题”，各国的“零和博弈”成为“非零和博弈”，彼此竞合的社会意识不断强化。然而对于这种新的全球社会发展现实的理论化解释与指导，仍然显得供应不足。在这种时代背景下，包括新闻学理论在内的中国哲学社会科学理论都出现了极大的创新空间。

此外，信息技术与信息社会的出现又给传统新闻理论增加了新的命题，网络社会作为一种新的生产和社会关系组成方式，也在悄然重构资本主义[③]。对于中国而言，处于所谓“农业社会—工业社会”和“工业社会—网络社会”的“双重转型”中[④]。那么，“双重转型”如何影响新闻学呢？具体来说，从农业社会转型工业社会的过程中，“社会区隔”是一个重要标志。社会区隔意味着个体评价依赖于所属的社会群体，知识和专业得到尊重，然而，在迈向网络社会时，社会

① 《习近平：在哲学社会科学工作座谈会上的讲话》，《新华每日电讯》2016 年 5 月 19 日第 2 版。

② Ian Weber, “Mobile, Online and Angry: the Rise of China's Middle-class Civil Society?”, *Critical Arts: South-North Cultural and Media Studies*, Vol. 25, No. 1, March 2011, pp. 25 – 45.

③ ［英］曼纽尔·卡斯特：《网络社会的崛起》，夏铸九等译，社会科学文献出版社 2001 年版，第 569—578 页。

④ 王雅林：《中国社会转型研究的理论维度》，《社会科学研究》2003 年第 1 期。

区隔被逐渐解构，参与的正当性取代了知识的正当性，就好比社交媒体的“大V”在诸多领域都具有话语权——而非仅限在其专业领域——因为他们控制了信息的流动。

新媒体的繁荣带来新闻传播活动的大发展，不论是职业记者还是公民记者，不论是职业新闻传播还是非职业新闻传播，活跃度都大幅度提升。从工具理性的角度看，这种活跃度体现了技术进步的作用；从价值理性的角度看，这种活跃度存在行为失范的隐忧。事实上，新媒体时代新闻传播行为的去中心化、去中介化以及追求同步时效的特征，逐步让传统的新闻真实性理论和把关人理论失效，带来新闻传播权力的滥用，如何把握新形势下新闻伦理的内涵，推动新闻伦理水平全方位提升，已成为当代新闻界必须面对的紧迫的历史任务。

以移动化、微传播为特征的新媒体传播，让数亿网民成为媒体人，改变了媒体生态，也让新闻传播的机制发生改变，网民个体的自生产、再传播成为普遍行为。自媒体增强了自我存在感，带来了自我赋权与社会赋权，粉丝量、点击率成为衡量新媒体影响力的主要标志，人气成为追求新媒体影响力的主要目标。这种个性释放与个体声音传播从整体上推动了社会进步，但因其新生，不论个体与社会，对其问题与对策都缺乏制度准备与思想准备，只能是“走一步、看一步”，“出现一个问题、解决一个问题”。如果说制度是从外部进行约束，那么理论就是从内部进行前瞻。在新媒体的新闻传播中，一些核心的规律亟待挖掘。

当前中国社会的转型问题，多源于第一次转型还未完成，就被后现代社会的力量解构了。具体到新闻学领域，则是主流价值观尚未凝聚成共识，就被去中心化的亚文化解构了。新闻观和价值观的教育目前是缺位的，未来的新闻传播人才不应该是只会“写文章，拍照片”，还需要理解和把握舆论思潮以及公众情绪。[①] 要进一步提升主流思想、文化、舆论的引导能力，从理论体系、实践模式、教育教材三大方面，

① 柳斌杰：《以改革的精神推动新闻教育的现代化》，《新闻与写作》2014年第5期。

与时俱进，改革创新，发展中国特色社会主义新闻学。①

二 重构的起点：西方“新闻学”的历史、概念与理论批判

（一）驯化：西方新闻学教育的历史起源

1908 年 9 月，美国密苏里大学建立了世界第一所新闻学院，创始人为具有多年新闻实务工作经验的媒体人沃尔特·威廉（Walter William）。在威廉开创的新闻学教育中，“做中学”是最为显著的特点。除了开办《密苏里人报》等教学实习平台，威廉还根据以往的从业经历，总结出“新闻记者信条”八则②，并逐步将其推广为新闻从业者的职业规范和守则。四年之后，作为美国精英大学代表的哥伦比亚大学也建立了新闻学院。

作为世界上最早也是最为知名的新闻学院，密苏里大学和哥伦比亚大学为新闻学教育开创了一种模式。然而，詹姆斯·凯瑞（James Carey）在其《新闻教育错在哪里》一文中，回顾了报业大王普利策支持建立哥伦比亚大学新闻学院的历史过程。还原历史场景，作者发现，普利策开设新闻学教育的目的其实并不是为了传授知识，而是他发现当时的记者都有非常激进的倾向，与“社会主义”和“工会”走得很近。普利策希望大学教育可以驯化这些“原生态”的新闻从业者，使之远离社会主义。所以当时设置的课程和办学目标，主要内容其实是意识形态和职业伦理的教育，而非知识③。

这种西方新闻学教育的特点延续到今天，使得其教育内容越来越成为一种职业化教育的规则与技能传授。大量的西方新闻学教材都是对新闻实务的归纳，其理论深度和方法规范都不及社会学、心理学等社会科学学科。

---

① 柳斌杰：《发展中国特色新闻学，重构理论实践教育体系》，《光明日报》2016 年 3 月 28 日第 2 版。

② 邓绍根：《密苏里新闻学院首任院长威廉访问北大史实考》，《国际新闻界》2008 年第 10 期。

③ ［美］詹姆斯·凯瑞：《新闻教育错在哪里》，李昕译，《国际新闻界》2002 年第 3 期。

（二）神化：新闻客观性的争论

新闻客观性是新闻学研究中的基础性命题，针对新闻客观性的讨论可谓汗牛充栋。在新闻客观性原则诞生的西方新闻学界，对新闻客观性的批判和反思就从未停止过。哈克特和赵月枝在其《维系民主？西方政治与新闻客观性》一书中对新闻客观性的多维度、系统性认知，为我们展现了一幅色彩斑斓的知识图谱。对记者而言是一种职业理想和规范，对政客而言是协商的手段，对商业化媒体而言是最大限度占有市场的“保守策略”①。而对于新闻生产的一系列研究，也指出“新闻”会受到来自记者个人、编辑部、媒体方针和立场、社会利益集团和社会组织，以及国际和国家意识形态的制约②。“客观性”原则在新闻生产的过程中，实际上已成为防止编造谎言的“最不坏”底线，却也失去了洞察真正的社会现实和理解整个社会的批判性能力③。

新闻客观性成为西方新闻界高举的一面大旗，但其理论与现实缺陷却时常展现。从理论上看，新闻客观性常与新闻价值、新闻伦理发生冲突；从现实上看，在新闻事实选择中，客观性更是难以完全做到。

当然，新闻客观性也不完全是消极和虚伪的，新闻记者追求新闻客观性是一种主观能动，也是一种行为准则。然而，本文要指出的是，新闻客观性作为一个话语，在中国的新闻学研究和教学中，有着被过度“神话”的现象。西方批判学者在反思新闻客观性以及整个自由主义新闻体制的时候，国内的学界和业界却共同将新闻客观性作为“普适价值”而不加批判地弘扬称颂，希冀市场逻辑和资本力量可以促进政治民主④。这又何尝不是一种幼稚的乌托邦？新闻理论中的“完全客观

---

① ［加］罗伯特·哈克特、赵月枝：《维系民主？西方政治与新闻客观性》，沈荟、周雨译，清华大学出版社2010年版，第38—53页。

② Pamela J. Shoemaker and Stephen D. Reese, *Mediating the Message: Theories of Influences on Mass Media Content*, New York: Routledge, 2011, pp. 245-261.

③ 王维佳：《追问“新闻专业主义迷思”——一个历史与权力的分析》，《新闻记者》2014年第2期。

④ 赵月枝：《为什么今天我们对西方新闻客观性失望？——谨以此文纪念“改革开放”30周年》，《新闻大学》2008年第2期。

性”与经济理论中的“充分竞争性”一样，都是纯粹的理论假设而已。

（三）僵化：行政研究的政治无意识

1969 年，美国批判传播学者席勒（Herbert Schiller）出版了《大众传播与美帝国》一书。斯迈思为该书作序，开篇第一句话就是“这本书的出版可谓非常及时，它朝着纠正传播学著作中的严重失衡现象迈出了坚实的一步”。文中谈道，传播学领域的学者和学生看到批判学派的著作较少，行政学派的著作较多。后者的研究是在广告商、代理商和政府等支持机构设定的框架下进行的，“想当然地认为制定权限的这些机构的基本方针是合理的”①。

这本书在 20 世纪 90 年代重新出版，席勒为此书写了长篇序言，其中提到，虽然二十多年来世界力量的对比发生了巨大变化，然而美国媒介/文化在世界的优势地位并未受到触动。作者举例说，在 1991 年海湾战争中，全世界的新闻信息来自 CNN，而 CNN 的新闻素材则来自五角大楼和白宫②。

与北美传播研究的现状相对应，20 世纪 80 年代，传播学批判学派在中国也鲜见，传播学行政学派的研究在中国则大行其道。有着深厚美国实证主义和实用主义思想传统的大众传播，更确切地说是大众传播效果的“范式化研究”，成了无可替代的“学术正确”。胡翼青在对新闻客观性幻想和大众传播研究缘起的关系中分析道，“新闻专业主义和传统新闻学研究范式其实不能解决客观性以及社会生活和公共生活的危机”，于是“李杜之争”（李普曼与杜威）的后果是确立了“人文主义和科学主义的二元对立框架”③。

80 年代以降，中国新闻传播学界对新闻客观性和传播学行政研究的接受，共同反映了一种时代症候。同样，当彼时西方学术界开始反思这一研究范式，包括政治学产生了新制度主义理论以解决行为主义

① ［美］赫伯特·席勒：《大众传播与美帝国》，刘晓红译，上海译文出版社 2013 年版，第 1 页。

② ［美］赫伯特·席勒：《大众传播与美帝国》，刘晓红译，上海译文出版社 2013 年版，第 1 页。

③ 胡翼青、吴越：《新闻客观性的幻象与大众传播研究的缘起》，《当代传播》2010 年第 2 期。

在解释制度和制度变迁方面的不足时，中国的学术界却对此乏人问津。这体现了作为追赶者的中国学术界的滞后性。

传播学行政研究放弃了宏观层面的制度和文化分析，以科学主义之名在“终结了”的政治体制、社会制度和意识形态下进行基于“西方中心主义”的研究，这种研究即使在西方学界也遭到广泛的批评，又何况是将其理论跨越时间和空间“移植”到中国之后呢？在“去政治化”的几十年里，僵化的学术领域不仅体现了一种政治无意识的文化气候，更重要的是主动丢弃了反思和批判的武器。

循着西方批判学派的理论资源、中国的社会主义基因以及本土的历史文化传统，本文进行了一次重构中国新闻学的想象。在理论体系、教学体系、实践体系的构建中，本文分别重新定义了“新闻学”、“新闻观”和“新闻舆论工作”这三个维度的核心概念，借鉴沟口雄三在研究中倡导的“作为方法的中国”，在立足本土价值的基础上，更强调一种“心怀更为博大且更为宽广的人类普遍性与多元性立场”①，回到马克思整体性和批判性的研究思路，为“人类命运共同体”找寻中国方案；在中国新闻学的教学中，强化国家意识与问题意识，将中国语境和中国问题带回教学育人中，从价值塑造、能力培养、知识传授三个维度展开讨论；实践观是马克思主义的重要观点，西方国家通过新闻教育、媒体训练、法律法规、职业规范等机制形成了新闻业的主流价值，这恰恰是西方媒体在实践过程中主体性的体现。本文倡导的实践观一方面要借鉴西方国家的实践方法，在上述诸方面予以关注，同时也需要时刻保持批判反思和唯物辩证的思想方法，以期能够超越西方新闻实践范式，开创一个更具想象力的中国新闻学。

三　作为方法的中国：中国新闻学的理论体系

（一）重新定义“新闻学”

在新闻学的研究中，一直存在“新闻无学”和“新闻有学”的争

---

① ［日］沟口雄三：《作为方法的中国》，孙军悦译，生活·读书·新知三联书店2011年版，第125—133页。

论。“新闻无学”的支持者，多将新闻学看作一项教授新闻采写等职业技能的训练过程，故无法提升到“学”的层次，代表性的案例即是美国密苏里大学和哥伦比亚大学的新闻学院；而“新闻有学”的支持者则将新闻看作是研究对象，针对新闻与政治、社会、经济、文化的关系进行研究，内含研究范式、理论和方法，故而“有学”。在前文回顾新闻学教育的历史起源后，我们已发现美式新闻学教育的宗旨是对激进的新闻记者进行驯化，这也解释了为何哥伦比亚大学新闻学院长年只招收具有新闻从业经历的记者攻读学位。

在重新定义“新闻学”的时候，找到一个可予比较的“他者”是一项策略，此时传播学常常就是这个“他者”。凯瑞提出新闻学研究和新闻教育不应当包括公共关系、广告、媒体研究等传播学的内容①，杜骏飞②也认为“新闻学区分于应用传播学的理由或许有很多条，其中，至少有一条是颠扑不破的：没有哪个应用传播业分支（如广告、公关）在学统上是如新闻业那样，以超利益的社会公器为自我认同的”。

然而，这能意味着新闻学和传播学真的存在一道难以跨越的天堑吗？本文并不这么认为。如果回到凯瑞写此文的语境，就会发现他区分的是完全按照自然科学逻辑建立起来的美国“主流传播学”，或所谓的“传播科学”，是“以功利主义的眼光审视新闻”的学科。潘忠党③在解读凯瑞的文章时，也认为凯瑞反对的只是以社会控制和信息传递为代表的传播观，与之类似，杜骏飞文中比较的也是“应用传播业”，实不能将之等同于传播学。

那么，如何发现新闻学和传播学的区别呢？或许我们可以回到“学科”这一概念本身进行讨论。其实，在过去对于新闻传播学科建设的讨论中，往往仅仅以“学科”谈学科，却忽略了学科实际上是一

① ［美］詹姆斯·凯瑞：《新闻教育错在哪里》，李昕译，《国际新闻界》2002 年第 3 期。

② 杜骏飞：《新闻传播教育的若干基本问题》，《新闻大学》2009 年第 1 期。

③ 潘忠党：《新闻与传播之别——解读凯里〈新闻教育错在哪里〉》，《国际新闻界》2006 年第 4 期。

种人为的划分，是一种社会建制，并非自然生成的。从学科与社会建制的视角出发，无论是以美国密苏里大学、哥伦比亚大学为代表的“学院制”，还是以英国媒体行业主导的“学徒制”，新闻学和新闻教育始终被限制和框定在“职业”之中①。而这种以“职业”画地为牢的观念在长期的新闻教育实践中就形成了新闻教育教授采写编评等职业技能、新闻学研究围绕职业伦理的现状。新闻学往往将专业主义、客观性、真实性等作为理想的追求，实则可以说是一种规范性研究，然而这种“削足适履”的倾向却也同时丧失了新闻学研究的生命力。

因此，本文认为必须对“新闻学”重新定义，超越西方新闻学基于“职业”的意识形态灌输和职业规范教育，对“新闻学”进行解放，实现新闻学研究从规范性研究向同时包容人文主义和社会科学两支取向的经验性研究的转变。一方面，人文主义的批判取向保持了新闻学对于新闻与政治、经济、社会和文化的反思空间；另一方面，社会科学的研究取向也能弥补或打破反思性研究只有“宏大抽象”、鲜有“微观（个案）研究”的刻板印象②。

（二）立足中国土：重塑理论主体性

2006年，有采访者问90岁高龄的甘惜分教授：“能谈谈您对当前中国新闻理论界的希望吗?”甘老迅速回答：“十个字：立足中国土，回到马克思。”③ 中国的实践是特殊的，因此基于中国实践的理论创造才能解决中国问题；中国的实践又是普遍的，因此中国实践的理论解释可为世界发展提供借鉴。习近平④提出：“把中国实践总结好，就有更强能力为解决世界性问题提供思路和办法。这是由特殊性到普遍性的发展规律。”

---

① 黄旦：《整体转型：关于当前中国新闻传播学科建设的一点想法》，《新闻大学》2014年第6期。

② 赵月枝、石力月：《历史视野里的资本主义危机与批判传播学之转机》，《新闻大学》2015年第5期。

③ 甘惜分：《甘惜分文集》第三卷，人民日报出版社2012年版，第584页。

④ 《习近平：在哲学社会科学工作座谈会上的讲话》，《新华每日电讯》2016年5月19日第2版。

僵化引介根植于西方语境的理论，非但不会对中国的实践产生理论应有的指导和反思作用，反而还会限制本土研究者的想象力。赵月枝多次以施拉姆等学者写作的《报刊的四种理论》为例，在她看来，这本著作的写作背景具有非常浓厚的冷战思维和反共框架，而且书中所描述的报刊的“共产主义理论”基本与中国实践不相关，却被中国的新闻学者全盘接受，并作为对于中国传媒体制的“正面批判”进行阅读[①]。然而早在1995年，施拉姆的同事，同样来自伊利诺伊大学的8位后起之秀就已完成《最后的权利：重议〈报刊的四种理论〉》一书，对前辈的著作进行了批判[②]，虽然也有国内学者加入了对“四种理论”的批判和讨论[③]，然而《最后的权利：重议〈报刊的四种理论〉》在中国的影响力却远比不上前者“经典之作”。

理论的“跨文化旅行”，实际上也是“被经验的中介”和“被中介的经验”[④]。如何重塑理论主体性，根本来说需要根植于本土语境的“直接的经验”。西方的理论资源是宝贵的财富，值得中国的新闻学研究者不断对话和勾连，但是不意味着照搬套用。中国的历史文化传统与社会主义实践也能滋养出新的理论流派。

1988年，清华大学举行“纪念朱自清先生逝世40周年座谈会”，作为朱自清先生的弟子，文学史家王瑶教授参加了这个座谈会。他提到，“（朱自清先生）曾和冯友兰先生讨论过学风问题，冯先生认为清朝人研究古代文化是‘信古’，要求遵守家法；‘五四’以后的学者是‘疑古’，他们要重新估定价值，喜作翻案文章；我们应该采取第三种观点，要在‘释古’上用功夫，作出合理的符合当时情况的解释”。

---

① ［美］约翰·兰特、赵月枝：《创新马克思主义传播政治经济学——赵月枝访谈录》，《江西师范大学学报》（哲学社会科学版）2016年第2期。

② 郭镇之：《对“四种理论”的反思与批判》，《国际新闻界》1997年第1期。

③ 展江、王晓梵：《从“四种理论”到“去西方化理论”——比较媒介研究的演进》，《上海大学学报》（社会科学版）2008年第4期。

④ 刘海龙：《被经验的中介和被中介的经验——从传播理论教材的译介看传播学在中国》，《国际新闻界》2006年第5期。

中国比较文学研究奠基人吴宓先生也说："传统等于现在中的过去。"[①]在中国的学术传统中，这些深藏的"过去"恰恰是我们在新时期开创中国特色新闻学的宝贵财富。

费孝通先生1997年在北大做过一个演讲，希望在学术上树立一个"文化自觉"的新风气，提出"在马克思主义新的发展中，理应出现一个相适应的文化自觉，也就是认识文化的自觉行动"[②]。文化自觉不是文化复古，而是文化自知、自主、自强，进而达到文化自信。

中国的哲学社会科学要解决"肌无力"的问题，就要从中国的现实问题出发进行理论创新。"我国哲学社会科学应该以我们正在做的事情为中心，从我国改革发展的实践中挖掘新材料、发现新问题、提出新观点、构建新理论。"[③]在高度媒介化的中国当代社会，新闻舆论的作用进一步凸显。新闻报道形成新闻舆论，新闻舆论引导社会舆论，社会舆论影响社会行为。对于新闻学术界来说，要敏锐地把握当代新闻舆论生态的变化与特征。新闻舆论在形成对中国经济发展的稳定社会预期中、在形成植根中国的主流价值观中、在形成面向全球的良好中国国家形象中发挥的作用越来越大。研究这些新变化与新规律，就可以推动中国特色新闻学理论和新闻实践的发展。

（三）回到马克思：重造理论批判性

回到马克思，不是简单回到马克思的具体论述，而是回到马克思主义的立场、观点、方法。20世纪90年代初，苏联和东欧发生剧变，许多人认为马克思主义彻底死了。在这种情况下，法国哲学家德里达出版了《马克思的幽灵》一书，公开提出"马克思幽灵化在场"的重要观点，理直气壮地与布尔乔亚的强势思潮短兵相接，并旗帜鲜明地亮出了维护马克思批判精神的左派立场[④]。2008年全球金融危机爆发

---

① 徐葆耕：《释古与清华学派》，《清华大学学报》（哲学社会科学版）1995年第2期。

② 杨心恒、刘豪兴：《费孝通文化自觉论探源》，《南开大学报》2010年12月3日第3版。

③ 《习近平：在哲学社会科学工作座谈会上的讲话》，《新华每日电讯》2016年5月19日第2版。

④ 张一兵：《德里达：不在场幽灵的激进在场——〈马克思的幽灵〉的文本学解读》，《马克思主义与现实》2006年第1期。

后，资本主义的运行出现了许多问题，为此，许多西方媒体发出了“马克思，回归”“马克思，重生”的呼声。

马克思主义从诞生以来，始终占据着道义制高点与真理制高点。马克思主义的立场就是人民的立场、就是为了多数人而不是少数人的立场。在《共产党宣言》中，描述了共产主义的奋斗目标：“代替那存在着阶级和阶级对立的资产阶级旧社会的，将是这样一个联合体，在那里，每个人的自由发展是一切人的自由发展的条件。”[①] 这是为了最大多数人的美好的人类社会愿景。

马克思主义深刻揭示了人类历史进程的基本规律，是分析各种社会矛盾的科学认识论，马克思主义的观点、方法的核心就是历史唯物主义和辩证唯物主义。马克思主义认为理论并不神秘，理论来源于实践。马克思在《关于费尔巴哈的提纲》中就指出，“社会生活在本质上是实践的。凡是把理论导致神秘主义的神秘东西，都能在人的实践中以及对这个实践的理解中得到合理的解决”[②]。作为马克思主义者，重要的是掌握马克思主义的立场、观点、方法。甘惜分教授[③]认为：“真正的马克思主义者观察问题常常比别人高明，比别人深刻，能抓住本质，这就是由于他们掌握了科学的世界观和方法论。”

一般说来，人文与社会科学研究大体分为两类研究范式，一类是实证主义取向的，另一类是阐释主义取向的。为了论述便利，在此仅以“社会科学”（Social Science）作为范畴予以讨论，因为在该范畴中，这两种取向的冲突愈加显著——在“人文学科”（humanities）研究中，实证主义取向的研究本就鲜见。社会科学的实证主义范式脱胎于自然科学，皈依于这一研究范式的学者常以“科学家”自称，他们通常认为社会现实是客观存在，学术研究的目的是通过可重复检验的数据，得到一个以社会机制为中心的可被证伪的理论。从这个意义上

① ［德］马克思、恩格斯：《共产党宣言》，《马克思恩格斯选集》第1卷，人民出版社1995年版，第294页。

② ［德］马克思：《关于费尔巴哈的提纲》，《马克思恩格斯选集》第1卷，人民出版社1995年版，第61页。

③ 甘惜分：《甘惜分文集》第一卷，人民日报出版社2012年版，第408页。

来说，惯常套话中的“科学性”与“全面性”、“系统性”恰恰是对立的，“科学”的本意就是要形成片面的规律。然而，人的生物性特质和人类社会的复杂性特质，并不完全像自然界般存在“客观规律”，一味地强调科学只会导致一大批工具理性极强的学者“坐在电脑面前‘按摩数据’，发表SSCI文章，不遗余力地把社会科学推向与历史和现实日益脱离的专业化道路”[①]。而这恰恰是马克思主义研究哲学观所反对的，以马克思政治经济学为例，相比于西方主流经济学将经济行为通过还原论的方法论形成规律，马克思则是更加整体性地将经济与政治和社会联系起来分析，富有洞察力地将“阶级”作为分析的重要单位。

在研究的整体性方法论之外，马克思主义的研究取向相对于其他注重宏观结构的研究路径而言，则更加具有现实的批判性。正如前文所述，无论是在经济层面资本主义生产关系的危机，还是在政治层面资本主义政治的回应危机，抑或是在文化层面资本主义意识形态的霸权危机，马克思主义都是站在资本主义的内部予以理解并进行深刻批判的。

真正弄懂并运用马克思主义，才能把握共产党执政规律、社会主义建设规律、人类社会发展规律，才能在当前纷繁的社会思潮中识别唯心主义、历史虚无主义等问题所在，才能基于中国实践构建中国特色新闻学理论体系。

四　作为问题的中国：中国新闻学的教学体系

（一）重新理解“新闻观”

新闻观，即对“新闻”和“新闻业”的整体性认识。在自由主义思想的传统下，根植于早期“言论的自由市场”信念，西方形成了新闻专业主义的新闻观。然而在20世纪40年代，随着新闻媒体行业的市场化和垄断趋势的加剧，新闻自由的本质其实是探究到底是“谁的权利”的问题。为此，芝加哥大学校长罗伯特·哈钦斯（Robert

① 赵鼎新：《社会科学研究的困境：从与自然科学的区别谈起》，《社会学评论》2015年第4期。

Hutchins）受人之托，对当时美国新闻业的现状和前景进行了调查，并于 1947 年发表了《一个自由而负责任的新闻界》，提出了基于自由主义的“社会责任论”[①]。哈钦斯发现了自由幻象背后的权力和资本因素，并尝试对其进行修补式的规制，一度在新闻界产生了重要的影响。然而，他的这一呼吁在短短 30 年之后就基本寿终正寝。20 世纪 80 年代开始，随着新自由主义的泛滥，美国传媒业进行了一场“去规制化”（deregulation）的转型。在这场自由化和市场化的改革浪潮中，美国的大型传媒公司已从改革初期的50 家缩减到20 世纪90 年代的20余家，而在 2011 年，这一数字已经减少到了 5 家[②]，新闻业的“自由危机”再次来临。

哈钦斯确实颇有洞察力地发现了新闻自由背后的制约和控制因素，但是他所处的社会环境和意识形态限制了他的想象力。马克思主义者则赤裸裸地揭示了“新闻即政治”的观点——正和马克思主义者揭示了经济运行背后的政治因素一样。重新理解“新闻观”，正是要承认新闻与政治千丝万缕的联系，及其背后的规律。“理解新闻与政治的紧密关系，核心原因在于两者都关乎意识形态。新闻代表舆论、引导舆论、制造舆论，是重要的意识形态工具。”[③]

在中国的新闻舆论工作中，要坚持马克思主义新闻观。在中国新闻学的教学体系中，马克思主义新闻观则是重中之重。从笔者的新闻教学实践看，马克思主义新闻观教育要坚持“抓住基本、直面问题”的原则，选好着力点，讲清楚最关键的难点、焦点问题，让学习者切实增强新闻舆论工作中的思想定力。重点要从讲清楚马克思主义的立场、观点、方法，讲清楚新闻与政治的关系，讲清楚中国共产党的新闻思想，讲清楚中国国情与问题意识，讲清楚全球传播与文化自信上

---

① 美国新闻自由委员会:《一个自由而负责任的新闻界》，展江等译，中国人民大学出版社 2004 年版。

② 吴晓迪:《美国广播电视业的所有权集中化——一个传播政治经济学的分析》，《政治经济学评论》2013 年第 2 期。

③ 胡钰:《马克思主义新闻观教育的着力点》，《现代传播》2016 年第 7 期。

下功夫[①]。

（二）价值塑造：从“人文情怀”到“政治家办报”

在现有的新闻学教育中，一直以来存在“社会责任感”和“人文关怀”的价值诉求，但这种诉求的塑造过程经常是规范性的、职业性的、灌输性的，围绕于“职业伦理”的桎梏，却不见新闻背后的宏大历史与政治背景。这种教育带来的方向是明确的，但根基确是浅层的，学生会时常产生“谁的社会”“何种责任”“如何关怀”的困惑。正如朱清河[②]所言，在工具理性和媒体市场化改革的趋势下，新闻教育开始以传授知识和技能的多少来衡量，而忽略了个体与社会的关系，以及个体作为生命体的关怀。

在此背景下，“政治家办报”的思想成为一种较高层次的新闻理念，从宏观上、方向上较好地体现了新闻工作者需要具备的首要素质。毛泽东在20世纪50年代就提出，“新闻工作，要看是政治家办，还是书生办”[③]。这一理念始终成为中国共产党新闻舆论思想的重要内容。在理解政治家办报的理念过程中，要培养的是新闻舆论工作的使命观、政治观、人民观，要认识到新闻作为社会公器在推动社会进步中的重要作用。为此，在新闻专业教学中，除了要进行基本的技能训练，更应该着重与学生讨论“新闻是什么”“新闻为什么”等问题，鼓励学生思考更具根本性的问题，通过具体的报道案例分析新闻与政治、新闻与资本、新闻与社会之间的关系，在比较讨论的基础上，形成对新闻舆论工作的基本价值的认同。

（三）能力培养：从“职业训练”到“判断能力”

对当代新闻学教育来说，最首要的能力培养目标是判断能力，即在信息过载、国际传播、全民记者的环境中，透过马克思主义的理论方法，理解资本主义的经济、政治和社会逻辑，从而构建起独立思考

① 胡钰：《马克思主义新闻观教育的着力点》，《现代传播》2016年第7期。

② 朱清河：《市场化趋势下高校新闻教育改革价值取向的反思》，《国际新闻界》2011年第8期。

③ 中共中央文献研究室、新华通讯社：《毛泽东新闻工作文选》，新华出版社1983年版，第215页。

和判断的能力。

新闻专业主义的新闻观来源于新闻业的科学分工和规范作业，局限于在哲学层面都模糊不清的“客观事实”，却丧失了超越“部分真实”达到对“整体真实”理解进而批判的能力。判断能力的缺乏，直接导致中国的新闻从业者在面对弥漫全球的资本主义意识形态时，无所适从。在发达资本主义主导的全球传播格局下，何谈“文化自信”？国际传播“西强我弱”、中国国家形象模糊、负面问题突出等现实，并非主要来自中国媒体“对外传播”技巧的优劣，而是在于中国媒体人，包括广义的文化工作者，缺乏独立判断并且理解中国的能力。

无论在国际事务还是国内事务中，判断能力都至关重要。基于复杂的中国国情，只有清晰的问题导向，才能让学生更好地理解马克思主义的规律与价值。经济形态是社会存在，价值形态是社会意识，舆论形态是社会表达。当前，新常态下的经济形态是：公有经济与非公有经济并存、发达地区与欠发达地区并存、传统产业与新兴产业并存；全球化下的价值形态是：爱国主义与全球主义并存、集体主义与个人主义并存、社会主义与资本主义并存；网络化下的舆论形态是：主流媒体与非主流媒体并存、传统媒体与新型媒体并存、国内媒体与国外媒体并存①。按照马克思主义的观点，社会存在决定社会意识，因此，对各种社会表达，新闻从业者既可能为表面的喧嚣所困扰误导，也可能厘清其中的深层次社会基础。

在新媒体传播条件下，加强判断能力培养尤为重要。分析当前对新媒体的研究，多是从技术、产业的视角入手，多是以阐释其传播规律与重大影响为重点，多是让社会适应新媒体时代的变化进行调整，但对新媒体的社会与文化视角、新媒体传播行为的规范、新媒体传播效果的评价还关注不够。新媒体的高速发展，得益于技术进步，更源于人性需求。按照马克思主义的观点，人的本质在其现实性上，是一切社会关系的总和。人的社会性存在本质决定了人对社交行为的强烈需求，移动化、社交化、个性化的新媒体正是满足了人类的这一内在

① 胡钰：《马克思主义新闻观教育的着力点》，《现代传播》2016 年第 7 期。

需求。这种行为自身有其合理性，但正如在现实生活中的社会交往行为要有伦理约束一样，新媒体中的社会交往行为也需要进行伦理约束，并基于这种伦理规范形成新媒体传播中的判断能力。因此，认真开展新媒体条件下的新闻伦理的建构，形成行为共识，具有极强的现实意义。

（四）知识传授：从“单一知识”到“复杂知识”

马克思主义的政治自觉和判断能力，需要多学科的知识作为基础。重构中国新闻学的教学体系，不能将视野仅仅局限于新闻学范畴内，在人才培养过程中汲取其他学科的知识是一个必然趋势。

从培养模式上看，“复杂知识”的习得依赖于教育组织层面的“顶层融合”，通识教育的理念在当代日益具有现实的紧迫性。从教学方式上看，多学科的知识传授也可通过“网络”的观念组织，不同的学科在一些思想起源、理论渊源、方法来源方面有共通之处，也有分野之时。如果按照知识点将不同学科之间的逻辑关系串联起来，形成一张“知识网络”，或许是一个可行的方向。更进一步，从培养“完整人”的角度出发，“复杂知识”的含义还包含认知层面的“复杂认知”。全球问题的出现和中国转型的复杂性，要求新闻学专业的学生需要对这一复杂性有相当的认知。有研究表明，“政治知识”的缺乏很有可能是认知简单和思想极端化的原因①。而政治知识的学习需要有足够的动机、能力和机会来推动，其中高等教育就是最为主要的促进手段②。

五　作为想象的中国：中国新闻学的实践体系

从“新闻宣传”到“新闻舆论”的变化，表明了当代新闻传播的重要特征：去中心化与去中介化。

---

① Bruce Ackerman and James S. Fishkin, “Deliberation Day”, in James S. Fishkin and Peter Laslett, eds., *Debating Deliberative Democracy*, John Wiley & Sons, 2008, pp. 7 – 30.

② Michael X. Delli Carpini and Scott Keeter, “Measuring Political Knowledge: Putting First Things First”, *American Journal of Political Science*, Vol. 7, No. 4, November 1993, pp. 1179 – 1206.

（一）“再组织化”与“去媒体化”

新闻报道与新闻舆论一致，但新闻舆论与社会舆论则可能发生分裂，因为社会舆论的形成除了来自新闻报道，还可能来自其他社会组织或个人生产的内容，这是新闻传播去中心化的背景。在自媒体越来越成为社会舆论的核心平台时，其资本化、市场化、商业化的力量也越发显著，由此引发的挑战也越险峻。对社会舆论的操控力量越来越具有隐蔽性。

本文认为“再组织化”与“去媒体化”是可能的两个方向。再组织化，即把自媒体的“原子化”程度降低，通过成立行业或地域联盟的方式，形成“组织内”相对稳定的文化，再通过建立旨在促使“公共协商”的政治、社会及教育平台，建构不同“组织”的沟通交往模式，这实则是一种超越高等教育的“新闻教育”；去媒体化，则是将公共事务的讨论尽可能脱离已被商业化侵蚀严重的媒体逻辑，通过重建政治协商平台，尤其是基层的协商平台，解决政治和经济社会事务①。

在“再组织化”过程中，要加强新闻伦理自我约束的组织建设。新闻伦理是自律，就需要相应的业内共同体组织建设来保证这一自我约束的实现。中国记协成立了新闻道德委员会，这是一个积极的举措。但考虑到记协面对的主要是职业新闻人的群体，还需要对非职业新闻人的群体也建立相应的组织。现在各种新媒体联盟都是从产业发展的角度在推动，也需要从新闻伦理建设的角度成立相应的组织。这类组织的覆盖面要大，真正覆盖到新媒体的各个群体，也要在新媒体业内真正有代表性、广泛性和影响力，能够调动学界、业界与公众的积极性共同参与。在自媒体传播中，几乎所有网民都是新闻人，因此，新闻伦理素养培育面对的就不仅是新闻机构的新闻传播行为，更要面对全体网民的新闻传播行为。这种全民性的新闻伦理素养培养显得格外紧迫。

---

① 王维佳：《传播治理的市场化困境——从媒体融合政策谈起》，《新闻记者》2015 年第 1 期。

（二）“信息先锋队”与“数据立法”

社会舆论影响社会行为，在信息化社会中，社会舆论在传播过程中会遭遇信息自有的失实、扭曲、遗失问题，而在更深层次上来说，信息本身已经成为生产资料。在经过三十多年的高速增长后，中国成为世界第二大经济体，与此同时，经济社会发展中的结构性矛盾、发展动力缺失等问题也逐步显露。当代经济发展越发呈现出“信心经济”的特征，公众对经济发展的判断决定了公众的经济行为。在这种情况下，新闻舆论工作的力量就要依据政党“先锋队”作用，发挥“信息先锋队”作用，提供给公众全面的信息，引导公众理性地看待形势，形成对中国经济发展前景的稳定预期。

过载的信息已经成为互联网企业的海量数据，这些企业通过将数据进行商业售卖获得剩余价值。在某种程度上而言，斯迈思所提出的“受众商品论”正在以一种变本加厉的方式呈现。在这一过程中，如何平衡公众在网络平台上进行“使用”和“劳动”之间的关系，是一个值得长期研究的话题，但是更为紧迫的是，当公众的信息成为数据之后，随之而来的诸如隐私权、信息安全等问题更需要法律的规制。

六　结语：另一种“合法性叙事”的辩证法

马克思和恩格斯在《德意志意识形态》一文中阐述了两种不同的生产过程。一种是物质的生产，沿着生产力发展的路径进行；一种是意识的生产，作为一种在物质基础上产生出的人类特殊的产品，意识包含了文化、思想、观念等精神产品。“意识在任何时候都只能是被意识到了的存在，而人们的存在就是他们的现实过程。”①

但另一方面，物质的生产对意识的生产又不是简单的线性决定关系，意识的生产又不可能完全与物质的生产同步。物质劳动和精神劳动的分离带来了分工，这种分工使得对意识的研究逐步脱离于对物质

① ［德］马克思、恩格斯：《德意志意识形态》，《马克思恩格斯选集》第1卷，人民出版社1995年版，第72、146页。

生产的研究成为独立的学科，因此在其学科内部也演化出相对独立的逻辑。这就使得意识的生产可能超前或滞后于物质的生产水平。“生产力、社会状况和意识，彼此之前可能而且一定会发生矛盾，因为分工不仅使精神活动和物质活动、享受和劳动、生产和消费由不同的个人来分担这种情况成为可能，而且成为现实，而要使这三个因素彼此不发生矛盾，则只有再消灭分工。”①

马克思关于意识生产的论述，构筑了本文的理论基础。在西方新闻学的构建过程中，自由主义的思想传统是其理论渊源，新闻客观性作为基石承载了新闻专业主义的一整套话语、规范和理论体系，结合作为标准流程的新闻生产及相应的法律法规，西方新闻学完成了理论与实践的主体性建构。然而，这套主体性建构在资本主义不断遭遇挑战下逐渐丧失了回应和批评的能力，更不适宜“削足适履”地套用到当代中国蓬勃发展的社会主义语境和实践中。因此，构建中国特色新闻学的任务恰逢其时，也迫在眉睫，四十多年前斯迈思作为新闻传播理论想象的中国“另类道路”，有了重新焕发生机的历史机缘。

本文在此背景和理论基础上，做了一些探索性的工作。但是需要指出的是，构建中国特色新闻学的终极目标不是为了学习西方新闻学“照猫画虎”，构建一套在马克思主义传统上的“终结了”的意识形态和理论体系，这本身就不符合马克思主义的批判传统、整体观点和辩证方法，而且，马克思主义本身就是开放的、发展的、实践的。构建中国特色新闻学的最大目的和价值在于，摆脱理论脱离实际的唯心主义哲学，摆脱理论为少数人、上等人服务的立场，基于社会主义新闻舆论工作的现实，完成中国特色新闻实践的抽象化和理论化构建。可以说，这种构建完成了西方一元意识形态之外的另一种“合法性叙事”。

---

① ［德］马克思、恩格斯：《德意志意识形态》，《马克思恩格斯选集》第1卷，人民出版社1995年版，第72、146页。

Constructing Chinese Journalism: Why and How

Abstract Focusing on the subject of journalism, this article explores the reasons for the theoretical vacuum of Chinese journalism through both international and domestic, historical and present, capitalism and socialism perspectives, and answers the "why" question. Based on that, the article also reviews the history, concepts and theories of western journalism, and takes it as the logical start point of criticism in order to answer the "how" question from theoretical system, educational system and practical system.

Keywords Journalism; Theoretical System; Educational System; Practical System

第一部分

新闻理论

构建中国特色新闻学的几个问题*

柳斌杰**

摘要 面对当前的新闻舆论工作国际化、新闻传播全球化、新闻参与全民化、社会舆论多元化的复杂局势，中国的新闻学体系受到了挑战，新闻教育也受到了挑战。本文分析了构建中国特色新闻学的必要性、条件，认为构建中国特色新闻学是严肃的学术创造，应该把马克思主义中国化，把新闻学术科学化，把新闻理论时代化。

关键词 中国特色；新闻学；马克思主义；科学化；时代化

利用这个机会，跟大家一起讨论加快构建中国特色新闻学的几个问题。三年前我们开始这项工作，我的很多文章、讲课记录不少人都看到了。今天说的问题是外界关注的敏感问题，主要是为了澄清外界朋友的误解：中国特色新闻学是在贴政治标签而不是在搞学术，中国特色哲学社会科学是喊口号而不是讲科学，更有甚者认为社会科学的“中国特色”是否定马克思主义科学原理。我无意在此争辩，在这里只讲三点意见。

---

* 本文系柳斌杰教授2017年5月20日在“马克思主义与中国特色新闻学研讨会”上的讲话，发表时有删节。

** 柳斌杰，全国人大教科文卫委员会主任委员，清华大学新闻与传播学院院长。

一 构建中国特色新闻学是时代赋予的光荣使命

新闻学是在人类实践中产生的一门科学，它也是认识世界和改造世界的学科，当然要不断发展、与时俱进。面对当前的新闻舆论工作国际化、新闻传播全球化、新闻参与全民化、社会舆论多元化的复杂局势，大家感觉到我们新闻学的体系受到了挑战，新闻教育也受到了挑战。马克思是在普鲁士王朝书报检查制度下办报的，他的新闻活动基调是批判的、斗争的，他没有见过人民掌握政权后的新闻传播局面，也没有见过互联网时代的舆论格局。我们现在是在社会主义制度和互联网技术下研究新闻学，所以马克思新闻理论必须要中国化、时代化。以美国为代表的几个阶段盛行的独立主义、自由主义、工具主义、专业主义等西方新闻理论，合理成分已经过时，其学术掩盖下的真面目已经大白于天下，连特朗普总统自己都不相信。我们还能照搬照套吗？为了适应这样的发展形势，我们党和国家已经提出了构建中国特色社会主义哲学社会科学理论体系的要求，新闻学作为十大支柱学科之一列入其中。那么，我们作为新闻学院院长、教授，就应该担当起建设中国特色新闻学的使命。关于学科的名称，原来我们叫中国特色社会主义新闻学。最近中央文件明确讲了中国特色哲学社会科学下面的学科，除了马克思的三大部分——哲学、政治经济学、科学社会主义——外，其他七大学科不用再加上社会主义，那就可以称为中国特色新闻学，重要任务是加快推进新闻学理论体系、学术体系、学科体系、教育体系四个方面的建设。这个建设的本质，我认为也不是完全脱离了我们的历史、我们的现实、我们的学术环境，而是把马克思主义中国化，把新闻学术科学化，把新闻理论时代化。这个阶段也是新闻学创新发展的一个自然历史过程。

继承和发展是一个新学科生长的前提，是一个学科发展变化的一个阶段性的重要工作，说白了就是由德国马克思主义新闻学走到中国化的马克思主义新闻学。这一点要正确理解，不然的话就会误认为完全与过去的新闻学没有任何联系。我们的新闻理论是以马克思主义为指导的，新闻学创新与马克思主义有血肉联系，马克思主义中国化，新闻理论的科学化，是为了跟上我们伟大的时代和我们伟大的实践，是我们这个阶段的历史使命。在座的都是学者、新闻理论大家，实事求是地说，你能找出哪一个国家新闻理论是科学的？世界上所有现行的新闻理论，没有看见一个完整系统的科学体系，都是某一个时期、某一个特定方向上的主观认识。就是美国、英国、法国、德国人编写的新闻学，不过就是独立主义、自由主义、工具主义、专业主义大杂烩，根本没有新闻原理论，没有对客观事物、认识主体、媒介发展自身规律和相互关系的论述，所写的新闻史基本上是报纸、广播大事记，没有概括出来科学理论。我们自己学来的无论苏联模式还是西方模式，都谈不上学术体系，只有片段的认识，学生反映学完了也不知所云。所以我们有责任在实践基础上推动这门学科科学化，包括在新闻理论、新闻学术、新闻实践、新闻教育方面，在吸收前人所有的成果、总结我国的实践经验和应用现代科学成就的基础上，发展我们中国特色新闻学。立足中国当代但不以“中国”排斥其他。我觉得这一点大家一定要清楚，不能误解。当然，我们是讲学术真理、真做学问而不是乱贴标签，也不是空喊口号，更不是迎合时髦，要经得起历史和科学的检验。“新闻学”前面能不能加“中国”？当然可以。社会科学的研究对象不是人类统一的，而是有制度、社情、文化的背景，所以早就有“希腊哲学”“美国文学”“英国语言学”等世人公认的概念，为什么就不能有“中国新闻学”呢？再次强调这里的“中国特色”不是地域概念，而是如同“西方”“法兰克福”等学派名称。

对这个问题我们有系统的思考：一是鲜明的学科定位，新闻学就是对已经出现的客观事物、现象、事件的认识再认识，科学地传播于社会公众的学问。新闻学以实践论、认识论、反映论、真理论和信息论为基础理论。二是科学的学术体系要建立起来，要把新闻、传播、媒体、舆论放在科学的体系中去考察，区别它们的不同性质、任务和相互之间的联系，而不能把技术、技巧、手段、平台当作新闻学的代替品，或者混为一谈。三是重构新闻学支持学科体系，拟由马克思主义新闻学、中外新闻史学、新闻原理学、新闻政治学、新闻经济学、新闻文化学、新闻社会学、新闻心理学、新闻传播学、新闻调查学、新闻批判学等构成，用不同学科考察新闻的本质规律。深度考察的目的就是使新闻学真正成为独立学科，培养和造就全媒体时代确实具有新闻素养的高端人才。互联网时代人人都会传播信息，也不缺传播技术和平台，但能发现、判断、采写、加工、传播、分析、评介具有历史价值和时代价值好新闻的人并不多，包括我们现有的新闻队伍。所以，我们亟须改造新闻教育体系，培养面向新闻全球化的新型人才和调动新闻要素的高手。

二　构建中国特色新闻学的条件已经成熟

中央提出构建中国特色新闻学，并且列入哲学社会科学的支柱学科，我认为条件是非常成熟的。

一是从国际上看，英国脱欧、美国大选以及西方世界频发的“黑天鹅”事件，不仅证明了西方民主的致命弱点，而且宣告了西方新闻学的破产。美国总统特朗普坚称美国媒体是利益集团操纵的“谣言”“假新闻”的制造者。这就帮助人们看清了金钱与权力挂钩的“西方新闻媒体”是什么东西，他们标榜的新闻学是真正的欺骗公众的伪科学，打着“中立”“客观”“不党不派”的旗号，一点也没有真理、没有学理、没有公平、没有正义。西方的表演也给全世界上了生动的新闻课，有助于打破一些所谓专家对西方新闻学的迷信。现在高等院校崇尚西方新闻学，言必称“美国”；否认新闻有学，以传播学代替新闻学；排斥马新观的教学，宣扬灰色理论等问题非常突出。在过去十多年的新闻政策制定和管理工作中，我体会最大的问题是大家盲目用西方社会环境、西方运作方式来讲授中国的新闻学，与中国的新闻实践、新闻政策相矛盾。要解决这个问题，需要大家理性地认识西方新闻学，也看看我们中国新闻学走过的历程和近百年的发展变化。这更加有利于我们把新闻学理论、新闻学教育科学化，解决新闻学长期存在的“有学无论”“有论无学”的状况。我们不少大学有新闻学，但是很多学生并不认可，包括我们清华大学的学生也有这样的情况。我们做过毕业生的调查，很多学生毕业了，还没有认同新闻学科；有的成了传播高手和媒体骨干，但还不敢说真正认识这门新闻学科；有些毕业生熟知传播技巧，但没弄清新闻学的真谛。由此，我就提出新生进学校，首先要进行“专业”教育，名教授上课，要加强对新闻理论的认同，对新闻学科的认知，对新闻职业的兴趣。我认为没有这三条你就别在这学新闻了，另选高就。面对这些问题和当前这个时机，需要大家好好把握，冷静理性思考：新闻学中到底哪些是科学真理，哪些是欺世盗名的伪科学。

二是从国内看，习近平总书记依据中国新闻舆论工作的实践和人类传播技术变革的潮流，系统论述了新闻舆论工作新思想、新观点、新理念，特别是他关于用新概念、新范畴、新表达重构新闻话语体系的思想；关于新闻就是传播科学真理、记录时代风云、推动社会进步、守望公平正义的定位；关于融合发展形成多种形态、多种业态的新型主流媒体的要求，我认为都是超越了马克思主义新闻理论的新观点，有世界性和人类共同价值，大大提升了新闻学的思想境界。

三是从政策看，中共中央最近印发的《关于加快构建中国特色哲学社会科学的意见》，更加明确了我们中国哲学社会科学发展的方向，对整个哲学社会学科进行了顶层设计，做出了具体的部署。特别是把新闻学列为中国特色哲学社会科学发展的支柱学科，国务院高等教育振兴计划也将新闻学列入九大重点发展学科。这就说明构建中国特色新闻学已经是国家重大工程。这个有利的时机不能错失。

四是从学界动向看，各个大学的新闻学院，社会各界的专家学者都积极参与这一课题的讨论，已经提出了很多好思想、好建议。我们召开的三次专题讨论会，每次都是讨论热情高、思考有亮点。可见这件事也有广泛的群众基础。清华大学和上海复旦大学这几年一直在合作研究这个问题，建立了联合基地，整理了系统资料。我们成立了全国性的学术研究委员会，研究中国特色新闻学的学科。通过我们给大家搭建的这一公共开放的研究平台，把力量集中起来，办好开宗立派的事情。这不是哪个学校的事，而是国家的事，是世界新闻科学的大事。

三　构建中国特色新闻学是严肃的学术创造

构建中国特色新闻学是前所未有的工作，是严肃的学术创造，是深入的理论探索，不是喊政治口号，也不是乱贴标签，而是要拿出实实在在的真功夫，做出扎扎实实的好学问，用使人信服的思想成果和理论成果说话，要能代表人类现阶段对新闻活动本质和规律的新认识、新概括。

一要坚持真理性。任何一个学科的立学之本，要看是不是包含了特定对象的真理，这是它生命的表现。我们新闻学也要符合这个定理。那么对于我们来说，新闻学首先是马克思主义认识论和方法论，这是它的学科本质，同其他学科一样，新闻学也是认识世界、改造世界的一门科学。新闻学是什么呢？新闻学是研究对社会新发现的现象、事件、事物的认识、再认识，并把它传播给社会公众全部活动规律的一门学科，因为我们不是新闻当事人，也不是客观事件本身，而多是把客观发生的事情拿来再认识再传播，引导公众再认识，是客观事件与社会公众的中介，所以必须在真实性上做文章，追求的就是真理性。这一行为过程有它的规律性，因为客观事物存在都有它内在的规律，如果你找不到这个规律，说明你没有发现真理，你这个学科是不成熟的，学科也是不成立的。我们研究的目的，就是要找到新闻学的真理性，使其真正成为一门有理有论的学科。

二要坚持科学性。科学性就是我们学科的立论要科学，思维要科学，方法要科学，逻辑要科学。马克思研究学术的时候，特别讲到三种逻辑的关系，事物本身的逻辑，理论逻辑，还讲了表达逻辑。他的逻辑力量是交叉使用的，但有决定性的是事物本身的逻辑。我们也是要讲逻辑，但不能是唯心主义的“演义”，全过程要严密考量，要科学化。不能说把每一个时期的一句语录、一个政策、一个做法，都拿出来说成是科学理论，能令人信服吗？那得看实践啊，要用实践检验，科学性的东西是经得起历史考验的。

三要突出实践性。新闻学本身是实践性学科，我们强调实践性，就是要注重人类在新闻活动中的实践经验，重视中国的新闻实践，吸收其中最宝贵的经验。当然也要重视世界各国的新闻实践，尤其是互联网带来的新实践。对这些问题高度重视起来，才能扎扎实实地迈开步子。因为脱离了实践你就走不到新闻学前沿，你也就不能解决当前新闻学和新闻教育面临的困境。

四要强调国际性。因为新闻传播行业确实是国际化、全球化了，任何一个新闻信息都会在全世界产生影响，而任何一个国家所发生的新闻，对其他国家、社会、人民都会产生影响。所以我们能不能把中国新闻学研究引向科学，是对我们的考验。真正的科学力量必须是国际性的，吸收国际上最新的研究成果，包容人类创造的合理成分，这也看我们的学术胸怀。比如说英国脱欧、美国大选之后，公众需要的不再是展现的新闻画面、发布的新闻教条，而是要追寻新闻背后的真相。大数据恰恰提供了挖掘新闻真相的技术和手段。所以媒体新闻已经不是一个记者、一家媒体说了算数的，而是所有关注这件事的人参与进来，完整还原新闻事件的本来面目。当然我们中国还有一个国际话语体系重构问题，中国新闻还有“走出去”问题。习近平总书记交代的第一个任务，用“新概念新范畴新表述传播国家新形象”尚未完成，你讲的话、说的故事，要让国外的人听得懂，明白你的意思，这也要注意国际性，这里既有观念问题，也有表达问题，还有文化背景问题。

五要坚持时代性。新闻学是与时俱进的学科，每一种技术革命，都会带来新闻传播的巨大变化，从人类最早的肢体语言、有声语言再到文字、图形传播，从印刷技术发明到光电磁的应用，再到目前互联网应用和数字化传播，都已经证明：只要有一个技术发现，都会引起传播领域革命，都会带来新闻传播的巨大改变。现在觉得互联网、移动互联网、大数据已经挑战了我们的传统新闻套路，而未来其实远远不止这些，未知的还多得很。下一个变革可能就是智能时代，人工智能可以做到什么，机器人能当记者，能编辑新闻，能指挥操纵电视电脑，只要人的思维逻辑行动起来，它就会自动应对变化和给出对策。围棋的“人机大战”打败了人类高手，就是人工智能的力量显示。这些时代性的东西我们一定要考虑进去，这样才能使我们构建的中国特色新闻学站在时代高处，走在世界前沿，揭示未来的趋势，给学生一点新东西。这是一个巨大的工程，也是我们的一项使命。科学是无国界的，希望更多的中国学者和外国学者，一起来参与研究，在探究真理的征程上携手合作，共同奋斗。

Issues on the Construction of Chinese Characteristic Journalism

Abstract In the face of the current internationalization of public opinion, the globalization of communication, the civic participation of news making and the sophisticated situation of the pluralistic public opinion, our news system has been challenged, as well as the Chinese journalism education. This paper analyzes the necessity and conditions of constructing the Chinese characteristic journalism, and argues that the construction of journalism with Chinese characteristics is a serious academic creation. As such, we should make Marxism sinicization, make journalism studies scientific and make the journalism theories modernized.

Keywords Chinese Characteristic; Journalism; Marxism; Scientific; Modernized

新闻史研究的社会学转向：再读《发掘新闻：美国报业的社会史》

陈昌凤*

摘要 本文对美国知名学者迈克尔·舒德森（Michael Schudson）的代表作《发掘新闻：美国报业的社会史》新闻史学研究的视角进行了解读，尝试从研究路径、方法论和观念遗产三个角度，探讨这部著作对当代新闻史和新闻学研究领域产生的影响。本文认为，“社会学转向”给新闻史研究带来的最主要的变化体现为“科学化”，而科学化的研究提升了对新闻传播规律性的认识，这一过程也极大地提升了新闻史对于新闻业历史、现状与发展前景的解释力乃至预测力。

关键词 发掘新闻；舒德森；新闻史；社会史

国际传播学会（ICA）第66届学术年会（日本福冈，2016）上，迈克尔·舒德森（Michael Schudson）教授于1978年出版的《发掘新闻：美国报业的社会史》（*Discovering the News: A Social History of American Newspapers*）（以下简称为《发掘新闻》）一书，获得国际传播学会的最高学术奖“国际传播学会院士图书奖”（ICA Fellows'Book Award），在该奖项自2000年创设以来获奖的13部著作中，除了埃弗雷特·罗杰斯（Everett Rogers）的《创新的扩散》（*Diffusion of Innova-*

---

* 陈昌凤，清华大学新闻与传播学院教授、常务副院长；中国新闻史学会会长；《发掘新闻：美国报业的社会史》合译者（北京，100084）。

tions）外，这部著作是出版最早的一部。[①]

新闻与传播学界都知道，舒德森教授的学术作品一直在源源不断地出版和发表，他本人在学术界也十分活跃，仅在日本福冈举行的这次 ICA 学术年会上，他就发表了一篇论文、参加了一场会前会（Pre-conference），并做了精彩的点评。在 ICA 发表的论文中，他研究了战后美国新闻理念的变迁——关于透明度的问题，与 38 年前研究客观性的《发掘新闻》刚好同在一个逻辑，是他 2015 年的新著《知情权的崛起》（*The Rise of the Right to Know*）的提炼成果。他个人也曾表示他的学术已经比起初出道时的《发掘新闻》进步了许多，2008 年他为我和常江翻译中译本而写的序言，就明确说明过这一点。但是，为何他的这部出版了 38 年的著作，能受到评委会的青睐而独获此奖呢？

一 ICA 院士图书奖及对《发掘新闻》的评价

ICA 院士图书奖（ICA Fellows'Book Award）是目前国际传播学会的最高奖，该奖项设于 21 世纪初，是由全体 ICA 的院士（ICA Fellows）[②] 自由提名，再由评委会投票议决。本届评委会的组成，是来自世界各地的 5 位著名的院士：主席是美国的 Steve Jones，委员包括美国的 Sandra Calvert，英国的 James Curran，丹麦的 Kirsten Drotner 以及中国香港的陈韬文。评委会的意见认为：[③]

> 我们觉得这部著作富有创意、睿智自信，写作精良。运用情境化的媒介史研究方法，该著作提供了一个沿着新闻与报纸的不断进化来理解美国新闻业的思路。它充分运用一手、二手的资料

① "Fellows Book Award Winners", http: //www. icahdq. org/news/ fellows_ book. asp.

② 美国明尼苏达大学荣休教授、香港城市大学李金铨教授、香港中文大学陈韬文教授均为 ICA Fellows。陈韬文教授最初将其译为"ICA 院士"，他说后来觉得"ICA 会士"也是可以的。ICA 每年都会评选出新一届的院士，2016 年评出的是 7 位院士。

③ 笔者译自评委会原文。香港中文大学陈韬文教授 2016 年 6 月 29 日给笔者回复的邮件中，附了该评委会的评价。ICA 2016 年会颁奖会上，也宣读了此段评价。

加以研究，发现新闻清晰地表明了社会、文化、政治、商业与媒体的互动驱动了美国报纸的进化，而不是关注个人或机构。该著作强调媒介史上的变革是清晰地与嵌入其中的更宏大的文化的、社会的时刻相交融的。该著作激发了后面几代媒介学者去探究特定社会、政治、文化、经济形态下的新闻业和媒体。

与此同时，五评委之一的陈韬文教授在仔细斟酌之后，给笔者发来了他自己的评价。[①]

除了评委会的评价外，我想强调的是此书以多层次的历史资料回答新闻客观性以至专业性出现的过程及成因，个中讲究实质证据及逻辑推理，为研究的理论提问提供具有说服力和想象力的答案，成就了一个社会史模型，无疑是以历史方法研究传播理论的时代典范。

从如此高的评价中，可以了解《发掘新闻》在国际学术界的影响。获得 ICA 院士图书奖的作品必须经过时间的检验（出版 5 年以上），在传播研究领域产生过与众不同的、根本性的影响，[②] 作者必须是传播学的学者。也许是由于要求很高，2000 年开始创设此奖以后，首届奖颁给了已故学者罗杰斯（Everett M. Rogers）的《创新的扩散》，但之后有几年该奖项空缺，17 年来仅有 13 部著作获奖。而舒德森教授尽管有多部有影响力的著作，但获此殊荣的，唯有这部处女作《发掘新闻》。

二　舒德森其人

首先，还是想说明一下，美国人读 Schudson 时的发音，其实更近似“夏森”，或者至少更接近“夏德森”，而不是我们现在采用的“舒德森”。我在 2002 年写的一篇文章中，当时称呼他是“夏德森”。不过我

---

① 香港中文大学陈韬文教授 2016 年 6 月 29 日给笔者回复的邮件。

② http：//commpilings. asc. upenn. edu/2007/08/ica-fellows-book-award-winner-the-control-revolution/.

们翻译《发掘新闻》时还是采用了“舒德森”，而中国的读者都已经习惯了“舒德森”的译法，所以现在就约定俗成了，这一点与 Wilbur Schramm 被称为“施拉姆”、*Times* 被称为《泰晤士报》是一个意思。

迈克尔·舒德森是当代美国也是当代世界最具影响力的新闻史、媒介社会学学者之一，资深教授，2006 年以来任教于美国哥伦比亚大学新闻学院，同时兼任哥大社会学教授。他本科就读于著名的文理学院索思摩学院（Swarthmore College），于哈佛大学获得社会学硕士、博士，曾任教于芝加哥大学（1976—1980）、加州大学（圣迭戈）（1980—2009）。

舒德森教授迄今著有 8 部专著：《发掘新闻》（*Discovering the News*, 1978）、《广告：不舒服的劝服》（*Advertising, the Uneasy Persuasion*, 1984）、《美国人记忆中的水门事件》（*Watergate in American Memory*, 1992）、《新闻的力量》（*The Power of News*, 1995），《好公民》（*The Good Citizen*, 1998）、《新闻社会学》（*The Sociology of News*, 2003）、《为什么民主需要不可爱的新闻界》（*Why Democracies Need an Unlovable Press*, 2008）、《崛起的知情权》（*The Rise of the Right to Know: Politics and the Culture of Transparency*, 1945 - 1975, 2015）。此外他还参与主编了 3 部著作。他的著作有 5 部已有中文译本，有的已经成为中国新闻专业学生的必读书。

舒德森教授获得过多个奖项，包括斯坦福大学“行为科学高端研究中心”的 Guggenheim Fellowship、麦克阿瑟天才奖（MacArthur “genius” fellowship）等。1990 年他被提名为麦克阿瑟学者时，该基金会对他的评价是“公共文化的阐释者，集体记忆和公民记忆的阐释者”。《美国历史》杂志认为，他的《好公民》一书“中肯、富于创造力，而且实事求是”，《经济学人》杂志敦促所有的美国人都应去读一读。《泰晤士高等教育》认为《为什么民主需要不可爱的新闻界》一书“意味深长、充满智慧”。当然，最近也是新闻与传播学界最“正宗”的奖项，要数“国际传播学会院士图书奖”（参见图 1）。

舒德森教授在他的中译本序言里说道，“很高兴地看到在今日的中国，人们重拾对新闻学的热忱和对新闻业历史研究的兴趣”。2015

图 1

年春，他第一次来到中国，在上海访问 4 天（其中一天去了杭州），在复旦大学的讲座开场时，他提及他的父亲是一名美国空军杂志编辑，曾于 1944—1945 年来上海，作为美军人员参与了日本向中国投降过程中的相关工作。他虽然没有更多时间亲身了解中国，但他在上海期间还是挤出时间接受了中国学者和记者的采访。他对笔者也表示他很愿意来到中国参加中国新闻史学会组织的学术活动。

三 《发掘新闻》历久不衰之谜：新闻史研究的转向

《发掘新闻》是舒德森教授的第一部著作，也是他的成名作，三十多年来历久不衰。他在为中译本写的序言里也说到了他三十多年学术生涯中“知名度最高、影响最广、口碑最佳的，便是这部《发掘新闻》”，虽然，他自己觉得后来写出了更好的书，但是无论是在美国本土还是其他地方，却没有任何一本他的其他书如《发掘新闻》这样引发如此强烈反响的。他显然表现出一种困惑：为何人们对这部书这么热衷？他甚至用很严肃的学术态度，深入审视并批判了自己的这部成名之作，认为该书忽略了政党政治对新闻业的影响力；反省自己是用社会学的框架去做的设想和问题，只是道出了各种相似行业的普遍性，而缺乏新闻业的特殊性；只是分析了美国特色的新闻界及其规则的形成，没有充分重视民族、国家之间的文化差异。为此他对该书为读者贴上了“警示标签”。当然，他的《为什么民主需要不可爱的新闻界》和《好公民：美国公共生活史》于2010年和2014年先后在中国出版中译本后，其实也很快在学界畅销，不仅新闻学界，非新闻学界的学者们也纷纷撰写评论、引发讨论，甚至众多学界以外的人们也争相阅读。

而《发掘新闻》的意义，不仅讲述了新闻界唯一可称作旗帜的原则“客观性”在美国从无到有的故事，而且它开创了美国新闻史研究的社会科学路径。

作为新闻学的一个分支领域，新闻史研究在西方和中国有着不尽相同的地位，但却面临着共同的困境，那就是如何锚定自身在历史学科和新闻学科中所占有的地位。

在西方，新闻史研究长期以来亟待解决的一个问题是如何明确自身的独特性，从而与更为宽泛的媒介史（传播史）区分开来。不妨说，由于长期受限于媒介史的思路，新闻史研究始终缺乏某种可为学界普遍认可的独特价值。詹姆斯·凯瑞(James Carey）在1974年《新闻史》（*Journalism History*）杂志的创刊号上曾专门刊文，尖锐地指出：“新闻史研究迄今始终是一个捉襟见肘的领域。”[①] 凯瑞的这番锐利的评述，是针对当时美国新闻史研究的三个普遍性倾向而言的：第一，研究者大多持有改革派的立场，并在此立场上对新闻业的历史做出不无偏颇的阐释；第二，一味深掘史料，而缺乏足够的现实关怀，

---

① James Carey, “The Problem of Journalism History”, in Eve Stryker Munson and Catherine A. Warren, eds., *James Carey: A Critical Reader*, Minneapolis: University of Minnesota Press, 1997, p. 86.

与新闻的天性相抵牾；第三，"纪传体"色彩强烈，自始至终十分关注著名出版人、记者和编辑的经历，缺乏科学的规律性梳理。实际上，长期以来对新闻史和新闻学研究持悲观态度的知名学者不仅凯瑞一人。舒德森教授在 20 世纪 90 年代初，还曾用"老古董"（antiquarian）一词来形容新闻史研究，意指该领域始终存在的显著的价值判断和人文主义色彩；① 在他看来，《发掘新闻》的成功似乎并未令美国新闻史研究出现根本性的起色——当然，这并不完全是事实。

上述问题直到现在也仍然困扰着世界新闻史研究的某些领域。例如，英国谢菲尔德大学教授马丁·康博伊（Martin Conboy）便在 2010 年撰写的反思文章中指出，当下的（西方）主流新闻史研究存在五方面的问题：缺乏对"新闻"及"新闻业"等核心概念的普遍共识、以回顾历史的方式考察着眼于未来的新闻这一行为的内在分裂性、无法兼顾国家和全球语境、过分强调新闻的流行品质有可能导致对新闻真正意义上的大众化功能的不正确认识，以及总是倾向于对技术变迁进行"驯化"（domesticate）而不能正视新技术所驱动的行业创新。② 在康博伊看来，对于新闻本体认识的含混和新闻史研究方法论的保守性，自始至终都是该领域必须不断警惕和反思的"原罪"。

但事实上，今时今日的情况已与 70 年代初不可同日而语。由于社会学对传统新闻学的大举"入侵"以及大量接受过严格社会科学训练的学者从 70 年代中后期开始陆续进入新闻研究领域，并在 80 年代出版有影响力的著作，新闻史研究也开始呈现焕然一新的面貌："新的著述越来越多地将新闻业置于社会、文化和政治史的宏大脉络中加以考察，而且工作量浩大的内容分析法也开始成为新闻史的重要方法。"③ 这

---

① Michael Schudson, "Historical Approaches to Communication Studies", in Klaus Bruhn Jensen and Nicholas W. Jankowski, eds., *A Handbook of Qualitative Methodologies for Mass Communication Research*, London: Routledge, 1991, pp. 175 - 189.

② Martin Conboy, "The Paradox of Journalism History", *Historical Journal of Film, Radio and Television*, Vol. 30, No. 3, September 2010, pp. 411 - 420.

③ Mark Hampton and Martin Conboy, "Journalism History: A Debate", *Journalism Studies*, Vol. 15, No. 2, 2014, pp. 155, 163, 166.

一“社会学转向”的发生，不但在很大程度上改变了传统新闻史研究的面貌，也为该领域的发展演进提供了新的标准；而这一“转向”的发生，无疑以迈克尔·舒德森的《发掘新闻：美国报业的社会史》的出版为滥觞。

本文重顾《发掘新闻》一书的文本，并尝试从理论视角、方法论和观念遗产三个角度，对本书的内容、主旨和价值进行深入的“发掘”，从而反思前沿社会学对新闻史研究可能具有的潜力。

四 理论视角：超越描述与阐释

在20世纪70年代以前，新闻史研究的视角主要有描述性研究和阐释性研究两大类。前者以曾供职于《纽约先驱论坛报》的弗雷德里克·哈德森（Fredrick Hudson）于1873年出版的《美国新闻业》（*Journalism in the United States*）为滥觞，多按报刊、广播或影视媒体的产生、发展和演进脉络，广泛搜集史料、事无巨细地呈现史料，尤其注重对重要机构和人物的介绍。而后者则以莫特（F. L. Mott）于1941年出版的《美国新闻史》（*American Journalism*）和爱默里（E. Emery）于1954年出版的《报刊与美国：大众传媒解释史》（*The Press and America: An Interpretative History of the Mass Media*）为代表，这种视角强调从社会、政治和经济的情境中去解读新闻业的发展，超越了从新闻业自身的史料出发去总结新闻业发展规律的狭隘思路。[①]

从描述视角到阐释视角，我们可以很清晰地看到一种去中心化（decentralization）倾向的产生，那就是研究者逐渐正视新闻业与其他社会机构和社会领域之间相互构成甚至相互依存的关系，而不再试图将新闻视为一个绝对独立而自洽的领域。对此，长期在哥伦比亚大学新闻学院从事新闻史教学的安迪·塔克（Andie Tucher）教授的观点很有代表性。她说：“新闻既是文化的参与者，也是文化的后果，研究新闻史的本质也就是研究社会如何以不同的方式来告诉自己哪些故

① 陈昌凤：《从哈德森到夏德森：美国新闻史研究的视角和方法谈》，《新闻春秋》第6辑，四川大学出版社2003年版。

事是重要的，并且将这些故事作为真理来接受。"① 当然，新闻史研究的主流视角在20世纪中叶从描述式研究转向阐释式研究，在很大程度上是一种历史叙事（narrative）方式的改良，而远谈不上是理论视角的革命，这是因为，新增的阐释性的内容，其实仍无法脱离人文主义的价值判断色彩。由于无法从经验上升到理论的高度，故这些史料翔实、适于作教科书的著作，其实无法对行业发展的规律做出科学的总结。其中一个最显著的问题，便是新闻史研究者对新技术及其可能给行业带来的改变的忽视。例如，20世纪50年代初，电视机开始在以英美为代表的国家进行家庭普及，但作为新媒体的电视对业已成熟的广播新闻生产可能产生颠覆性的影响，却并未受到当时的绝大多数研究者的重视，他们大多将方兴未艾的电视新闻简单视为广播新闻的"视觉形式"。② 持人文主义倾向的研究者仍认为新闻业的一些基本价值规律，如"新闻价值"（News Values），始终具有超越媒介平台的普适性，不因印刷、广播和电视等媒介技术的不同而有本质的差异。1959年的一项针对（早期）电视新闻的研究甚至对电视媒介本身提出了尖锐的批判，指责其"为视觉而视觉"的特性违背新闻价值规律，导致了大量时间被浪费在不重要的新闻事件上。③ 针对媒介的文化批判当然有其存在的价值，但这不应当是历史研究者的任务。

因而，阐释式研究思路最主要的问题体现于，在认同新闻业的非中心化特征的同时，却又认定新闻业存在高度稳定、不会为社会变迁所改变的价值内核。这一问题导致了两方面的后果：第一，新闻史研究由于始终倾向于将"新状况"和"新语境"纳入某种"永恒"的规律中加以解释，甚至认为前者应当对自身加以改变去适应后者，一如约瑟夫·弗兰克（Jeseph Frank）于1961年斩钉截铁指出的：我们今天所认识的（政治）新闻的基本规律，早在1655年于英国出现的报

① Andie Tucher, "Teaching Journalism History to Joumalists", *Journalism Practice*, Vol. 5, No. 5, September 2011, p. 552.

② Sir Ian Jacob, *Broadcasting House*, London: BBC Written Archives Centre, 1954, T16/119/3.

③ *Presentation of News in the BBC Television Service: Report of a Study Group*, London: BBC Written Archives Centre, T16/48/2, p. 4.

纸雏形阶段便已形成了。[①] 第二，所谓的解释，其实是带有强烈人文色彩的价值解释，而非科学的、理论的解释，这种解释因而成了一套关于新闻业的带有伦理学色彩的规训性话语，它所强调的是新闻业和新闻从业者"应当如何"，而在这套话语的支配下，对新闻业发展演进规律的准确归纳也便无从谈起。

但《发掘新闻》的出版，超越了上述思路。它是第一部真正意义上的以社会科学而非人文科学为主导性理论视角的新闻史研究著作。在此书中，舒德森开宗明义，直接将矛头对准了被传统新闻学视为一般性规律的"客观性法则"。他反问："为什么批评人士认为新闻业就理所应当应该客观呢？商业性机构的第一要务就是生存，要求它们客观真是很奇怪。同样地，由于沿袭历史的原因，这些机构有的公开支持某党派，本身便带有政治性，对其提出客观性的要求也是很奇怪的。编辑、记者并没有似医生、律师或科学家那样的专业性机制，要求他们客观，也真是奇怪。"[②] 事实上，这部著作之所以在新闻学和新闻史研究领域拥有巨大而持续的影响力，主要原因便在于其对美国新闻业的一项通常被视为"不言自明"的行业价值标准——客观性法则——做出了冷峻的考察。通过深掘史料，舒德森发现，滥觞于便士报时代的美国现代新闻业，其实长期以来只是强调新闻事实信息的准确（accuracy），以及事实（fact）与观点（opinion）区分开来这两项操作性的准则，所谓的客观性则无从谈起；在 1894 年出版的一本名为《新闻业入门》（*Step into Journalism*）的业务手册中，甚至强调优秀的记者应当"持重和文采并重"，即使记者没有目睹事件，没有当事人的直接陈述，也可以运用想象力创造出一幅幅画面来。[③]

19 世纪末 20 世纪初是美国现代报业得以迅速成形的关键时期。这

① Joseph Frank, *The Beginnings of the English Newspaper*, Cambridge, M. A.: Harvard University Press, 1961.

② ［美］迈克尔·舒德森：《发掘新闻：美国报业的社会史》，陈昌凤、常江译，北京大学出版社 2009 年版，第 1、3、7、69、107、117、137、167—169、170 页。

③ ［美］迈克尔·舒德森：《发掘新闻：美国报业的社会史》，陈昌凤、常江译，北京大学出版社 2009 年版，第 1、3、7、69、107、117、137、167—169、170 页。

一时期美国新闻业经历了两个巨大的变化：新闻职业的出现以及报纸的工业化。以纽约地区为代表性个案，舒德森归纳出不同种类的报纸为迎合工业化转型社会中人的不同需求，而做出的两种不同的风格选择：他将以普利策（Joseph Pulitzer）报团旗下的《世界报》为代表的娱乐化风格称为“故事模式”，而将奥克斯（Adolph Ochs）主持下的《纽约时报》所倡导的严肃、庄重的风格称为“信息模式”。舒德森并未如传统新闻史家一般对两者做出高低优劣的判断，因为这两种风格的形成在他看来都是社会变迁导致的报纸功能分化和读者社会分层所带来的必然结果：“《世界报》……对新近接受教育的群体、刚从乡村进城的群体、工人阶层和中产阶级而言……恰好忠实地反映了他们的日常生活……《时报》奠定其‘高级新闻’的基础则在于它迎合了特定社会阶层的生活体验，这类阶层所处的社会地位使他们对自己的生活有较强的操控力。”①

在舒德森看来，即使在报业迅速发展、高度发达的19世纪末，美国也未能出现得以哺育客观性法则的土壤。但毫无疑问，“故事模式”和“信息模式”的差异和矛盾，预示着美国社会阶层之间的分化程度正在日趋加深，这种分化发展到一定程度，在特定外力的刺激下，则完全有可能导致共识的分裂，乃至冲突的产生。舒德森指出，从19世纪末开始，随着富裕的中产阶级逐渐搬离城市、移居近郊，“前所未有的阶级隔离”出现了，这一状况“在20世纪20年代以新的方式影响了美国的政治地理学局面”。② 与此同时，第一次世界大战的爆发及其导致的惨绝人寰的后果，使得民主市场社会的价值和内在逻辑受到前所未有的强烈质疑，极端怀疑主义开始在知识界和精英阶层中弥漫，最具代表性的莫过于沃尔特·李普曼（Walter Lippmann）对民主制度和“公众”（the public）的尖锐质疑。反理性思潮波及新闻业，带来的直接后果是公共关系行业的崛起，以及“事实”的衰落和记者职业

① ［美］迈克尔·舒德森：《发掘新闻：美国报业的社会史》，陈昌凤、常江译，北京大学出版社2009年版，第1、3、7、69、107、117、137、167—169、170页。

② ［美］迈克尔·舒德森：《发掘新闻：美国报业的社会史》，陈昌凤、常江译，北京大学出版社2009年版，第1、3、7、69、107、117、137、167—169、170页。

的存在危机。正是在这样的历史语境下，新闻业被迫做出了自己的反应：这种反应体现在业务层面上，是阐释性报道的兴盛；体现在观念层面上，则是客观性理念的滋生。用李普曼的话来说："当我们的头脑深刻意识到人类思想的主观性时，我们的心灵却前所未有地迸发出对客观方法的热情。"① 以李普曼为代表的新闻从业者和以普利策为代表的报业巨头，开始呼吁新闻专业主义教育，主张以"方法的统一"而非"目的的统一"来推动新闻业的专业化。至此，"客观性理想至高无上"的信念开始在新闻从业者中深入人心。

舒德森对客观性理念在美国新闻业出现过程中的考察，与其说是对传统新闻史研究思路的简单反拨，不如说是一种探求（美国）现代新闻业发展规律的尝试。由客观性法则的从无到有，舒德森发现，新闻业与社会变迁之间的关系并不是单向的、决定论式的；新闻业的发展演进既是社会互动的一部分原因，也是社会互动的一部分结果。他选择客观性理念作为归纳和挖掘这种规律的切入口，原因便在于该理念恰恰是新闻区别于其他纪录性社会机构和文本形态的核心所在。于是，不但现代新闻业的变迁规律得以厘清，新闻史相对于一般性的媒介史的独特性也得以彰显。他明确指出新闻业有其独特的使命，至今他依然强调新闻在一个民主国家是必要的，至于是印在报纸上，还是发在网站上，或者出现在 App 里，在他看来无关宏旨。他不久前还强调美国的新闻业这么多年来不断发展，有两个因素起了重要作用：一是市场本身以一种复杂的机制在运作，促进了媒体间的竞争，激发了优秀报道的生产；二是记者开始讲求新闻专业主义，并持续加强，在 20 世纪 60 年代末开始发生了一个重要的转变：记者不再以熟知体制内幕的知情者为荣，而开始追求监督的功能。这一观念引领着美国的记者，也深深影响了全球新闻行业和新闻教育领域。他的观点，与《发掘新闻》以来的研究成果是一脉相承的，重视新闻的独特性。他认为 20 世纪 60 年代、70 年代那种狭义的客观报道已经越来越减少，

① ［美］迈克尔·舒德森：《发掘新闻：美国报业的社会史》，陈昌凤、常江译，北京大学出版社 2009 年版，第 1、3、7、69、107、117、137、167—169、170 页。

今天采用的多是分析解释性的报道，要挖掘事件背后的内容。[①]

抓住新闻业的独特属性，在社会变迁的脉络中以点带面地深掘新闻业发展的规律，是《发掘新闻》在理论视角上对新闻史研究领域做出的一个不容忽视的贡献。一系列以之为参照系的社会学视角的研究成果相继问世，并使得新闻史研究在西方日趋成为一个兼顾史料记载与现实观照的、充满活力的领域，即使到了近十年间，仍佳作频出。如马塞尔·布罗斯玛（Marcel Broersma）2007 年主编的文集《新闻的形式与风格：欧洲报业与新闻的再现（1880—2005）》中收录的多篇文章，便分别从政治经济、技术革新以及叙事传统等角度，阐释欧洲近现代新闻业发展的一般规律；[②] “哥伦比亚大学新闻学院教授理查德·约翰（Richard John）在其 2010 年出版的《网络国家：发明美国电信业》一书中，将承载新闻的电信技术的政治经济学视为美国商业新闻业从 19 世纪末期开始逐渐发展壮大背后的重要规律性因素加以深入阐释；[③] 而近两年来好评如潮的乔纳森·希尔博斯坦 - 洛波（Jonathan Silberstein-Loeb）于 2014 年出版的《新闻的国际流通：美联社、报联社与路透社（1848—1947）》则深入挖掘知名国际新闻通讯社如何以联合的方式对新闻采集工作进行补贴，以及世界各国政府如何对大通讯社之间的联合予以应对的策略，从而归纳国际新闻流通的一般过程”。[④] 这些带有鲜明的社会科学色彩的新闻史研究成果，无不“强调在经济和技术的话语内实现对于新闻业的深入的历史性理解”；与此同时，又始终坚持“新闻作为一系列传统和实践的独特性”。[⑤] 而这

---

① 《专访哥大新闻学院领军人舒德森：新闻是必要的，报纸不是》，澎湃新闻，http：// www.thepaper. cn/newsDetail_ forward_ 1311820。

② Marcel Broersma，ed.，*Form and Style in Journalism：European Newspapers and the Representation of News 1800 – 2005*，Leuven：Peeters，2007.

③ Richard John，*Network Nation：Inventing American Telecommunications*，Cambridge，M. A.：Harvard University Press，2010.

④ Jonathan Silberstein-Loeb，*The International Distribution of News：The Associated Press，Press Association，and Reuters，1848 – 1847*，Cambridge：Cambridge University Press，2014.

⑤ Mark Hampton and Martin Conboy，“Journalism History：A Debate”，*Journalism Studies*，Vol. 15，No. 2，2014，pp. 155，163，166.

种理论视角上的重要转向，始自《发掘新闻》。

五 方法论：社会史

《发掘新闻》一书的副标题是“美国报业的社会史”，这标志着该著作在方法论上对传统新闻史研究的革新。正是对社会史方法的采用，使得《发掘新闻》在形态和叙事上令人耳目一新，并对后来的同类著作产生了深远的影响力。

社会史（Social History），也称新社会史（New Social History），是历史研究的一种方法。与传统的“政治史”（Political History）侧重于关注政权和领袖人物的活动不同，社会史将目光对准历史中的普通人，并尝试通过对日常生活经验的描述和阐释，来归纳历史演进的规律。社会史方法从20世纪60—70年代开始全面进入西方主流史学研究视域并保持持续的影响力，2014年的一项针对英国和爱尔兰大学历史学者的研究表明，26%的受访者以社会史为主要研究方法，而坚持传统政治史研究方法的人则为25%。德国历史学家于尔根·柯卡（Jürgen Kocka）曾对社会史方法做出两个层面上的界定：在表层上，社会史可以被视为历史学的一个分支，其关注的议题是实实在在的社会结构和社会过程；在深层上，社会史则是一种看待历史的全新方式，主张严肃审视为传统历史学方法所忽略的东西，包括“阶层与运动、城市化与工业化、家庭与教育、工作与休闲、流动、不平等、冲突与革命”，即强调“结构和过程加诸人物和事件的影响”。①

《发掘新闻》无疑是最早出现的“新闻社会史”的一本重要著作。一如舒德森在该书的绪论中所言：“我深信在新闻业和美国社会发展的关系中蕴含着一些至关重要的问题，这些问题从未有过答案，甚至未被提及。传统的美国新闻史研究谈到社会背景时只是一笔略过，我这本书却将重点放在研究现代新闻机制与经济、政治、社会、文化生

① Jürgen Kocka, *Industrial Culture and Bourgeois Society: Business, Labor, and Bureaucracy in Modern Germany, 1800–1918*, New York: Berghahn Books, 1999, p. 276.

活之间的互动关系上。”[①] 这意味着，在写作该书时，舒德森对美国新闻史的主流研究传统是有着清醒的认识的。受政治史方法影响，传统的研究方法多侧重于知名新闻从业者和知名报人的活动，以及重要新闻机构的“成就”。而舒德森选择了一套理念，一种价值观、道德观作为自己首要的研究对象；这套观念为全体新闻从业者所信仰和尊奉，是一套根植于新闻业日常生产和新闻从业者日常工作的话语，因而也就不可避免地与社会语境之间保持着密不可分的互构关系。一如有些学者所指出的，新闻既是作为一种叙事类型（genre）发展变迁的，也是作为一个职业（profession）发展变迁的，这意味着新闻既有其自身内在的规律，也不可避免地要受到外部条件的冲击——公关行业的大规模发展、诽谤法的修订，以及政权对新闻业的约束，都应当被纳入考察的范围。[②]

在舒德森看来，作为美国新闻从业者普遍奉为“圭臬”的客观性法则，其实也是一种既有其内在逻辑，也需在社会互动中不断改变形态的观念。例如，在该书的第五章，舒德森深入探讨国家的新闻管理政策与20世纪60年代美国社会风起云涌的批判文化对人们看待和评价客观性法则的方式所产生的影响，并借此指出任何行业理念都是自塑与他塑相结合的产物这一事实。他归纳了六七十年代社会舆论对客观性理念的三套批评话语：新闻报道的内容建立在一整套从未被质疑过的基本政治假设之上、新闻报道的形式构成了其自身的偏见，以及采访新闻的过程本身建构出一种旨在巩固官方观点的现实。[③] 这实际上是精确地阐述了客观性理念在社会历史变迁中的某种终极命运：从一套新闻从业者旨在拯救“衰落的事实”的话

---

① ［美］迈克尔·舒德森：《发掘新闻：美国报业的社会史》，陈昌凤、常江译，北京大学出版社2009年版，第1、3、7、69、107、117、137、167—169、170页。

② Mitchell Stephens, *A History of News*, New York: Oxford University Press, 2006; Monika Djerf-Pierre, “The Logic and Practice of Writing Journalism History: Some Thoughts on the Future of Research on Media History”, *Nordicom Information*, 2002, pp. 85 – 94.

③ ［美］迈克尔·舒德森：《发掘新闻：美国报业的社会史》，陈昌凤、常江译，北京大学出版社2009年版，第1、3、7、69、107、117、137、167—169、170页。

语策略，到一种最终为权力所吸纳并为既存社会秩序服务的话语资源。实际上，客观性理念与社会结构和社会过程互动的结果，是将自身转化成了一种如福柯所言之“真理的暴政”（regime of truth）。[①]由是，舒德森得出结论：“有一些职业实践中的仪式和程序会受到某种广义意识形态的保护。”[②] 他还表示了对另一位媒介社会学家盖伊·塔克曼（Gaye Tuchman）的赞同：“客观性就是一套具体的惯例习俗，之所以能够长久不衰，就是因为它可以降低记者为其文章负责的程度。”[③]

可以说，正是由于采用了在当时仍相当前沿的社会史方法，《发掘新闻》得以成功地从观念演进而非机构变迁和人物经历的角度，更为深刻地揭示美国新闻业的内在规律，并使历史研究的成果真正能够用于解释现实问题。美国历史学家保罗·约翰逊（Paul Johnson）曾指出，社会史方法能够使历史成为“一种预测性的社会科学”，[④] 这一不无争议的说法在相当大的程度上由《发掘新闻》在新闻史领域变成了事实，它证明了“环境……和结构是新闻的内容及新闻业实践的主要塑造者……必须将新闻业置于社会语境下，才能真正理解新闻的独特性及其与大环境之间的关系”。[⑤]

在《发掘新闻》的影响下，社会史成为西方新闻史研究的主导性方法，这在一定程度上也源于新闻业自身复杂的政治经济属性，及其与社会变迁之间极为密切的关系。英国历史学家乔治·特里维廉（George M. Trevelyan）曾指出：“离开了社会史，经济史会变得贫瘠，

① Michel Foucault, “Truth and Power”, in James Faubion, ed., *Michel Foucault Essential Works: Power*, Harmondsworth: Penguin, 2002, p. 131.

② ［美］迈克尔·舒德森：《发掘新闻：美国报业的社会史》，陈昌凤、常江译，北京大学出版社2009年版，第1、3、7、69、107、117、137、167—169、170页。

③ ［美］迈克尔·舒德森：《发掘新闻：美国报业的社会史》，陈昌凤、常江译，北京大学出版社2009年版，第1、3、7、69、107、117、137、167—169、170页。

④ Paul Johnson, “Reflections: Looking Back at Social History”, *Reviews in American History*, Vol. 39, No. 2, June 2011, pp. 379－388.

⑤ Mark Hampton and Martin Conboy, “Journalism History: A Debate”, *Journalism Studies*, Vol. 15, No. 2, 2014, pp. 155, 163, 166.

而政治史则会变得莫名其妙。”[①] 这对于新闻史的研究显得尤为重要。正是无数普通新闻从业者看似平淡无奇的日常经验，构成了作为美国新闻业价值基石的客观性理念，以及由此理念支撑起来的新闻业发展的内在规律。在这一过程中，自由市场的发展、民主制度的勃兴、世界大战的冲击、文化传统的浸润，都是不能被忽视的社会过程，因为每一位新闻从业者的观念，都是在这些社会过程中被培育和塑造出来的。事实上，舒德森的野心不止于此。社会史研究的终极目的，不在于揭示社会的某些断面，而在于从特定领域切入社会变迁的总体脉络，甚至对整个人类社会的历史进程做出“自下而上”的科学描摹。一如舒德森在《发掘新闻》的序言中所说：“我认为，在当代各专业、行业将知识和权威正规化的过程中，客观性是一种主导性理念；如果在某一行业内能发掘出其根基，我就有希望揭示其他行业的基础。”[②] 这便是《发掘新闻》得以在一定程度上超越传统的新闻史研究范畴，进而在新闻学、社会学和历史学发展的长河中，保有其地位的原因。

六 观念遗产：走向科学的新闻史研究

对《发掘新闻》留给新闻史乃至新闻学研究的观念遗产做出评价，并不是一件很容易的事。这是由两个方面的问题造成的。第一，在社会结构与社会过程中对某一行业的历史加以透析，不可避免要受制于研究对象所处的那个特定的社会语境，因此《发掘新闻》对客观性法则的考察究竟在多大程度上能够为其他国家和制度下的研究者所参考，还有待商榷。舒德森在为该书中译本所写的序言中也坦言：“这部书对美国之外的读者而言可能无关紧要……美国新闻界及其规范的形成，具备一些独特的美国特色。”[③] 如何正视一种学术思路和学

---

① George Trevelyan, *English Social History: A Survey of Six Centuries from Chaucer to Queen Victoria*, London: Read Books, 2008, p. i.

② ［美］迈克尔·舒德森：《发掘新闻：美国报业的社会史》，陈昌凤、常江译，北京大学出版社2009年版，第1、3、7、69、107、117、137、167—169、170页。

③ ［美］迈克尔·舒德森：《发掘新闻：美国报业的社会史》，陈昌凤、常江译，北京大学出版社2009年版，第1、3、7、69、107、117、137、167—169、170页。

术观点的“跨语境接受”问题，是决定《发掘新闻》在中国学界能够发挥何种作用的关键所在。第二，我们进行历史研究的目的是什么？这一问题若不能得到明确的回答，对于《发掘新闻》的“社会学转向”及其给新闻史研究方法论领域带来的革新的意义的评价，也便无法做到客观公允。舒德森本人在2015年所接受的一次访谈中坦言，自己从未接受过历史学的专门训练，因此“有些事情对有历史学博士学位的人而言，理所当然，但对我却不那么不言自明……但这也让我因此能提出历史学家不会或不能提出的问题”。[①] 这意味着，《发掘新闻》所关注的历史及其使命，与一般意义上的历史研究及其使命，可能有着很大的差别。这种差别是否也会影响到我们对这部著作的评价呢？

当然，对于上述两个问题，我们都没有办法在此时给出确切的答案。事实上，如前文所述，《发掘新闻》对新闻史研究做出的贡献，主要还是视角和方法论意义上的。亦即，在假设所有的新闻史研究者都能获得同样的史料和素材的前提下，社会学出身的舒德森发现了一条重新组织这些史料和素材，并以之为基础讲述了一个“新故事”、阐释历史规律的路径。这条路径在史料搜集的过程中并未真正打破传统的描述式研究思路，在对现象的解释上也未彻底跳出阐释式研究的框架。《发掘新闻》所做的工作，其实首要在于令新闻史脱离了人文学科的传统，而投入了社会科学的怀抱。只有如此，对史料的描述和解释工作，使新闻史上的现象能够上升到一般性的规律，甚至上升为理论和科学。

在社会学的“科学化”改造下，美国新闻史和新闻学研究者的工作最终突破了新闻文本和知名新闻从业者经历的束缚，他们开始切切实实地走进新闻业生动而波澜壮阔的发展演进的社会进程中。在回顾70年代开始从事新闻学研究的经历时，舒德森说：“甘斯和塔克曼当时整天就泡在新闻编辑室里，而吉特林则……通过采访了解他们，然后从更大的政治、社会学角度对他们的行为进行解释……对我而言，

---

① 邓建国、迈克尔-舒德森：《我对新闻业未来谨慎乐观——迈克尔·舒德森学术访谈》，《新闻记者》2015年第2期。

真正听新闻记者、编辑自己谈，谈他们的工作，谈他们的实践，这更能够吸引我和说明问题……如果中国有学者这么做新闻学研究，这就是一个突破。"[①] 也就是说，在社会学的指引下，新闻不再仅仅是作为文体和媒介内容产品的新闻，更是作为文化（即生活方式）的新闻，只有切实深入作为文化的新闻的历史变动之中，才能对人类社会这种独特的生活方式形成准确的理解。然而，这一自 20 世纪 70 年代中后期起即在美国新闻学研究领域变得不言自明的主流路径，在当下的中国新闻学和新闻史研究中却仍较为稀罕。是否从切实的经验出发去发现问题、提出问题、解释问题，是否从事实本身推衍结论而非依赖某些既有的价值或道德评判标准对现象做出判断，实乃社会科学取向的新闻史研究和人文思路的新闻史研究之间最显著的差异。正是在社会学路径的指引下，"不擅长历史"的舒德森得以实现了"新闻学内部史、论、业务的融通"，[②] 使新闻史研究的结论具有了理论价值和指导行业实践乃至预测行业前景的潜能。

当然，正如上文所提的那两个问题所预示的那样：舒德森在美国社会语境下使用的思路、方法和结论究竟能对中国的新闻史和新闻学研究具备多大的启发价值，以及从事历史研究的目的究竟在于冷峻描摹、供后人评说，还是对研究对象有着更为积极和深度的参与，这都是我们在借鉴和评价《发掘新闻》一书的观念遗产时必须慎重考虑的问题。但至少，舒德森的研究为整个新闻史领域打开了一扇窗、揭示了一种可能，那就是历史与科学之间并不存在无法打通的樊篱。"社会学转向"令美国的新闻史和新闻学研究焕发了青春，也对其他的社会与文化语境中的新闻史研究充满启发。

七 后记

最后，我要特别感谢舒德森教授的友爱和周到。在福冈的 2016 年

---

① 邓建国、迈克尔 - 舒德森：《我对新闻业未来谨慎乐观——迈克尔·舒德森学术访谈》，《新闻记者》2015 年第 2 期。

② 田秋生：《迈克尔 - 舒德森的新闻史研究取径》，《全球传媒学刊》2015 年第 4 期。

ICA 年会期间，我在 6 月 10 日他宣读完论文后跟他说起这部《发掘新闻》的中译本已经售罄，即将出第二版，他便告诉我第二天有一场活动与该著作相关。第二天即 6 月 11 日下午，我和我的好友、密苏里大学新闻学院的张咏教授［Yong Z. Volz，新闻史专家，曾任美国新闻与大众传播教育学会（AEJMC）新闻史分会的会长］早早就赶到了他所记录的活动地点，原来他说的就是 ICA 的年度颁奖会和会长离职前的演讲会（The ICA Annual Awards Ceremony and Presidential Address），我和张咏占到前面中间第二排的座位，置身于 ICA 的前主席们之中，最主要的目的是要更清楚地了解与舒德森教授《发掘新闻》相关的活动。会后我立即跑到右侧第一排，希望拍一张舒德森教授的奖牌和他拿奖牌的照片，舒德森教授非常配合地从众多围着他祝贺他获得院士图书奖的学者群中，走到 ICA 会议背板前，抱着他刚刚获得的奖牌让我给他照了相。很庆幸我去了现场，获得了一手信息，否则连二手信息都无法获得——ICA 并不重视他们自身活动的对外传播，因此什么学界大咖获奖、学会主席致辞，他们都没有报道，即使到现在，我在网上都搜不到一条舒德森教授获此奖的信息——只搜到了两条我自己在现场发的微博。

还要特别感谢一下舒德森教授在 2008 年常江和我翻译这部著作时给予的热情帮助。他在百忙之中为我们 2009 年出版的第一版中译本写了一篇十分用心的序，他非常中肯甚至非常严厉地审视、批判了自己的作品，并且梳理了自这部《发掘新闻》出版后他的学术脉络。后来在 2011 年 10 月，他的《新闻社会学》第二版出版后的一周，他还曾委托正在他那里访学的富布莱特访问教授黄煜老师致信于我，很希望我们再翻译一下他的《新闻社会学》第二版，或托付我找人完成此项任务。由于版权等方面的原因，我未能完成他的嘱托，甚是遗憾。他待人的诚恳与热忱，一如他对待学术，成为我们的楷模、榜样。

感谢国际传播学会院士、“国际传播学会院士图书奖”2015/2016 评委、香港中文大学陈韬文教授对我关于图书奖评选机制、程序、评委会意见的采访邮件的认真而细致的回复，感谢香港浸会大学协理副校长黄煜教授通过微信帮我确定“院士图书奖”的译名，感谢《发掘新闻》中译本合译者常江博士的努力和支持。当然，还要特别感谢亲爱的张咏！她的友谊、对学术的执着和热忱不仅感动着、帮助着我，而且鞭策着我。

The Sociological Turn of Journalism History Studies: On *Discovering the News: A Social History of American Newspapers*

Abstract This article offers a thorough interpretation of the renowned American journalism scholar Michael Schudson's masterpiece *Discovering the News: A Social History of American Newspapers*. Scrutinizing the text in three dimensions-perspective, methodology and influence-this article tries to map the influences the book has towards contemporary journalism history studies and journalism studies. The article concludes that the major change that the "sociological turn" has brought into journalism history studies is demonstrated in the "scientization" of history studies, which has greatly enhanced the role of journalism history in the interpretation and prediction of the overall evolving patterns of the future of journalism.

Keywords Discovering the News; Schudson; Journalism History; Social History

新中国新闻学知识图谱：从人民新闻学到中国新闻学*

李　彬　李　飞**

摘要　从新中国新闻学的演进脉络考察其知识图谱，以探寻新时代新闻学及其学科体系、学术体系和话语体系“从哪里来，往哪里去”的路线图。七十年来，中国社会发生了沧海桑田的变化，新闻学也经历了从“人民新闻学”到“现代新闻学”的变迁，学科理论的主轴从“政治”转向“科学”。与此相应，新闻学已从社会动员与政治运动的一整套有机经验，蜕变为正规化、职业化、学院化的新闻知识生产。如今，这一制度化并日渐内卷化的“现代新闻学”也到了一个十字路口。为呼应新时代以人民为中心的使命并推动“人类命运共同体”，需要重思“人民新闻学”，超越“现代新闻学”，寻求守正创新的一种整体性方案——中国新闻学。

关键词　人民新闻学；现代新闻学；学科体系；学术体系；话语体系

中华人民共和国成立七十年来，中国社会发生了天翻地覆的巨变，

---

* 清华大学文科振兴基金基础研究专项“中国新闻社会史”（项目编号：20175080068）阶级性成果。

** 李彬（1959—），新疆乌鲁木齐人，清华大学新闻与传播学院教授，博士生导师，从事新闻学、传播学、符号学研究；李飞，中华女子学院讲师。目前研究方向为中共党报党刊理论与新闻事业研究、中国妇女解放与传媒实践、新媒介社会文化史等。

新闻学及其学科体系、学术体系和话语体系也经历了一波三折的演进。如果说中国道路的风雨历程是“左一脚，右一脚，深一脚，浅一脚”①，那么新闻学也同样是一路风风雨雨，如今面临新时代与百年未有之变局，也来到一个何去何从的十字路口。一方面，处于意识形态前沿的新闻舆论工作及其治国理政、定国安邦的意义日益显豁，中国道路及其新闻实践留下的丰富遗产亟待问题化、学术化与理论化，习近平更将新闻学提升到前所未有的高度，与文史哲等十大学科并称为哲学社会科学领域“具有支撑意义的学科”②；另一方面，中国特色、中国气派、中国风格的新闻学及其学科体系、学术体系和话语体系，在以洋为尊、以洋为美、唯洋是从的学术进路中依然举步维艰，可谓“草色遥看近却无”③。而其中的专业危机、文化危机乃至政治危机正如有研究者指出的：媒体经营、公共关系、舆情产业、政务传播、品牌营销等彼此勾连，使媒体逻辑不断侵蚀政治逻辑，越来越形成一套强大的、左右世道人心的“媒体化政治”④。从 2011 年的甬温线“动车事故”被演绎为“高铁危机”，到 2019 年岁末来势凶猛的“华为”事件无不如此。为此，审视新闻学的知识生产，在今天就显得尤为迫切。套用邓正来的说法，学界更多关注的是新闻学“知识研究本身的问题”，将之编织于累积的、进步主义的学科叙事之中，而问题恰恰在于反思这一“知识生产机器”⑤。长期以来，新闻学“知识生产机器”已使自身同新闻实践以及更广泛的社会政治实践越来越隔膜、越来越疏离，也使新闻学不断陷入“内卷化”境地。然则，何去何从？由于这一问

① 王绍光：《如何摸着石头过河?》，潘维编《中国模式：解读人民共和国的 60 年》，中央编译出版社 2009 年版，第 379 页。

② 《习近平：在哲学社会科学工作座谈会上的讲话》，《新华每日电讯》2016 年 5 月 19 日第 2 版。

③ 相关观点参见李彬《新闻学的春天与冬天：对中国新闻学的再反思》，《山西大学学报》（哲学社会科学版）2019 年第 5 期。

④ 王维佳：《反思当代社会的“媒体化政治”》，《新闻大学》2017 年第 4 期。

⑤ 邓正来在论及对知识生产考察的时候，强调“必须关注知识研究本身的问题，而且还必须对中国既有的‘知识生产机器’进行反思和批判”。参见邓正来《知识生产机器的反思与批判——迈向中国学术规范化讨论的第二阶段》，《西南政法大学学报》2004 年第 3 期。

题错综复杂，牵连广泛，本文拟从新中国七十年新闻学知识图谱及其演进脉络，探寻其学科体系、学术体系和话语体系从哪里来、往哪里去。

一 人民新闻学

任继愈先生认为，中华五千年的历史无非两件大事，一是建立多民族、大一统的封建国家，即所谓旧中国或老中国；一是近代以来，摆脱帝国主义列强和封建势力，建立人民民主的现代化国家，即所谓新中国[①]。"人民新闻学"就是在这一广义的新中国语境中形成的新闻学结晶，其象征莫过于1945年重庆谈判期间，毛泽东做客《大公报》后应邀留下的墨宝——"为人民服务"[②]。在中国革命与社会主义建设的历史进程中，"人民新闻学"从实践到理论都确立了中国新闻事业的正当性与正义性。尽管"人民"的概念在不同时期的具体所指有所差异，但核心内涵始终是最广大的人民群众，亦即唯物史观推崇的历史的创造者与主人翁。

（一）作为人民新闻学源点的"人民"

1942年3月31日，在延安《解放日报》改版座谈会上，毛泽东开宗明义提出一个根本的问题、原则的问题——"共产党的路线，就是人民的路线"[③]。"共产党的路线"与"人民的路线"相统一，也是新闻工作"党性"与"人民性"相统一的基础。1946年初，在华中新闻专科学校的讲话《论人民的报纸》中，范长江进一步提出"人民的报纸"的观念[④]。这种"人民的报纸"的新闻实践伴随着中国共产党

① 任远、任重：《一份谈话记录和半个世纪的演绎》，《中华读书报》2016年4月6日第9版。

② 李满星：《毛泽东为〈大公报〉题写"为人民服务"的前前后后》，《文史春秋》2015年第12期。

③ 毛泽东：《在〈解放日报〉改版座谈会上的讲话》，《毛泽东新闻工作文选》，新华出版社2014年版，第109页。

④ 范长江：《论人民的报纸——1946年初在华中新闻专科学校的讲话》，《新闻研究资料》1982年第1期。

在政治与军事上的胜利，在人民共和国的新闻战线全面铺展开来，从而进一步形塑了“人民新闻学”的实践面貌与理论面貌。

顾名思义，人民新闻学自然以人民为主体并以人民为中心。《在延安文艺座谈会上的讲话》中，毛泽东对“人民”的解答既具体，又为不同层面和角度的理解提供了阐释空间：“什么是人民大众呢？最广大的人民，占全人口百分之九十以上的人民，是工人、农民、兵士和城市小资产阶级。”[①] 在这个界定中，“人民”的概念从阶级属性、职业属性以及规模层面进行了阐述，其中涵盖的四种人群也是中国革命与中国共产党所锻造的、实现再造新中国即现代中国这一政治目标的实践主体。对此历史主体的认识也是在费正清所言“伟大的中国革命”中逐步形成的。毛泽东五四时期创办《湘江评论》之际，还曾采用西方现代启蒙视角审视中国的芸芸众生，因此陷入对现实的极度失望：“中国的四万万人，差不多有三万万九千万是迷信家。迷信神鬼，迷信物象，迷信运命，迷信强权。全然不认有个人，不认有自己，不认有真理。”[②] 这种自上而下的视角延续着近代欧洲的“启蒙”思路，知识精英以高高在上者自居，“把群众看成是阿斗，自认为自己是诸葛亮，我是来教育阿斗的”[③]。然而，由于新中国的建国历程面临着空前强大的内外敌人，为了推翻“三座大山”，中国革命与中国共产党必须诉诸最广大的人民群众：“革命战争是群众的战争，只有动员群众才能进行战争，只有依靠群众才能进行战争”[④]；“既要依靠群众的实践去改造世界，又要依靠群众的实践来认识世界”[⑤]。因此，五四之后，大批有觉悟的知识分子新青年纷纷走向民间，走向人民，走向与

① 毛泽东：《在延安文艺座谈会上的讲话》，《毛泽东选集》（第三卷），人民出版社1991年版，第855页。

② 中共中央文献研究室编：《毛泽东早期文稿》，湖南人民出版社2008年版，第281—282页。

③ 冯契：《坚持价值导向的“大众方向”——在“改革开放与社会价值导向”全国学术研讨会上的讲话》，《探索与争鸣》2015年第11期。

④ 毛泽东：《关心群众生活，注意工作方法》，《毛泽东选集》（第一卷），人民出版社1991年版，第136页。

⑤ 中国人民大学新闻系编：《马克思主义新闻学理论基础》，1960年油印稿，第3页。

工农相结合的道路。唤起工农千百万，同心干，共产党立足唯物史观的群众路线更是通过马克思主义的政治实践与政治传播，实现对人民大众的召唤、组织与领导，在理论联系实际的革命斗争中不断凝聚起中国历史上前所未有的政治共同体——“人民”。其间，“人民”的内涵也随着不同时期的主要矛盾而变化。中华人民共和国成立后，毛泽东说道：“在建设社会主义的时期，一切赞成、拥护和参加社会主义建设事业的阶级、阶层和社会集团，都属于人民的范围；一切反抗社会主义革命和敌视、破坏社会主义建设的社会势力和社会集团，都是人民的敌人。”①

所谓人民新闻学及其实践主体即属这一宏大叙事的“人民”，新闻工作也自然从属于独立、自由、解放的革命事业与社会主义现代化事业，并通过新闻这种现代政治与传播方式，将一盘散沙的亿万各族群众凝聚成具有政治觉悟与实践能力的历史主体，推进翻天覆地的伟大斗争与改天换地的伟大革命。也是在这个意义上，胡乔木在延安时期曾把报纸比喻为“人民的教科书”，1951 年习仲勋在西北报纸工作会议上的讲话也把新闻工作等同于群众工作。这里，新闻工作既通过社会关系网络落实群众路线：“为了联系群众，记者和通讯员网、读者会、读报组、写作网、读者来信、读者来访、帮助宣传员等项工作必须认真去做。”② 又能动地保持开门办报的“业余”路线③：“必须吸引广大群众中的积极分子参加报社工作，必须彻底肃清关门办报的思想残余，必须使报纸和亿万群众呼吸相通，成为党中央与群众之间的最有效的纽带之一。”④ 在中华人民共和国的新闻工作中，记者更成为党和人民之间的“媒介”。这种“专业”定位，自然对记者提出“联系实际，不尚空谈”（毛泽东）的一系列“专业化”要求：“记者的任务，是通过实际的斗争来帮助党和国家解决问题，那就必须了解

① 毛泽东：《关于正确处理人民内部矛盾的问题（之一）》，《人民日报》1957 年 6 月 19 日第 1 版。

② 范长江：《范长江新闻文集》，新华出版社 2001 年版，第 1123 页。

③ 李海波：《业余路线：延安时期新闻大众化运动研究》，清华大学出版社 2018 年版。

④ 范长江：《范长江新闻文集》，新华出版社 2001 年版，第 1123 页。

实际斗争”[①]，“不仅要正确反映实际，而且还要促进实际的发展，反映的目的就是为了促进”[②] 等。这也是共产党与共和国新闻事业始终强调“倡导性”（舆论导向、正面宣传为主等），反对“客观”性的关键所在。显然，这是一条不同于西方基于“公民社会”（维护私有制与财产权、平衡利益集团与法权体系、捍卫并传播自由主义意识形态，以及推行自欺欺人的所谓客观、公正、中立的新闻专业主义等）而形成的新闻进路：“它应该是与人民群众有着广泛的亲密的联系；它应该时时刻刻关心群众的利益，深切地懂得群众的要求，生动、具体地反映人民群众生活中各方面的模范的榜样，实事求是地指出工作中的缺点与错误和严正地揭发各种犯罪行为。”[③]

如果说资本主义国家的所谓“公民社会”及其专业主义的“公民新闻学”以抽象的“人性论”为前提，如追求新闻的趣味性、人情味等新闻价值，那么，新中国致力于人民当家做主的“人民社会”及其“人民新闻学”，则蕴含着新闻实践与新闻理论的“阶级论”与阶级分析法，以及顺理成章并至关重要的“无产阶级专政”[④]，亦即“人民民主专政”。

与此相应，依据唯物史观与阶级分析，“人民新闻学”对新闻自由同样进行了区分，一种是资产阶级或剥削阶级的新闻自由，一种是无产阶级或劳动人民的新闻自由，从而在新闻理论与实践上维护人民主体的政治地位与表达自由。1957 年，新中国新闻业与新闻学的先驱者安岗撰文，指出社会主义报刊有“专政和民主两方面的作用”，“是党和人民联系的纽带，是社会主义利益的捍卫者，是阶级的

① 邓拓：《在〈人民日报〉记者会议上的谈话摘要》，《邓拓全集：第五卷》，花城出版社 2002 年版，第 312 页。

② 中国人民大学新闻系编：《马克思主义新闻学理论基础》，1960 年油印稿，第 12 页。

③ 《加强报纸与人民群众的联系》，《人民日报》1950 年 4 月 23 日第 1 版。

④ 在《国家与革命》中，列宁有段著名论述：“阶级斗争学说不是由马克思，而是由资产阶级在马克思以前创立的，而且一般说来，是资产阶级可以接受的……只有承认阶级斗争、同时也承认无产阶级专政的人，才是马克思主义者。”参见《列宁选集》（第三卷），人民出版社 1972 年版，第 199 页。

前哨战士”①。这一切自然使社会主义革命与建设中的人民新闻业与新闻学具有鲜明的政治意味，如同西方资本主义国家的新闻业与新闻学具有同样鲜明的政治意味，其中尤为突出的是无产阶级的政治立场、共产主义的价值理想、全心全意为人民服务的专业定位等，从而以此推动马克思所说的社会主义的四大历史命题：

> 达到消灭一切阶级差别，达到消灭这些差别所产生的一切生产关系，达到消灭和这些生产关系相适应的一切社会关系，达到改变由这些社会关系产生出来的一切观念的必然的过渡阶段。②

（二）人民新闻学及其学科体系、学术体系和话语体系

价值上以人民为中心、实践上以人民为主体的“人民新闻学”，也是基于一整套马克思主义的“实践论”：“无产阶级及革命人民改造世界的斗争，包括实现下述的任务：改造客观世界，也改造自己的主观世界。”③ 一方面，就像新闻战线的老兵戴邦1956年撰文写到的，“人民新闻学以客观、真实、公正、全面的科学的态度进行新闻报道，在人民群众中建立了高度的威信”；一方面又如吴冷西揭示的，“我们的新闻，不是为了报道而报道的，而是要指导实际工作和群众思想的”④。两方面结合，便构成了毛泽东说的“主观与客观、理论与实践、知与行的具体的历史的统一”⑤。这种系统的而非零碎的、实际的而非抽象的知行合一，赋予新闻工作以贴近实际、贴近群众、贴近生活的丰富内涵，至于新闻是否真实就不是遵循所谓客观法则，

---

① 安岗：《捍卫社会主义的新闻路线——为庆祝十月社会主义革命四十周年而作》，《教学与研究》1957年第11期。

② ［德］马克思、恩格斯：《马克思恩格斯选集》（第一卷），人民出版社2012年版，第532页。

③ 毛泽东：《实践论：论认识和实践的关系——知和行的关系》，《人民日报》1950年12月29日第1版。

④ 吴冷西：《人人要心中有数》，《新闻业务》1951年第4期。

⑤ 毛泽东：《实践论：论认识和实践的关系——知和行的关系》，《人民日报》1950年12月29日第1版。

而是接受人民社会生活实践的检验。赵汀阳的一个论断也适用于此："逻辑上为真（true）只是纯粹形式的真，却不是真实（real）。只有真而不空才是真实。"① 由此，人民新闻学对新闻记者自然提出马克思主义认识论与实践论的要求，在"人民创造历史"的前提下，在革命与建设工作中凝聚"人民主体"也自然成为新闻的第一要义。如习仲勋在《新闻工作就是群众工作》一文中说道："报纸、新闻工作就是群众工作；报纸、新闻工作者就是群众工作者。是比工会、青年团、妇联、农会等更加广泛，更多方面的群众工作。"② 也因此，中华人民共和国一成立，就在新闻工作中全面落实"人民新闻"的实践传统与精神价值。在1950年3月29日召开的全国新闻工作会议上，时任新闻出版总署署长的胡乔木立足于全国新闻战线工作的实际情况，强调从三方面改进新闻工作：联系实际，联系群众，批评与自我批评③。

1950年11月，在新华社第一次全国社务会议上，吴冷西也谈道："人民新闻学的基本原则是以最大多数人民的最大利益为依归，对此有利的多报道，对此利少者则少报道，对此无益甚至有害者则不报道，反对客观主义和所谓'有闻必录'。"④ 由于"人民新闻学"的基本原则始终围绕"人民的最大利益"展开，是一种强调价值介入与政治参与的新闻生产活动，并始终注重新闻中所凝结的党与人民的血肉联系，因而共产党与共和国的新闻生产方式同客观主义的商业化、职业化新闻生产方式自然迥异其趣⑤。

这种人民主体也落实在新闻学术领域。在1956年中国报刊史教学

① 赵汀阳：《历史·山水·渔樵》，生活·读书·新知三联书店2019年版，第20页。

② 习仲勋：《新闻工作就是群众工作——习仲勋同志在西北工作会议上的讲话摘要》，《中国报刊研究文集》，上海人民出版社1960年版，第316页。

③ 胡乔木：《胡乔木文集》（第二卷），人民出版社2012年版，第342页。

④ 吴冷西：《把新华社的报道工作提高一步》，《吴冷西论新闻报道》，新华出版社2005年版，第7页。

⑤ 向芬：《新闻学研究的"政治"主场、退隐与回归——对"新闻论争三十年"的历史考察与反思》，《清华大学学报》（哲学社会科学版）2018年第1期。

大纲座谈会上，胡乔木提到“布尔什维克报刊工作的基本问题，应当通过报刊史来加以阐释”，“报刊史的重要任务之一，就是对报刊工作者进行思想教育，因此必须详细地介绍一些接触的报刊工作者的工作作风和工作方法”①。在这种学术思潮下，李龙牧、丁树奇、黄河、刘爱芝等在20世纪50年代初编撰了新中国第一部《中国现代报刊史讲义》，对从共产党成立到中华人民共和国成立的中国报刊史进行了梳理，勾勒了一幅从民主主义革命走向新民主主义革命的新闻图谱②，并形成了后来《中国新闻事业史（新民主主义时期）》的大体理论框架，由此搭建起一种新中国新闻史学以及新闻学的知识框架——所谓学科体系、学术体系和话语体系③。这一体系框架浸润着马克思主义唯物史观，更为突出报刊在不同阶级及其政治斗争与思想斗争中的历史作用，以及“人民新闻学”的革命传统，也使“报刊是阶级斗争的工具”成为一代新闻记者与学者的基本共识。同时，这一体系框架对“现代”的理解不仅纳入从五四新文化到中国革命与中国共产党的丰富传统，而且包含着对西方现代性的批判与超越。也就是说，对现代、现代化、现代性、现代文明等认识不是去政治化而是高度政治化，以至于今人甚至觉得过度政治化。例如，方汉奇的《太平天国的革命宣传活动》《帝国主义在中国办的外文报纸》《辛亥革命时期的〈大江报〉》等文章，在书写革命报刊的正当性与正义性的同时，也对帝国主义文化侵略及其买办传统进行了揭露与批判。特别是1960年中国人民大学新闻系开展的一场影响广泛的学术批判，还曾惊动中宣部，为此派出调查组在新闻系蹲点四个月，“取得了圆满的结果”（罗列语），并体现在一份翔实的调查报告之中。这份报告涉及一系列人民新闻学核心问题及其基本结论，如报纸的性质、党性和真实性，报刊新闻遗产的批判继承，报纸的产生等，堪称人民新闻学的最高水平与

① 胡乔木：《对编撰中国报刊史的意见》，《胡乔木谈新闻出版》，人民出版社2015年版，第199页。

② 《中国现代报刊史讲义（初稿）》，油印本，中国人民大学内部讲义。

③ 方汉奇在访谈中曾经对此有详细梳理。参见方汉奇、王天根《中国新闻史研究的回顾与展望——方汉奇先生治学答问》，《安徽大学学报》（哲学社会科学版）2015年第2期。

集中体现[①]。

总体看来，人民新闻学及其学科体系、学术体系和话语体系，在三条源流即马克思主义与国际共产主义、中国革命与中国共产党、奠基于延安整风的党报理论与实践的有机融合中，经过一代人真心诚意的耕耘，曾经达到高度的理论自洽与学术自信，也形成历史与逻辑有机统一的思想体系，从而既推进了中国的社会主义革命与建设事业，又促进了世界范围的民主进步的新闻业与新闻学，既为中国新闻业立心、立命、立法，又培养造就了成千上万脚踏实地为人民服务、为社会主义服务的新闻工作者。当然，人民新闻学囿于历史条件与自身局限难免存在种种缺憾，如同中国道路从来不是一帆风顺的，如过度政治化、日趋教条化、最终八股化等更同社会主义建设时期的“极左”偏差不无关系。即使如此，熔铸其中的马列主义、社会主义、共产主义之灵魂，立足中国革命、建设及其新闻实践之格局，心口如一追求真理之气象，依然堪称中国新闻学自立于世界学术之林不得不尊奉的人间正道。应星论及阶级斗争命题及其政治性与伦理性内涵也适用于此：

> 阶级斗争概念在战争年代主要表现出来的是夺取政权的政治内涵，但这往往使人忽略了阶级斗争概念所具有的更为重要的伦理内涵。夺取政权只是革命的手段，通过阶级斗争谋求社会平等，塑造社会主义“新人”和“新世界”，才是革命的真正目的。也正因为此，列奥·斯特劳斯才批评施米特那种将划分敌友界定为政治概念的做法是肯定了政治而否定了道德，并没有真正解决现代社会“非政治化”的问题，究其实，“对政治的肯定最终无非是对道德的肯定”。从西方现代性伦理来说，共产党人企图通过阶级斗争所提出的平等问题与自由主义关切的自由问题构成了张力。从中国近代社会来说，从太平天国运动到科举制废除等一系

① 《附录二：中国人民大学党委关于新闻系学术讨论的总结》，《中国教育口述史——罗列教授等亲历新闻教育往事回忆》，重庆大学出版社 2012 年版，第 209—225 页。

列重大历史事变带来了社会夷平的局面，传统中国的德治秩序和双轨政治格局被破坏，需要重新建立一个新的伦理秩序。中共早期领导人在接受马克思主义时就已经赋予了自己通过阶级斗争再造“新德治”秩序的使命，只是这一使命后来被紧张的政治、军事斗争所遮蔽，直到延安整风时才开始展露出来，并在1949年后得以全面铺开。①

二 现代新闻学：追寻现代性愿景的科学方案

改革开放以来，由于工作重心转移到经济建设，新闻重心也随之调整。在反思历史、拨乱反正的背景下，曾经作为“人民新闻学”对立面而受到批判的新闻观念，包括“资产阶级新闻学残余”也不分青红皂白一一被“平反”，并以知识增量的方式开始合法化。这一“再翻转”以及围绕着“现代”及其“新闻学”而展开的知识生产，数十年来日积月累地形塑了另一套新闻学及其学科体系、学术体系和话语体系。正如王维佳分析的，改革开放初期，包括新闻学者的新启蒙知识分子有“十分明确而完整的‘现代化’蓝图，即按照成熟市场关系下的法权秩序推动中国社会的‘转型’，直至重构整个中国的上层建筑”。作为这个“现代化”蓝图的组成部分，20世纪80年代的新闻学完成了三项任务：一是推动新闻传播理论从“政治化”到“科学化”的转型，“以此完成对中国前一个历史时期传播理念和传播机制的涤荡”；二是“构建‘人类传播’从落后到先进的一套历史主义叙述，把西方商业传播模式的伦理和原则普遍化和规律化”，以此“廓清中国传播业的具体转型路径”；三是“提出了信息服务、受众需要、媒体属性、商品机制、新闻法等理解现代传播机制的‘元问题’，框定了日后新闻传播研究政治想象的边界”②。

随着社会政治由“革命化”转向“现代化”，新闻学也由“人民

① 应星：《“把革命带回来”：社会学新视野的拓展》，《社会》2016年第4期。

② 王维佳：《新时代的知识挑战：中国新闻传播研究面临的几个历史性问题》，《新闻与传播评论》2019年第1期。

性”转向“现代性”。不过，“现代化”“现代性”“现代文明”等已经开启“去政治化”的逻辑，既一步步抹去中国革命与社会主义现代化的“现代”意味——国家独立、民族解放、中国人民的现代化等，也一点点遮蔽西方列强与资本主义的“现代”意味——帝国、殖民、战争等。对此，赵月枝写道：“‘中国’对‘西方’也罢，‘传统’对‘现代’也罢，‘中国化’也罢，‘本土化’也好，被忽略的往往是本土化了的中国社会主义理论和实践这一‘传统’，不被认同的是林春所阐述的中国特色就是社会主义这一立场……要在后革命中国的改革开放语境下引入这个包含‘现代与传统’对立的框架，就必须‘虚无’掉中国从 1919 到 1979 年的现代革命和社会主义建设传统。”① 其实，早在 1985 年 3 月 7 日，邓小平在全国科技工作会议的讲话中特别提醒：“我们干的是社会主义事业，最终目的是实现共产主义。这一点，我希望宣传方面任何时候都不要忽略。现在我们搞四个现代化，是搞社会主义的四个现代化，不是搞别的现代化。”② 习近平总书记 2013 年 1 月 5 日在新进中央委员、候补委员学习贯彻党的十八大精神研讨班上的讲话，也一脉相承地明确指出：“中国特色社会主义是社会主义，不是别的什么主义。”③

然而，身处 20 世纪 80 年代去政治化的历史语境，出于对所谓“语录新闻学”以及群众运动式新闻路线的反思，新闻界在反诸新中国前十七年优良传统之际也日益热切地求诸异邦，试图在古今中西去政治化的比较中，重构一套进步主义的“现代”新闻业及其新闻学：相对于“进步”的西方新闻业与新闻学而言，中国新闻业与新闻学是落后的。随着“科学技术是第一生产力”以及去政治化的“现代”想象，此前被抑制的新闻生产市场化以及新闻产品消费化越来越成为关注重点，而前三十年轰轰烈烈的办报路线之争则“人渐不闻声渐消”。

① 赵月枝：《否定之否定？从中外传播学术交流史上的 3S 说起》，《国际新闻界》2019 年第 8 期。

② 中共中央文献研究室编：《邓小平年谱（一九七五——九九七）》，中央文献出版社 2004 年版，第 1032 页。

③ 习近平：《关于坚持和发展中国特色社会主义的几个问题》，《求是》2019 年第 7 期。

前三十年特别是前十七年，新闻理论与实践一直高度关注两条路线——“群众办报”路线与“资产阶级专家办报路线”[①]。专家路线寄情民国时期所谓职业化、商业化的传统，实际上也是西方新闻传统，更强调新闻生产的专业面向，如采写水平、经营发行、广告收益等，更强调新闻的消费属性与社会服务功能，从而也更侧重于软性新闻（feature news）的资源开发与新闻商业价值的实现。而从群众中来、到群众中去的办报路线，经过延安整风和《解放日报》改版，虽然成为共产党与新中国的新闻主流，但明里暗里始终难免与“民国”“西方”新闻观及其“现代性”磕磕碰碰。《新民晚报》老报人赵超构1957年就曾检讨自己“资产阶级的纯技术观点”“专家办报思想抬头”“盲目提倡报纸趣味”等[②]。如果说两条办报路线是基于“新闻战线的社会主义革命”[③]，那么，以经济发展为蓝图的现代化方案则为“现代新闻学”提供了可能性以及现实可行性，如有研究者所言：“把新闻媒介从以阶级斗争为纲的轨道上转到为经济建设服务上来，直接为发展社会主义商品经济服务。”[④] 由此，新闻开始从人民共同体的政治性纽带逐步转型为一种社会性消费品，新闻学知识生产也从服务党和人民的经验积累、理论建设、人才培养等，逐渐转型为一套面向市场的、所谓“去政治化政治”的学术生产，并陷入日益内卷化的“精致的平庸”。

---

① 在当时的《马克思主义新闻学理论基础》之中就有明确论述，“群众办报路线”强调“工农劳动群众是我们报纸的主人翁。他们是报纸服务的对象，也是报纸反映的对象。因此，在我们的报纸上，群众生活里产生出来的新人、新事、新经验，必须占据大量的篇幅，而且要刊登在显著的地位。报纸的内容应该完全是：从群众中来，到群众中去的”（中国人民大学新闻系编：《马克思主义新闻学理论基础》，1960年油印稿，第2页）。

② 赵超构：《在新闻工作者座谈会上检查资产阶级办报路线》，《人民日报》1957年8月26日第2版。

③ 这一提法来自邓拓的一次报告。在邓拓看来，中国社会主义制度确立之后，新闻队伍暴露出诸多问题。这意味着，新闻必须整顿，进行思想改造，以推动新闻战线的社会主义革命。参见邓拓《新闻战线上的社会主义革命——在中共中央直属各机关、中央国家机关、中共北京市委和人民解放军驻京部队干部大会上的报告》，《新闻战线》1958年第5期。

④ 李良荣：《从民主政治建设看新闻改革》，《新闻大学》1998年第4期。

（一）“学科化”：新闻理论再翻转

新时期以来，新闻理论的“再翻转”开启了新闻知识生产的学科化之路。这种“再翻转”过程集中体现于王中及其理论的回归。王中出身新四军系统，与延安八路军系统的一代马克思主义新闻学家甘惜分在学术上颇多差异，并构成意义深远的“新闻论争三十年”。他曾担任复旦大学新闻系主任，“右派”平反后再次出任主任。相对于甘惜分注重新闻工作的政治面向与人民情怀，王中身处旧中国新闻业最发达的商业都市——上海，立足“殖民口岸”及其消费习性的市场新闻业态，更强调新闻的技术、职业、商品等面向。在中国社会主义计划经济体制奠定的背景下，王中在20世纪50年代中后期试图结合上海新旧新闻传统，力图将中国共产党的新闻工作经验纳入民国新闻学的学科化脉络，难免有意无意淡化新中国新闻业与新闻学的政治意味，也自觉不自觉流连于“中国新闻学界资产阶级意识形态的长期遗存”① ——这是当年新闻界批判的关键所在，也是今天一些论者回避的关键所在。当然，他在整风反右期间的讲话与文章，初衷在于结合上海新旧办报传统并吸纳欧美新闻学以及社会学、传播学等建制化知识体系，以求回应新中国新闻界的新问题②，并试图将中国共产党的新闻工作经验纳入学科化的知识体系——这一切也恰恰是新时期新闻学知识生产的主流路径。

当计划经济体制成为改革对象，新闻生产一步步走向市场之际，王中当年的理论价值得到凸显，并有意无意地成为解构此前新闻理论合法性的资源。在《办报人要有读者观念》《报纸和读者关系》等文

---

① 赵月枝：《否定之否定？从中外传播学术交流史上的3S说起》，《国际新闻界》2019年第8期。

② 复旦大学新闻系在1956年曾创办半公开刊物《新闻学译丛》。曾任中国人民大学新闻学院院长的何梓华当年撰文指出，该刊从1956年第3期开始编译刊登宣扬资产阶级新闻学观点的文章（参见何梓华《质问“新闻学译丛”编辑部》，《新闻战线》1958年第2期）。在《新闻学译丛》1956年第3期中，刘同舜翻译了《拆穿自由、独立报纸的西洋镜》，将mass media直译为“群众交通机构”。郑北渭在1957年第1期的《美国报纸的职能》中最早将mass communication翻译成“群众思想交通”。

章中，他就提出报纸服务于中心工作需在商品性基础上展开[①]。由此形成新闻二重性的理论，即新闻既具有政治属性，又具有商品属性。针对“新闻事业的起源问题”，王中更强调新闻的社会属性而淡化阶级属性即政治属性，或曰注重社会关系而忽略权力关系：“新闻事业是社会产物包括了新闻是阶级斗争工具的含义，但只说是阶级斗争的产物，则失掉了所以能成为阶级斗争的工具的理论基础。”[②] 把无产阶级政治等同于所谓“法西斯”可以说是20世纪80年代“新启蒙”的集体无意识或潜意识，如果不说有意识的话[③]。去除情绪化成分不难看到，王中一直坚持的是一种学科化的新闻理论框架，并试图用“社会”吸纳政治，在所谓新闻“二重性”中突出“商品性”的基础作用。如今看来，这一理论翻转之际，20世纪50年代批评之声不仅渐行渐远，而且被选择性遗忘。比如，当年批评者以政治代表性质疑新闻商品性，批判王中将人民报刊及其政治意味建立在商品性基础上的观点[④]。随着新闻学“转型”，王中立足学科知识的理论不仅再获生机，而且被塑造为新闻理论保持独立精神的代表，他在1957年受到批判的文章再问世，更是成为重构新闻学知识及其“现代”面貌的标志。与此同时，人民新闻学及其学科体系、学术体系和话语体系则一点点被质疑，直至被消解。

（二）人民基因及其遗存

改革开放初期，一批新闻战线老战士与理论家也曾积极探索新闻学

---

① 王中：《办报人要有读者观念》，《王中文集》，复旦大学出版社2004年版，第3—6页。

② 王中：《新闻学原理大纲》，《新闻研究资料》1986年第3期。

③ 不说别的，在保罗·斯威齐（Paul Sweezy）看来，法西斯主义的反义词不是社会主义而是自由民主。如果自由民主成为资本主义统治的障碍，那么为了维护、巩固和扩大其统治地位，资产阶级会在经济和政治危机时期将资本主义国家转向极右，如法西斯。虽然法西斯主义会引起剧烈的社会变化，但它发生在资本主义体系内部，属于其整体逻辑的一部分。参见John Bellamy Foster and Farooque Chowdhury，“The Rise of the Right”，*Monthly Review*，2019，Vol. 71，No. 5（October 2019），https：//monthlyreview. org/2019/10/01/the-rise-of-the-right/。

④ 时任中国人民大学新闻学系主任的安岗对报纸与读者是五分钱的关系，提出否定观点，强调“党报是人民的代言人，和人民绝不是买卖关系”（《新闻工作座谈会批判徐铸成浦熙修的错误言行》，《人民日报》1957年6月29日第2版）。

的创新之路。他们一边将共产党与新中国积淀的新闻工作经验不断理论化，从而也使其探索与思考内置了一种历史感与实践感，一定程度上保留了人民新闻学的基因；一边也根据新时期新闻工作重心的变化进行调整，以期建构一种契合“社会主义四个现代化”的“现代新闻学”。

这种“现代新闻学”在坚持政治价值的同时，开始着眼于“人民新闻学”在以往政治实践中所压抑的经济面向。当时，一批新闻改革的先行者都在不同方面推动新闻工作走向市场。作为新中国新闻理论、新闻教育以及新闻实践的开拓者之一，安岗的思想转变颇能体现一代新闻工作者的心路历程。这位曾经参与开创晋冀豫解放区新闻事业的革命报人，中国人民大学新闻系首任主任，1979 年创办了《市场报》，1983 年又创办了《经济日报》。面临新闻实践的新形势，安岗也进行了相应的理论探索。在 1981 年一个报纸经营管理座谈会上，他一面强调新闻的意识形态属性，一面提出“建立一门新闻经济学”，“发掘人力、物力、财力的综合潜力”①。这种“新闻经济学”呼应着新闻改革的需求，如经济建设全面展开对新闻信息需求极度增长，特别是新闻业也同其他领域一样从财政拨款转向市场谋求发展空间。于是，如何搞活经营管理，在市场中配置资源，自然成为新时期新闻改革不得不应对的现实命题，也成为新闻学的时代命题。这种以“现代新闻事业”为对象，“探索现代新闻事业的规律”的新闻学，被甘惜分概括为“现代新闻学”。至于现代新闻事业，在甘惜分看来，“包括世界各国的新闻事业，也就是既包括无产阶级新闻事业，也包括资产阶级的、小资产阶级以及打着各种社会主义旗号的新闻事业”②。这个定义反映了一代革命报人试图在不同政治图谱中寻找新闻行业普遍性规律的志趣。

这种“现代新闻学”，由于格外强调“科学”属性，后来也被称为“新闻学的科学主义范式”③。王中也认为，要清理以往新闻的封建

① 安岗：《我们能不能建立一门新闻经济学?》，《新闻战线》1981 年第 3 期。

② 甘惜分：《新闻理论基础》，中国人民大学出版社 1982 年版，第 4—5 页。

③ 王曦、李飞：《新闻学的科学主义范式》，《新闻战线》2015 年第 9 期。

专制主义、蒙昧主义、迷信和盲从，就必须使新闻学科成为新闻科学[①]。甘惜分则将“科学化”共识融入新闻理论研究，在他的新闻定义中尤为强调科学性：“新闻事业受客观规律支配，新闻学就是探索新闻事业规律的科学，新闻学研究应以现代新闻事业作为自己的对象，以求建立起马克思主义的新闻理论体系。”[②] 需要指出的是，当年安岗、罗列、温济泽、甘惜分等老一辈学者都经历了从解放区到新中国的时代风云，他们对于建立“科学的”马克思主义的新闻理论体系始终抱有“真懂真信真践行”的热忱。

相对于“人民新闻学”中具有明确政治含义的“人民”，科学化进程中的“人民”则渐变为一般意义的“读者”，进而消解于美国传播学引入后彻底去政治化的“受众”。安岗在 1981 年的一篇文章中写道：“我们讲报纸的党性，重要标志之一，就表现在正确处理报纸同读者的关系上。读者问题是无产阶级新闻学中头等重要的一个问题，无产阶级新闻学的第一章就应当写读者。”[③] 这里，虽然具体的、中性的“读者”替代了此前的“人民”“群众”“工农兵”等政治代表性话语，但“无产阶级新闻学”及其政治价值依旧赫然在目。随着 20 世纪 80 年代去政治化的思潮波涌浪翻，人民新闻学的政治价值逐渐漫漶，同诸多语境中的“公民”开始替代“人民”如出一辙，报纸同读者的具体关系而非政治关系也由此置于首要位置。如果说“读者”概念是一种服务关系，那么“人民”概念及其话语体系则意味着鲜明的政治代表性，以及随斗争形势不断变化的敌我之分和不断调整以适应实践状况的政治决断：“在中国的革命语境中，敌我之分没有常势，需要不断调整革命路线重组政治联盟，联合一部分人去打击另一部分人是中国革命的首要问题。”[④] 在“人民新闻学”及其新闻实践中，同样需要根据错综变化的现实状况把握大方向，也就是毛泽东倡导的

---

① 王中：《谈谈新闻学的科学研究》，《新闻战线》1980 年第 1 期。

② 甘惜分：《论新闻学》，《青海社会科学》1981 年第 3 期。

③ 安岗：《研究读者是一门学问》，《新闻战线》1981 年第 8 期。

④ 邵六益：《法学知识“去苏俄化”的表达与实质——以刑法学为分析重点》，《开放时代》2019 年第 3 期。

“政治家办报”。因此，“政治家办报”更注重辩证思维，强调兵无常势、水无常形。也因此，新时期在反思以往经验教训时有一种迫切回归“常态化”“正规化”的焦虑，热切希望寻觅一种稳定的、专业的、自我立法的定位，摆脱不确定的“政治化”。与此相应，新闻理论也出现日益强烈的“规律情结”，热切追求某种定海神针似的“规律”。于是，现代法律权利与法制观念的兴起就成为题中之义，与之伴随的一系列新问题如新闻自由与新闻立法也浮出水面，并一度成为新闻学领域的热门话题①。

对“人民新闻业”与“人民新闻学”，现代新闻学应该说最初还是采取一种扬弃姿态。在科学化、学科化的方案中，希望保存人民新闻学的精华或基因，同时在学术观照层面回应“现代新闻业”的学科化问题。为此，强调无产阶级新闻学与资产阶级新闻学的根本分歧及其分别依托的两种现代新闻事业的本质差异之际，现代新闻学开始偏重共性，进而寻求普遍性的规律，直至知识生产的“价值无涉”。如此知识生产的偏向在新闻学的科学化过程中有其必然性，如划定自身知识生产的疆域，研究行业领域的普遍性、规律性问题等，如方汉奇所言“马克思主义的阶级分析观点必须坚持，但学术研究不应有禁区”②。他在反思《中国近代报刊史》时也谈道，这部形成于前三十年的著述主要篇幅用在报纸的政治功能探讨上，“对报纸在社会、经济、法律、教育、文学、艺术的发展以及科学文化知识的传播等方面所起的作用则论述和介绍得不够充分”③。这些“不够充分”之处，正是“人民新闻学”转向“现代新闻事业”中重新被显影的部分。只是这些越来越被浓墨重彩的部分喧宾夺主，不仅不再能提供“中国革命与中国共产党”的新闻历史坐标，而且诸多“现代神话”成为以“现代新闻事业”为主要价值追求的新闻史叙事，一代代人民记者革命人则一步步淡出历史画面，如“新记《大公报》的所谓‘四不主义’”、民

① 张宗厚、孙旭培:《北京新闻学会讨论新闻立法问题》,《新闻战线》1980年第12期。

② 方汉奇:《加快新闻史研究的步伐》,《新闻战线》1981年第11期。

③ 方汉奇:《关于新闻史研究的体会和建议》,《新闻与传播研究》1982年第1期。

国方大曾的虚热等[①]。

（三）“量子纠缠”：冷战传播学与现代新闻学

在“现代新闻学”的学科建构过程中，以施拉姆为标志的美国冷战传播学是个显而易见的关键变量，不妨说“冷战传播学”与“现代新闻学”构成某种“量子纠缠”——相距遥远而心有灵犀。对此，赵月枝在考察改革开放学术史的《否定之否定？从中外传播学术交流史上的3S说起》一文中做了系统分析：“正是因为‘后文革’语境中许多中国新闻学者对于作为马列新闻思想本土化成果的中国共产党新闻学已经‘陷入僵死’的认知，以及更广泛层面的彻底否定‘文革’，甚至‘告别革命’的意识形态思潮，美国主流传播学才有了吸引力。”[②] 王维佳的新作《媒体化时代——当代传播思想的反思与重构》也写道：

> 与社会科学的其他门类相似，中国的传播学也起源于那个痴迷于知识现代化的年代。“新时期”的观念巨变在大众传播领域的反响尤其强烈。用“科学性”来代替“政治性”是当时中国学人告别“旧时代”的一个重要进步口号，而源自美国的现代传播理论用“信息传播过程”代替“意识形态斗争”，用“受众”代替“群众”，用实验和调查的方法代替批判性的理论辩论，正全面迎合了这种“要科学、不要政治”的决绝心态。[③]

为此，新闻学把这套美国主流传播学视为提升自身“科学性”，建立“新闻科学”身份的必由之路。这种“科学化”的学科压力曾使信息论、控制论、系统论即所谓“三论”顺理成章进入新闻学，并对新闻理论与实践产生广泛影响，带来从报道内容到报道方式的

① 相关研究可进一步参见俞凡《新记〈大公报〉再研究》，中国社会科学出版社2016年版；李彬《“小方是谁?”——兼谈当下新闻研究的一些学风问题》，《国际新闻界》2018年第10期。

② 赵月枝：《否定之否定？从中外传播学术交流史上的3S说起》，《国际新闻界》2019年第8期。

③ 王维佳：《媒体化时代——当代传播思想的反思与重构》，人民出版社2020年版，第43页。

一系列变革[①]。以美国为典范的传播学及其理论与方法更以“科学”之名，明修栈道、暗度陈仓地被纳入中国新闻学知识体系，“施拉姆所代表的、以貌似客观社会科学面貌出现的美国冷战传播学，在20世纪80年代初成为挑战意识形态鲜明的中国共产党新闻学‘传统’的利器”[②]。这套过去常说的“资产阶级新闻学”，今天几乎已经成为评判中国新闻学术的唯一标准。当然，甘惜分一代学者还是保持着清醒的政治意识：“新闻很难说是什么纯学术问题，而与政治问题与马克思主义息息相关。”[③] 基于对新闻学政治面向与舆论把控的重视，他才对新闻舆论规律格外重视并引进社会科学调研的方式方法[④]。他主持创建中国人民大学舆论研究所并借鉴社会科学的方法，可以说是马克思主义新闻学者以“科学化”方式推进中国新闻学的选择。曾经亲历20世纪80年代新闻理论变革的项德生，更在西潮滚滚之际坚守唯物史观及其方法论，指出传播学理论方法的适应性与局限性：“无论是传统的还是现代的，一切方法都不能代替马克思主义的哲学方法，所有的方法都只能在马克思主义哲学方法的统摄下，才能恰当而有力地发挥其局部性作用。”[⑤]

对于经历过人民新闻事业从无到有的老一辈“新闻战士”而言，新闻与新闻学固然有自身的规律，但并非自治自洽的领域，而应在马克思主义统领下同现实政治水乳交融，尤其不能脱离延安奠基的全党办报、群众办报的路线，包括“读者来信”“群工部”等专业经验与政治传统。重视读者来信在共产党新闻工作中源远流长——1951年5月16日毛泽东对中央办公厅秘书室《关于三个月处理群众来信工作向毛主席的报告》的批示，则将其全面制度化。该批示要

---

① 李良荣:《信息观念和新闻业务改革》,《新闻界》1988年第3期。

② 赵月枝:《否定之否定？从中外传播学术交流史上的3S说起》,《国际新闻界》2019年第8期。

③ 甘惜分:《甘惜分自选集》,中国人民大学出版社2007年版，第322页。

④ 柴菊、胡翼青:《“新闻学何以成为科学”的发问与消声：王中新闻学思想再认识》,《新闻春秋》2013年第2期。

⑤ 项德生:《仅仅是起点：项德生新闻论文集》,新华出版社2018年版，第127页。

求把重视与恰当处理群众通信当成“人民政府加强和人民联系的一种方法”，“如果人民来信很多，本人处理困难，应设立适当人数的专门机关或专门的人，处理这些信件”[①] ——由此带来“群工部”以及读者来信工作的机构化与制度化。安岗20世纪80年代初勾勒读者研究的过程时更提到，“马克思主义的经典作家把读者来信称作是从人民群众中来的政治文件”[②]。在这种读者研究的框架内，安岗论述了社会主义条件下报纸与读者的关系，强调重视“整个报纸群众工作在新闻领域里的作用、价值和力量”[③]。当年一位老报人与新闻战线领导人在研究刘少奇新闻思想时，也突出刘少奇“报纸工作人员是调查研究的专业工作人员”，“报上的一切文章都应当是调查研究的结果”等主张。在他看来，新闻战线的调查研究应该是服务于解决党的政策工作中出现的问题的，而非为调查而调查[④]。由于这些调查研究并非规范的学术知识生产活动，故被后来建制化的学院派选择性忽视。

在人民新闻学到现代新闻学的转型初期，新闻学对美国传播学更多还是一种参考，内在逻辑还是中国共产党的新闻工作传统与工作方法。这与新闻学走向学科化初期的学术生态密切相关。当时以“新闻老兵”为主体的研究者试图探寻新闻事业的规律，并在建立新闻学之际，依然立足中国大地，秉持实事求是的精神：“主要精力上，我们将不得不以我们自己的，即马克思主义的、共产党领导的、社会主义的新闻事业作为研究重点。”[⑤] 尽管他们的新闻理论也充满对“现代新闻事业”的想象，但基于自身多年革命与建设的经验，以及西方新闻思潮远非如今这般“入超”状态并基本覆盖中国新闻学，他们不得不在革命退潮之际更多将中国经验与工作方法融入新闻学体系之中。而对西方经验，新闻业亦非简单拿来，如中国记者对“倒金字塔”模式

① 毛泽东：《毛泽东新闻工作选集》，新华出版社1983年版，第173页。

② 安岗：《研究读者是一门学问》，《新闻战线》1981年第8期。

③ 项德生：《仅仅是起点：项德生新闻论文集》，新华出版社2018年版，第127页。

④ 胡绩伟：《报纸工作人员是调查研究的专业工作人员》，《新闻战线》1980年第5期。

⑤ 甘惜分：《新闻理论基础》，中国人民大学出版社1982年版，第4—5页。

不是照搬[①]，而是在传统基础上注重自主创新，穆青提倡“散文式新闻”“视觉新闻”“实录性新闻”等多种新闻文体与形式等[②]。然而，在20世纪90年代以来一步步高涨的“国际化”实即“欧美化”学术大潮中，一批批从校门到校门、从理论到理论、从纽约到伦敦的学人逐渐成为学界骨干，学术生态发生根本变异，以至于如今许多新闻名校的师资就像一位管理者所言：除了讲述西方导师的东西，就既不懂也不会再讲其他了。比如，见怪不怪的一个普遍现象是，所有新闻院系特别是一流院系的博士生经典文献研读环节，几乎没有一篇中国文献，哪怕是王中的著述——因为，不够“现代”“现代化”[③]。

三　余论：超越“现代新闻学”，走向“中国新闻学”

2019年是新中国七十年的历史节点。七十年来，中国社会发生了沧海桑田的变化，新闻学也经历了从“人民新闻学”到“现代新闻学”的变迁，学科理论的主轴从“政治”转向“科学”。与此相应，新闻学已从社会动员与政治运动的一整套有机经验，蜕变为正规化、职业化、学院化的新闻知识生产，并形成制度化的学科体系、学术体系和话语体系。

如今，充分制度化并内卷化的现代新闻学到了一个新的十字路口。越来越多的人意识到，这套图谱中作为中国新闻业与新闻学之现代化典范的西方，其实不过是一种想象的乌托邦。且不说历史上如冷战期间数不胜数的问题以及一整套有机运行的宣传机制，仅看21世纪以来的新闻造假或丑闻就“前赴后继”，惊世骇俗，从美国媒体集体编造伊拉克“大规模杀伤性武器”，到《纽约时报》记者大面积、长时段

① 王毅、向芬:《时代记忆：一位美国学者的中国新闻史研究——斯蒂芬·麦金农教授学术专访》,《新闻记者》2019年第2期。

② 吕艺、陈彦蓉:《从“新华体”到“新新华体”——浅析新华社报道文风创新的实践与意义》,《中国记者》2015年第10期。

③ 一所新闻名校的博士生经典理论课上，导师甚至没有引用一篇中国文献。当博士生提出疑问时，导师的回答是只有欧美文献才算经典，而即便是对中国新闻业与新闻学产生重大影响的甘惜分、王中等在这里也不值一提。

造假而导致总编辑辞职；从2019年英国媒体第一时间便将冒死偷渡的39位越南人“指认”为中国人，到西方媒体颠倒黑白的香港动乱报道以及所谓百万维吾尔人被拘押等弥天大谎，哪有所谓客观、公正、专业。特别是近年来，西方建制派政客、媒体集团、全球资本精英媾和而形成的利益共同体，更是导致欧美主流媒体与民众的信任关系严重破裂[①]，从而也使旧的新闻知识生产的神话几近破产。然而，吊诡的是，一边是将“现代新闻学”奉为圭臬以及终极愿景的西方新闻专业主义及其意识形态日暮途穷，一边是我们的主流学界依然“直把杭州作汴州”：或从海德格尔式的玄学论证中寻找依据，或以赞歌的方式复述美国的专业主义神话。学科知识生产领域各种“范式革命”的主张与论述，在以哥白尼革命的姿态出现后，很快显露出某种失去历史感的“托勒密化”[②] 面目。在这套“现代，太现代”的学科体系、学术体系和话语体系中，以美国为典范的“地方性”知识在不断言说中成为“普适性”的规律、定理或真理，而中国道路及其丰富的新闻实践与传统则越来越处在失语、失踪、失声状态[③]。

随着中国特色社会主义进入新时代，反思从人民新闻学到现代新闻学的知识图谱已经迫在眉睫，刻不容缓。习近平提出“打造具有中国特色和普遍意义的学科体系”[④]，既体现了高度的政治自觉与文化自觉，又反映了中国道路对知识体系中国化的时代呼唤。为此，我们不仅需要赓续“人民新闻学”，超越“现代新闻学”，而且需要寻求一种守正创新的整体性方案——中国新闻学（即中国特色新闻学、社会主义新闻学、马克思主义新闻学等）。具体说来，新闻学及其学科体系、学术体系和话语体系不能不立足中国大地，植根五千年文明史与近两百年近现代史，特别是中国共产党领导人民开辟的中国道路及其现代

---

① 王维佳：《主流媒体与民众的信任关系破裂》，《红旗文稿》2017年第9期。

② Slavoj Zizek, *The Sublime Object of Ideology*, London: Verso, 1989, p. Ⅳ.

③ 李彬：《再塑新闻魂——浅谈马克思主义新闻观及其科学与价值》，《新闻记者》2016年第6期。

④ 《习近平：在哲学社会科学工作座谈会上的讲话》，《新华每日电讯》2016年5月19日第2版。

化方案包括源远流长的新闻传播实践，如李龙牧在1962年一篇讨论新闻学理论建设的文章中所言："从总结经验中提升出理论来，这是马克思主义新闻学建设的基本道路。继续坚定地沿着这条道路前进，是新闻学迅速发展的根本保证。"①

中国新闻学之"中国"，一方面离不开梁启超论述的"中国之中国、亚洲之中国、世界之中国"，以及其中蔚为大观的新闻传播遗产。另一方面，由于同马克思主义道统水乳交融，又不能不关注人类命运共同体及其新闻传播，离不开《国际歌》寄寓的国际主义情怀——"英特纳雄耐尔"。2008年，随着金融危机爆发以及全球资本主义体系性危机进一步加重，"马克思归来"更成为汇聚中外前沿学术思想的时代强音，如何赓续中国新闻学的马克思主义与中国特色社会主义道统，进而创新网络时代的新闻学，越发成为中国新闻学迫在眉睫的时代命题。事实上，近代以来，从梁启超到邵飘萍，从邹韬奋到范长江，从邓拓到穆青，从延安窑洞人民广播的手摇发电机到数字时代融媒体，一代代中国记者以及学者以其辛勤耕耘和开创性工作已为中国新闻学及其学派奠定了厚实的基础。现在关键在于我们是否具有足够自信，摆脱制约中国新闻学想象力与创造力的"东方学"。回想19世纪初，西方文脉俨然还在欧陆，德国洪堡大学等更是高高在上的文化圣城，吸引着各方知识精英不远万里，取经求法。而立国不过半个世纪、偏处海角天涯的哈佛文人爱默生（Ralph Waldo Emerson），却提出美国文化走自己路的主张，发表了一篇有名的文化独立宣言《美国学者》（American Scholar）。如今，已经走过七十年风雨历程的新中国，面向"两个百年中国梦"，发展中国新闻学及其学科体系、学术体系和话语体系，以审视中国经验、提炼中国理论、贡献中国方案，更可谓名正言顺，恰逢其时。

致谢：感谢赵月枝、胡珏、向芬、张垒、李海波、宫京成等在文章修改过程中的提点、建议与修改，他们以及其他相关学者的出色研

① 李龙牧：《加强新闻学的理论建设》，《新闻业务》1962年第6期。

究和深刻思考均为本文提供了有益启发。当然，一应问题自当由第一作者负责。

Knowledge Map of Journalism in PR China: from the People's Journalism to Chinese Journalism

Abstract This paper analyzes the knowledge map of journalism in PR China throughout its evolution to explore the origin and development trend of journalism as well as its discipline, academic and discourse system in the new era. As Chinese society underwent great changes in the past 70 years, journalism has shifted from "the people's journalism" to "modern journalism", along with the turning of discipline theory from "politics" to "science". Accordingly, journalism no longer involves a whole set of experience of social mobilization and political movements, but regularized, professionalized and academicalized news knowledge production. Today, this institutionalized and increasingly involuted "modern journalism" has also reached the cross-roads of its development. In response to people-centered mission of the new era and a "community with a shared future for mankind", it's necessary to turn from "the people's journalism" and "modern journalism" to an integral and innovative scheme, that is, Chinese Journalism.

Keywords the People's Journalism; Modern Journalism; Discipline System; Academic System; Discourse System

建构中国特色新闻学的理论工具*

胡　钰**

摘要　本文对中国特色新闻学的理论建构背景进行了梳理，认为中国新闻学发展中存在“三个落后”现象：新闻发展落后于经济发展，新闻理论落后于新闻实践，中国新闻学理论落后于西方新闻学理论，由此引发了建构中国特色新闻学的理论自觉。推进中国的新闻理论研究，要保持对实践的敏感性与多元理论的包容性，追求理论的原创性和普遍性。围绕中国特色新闻学的理论建构，本文提出了兼具中国特色和普遍意义的四个理论工具：辩证唯物主义认识论、传播政治经济学、文化研究与媒介理论。

关键词　中国特色新闻学；辩证唯物主义认识论；传播政治经济学；文化研究；媒介理论

自2016年中央召开哲学社会科学工作座谈会以来，包括中国特色新闻学在内的中国特色哲学社会科学建设成为学界热点。在当前的研究中，有几种现象值得重视：一是表态型研究，仅仅从政治立场上表示支持中国特色新闻学，但并不深究其学理基础；二是表述型研究，仅仅把领导人讲话乃至马克思恩格斯经典作家文章再次组接来阐释中

---

* 本文系国家社科基金重点项目“当代中国新闻观念研究”阶段性成果（项目编号：17AXW001）。

** 胡钰，清华大学新闻与传播学院教授、博士生导师。

国特色新闻学，但并不结合新的媒介环境和舆论格局；三是表象型研究，仅仅以一些中国特有的新闻现象来填充中国特色新闻学框架，但其内在的逻辑性并不强。这三类研究现象作为中国特色新闻学研究的初级阶段是可以的，但要建设中国特色新闻学的学术大厦，还远远不够，由此带来的问题是：中国特色新闻学的理论建构还不够坚实，即便在中国学术界内部也会受到一些批评，更遑论与世界对话的普遍意义。

推动中国特色新闻学的理论建构是中国新闻学研究的重中之重。而要实现这一任务，工欲善其事，必先利其器，掌握兼具中国特色和普遍意义的理论工具，在理论与实践的紧密互动中突出问题感与规律性，循序渐进，中国特色新闻学的学术大厦才能逐渐建立起来。

一 中国特色新闻学的理论自觉

中国特色新闻学的提出不是空中楼阁，而是源于中国新闻实践发展的积累，这一实践与其他国家特别是西方国家不同，因而用单一的西方新闻理论已经无法解释。与此同时，新闻舆论工作在国家全局工作中的作用日益凸显，在国际关系与全球竞争中的作用也日益凸显，成为治国理政、定国安邦的大事，因而迫切需要有一套完整自主的理论体系来解释并指导新闻实践。

然而，与新闻实践及国家发展的现状相对照，中国的新闻学发展还存在明显的“三个落后”现象。

一是新闻发展落后于经济发展。与国家经济实力在世界居于领先地位相比，中国的新闻传播能力与新闻话语权在全球还处于比较落后的位置，中国的发展实绩、发展道路没有得到很好的传播与解释。从全球范围看，尽管中国在国际金融危机后贡献了世界经济增长的最大份额，尽管中国的“一带一路”建设希望形成全球共同发展的新格局，但中国对全球发展的贡献度没有在全球舆论场中得到相应的美誉度。在国际传播体系中，“西强我弱”的格局始终没有改变，中国新闻实践、新闻理论发展的相对迟缓越来越成为制约国家发展的重要因素。

二是新闻理论落后于新闻实践。当代新闻实践的突出特征是新技术对新闻传播活动带来的强大改变，新闻传播的技术化已经成为大趋势。但不容忽视的是，传统新闻传播学科建设和人才储备具有鲜明的文科化特征，对新技术的敏感程度与研究能力都远远不够。这导致高校新闻学科还是更多局限于传统的文科内容占主导的新闻理论与新闻教学。与此同时，当代新闻传播的个人化特征也越来越突出，传统新闻传播中的机构行为与当代新闻传播中的个人行为共同组成当代新闻传播格局，而后者的活跃度、引导力越发强劲。但是，传统新闻理论以研究机构新闻传播行为为主，其理论还不能很好的对个人化新闻传播行为作出解释和预测。

三是中国新闻学理论落后于西方新闻学理论。当代大众传播学的发源地是在西方国家特别是美国。改革开放以来，随着西方新闻学、传播学理论的引入，中国新闻学的理论体系中更多地吸纳了其成果，推动了中国新闻学的发展，但值得关注的是，中国新闻理论的原创性内容特别是学理内容、方法建设却没有充分发展，因而出现了中国新闻学研究中普遍使用西方理论观点的现象，以至于在高校学生的新闻学研究中，更多地使用议程设置、框架理论等西方经典理论来解读中国新闻实践，甚至于以中国新闻实践去印证这些西方理论观点，而中国特色的新闻学理论使用有限。在中国新闻学界与世界学术界的交流对话中，由于缺乏自主创新的理论成果，也缺乏相应的国际学界影响力，难以展现新闻领域的“理论中的中国”“学术中的中国”。

这些问题的积累带来中国新闻学理论供给与需求的严重不平衡。在日趋复杂的当代中国思潮和全球舆论格局中，中国面临极大的理论挑战，对许多中国独有的实践有“做法”无“说法”，对“社会主义”与“中国特色”的定义模糊化、标签化、污名化，对中国的“文化领导权”建设重视不够、办法不多。正是在这种强烈的现实需求中，中国新闻学的理论自觉日趋强烈，中国特色新闻学的理论建设逐渐成为学界业界的热点。事实上，中央对新闻舆论工作越发重视，中国的社会主义道路越发成功；西方的新闻实践越发出现矛盾，中国学术界探索中国特色新闻学的共同意识越发浓郁，已经成为新时代中国特色新闻学发展的特征与动力。

中国特色新闻学的理论体系需要建构在坚实的理论基石上。这一理论体系要坚持科学性与政治性的统一，理论性与实践性的统一，主体性与主体间性的统一。具体来看，源于新闻实践进行新闻理论创新，建构以马克思主义新闻观为指导、基于中国历史文化与当代实践、具有全球视野的新闻理论体系。建构这一理论体系，有效的理论工具包括：辩证唯物主义认识论，传播政治经济学，文化研究，媒介理论。

二 辩证唯物主义认识论与中国特色新闻学的理论建构

辩证唯物主义认识论为中国特色新闻学提供了世界观与方法论的理论工具。认识论是关于认识本质与规律的方法论，是人类获得真理的基本依据，有科学的认识论才有科学的理论。近代西方哲学以认识论为研究重心，摆脱了神学对人的认识活动的束缚，强调理性的重要性。但随之而来的问题是关于主体与客体的二元对立思维范式，带来了认识论上的机械性、形而上学性。黑格尔就是以精神化的历史作为研究对象，以绝对精神作为逻辑起点与世界终极。

马克思主义认识论实现了对以往的唯心主义、经验主义、机械唯物论的超越，形成了辩证唯物主义认识论。这一认识论所阐发的能动的革命的反映论，推动认识论实现了根本变革，形成了科学的认识工具，也成为中国特色新闻学最基本的认识工具。

辩证唯物主义认识论的核心是以现实实践维度来认识世界。观念是现实的产物，意识是社会的产物。马克思幽默地说："'精神'从一开始就很倒霉，受到物质的'纠缠'，物质在这里表现为振动着的空气层、声音，简言之，即语言。"在马克思看来，语言是实践的产物。"语言是一种实践的、既为别人存在因而也为我自身而存在的、现实的意识。"① 在批评青年黑格尔派脱离现实的认识时，马克思指出：

---

① ［德］马克思、恩格斯：《马克思恩格斯选集》（第1卷），人民出版社1995年版，第55、66、81页。

“他们只是用词句来反对这些词句；既然他们仅仅反对这个世界的词句，那么他们就绝对不是反对现实的现存世界。”[①]

新闻活动是人类认识世界的一种实践活动。这种实践就不能仅仅是“词句的活动”，词句源于现实，是主客观关系的体现。以辩证唯物主义认识论来分析新闻活动，关键是要准确把握实践的内涵。新闻活动要准确报道现实，不能脱离实际存在进行主观想象，也不能直观反映进行有闻必录，而是要在主体对客体的对象性的、关系性的活动中进行检验。“人的思维是否具有客观的真理性，这不是一个理论的问题，而是一个实践的问题。”[②] 因而，离开实践讨论新闻的客观性、思维的真理性都是经院哲学的表现，也都不符合辩证唯物主义认识论。

在新闻活动中，事实是第一位的，报道是第二位的。报道外界的过程就是认识外界的过程，第一阶段是感性认识阶段，对报道对象进行采访，获取一手的信息，了解事情的基本情况；第二阶段是理性认识阶段，对采访资料进行消化吸收，按照新闻报道的基本要素、新闻价值的基本原则与新闻写作的基本规范进行选择与表达。

按照辩证唯物主义认识论来分析新闻活动，既要反对脱离感性认识阶段的主观主义报道，也要反对脱离理性认识阶段的客观主义报道。事实上，在新闻活动中，既有报道的选择性，不论任何国家、任何组织、任何个人进行新闻报道，都有其选择事实的尺度；同时，也有事实的客观性，不论是机构媒体报道还是社交媒体报道，任何报道都要追求或宣称自己的报道是依据客观事实的。在这个过程中，真实是新闻的生命，价值是新闻的灵魂。“新闻是真实与价值的统一体，这是马克思主义新闻观的一条核心原理。基于这一原理，新闻工作既要把握‘根据事实来描述事实’的真实观，也要把握‘以人民为中心的工作导向’的人民观。”[③]

① ［德］马克思、恩格斯：《马克思恩格斯选集》（第1卷），人民出版社1995年版，第55、66、81页。

② ［德］马克思、恩格斯：《马克思恩格斯选集》（第1卷），人民出版社1995年版，第55、66、81页。

③ 胡钰：《马克思主义新闻观的真理性、批判性与实践性》，《新闻与写作》2018年第8期。

当然，按照辩证唯物主义认识论，到达理性认识阶段还没有完结，还要将这一理性认识转化为实践，在实践中检验其真理性。因而，新闻报道的质量还要以该报道带来的社会效果进行评价，能够反映整体真实、促进社会进步的报道才是高质量的。

三 传播政治经济学与中国特色新闻学的理论建构

传播政治经济学为中国特色新闻学提供了分析新闻与权力关系的理论工具。进入信息社会，传播成为社会运行的核心力量之一。从一定程度上看，传播即利益，传播即权力，传播即生活。那么，什么是当代传播背后的力量呢？政治经济学提供了有效的理论工具，从新闻传播行为的深层次政治经济关系来分析，可以更透彻地看到其支配力量及其运行，可以更全面地看到国家、市场、社会三个权力场域之间的互动。“在传播政治经济学研究中，学科的母体或者方法论是政治经济学，研究对象是以传播媒介为核心的人类传播行为及其活动。传播政治经济学是将传播活动作为一种经济活动，以生产、分配、流通、交换及其宏观决策活动这种政治经济学的思路来观察媒介及其传播行为的。”①

更值得关注的是，当代新闻传播具有突出的、超越国界的全球化特征，任何一国的新闻同时也是国际的新闻，同样，任何国际的新闻也可以引爆国内的舆论，因此，如何在全球范围内以政治经济学方法来分析传播行为，就形成了跨文化传播政治经济研究这一有关全球传播的整体性理论和实践框架。“作为马克思主义传播学术的当代发展，这一研究取向聚焦权力这一核心概念，以挑战西方中心主义、文化本质主义和媒介中心主义为己任，将传播、政治经济结构和社会发展等问题放在全球资本主义体系内不同文化间的碰撞和互动过程中来分析，强调社会体系的动态转型与历史性演变过程以及传播与文化的社会历史嵌入性和社会主体的能动性。”②

---

① 郭镇之：《传播政治经济学之我见》，《现代传播》2002 年第 1 期。

② 赵月枝：《跨文化传播政治经济研究中的“跨文化”涵义》，《全球传媒学刊》2019 年第 1 期。

随着经济全球化的深入和媒体市场化的推动，资本、跨国资本在中国新闻传播活动中的主动性、主导性越来越强，分析这些新闻传播活动背后的资本力量及其关系，可以对新自由主义全球化带来的政治、经济与文化冲突有更深刻的把握。事实上，一些全球性、垄断性的大型社交媒体平台具有强大的平台权力，平台成为新的社会权力中心，其传播渠道成为当代社会新闻传播的主要出口，而选择性赋权更是带来公共空间治理权的私有化。

全球视野下的中国特色新闻学建设，需要更加整体性的视角、批判性的视角和建设性的视角，而跨文化传播政治经济研究无疑提供了具有探索性的积极的理论工具。换言之，这种理论工具的价值不仅在于批判，也在于建设。批判西方的新闻理论、新闻观念、新闻哲学，建设基于马克思主义认识论、中国历史传统和当代实践的新闻理论、新闻观念、新闻哲学。其目标是“超越形而上学的二元对立（我们/他们、东方/西方、结构/主体等等）以及世界是由一种‘内外二元体’构成的本体论立场，以马克思的‘过程关系本体论’以及中国传统哲学中的‘关系理性’为基础，构建有关世界秩序新的认知体系”。[①]

四 文化研究与中国特色新闻学的理论建构

文化研究为中国特色新闻学提供了分析新闻与政治关系的理论工具。在对唯物史论的理解中，常常会存在一种简单化、庸俗化的取向，即认为经济基础是决定上层建筑的唯一因素，甚至经济基础自行创造上层建筑，而上层建筑在历史进程中完全是被动的、消极的。恩格斯在晚年曾对此有着清晰的批评：“根据唯物史观，历史过程中的决定性因素归根到底是现实生活的生产和再生产。无论马克思或我都从来没有肯定过比这更多的东西。如果有人在这里加以歪曲，说经济因素是唯一决定性的因素，那么他就是把这个命题变成毫无内容的、抽象的、荒诞无稽的空话。经济基础是基础，但是对历史斗争的进程发生

① 赵月枝：《跨文化传播政治经济研究中的“跨文化”涵义》，《全球传媒学刊》2019 年第 1 期。

影响并且在许多情况下主要是决定着这一斗争的形式的，还有上层建筑的各种因素。”尽管经济基础是决定性的因素，“但是政治等等的前提和条件，甚至那些萦回于人们头脑中的传统，也起着一定的作用，虽然不是决定性的作用”。①

在简化论的经济基础—上层建筑关系中，包括新闻舆论在内的上层建筑的产生是被动的，作用是有限的，这显然与现实情况中观念与认识的产生机理是违背的，而在当代世界中，社交媒体引发的新闻舆论发挥的巨大的乃至颠覆政权的作用，更是无法用这种线性的经济决定论来解释。从当前中国发展面临的挑战来看，不论是国内还是国外，有利益认同而没有价值认同的现象依然不在少数，在国际合作中，仅仅依靠商业合同无法自然产生舆论认同、观念认同的问题依然突出。意大利思想家葛兰西（Gramsci Antonio）为中国特色新闻学研究提供了丰富的、极具启发性的思想资源。葛兰西是第一个直接关注上层建筑问题的重要的马克思主义思想家。② 葛兰西的思想体系具有很强的原创性，以至于英国历史学家霍布斯鲍姆（Eric Hobsbawm）认为，葛兰西是 1917 年以来西方最具原创性的思想家，其最大贡献是创立了马克思主义的政治理论。③

文化领导权理论④是葛兰西政治理论的核心。文化指的是意识形态、价值观念，领导权指的是以非暴力为特征的吸引力和权威性。在葛兰西的研究中，对资产阶级的执政经验和无产阶级的执政教训进行了反思，重点是统治阶级如何获得意识形态领导权，获得人民群众的自愿的、集体的认同。

---

① ［德］马克思、恩格斯：《马克思恩格斯选集》（第四卷），人民出版社 1995 年版，第 695—696 页。

② ［英］阿兰·斯威伍德：《文化理论与现代性问题》，黄世权、桂琳译，中国人民大学出版社 2013 年版，第 15 页。

③ ［英］埃里克·霍布斯鲍姆：《如何改变世界——马克思和马克思主义的传奇》，吕增奎译，中央编译出版社 2017 年版，第 297—299 页。

④ “文化领导权”中“领导权”的意大利文是 egemonia，英文是 hegemony，国内也有译为“文化霸权”，本文依据其内涵，认为以非强制性的“领导权”来表述更贴切。

葛兰西认为，人民群众在世界观转变方面比较缓慢，统治阶级在新旧世界观的转换中要研究其传播规律。“新世界观的传播过程有其政治的原因，但是，形式的要素，逻辑上的融贯一致性的要素，权威性的要素以及组织的要素，在不论是由单个的个人还是一定规模的集团确定了总的方向之后，就立即在这个过程中发挥出非常重要的作用。”①

葛兰西认为培养“有机知识分子”对于实现全社会的文化认同具有重要作用。“要努力培养出一种新型的直接从群众中产生出来，而还同群众保持着联系的知识分子精英，就像以前，变成女服胸衣上的鲸骨制品。”② 显然，新闻舆论工作者就是当代有影响力的“有机知识分子”的重要组成。

葛兰西开创并强调了文化研究的独立性，从20世纪60年代开始，文化研究在欧洲兴起，也出现了德国法兰克福学派、英国伯明翰学派这样的理论重镇。这些研究将文化视为符号、媒介、价值观和意识形态，关注其产生机理以及社会影响，特别是能否成为社会黏合剂。而在对现代性、后现代性社会的理论阐释与发展预测中，文化研究表现出了很强的解释力和洞察力。哈贝马斯（Jürgen Habermas）的交往理论、福柯（Michel Foucault）的话语理论、布迪厄（Pierre Bourdieu）的场域理论等都成为文化研究中重要的理论组成，也可以帮助解释新闻传播行为在当代社会文化中的位置、运行与影响。

新闻传播是当代文化与意识形态的重要组成，事实上，新闻传播活动自身已经不仅是单纯的信息活动，也成为文化活动。前者追求真实性，后者追求娱乐性。在视频内容日趋获得高点击率的当代新闻传播中，新闻的文化产品属性日趋显现，好看、好玩的新闻才是有传播力的新闻，而有文化感的新闻才是有持续影响力的好新闻。

---

① ［意］安东尼奥·葛兰西：《狱中札记》，曹雷雨等译，河南大学出版社2014年版，第391、394页。

② ［意］安东尼奥·葛兰西：《狱中札记》，曹雷雨等译，河南大学出版社2014年版，第391、394页。

在当代中国，新闻舆论的重要性得到了前所未有的认识，国内舆论场关乎人民群众的道路自信、理论自信、制度自信与文化自信，国际舆论场关乎中国的国家形象与“一带一路”倡议等全球化进程的实施。这也在一定程度上反映了葛兰西文化领导权思想的规律性所在。与此同时，全球化、个人化、技术化的舆论场的引导难度与挑战性也越来越大，当前新闻舆论环境的复杂性、风险性与不确定性也越来越强。这也在一定程度上凸显了采用文化理论来分析新的新闻传播活动的必要性所在。

五 媒介理论与中国特色新闻学的理论建构

媒介理论为中国特色新闻学提供了分析新闻与技术关系的理论工具。从印刷媒介到电子媒介再到数字媒介，媒介在当代传播活动中的作用越来越凸显。麦克卢汉（Marshall McLuhan）提出“媒介是人的延伸”，作为极具洞见的理论观点，穿越半个世纪成为传播学经典理论之一，至今，当“手机成为人体器官”的普遍现象出现，这一理论依然具有很强的解释力。事实上，在人工智能、大数据、机器人等技术广泛应用的大背景下，当代传播的媒介性、物质性、技术性已经成为突出特征。

麦克卢汉、基特勒（Friedrich Kittler）和克莱默尔（Sybille Krämer）的媒介思想体现了近五十年来研究人、媒介和技术关系的重要理论范式转折。这些理论范式由原本以技术为核心、强调技术的决定力量的视角，转向以媒介本体为核心的视角。[①] 技术变迁改变媒介形态，媒介形态改变内容呈现，内容呈现改变受众行为，媒介在新闻传播活动中的关键性作用越发明显。从当代社会来看，虽然看报纸、看电视的人越来越少，但看新闻的需求依然不变，只是看新闻的媒介从报纸、电视转变为手机等移动终端。媒介的快速发展使得自身成为新闻传播活动中最具活力的自变量。

① 吴璟薇、曾国华、吴余劲：《人类、技术与媒介主体性——麦克卢汉、基特勒与克莱默尔媒介理论评析》，《全球传媒学刊》2019 年第 1 期。

媒介将传播的信息转换成符合媒介自身条件的数据结构。这种经过变形而转成的媒介符码构成了媒介的结构性内容，它们不仅传播信息，而且同时塑造、决定甚至最终构成了它们所传播的那些东西。[①]媒介的这种关键性作用往往并没有得到充分显现和认知，甚至会出现“日用而不知”的隐匿。受众沉浸在内容中而不是媒介中，但忘却了媒介的能动性作用和结构性力量。在当下的屏幕阅读、平面传播、智能推送中尤其如此。

值得关注的是，技术的先进度越高，媒介的透明度越低，信息的真实度、客观度也越低。这是媒介的另一种隐匿。具体来看，随着技术的发展，媒介的选择性呈现能力与主观性加工能力更强，新闻图片与新闻视频都可以“制作”出来，媒介呈现的“真实感”不代表事实的“真实感”。而算法技术带来的精准推送行为更是让新闻呈现的世界图景趋向单一化、封闭化和固定化，新闻推送的规模化不代表事实呈现的全景化，海量信息不代表非常真实。后真相时代的出现表明：从“客观的真实”到“媒介的真实”，再到“想象的真实”的距离越来越大。其重要原因在于，媒介对“想象的真实”的建构力量前所未有的强大，技术性符号取代客观性事实成为认识社会的依据。

从当代新闻传播实践特别是智能传播趋势来看，技术化驱动依然在不断加快，机器人新闻主播可以替代真人新闻主播，机器人写稿可以完成部分专业新闻稿件，对这些现象的分析，媒介理论是不可替代的重要的理论工具，可以帮助理解新闻传播活动中人与机器的关系、人性与技术的关系，更好地处理技术的先进性与伦理性的平衡，更好地推动媒介技术发展的价值引领。

中国的新闻传播已经进入全媒体时代，随着 5G、大数据、云计算、物联网、人工智能等技术的全面应用，移动互联网成为新闻传播主渠道，媒体智能化成为新闻传播新趋势，探索将人工智能运用在新闻采集、生产、分发、接收、反馈等全流程中，用主流价值主导主流

---

① ［德］西皮尔·克莱默尔：《作为文化技术的媒介：从书写平面到数字接口》，吴余劲等译，《全球传媒学刊》2019 年第 1 期。

算法，成为中国特色新闻实践与理论探索中崭新的课题。

掌握科学的理论工具，建构坚实的理论体系。中国特色新闻学的理论建构不是封闭的过程而是更加开放的过程，不是纯粹理论思辨的过程而是理论与实践互动的过程，不是一蹴而就的过程而是日积月累的过程，保持对实践的敏感性与对多元理论的包容性，追求理论的原创性和普遍性，中国的新闻理论研究就会不断取得新的进展。

Theoretical Tools for Constructing Journalism with Chinese Characteristics

Abstract This article compares the background of the theoretical construction of journalism with Chinese characteristics and argues that there are "three lags" in the development of Chinese journalism: journalism development lags behind economic development, journalism theory lags behind journalism practice, and Chinese journalism theory lags behind Western journalism theory, which triggering the theoretical consciousness of constructing journalism with Chinese characteristics. This has led to the theoretical consciousness of constructing journalism with Chinese characteristics. To promote journalism theory research in China, it is necessary to maintain sensitivity to practice and inclusiveness of multiple theories, and to pursue the originality and universality of theories. This article proposes four theoretical tools for the theoretical construction of journalism with Chinese characteristics and universal significance: dialectical materialist epistemology, political economy of communication, cultural studies, and media theory.

Keywords Journalism with Chinese Characteristics; Dialectical Materialist Epistemology; Political Economy of Communication; Cultural Studies; Media Theory

社会主义跨文化传播政治经济学

——理论路径与问题意识

赵月枝*

摘要 传播政治经济学既是马克思主义政治经济学在信息、传播与文化领域的拓展与深化，又从这三个相互关联且跨越经典“经济基础”与“上层建筑”分野的特殊领域，丰富和发展了马克思主义政治经济学。传播政治经济学面临的“中国的挑战”命题包括两个：一是中国发展道路对国外传播政治经济学在理论和方法论层面的挑战，二是发展有21世纪社会主义视野的传播政治经济学所面临的挑战。一方面，面对全球政治经济和社会权力关系的大转型，国外传播政治经济学的西方中心主义、资本主义中心主义和人类中心主义偏颇，使这一前沿学术领域陷入了内卷化、对二战后的福利社会的怀恋情绪以及极端个人主义思潮的泥潭；另一方面，后殖民文化批判理论、“作为方法的中国/亚洲”相关论述以及中国的社会主义理论和实践，已经为开拓21世纪马克思主义传播政治经济学新境界提供了丰富的资源。在国际社会主义运动和跨文化传播双重视野中探索社会主义跨文化传播政治经济学的理论路径和问题意识，能够为开拓马克思主义政治经济

* 赵月枝，加拿大皇家学会院士，西门菲莎大学传播学院全球传播政治经济学加拿大国家特聘教授。研究方向为传播理论、跨文化传播政治经济学、中西方关系和城乡关系视野下的文化、传播与社会转型等。主要著作有《维系民主?》、*Media, Market, and Democracy in China*、*Communication in China*、《传播与社会》、*Global Communication*（主编）、《传播与全球话语权力转移》（主编）、《传播新视野：危机与转机》（主编）等。

学新境界贡献中国智慧以及信息、传播与文化领域的思考。

关键词 传播政治经济学；资本主义；社会主义；马克思主义；跨文化传播政治经济学

政治经济学是马克思主义理论最深刻和最具实践性的部分。面对信息、传播与文化这三个相互关联的领域在二战以来资本主义发展过程中越来越核心的"经济基础"与"上层建筑"的双重地位（既是一个支柱性的前沿产业群，又是人类交往的载体与精神生活的源泉），国外学者把马克思主义政治经济学一般原理应用于这一领域，不但发展出了一整套传播政治经济学理论和分析模式，而且从传播视角丰富和发展了西方马克思主义政治经济学。① 从对技术的社会性和政治本质的揭示，到对"文化帝国主义"的批判和对信息、传播与文化在资本主义再生产过程中不断上升地位的分析，从对私人资本主导和以牟利为动机的资本主义传播体制与民主政治之间矛盾的揭露以及对资本主义国家角色的批判，到对传播体系内外从生产到消费领域的控制与反控制斗争的研究，从20世纪60年代开始，国外传播政治经济学者在西方冷战社会科学的压制性学术逆境中以"反主流"的姿态崛起，围绕信息、传播、文化与政治经济权力的互构关系展开了深入的研究。作为历史唯物主义在传播领域的发展，传播政治经济研究以其分析社会关系的整体性，关注长时段社会"转型、变迁与矛盾"的历史性，什么是"美好社会"的明晰规范性价值取向，以及"知行合一"的实

---

① 信息、传播与文化是十分广泛的领域。三者之间在中英文语境中不仅有区别和交集，而且其使用涉及复杂的学术与国际国内话语政治。在英文学术语境中，一些学者为了避免"信息"和"传播"所隐含的技术与媒介中心主义问题而选用"文化的政治经济学"；在"信息社会"话语和20世纪70年代的"国际信息传播新秩序"斗争中，看似中性的"信息"概念被用来淡化"文化"概念所包含的政治与意识形态内涵；而在20世纪90年代围绕"文化多样性"的国际斗争中，"文化"与"传播"之间的关系又被刻意规避，主要因为美国不希望其跨国传播公司对世界"文化多样性"的影响被问题化；在中文学术语境下，新闻学与传播学之间又有特定的学术话语政治关系——美国冷战传播学最初是被引入中国用以挑战马克思主义新闻学的。部分基于现有中英文学术中的约定俗成，本文用"传播政治经济学"总揽英文语境中的信息、传播与文化政治经济研究和中文语境中目前已趋于融合的"新闻与传播学"。

践特性而独树一帜。[①] 针对实证传播研究的偏颇，当代美国重要传播政治经济学者麦克切斯尼（Robert McCheseny）曾指出，传播研究如果没有以政治经济学为基础，就像“戴着手套弹钢琴”。[②] 当然，他也指出，虽然现有传播政治经济学框架也可以应用于前资本主义和后资本主义社会及其传播体系，但它主要关注资本主义社会和商业媒体系统，因为这是世界主导模式。[③]

以1980—1984年出版的大型英文文集《传播与阶级斗争》为阶段性标志，国外传播政治经济学不仅围绕“资本主义、帝国主义”和“解放、社会主义”这一宏大叙事进行了开拓性研究，而且因其奠基者斯迈思（Dallas Smythe）在中国的实地考察，20世纪70年代初就开启了与中国社会主义理论和实践的历史性对话。[④] 然而，20世纪90年代初，随着苏东剧变和新自由主义全球化的发展，传播政治经济学不仅经历了内卷化的危机，而且受到了后殖民批判理论和后结构主义思潮的冲击。21世纪以来，虽然“信息资本主义”“数字资本主义”“平台资本主义”“传播资本主义”“认知资本主义”“监控资本主义”等各种批判性概念层出不穷，有关非物质劳动、信息劳工、数字劳工的研究也蔚为大观，但由于整个学科深层的理论和方法论偏颇，传播政治经济学既无法找到西方内部的可靠社会变革的主体，又深感“中

---

① Janet Wasko, et al., “Introduction: The Political Economy of Communications: Core Concerns and Issues”, in Janet Wasko, et al., *The Handbook of Political Economy of Communications*, West Sussex: Blackwell, 2011, p. 2. 国内对西方传播政治经济学基本理论和主要学者的研究成果已经有大量译介和评述。相关文献可参考周人杰《西方传播政治经济学批判实践的最新进展及启示》，《北京行政学院学报》2015年第4期；陈世华《北美传播政治经济学研究》，社会科学文献出版社2017年版；以及笔者与吕新雨联合主编的华东师范大学出版社“批判传播学”书系和姚建华在商务印书馆主编的“媒介和数字劳工研究：西方的视角”丛书。

② Robert W. McChesney, “The Political Economy of Communication and the Future of the Field”, *Media, Culture & Society*, Vol. 22, No. 1, January 2000, pp. 110, 115.

③ Robert W. McChesney, “The Political Economy of Communication and the Future of the Field”, *Media, Culture & Society*, Vol. 22, No. 1, January 2000, pp. 110, 115.

④ 参见赵月枝《否定之否定？从中外传播学术交流史上的3S说起》，《国际新闻界》2019年第8期。

国的挑战”。[①]

当下，世界已进入百年未有之大变局的深度旋涡之中。新冠肺炎疫情的全球大流行不仅进一步加剧了资本主义全球化的全面危机，而且让全球社会不得不面对人与自然冲突，以及人类自身生存这一基本问题。一方面，病毒超越文化与文明边界的传播，不但引起了不同社会制度、价值观念和文化体系在应对疫情时的不同反应，而且把信息、传播与文化领域推到了广泛而深刻的人类斗争前沿；另一方面，中国不但通过“人民战争”方式赢得了抗击新冠肺炎疫情斗争的重大战略成果，增强了对中国特色社会主义的“四个自信”，而且在国际话语斗争中也进一步强化了“人类命运共同体”理念。如果说中世纪的黑死病挑战了西方基督教神权的至高无上，在迎来了“启蒙”曙光的同时，也催生了以白人种族主义为基础的“文明等级论”[②] 和全球资本主义的扩张，那么，新冠肺炎疫情大流行和其在西方国家尤其在美国的失控，会不会彻底动摇作为西方殖民主义意识形态的“文明等级论”，成为压垮全球资本主义的最后的稻草？在这样的背景下，中国这个经过20世纪民族解放运动和共产主义运动锻造的东方国家，进入了与美国主导的西方资本主义国家集团以及全球其他国家和地区更加复杂的、全方位碰撞的历史关口。在新闻与传播研究领域，这个碰撞已经由改革开放初期的中国马克思主义新闻理论和美国冷战新闻学与

① 2011年，国际媒介与传播研究学会出版了反映传播政治经济学研究现状的大型英文文集 *The Handbook of Political Economy of Communications*，笔者作为唯一的有亚洲背景的学者应邀就“中国的挑战”撰写文章。笔者以此为契机，在2008年合编英文文集 *Global Communication: Toward a Transcultural Political Economy* 中所提出的理论框架基础上，开始探索有全球视野和中国立场的21世纪跨文化传播政治经济研究路径。这篇文章被编排在该文集最后部分“新兴研究议题”的最后一篇。参见 Yuezhi Zhao, “The Challenge of China: Contribution to a Transcultural Political Economy of Communication for the Twenty-First Century”, in Janet Wasko, et al., *The Handbook of Political Economy of Communications*, pp. 558 – 582（中文版见赵月枝《中国的挑战：跨文化传播政治经济学刍议》，《传播与社会学刊》2014年第3期）。本文是“中国的挑战”所开启的学术议程的继续。

② 参见刘禾主编《世界秩序与文明等级：全球史研究的新路径》，生活·读书·新知三联书店2016年版。

传播学的交锋，部分转化为新时代中国马克思主义新闻观与国外批判传播政治经济学之间的恰合与张力问题。当前，我们需要对国外传播政治经济学进行有全球视野和中国立场的批判分析，进而在融通中外的基础上对其进行跨文化创新，发展出21世纪的社会主义跨文化传播政治经济学。

20世纪90年代末以来，笔者从资本主义及其传播体制的“双重危机”和中国新闻、传播与信息领域的变革轨迹出发，直面20世纪70年代世界信息传播新秩序运动所憧憬的“一个世界，多种声音”离不开新自由主义全球化和区域化语境下全球传播民主化运动的“一个世界，多种斗争”这一现实，对现有传播政治经济学在面对“中国的挑战”过程中的跨文化创新进行了持续探索。针对苏联解体后西方左翼普遍存在的“社会主义失败论”和对中国探索社会主义道路实践所表露的西方中心主义和历史虚无主义立场，笔者坚持从中国革命和建设的内部逻辑出发，把握围绕中国国家性质、国家发展方向的国际国内政治经济和社会文化斗争动态过程，强调中国革命遗产和社会主义意识形态对资本主义市场关系的驯服和调节作用，进而在国际共产主义运动和中华文化双重视角下对中国共产党的新闻传播理论和实践提出了“看山还是山”的再认识。[①] 当下，面对全球资本主义不断深化的多重危机，尤其是美国政治的本土主义化和右翼民粹主义化以及随之而来的中美冲突，回应“中国的挑战”成了更加急迫、重要和棘手的问题。在此语境下对于包括传播政治经济学在内的西方知识体系来说，中国既是“新兴研究议题”，又是“研究方法”，即在“作为方法的中国”意义上提供另外一种“认识自身、认识世界”的认识论和知识主体形成的启示。[②] 因此，“中国的挑战”有双层含义：第一，中国的“崛起”对现有资本主义传播政治经济研究提出的世界观和方法论的挑战；第二，中国学者在发展有社会主义视野的21世纪跨文化传播

① 赵月枝：《全球视野中的中共新闻理论与实践》，《新闻记者》2018年第4期。

② ［日］沟口雄三：《作为方法的中国》，孙军悦译，生活·读书·新知三联书店2011年版，第130页。

政治经济研究过程中面临的挑战。本文在检视现有国外传播政治经济研究偏颇的基础上，汲取相关后殖民政治与文化学者、“作为方法的中国/亚洲”学者以及海内外中国马克思主义学者的洞见，探索有中国社会主义视野的21世纪跨文化传播政治经济学的理论路径和问题意识。

一 当代国外传播政治经济学的偏颇

如果说传播政治经济学是以欧洲启蒙思想为根基，通过聚焦传播与政治经济权力的相互构建，探究基于社会正义和民主实践的“美好社会的构成问题”,[①] 那么，跨文化传播政治经济研究就是将传播与政治经济权力相互构建的研究，更自觉地放在全球史和跨文化的视野下，探究“全球美好社会的构成问题”。这一看似抽象和宏大的问题，在新冠肺炎疫情大流行的语境下，因美国失业非裔男子弗洛伊德（George Floyd）在白人警察膝盖下“我不能呼吸”的绝望呼叫及其视频的全球传播，而变得十分基本、具体和急迫。这可不是西方媒体报道中往往以专制、贫穷与落后的境况出现的“第三世界”场景，而是美国中心城市的街头现实。曾经以“解放、社会主义”为价值诉求的传播政治经济学，如果要从对信息资本主义批判和对“数字劳工”研究的狭隘视角中解放出来，就有必要重返其对资本主义和帝国主义双重批判的“初心”，推进国家、阶级、种族等维度的交叉分析，并在此过程中与后殖民批判理论和中国马克思主义理论与实践建立有机对话关系。

相对于以欧洲殖民主义为主要批判对象的南亚、中东和非洲背景学者的后殖民文化理论及其消极批判视角，中国台湾学者陈光兴从东亚相关历史经验出发，倡导更为积极地去殖民、去帝国和去冷战“三位一体”的批判性知识实践。在他看来，去殖民不仅是二战以后以建

① Janet Wasko, et al., “Introduction: The Political Economy of Communications: Core Concerns and Issues”, in Wasko, J., G. Murdock, and H. Housa (eds.), *The Handbook of Political Economy of Communications*, West Sussex: Blackwell, 2011, p. 1.

立独立的主权民族国家为表现形式的反殖民运动，而且是“被殖民者试图透过高度的自觉，在精神、文化、政治以及经济的总体层次上，反思、处理自身与殖民者之间（新）的历史关系”的过程。[①] 去帝国化“是一个更具涵盖性的范畴”，指的是“殖民者自身的反思”，其“任务在于得用‘心’在情感的层次上面对殖民及帝国的主体，过去的动力、作为与欲望，特别是帝国主义所造成的长期历史后果，对自己与别人的主体性所构成的作用”。[②] 至于去冷战，如果说二战以后出现的冷战体制是西方资本主义“对社会主义的长期的惩罚”，[③] 那么，去冷战就意味着为社会主义发展争取国际空间。陈光兴则认为，冷战有效“拦截”了全球层面的去殖民与去帝国运动，使“殖民、冷战、帝国化”“纠缠成为同一个历史过程”。[④] 虽然柏林墙的倒塌被宣布为冷战结束的标志，但在世界的东方，不仅旧冷战的分断体制依然存在，而且2008年全球金融危机以来，美国针对中国发动“新冷战”的冲动在不断升级。同时，新冠肺炎疫情背景下美国种族问题与阶级矛盾的内爆，已经把美国自身的去帝国化重构推到了“全球美好社会构成问题”的核心位置。在这一语境下，陈光兴所倡导的“三位一体”知识实践，对于后疫情全球秩序的变革，就显得更加重要、更有跨文化意义了。作为有中国大陆生活经验的海外学者，林春对中国在全球资本主义中的定位问题的分析，不但与后殖民批判理论和比较世界经济史研究形成了对话关系，而且在反思中国革命、建设与改革开放的历程以及探索中国的社会主义未来的过程中创新了马克思主义理论。[⑤] 本节从陈光兴、林春等学者的相关分析切入，检视现有国外传播政治经济学的偏颇，开启这一领域在去殖民、去帝国、去冷战知识实践基

---

① 陈光兴：《去帝国：亚洲作为方法》，台北行人出版社2006年版，第5—6、7、66、69页。

② 陈光兴：《去帝国：亚洲作为方法》，台北行人出版社2006年版，第5—6、7、66、69页。

③ Göran Therborn，“From Petrograd to Saigon”，*New Left Review*，No. 48，March/April 1968，p. 4.

④ 陈光兴：《去帝国：亚洲作为方法》，台北行人出版社2006年版，第5—6、7、66、69页。

⑤ Chun Lin，*China and Global Capitalism*：*Reflections on China*：*Reflections on History and Contemporary Politics*，New York：Palgrave Macmillan，2013.

础上的社会主义与跨文化视野重构议程。

首先，西方中心主义。虽然莫斯可（Vincent Mosco）在《传播政治经济学》中也认识到，该学科“主要建诸于一种元叙述之上，这种元叙述将学科研究牢牢植根于西方白种男性智力活动的典型模式中”，① 但是，他并没有深入反思这一元叙事的偏颇。粗略分析，西方中心主义的深层偏颇有以下三点。

第一，正如林春所指出的那样，仅仅对欧美普适主义进行揭露和批判，或者从东西方互构性和东西方二元论本身如何掩盖两者内部的复杂性角度来解构“西方”是不够的，问题在于这种解构脱离其他文明对“西方文明”的直接与间接贡献，是非整体性的世界历史观。这包括无视殖民主义和帝国主义行径事实，存在欧美资本主义的“一国建成资本主义”式的谬误；将基于西方工业资本主义经验和社会理论范畴去历史语境化，形成了“欧洲中心式的傲慢和资本主义融合”观；以及自由主义者在处理西方与（后）殖民世界关系时所持的“主人种族民主”（master-race democracy）理念。② 欧洲殖民主义意识形态中的“主人种族民主”与美国的“帝国民主”（Imperial Democracy）有历史性衔接关系和结构上的相似性。对于当代国外传播政治经济研究来说，西方中心主义表现为，在缺乏对“主人种族民主”或“帝国民主”的内省条件下，对作为自由主义新闻理论核心的新闻自由/信息自由流动观的抱持自信，对福利社会条件下的传播公共利益体制和劳工体制不胜怀恋，导致这些研究一边抽象肯定“整体观”，一边坚持福利资本主义的渐进改良主义取向。③ 实际上，早在1961年，英国马克思主义学者威廉斯（Raymond Williams）就指出，西方内部的社会主义者与其他力量的斗争，不可避免的首先是关于国际议题的斗争；西方社会的形构主要决定于国际斗争，而当时正在开启的福利社会只

---

① Vincent Mosco, *Political Economy of Communication* (*2nd edition*), Sage, 2009, p. 37.

② Chun Lin, *China and Global Capitalism*, New York: Palgrave Macmillan, 2013, pp. 184, 189 - 190.

③ 这类研究主导2008年全球金融危机以来的国外传播政治经济研究。该学科代表性文集 *The Handbook of Political Economy of Communications* 反映了这一倾向。

是这一斗争的“边际伴生物”。[①] 在西方马克思主义文化与传播学中，威廉斯以其文化唯物主义理论超越政治经济与文化研究分野的奠基性贡献影响深远；在《马克思主义的未来》这篇鲜为人知的文章中，威廉斯更展现了他作为一位马克思主义文化研究者的国际社会主义运动视野和博大的国际主义胸怀。总之，传播政治经济学一旦失去国际社会主义运动视野而变成“帝国民主”内部的批判性改良主义研究，就不仅无意间拥有了与二战以来的美帝国体制“共谋”的嫌疑，而且因为其在现有全球学术体制内占领了“鱼与熊掌”兼得的道义制高点而容易成为霸权性的学术话语，进而与那些满世界推进西方式新闻自由的“全球市民社会”组织一道，成为美帝国主义的道义“帮凶”或“帮闲”。

也正是在西方中心主义的框架下，改革开放时代的传播与中国工人阶级的问题不仅被归结到现有传播政治经济研究的劳资关系范畴，而且被置于道义制高点。这里的一个隐含前提是，中国直到改革开放前还是一个“前资本主义”社会，由于改革开放使中国与资本主义世界“接轨”（尽管因为还没有争取到西方意义上的独立工会而处于劳资斗争的“落后”阶段），学者们也终于可以漠视国家政权性质和工业化发展阶段的区别，把传播领域的劳资矛盾和劳工的表达问题当作“普遍”问题，来讨论全世界“信息劳工”联合的可能性了。[②] 然而，没有比这样的理论前提更能体现西方中心主义了。实际上，正如林春所强调的那样，考虑到非西方因素在资本主义发展过程中的贡献，尤其是欧美资本主义发展不可或缺的殖民主义和帝国主义维度，马克思主义意涵上的资本主义时代（capitalist epochalization）的世界历史，从一开始就内在于所有国家，包括那些“非资本主义”但不必然是“前资本主义”的国家。[③] 一方面，中国最晚至鸦片战争，就不是一个

---

① Raymond Williams, “The Future of Marxism”, *New Left Review*, Vol. 114, No. 6, November/December 2018, p. 64（原文出版于 The Twentieth Century, 1961, July, pp. 128 – 142）。

② 这方面最有代表性的研究，可参见 Vincent Mosco and Catherine McKercher, *The Laboring of Communication: Will Knowledge Workers of the World Unite?*, Lanham: Lexington Books, 2008。

③ Chun Lin, *China and Global Capitalism*, New York: Palgrave Macmillan, 2013, pp. 184, 189 – 190.

"前资本主义"国家了；另一方面，自从1949年在推翻了帝国主义、封建主义和官僚资本主义"三座大山"的基础上建立起中华人民共和国，中国社会就具备"后资本主义"性质了。如果必须套用"历史阶段论"，那么，甚至可以说，1949年之后，在政权性质和全球史"阶段"上，中国已经比资本主义核心国家更"先进"了，而中国工人阶级历史性斗争的阶段性成果，也体现在中华人民共和国宪法所宣称的国家的社会主义性质中了。中国工人阶级不成比例地承担了"中国崛起"的沉重社会代价，中国当代政治经济中劳动报酬在初次分配中的比重较低、劳工权利也有待提高，这些都是公认的事实。因此，中国在与全球信息资本主义整合过程中的劳工与传播问题十分重要。然而，对这个问题，是套用核心资本主义国家语境下的劳资关系框架或后殖民语境下的"底层抗争"框架来分析，还是从中国革命、建设和改革开放过程的复杂的、动态的国家与阶级/阶层权力关系逻辑来理解，这是一个根本性的学术立场问题，也是一个需要警惕的西方资本主义知识霸权问题。① 考虑到在现有国际学术体系中，往往是非西方国家的博士生和年轻学者先跟着西方国家的批判政治经济学者做博士论文，然后再给他们的编著或主编与评审的刊物写文章的状况，这种知识霸权的存在是实实在在的。总之，对西方知识霸权的批判不能局限于对西方"主流"社会科学的批判，还应当包括对处于西方学术"边缘"的各种批判学术流派的跨文化批判。

第二，由于传播政治经济研究把历史时间零点定为现代欧洲工业资本主义的崛起，并相应地把认同政治的对象锁定为作为资本主义"掘墓人"的工人阶级——这是在批判和对立意义上的现代认同政治的奠基时刻，② 现有研究往往在强调阶级不平等的同时，忽视人们在国族、种族、族群、性别、宗教、地域归属等方面的认同和情感，更看不到阶级认同与其他认同的复杂交互关系。虽然一些学者也从信息

---

① 参见赵月枝、吴畅畅《网络时代社会主义文化领导权的重建？——国家，知识分子和工人阶级政治传播》，《开放时代》2016年第1期。

② 陈光兴：《去帝国：亚洲作为方法》，台北行人出版社2006年版，第5—6、7、66、69页。

生产和消费过程中的女性主义和反种族主义角度丰富和深化了传播政治经济学，但是，这一领域的研究很少处理劳工以外的身份认同和情感问题。颇有讽刺意味的是，正是欧美政治经济学者的批判对象们，一直在调用、煽动和操纵民众基于阶级认同之外的其他身份认同和情感维度，而且这些操纵者的主要对象恰恰也是白种男性——往往是居于内陆和农村地区（即资本主义中心国家的“边缘”地带）的中下阶层。所以，面对高涨的民族主义和文化身份认同政治，许多欧美传播政治经济学者陷入失语的境地也就不足为奇了。这一方面暴露了欧美白种男性都市知识精英自身的社会与文化认同局限，另一方面也暴露了他们的理性主义和认知主义偏颇。尽管欧美传播政治经济研究批判资本和市场理性，也谈基于阶级认同的“团结”，但是，这些研究不但不能充分处理国族、种族和族群问题，而且对欧洲世俗主义和自由主义的“自主的主体”（autonomous individual）概念也没有进行充分的反思和批判。而白人种族主义、男权中心主义和阶级偏见又往往导致女性和少数族群被推向“非理性”和“感情”的领域。所以，与国外传播政治经济研究以欧美白种男性为主体的现象相对应的是，国外“文化研究”往往有更多的女性和少数族群学者。也正是出于这一深层次原因，国外传播政治经济学者对社会科学在阶级政治之外的“认同政治”转向和“情感转向”（affective turn）既无可奈何又无能为力。陈光兴的如下描述对许多欧美传播政治经济学者适用：

> 以美国的左派为例，反思美国“帝国国族主义”（imperial nationalism）动力往往被阶级政治所置换，他们甚至不满“后殖民”研究中心化国族、种族与族群的议题，对任何形式的认同政治嗤之以鼻，好像左翼力量与美国帝国—国族打造过程无关，因为她/他们并不认同美国帝国主义的侵略行径：也正因为如此，美国左派没有能力将自身放入去/帝国化的过程中来反省，导致缺乏大规模的自我反省运动以抵抗“帝国国族主义”……如果9·11事件无法带动去帝国化的反思运动，可以预见，英

美批判知识分子与帝国国家权力之间长期的共谋关系也将一而再、再而三地发生。[①]

第三，与西方中心主义共生的，是这一领域的城市中心主义偏颇。在空间上，农村是资本主义圈地运动的牺牲者，在资本主义都市的边缘；在线性发展逻辑上，农村是“前资本主义”和“前工业社会”，必然为以城市为中心的现代工业社会所代替。这是国外传播政治经济学与西方马克思主义共享的理论前提。正如现代印刷媒体本身是资本主义商业文化和都市文化的产物，作为对资本主义信息、传播与文化体制进行批判的传播政治经济研究，从一开始就有城市中心主义的偏颇。[②] 而《共产党宣言》英文版中那个知名的“农村生活的愚昧状态”（the idiocy of rural life）论断，更强化了基于西欧工业资本主义的线性进步观和西方中心主义的“文明等级论”，进而被长期用来反衬西式资本主义现代化的必然性和进步性。然而，有权威研究指出，马克思所用的 19 世纪德文词“idiotismus”不应被翻译为“愚昧”，而应该是“隔绝”（isolation）。[③] 这一纠正，对于我们从历史时间多元性的角度，重新认识农村生活和农民的主体性，有非常重要的意义。毕竟，“隔绝状态”可以通过信息流动和现代传播克服，“愚昧状态”意味着农村生活甚至整个农耕文明在克服资本主义现代性危机中没有可资借鉴的智慧。

与此不无关系，另外一个在具体的学科发展过程中产生的内部问

---

① 陈光兴：《去帝国：亚洲作为方法》，台北行人出版社 2006 年版，第 272 页。在 Janet Wasko 等合编的具有标杆意义的 *Handbook of Political Economy of Communications* 一书中，席勒（Dan Schiller）有关美国传播军事化的文章批判了美国的帝国主义意识形态，是一个例外，见 Dan Schiller, “The Militarization of US Communications”, in Janet Wasko, et al., *Handbook of Political Economy of Communication*, 2011, pp. 264 – 282。

② Antonio Sorge and Jonathan Padwe, “The Abandoned Village? Introduction to The Special Issue”, *Critique of Anthropology*, Vol. 35, No. 3, September 2015, p. 236.

③ 这项研究见 Hal Draper, *The Adventures of the Communist Manifesto*, Berkeley, CA: Center for Socialist History, 1994; The Editors, “Notes from the Editors”, *Monthly Review*, Vol. 55, No. 5 (October 2003), https://monthlyreview.org/2003/10/01/mr-055-05-2003-09_0/。

题是，国外传播政治经济学者在汲取欧洲马克思主义思想资源和南美依附理论，来批判以冷战和反共为底色的美国“传播与发展”研究范式时，不仅漠视从马克思到威廉斯对资本主义城乡分裂问题的研究，而且将美国主流发展传播范式对后殖民社会的农民问题的关注这一“婴孩”，也同“洗澡水”一并倒掉了。[①] 农村人口不仅被排除在传播政治经济学对媒体和文化生产过程的分析之外，而且被排斥在对媒体消费者角色的研究之外。考虑到传播政治经济学的欧美和拉美学术背景，这一偏颇有深刻的知识地理学根源，即欧洲资本主义的城市化发展、整个美洲基本消灭了原住民的垦殖主义历史，以及拉美在种植园经济和依附型资源经济基础上的高度城市化发展道路。相形之下，中国“是世界最大的原住民大陆国家”，新中国之所以能“去依附”，“靠的是亿万农民”；[②] 而毛泽东“农村包围城市”思想与刘易斯“二元经济结构”理论在解决落后国家现代化问题上的成败比较，[③] 也恰恰是从马克思主义政治经济学视野理解中国革命和社会主义建设道路的关键。如果传播政治经济学的核心问题之一是西方语境下的工人阶级抗争意识是如何被消解的，那么，中国革命因为有了“共产党领导”这个“制度变量”，就把处于原子状态的中国农民锻造成革命的主体，变成推翻“三座大山”的“先进”力量，[④] 而这一历史性过程也就成为传播政治经济学中“中国的挑战”议题的历史性内涵。由于传播政治经济学所聚焦的欧美和拉美地区城市化程度普遍高于亚非国家，乡村问题与农民的主体性问题在这两个区域已经历史性地被转换为原住民问题、城市贫民窟问题、种族问题和移民问题。因此，现有传播政治经济研究的乡村盲点、白人种族主义和殖民主义遗产以及在

---

① Yuezhi Zhao, “Global to Village: Grounding Communication Research in Rural China-Introduction”, *International Journal of Communication*, Vol. 11, Octomber 2017, pp. 4396 – 4422.

② 温铁军：《农村，才是中国社会稳定的“定海神针”》，https://www.sohu.com/a/247071928_100069746，2018 年 8 月 14 日更新；童筱丹、温铁军：《去依附》，东方出版社 2019 年版，第 1 页。

③ 参见徐祥临《乡村振兴的基础理论与应用》，中国建筑工业出版社 2019 年版，第 44—95 页。

④ 徐祥临：《乡村振兴的基础理论与应用》，中国建筑工业出版社 2019 年版，第 77—78 页。

亚洲尤其在中国问题上的长期无语与失语，也就有了一体三面的同构关系。

其次，资本主义中心主义。“西方中心主义”中的“西方”不仅是地理和区域上的实体性概念，也是东亚学者在讨论“作为方法的亚洲”或“作为方法的中国”时所强调的一个“抽象化、原理化了的文化概念”。[①] 正因为现代“西方”是与资本主义制度联系在一起的，西方中心主义与资本主义中心主义就有了历史和地理层面的互构关系。这正是林春在批判把工业资本主义当作“历史上优越和不可或缺”时的洞见：这种观点与其说是西方中心的，毋宁说是“资本主义中心的”（capitalist-centric）。[②] 一方面，反资本主义对欧洲而言也从来不是陌生的，“欧洲”不仅代表殖民主义、帝国主义和种族主义，也代表自由、平等、博爱的斗争；[③] 另一方面，许多非西方国家和地区的政治、经济和知识精英，也深深内化了西方中心主义和资本主义中心主义，并且在资本主义霸权的建立过程中，扮演同谋的角色。传播政治经济学以马克思主义作为理论基础，在学术立场上反对将资本主义自然化，这一点是毫无疑问的。但是，在“后冷战”时代，本学科学者在批判资本主义的信息化、数字化、人工智能化与监控化转型的同时，也与西方主流学术界类似，不但清除了20世纪国际共产主义运动的遗产，而且否定了诞生于20世纪民族解放和社会主义革命的后殖民主权国家和社会主义国家作为社会正义捍卫者的角色。这在客观上强化了“历史终结论”的学术氛围，使这个早已破产的命题死而不僵，甚至深刻影响了国外传播政治经济学界。[④]

---

① ［日］沟口雄三：《作为方法的中国》，孙军悦译，生活·读书·新知三联书店2011年版，第131、132、138页。

② Chun Lin, *China and Global Capitalism: Reflections on China: Reflections on History and Contemporary Politics*, New York: Palgrave Macmillan, 2013, p. 189.

③ Chun Lin, *China and Global Capitalism: Reflections on China: Reflections on History and Contemporary Politics*, New York: Palgrave Macmillan, 2013, p. 189.

④ 国外传播政治经济学者对关于中国革命遗产的正面叙述和对中国的社会主义斗争是未竟事业观点的普遍漠视，可以说是这种知识症候的表达。

总之，一方面，欧美传播政治经济学者批判资本主义，在原则上认可社会主义作为替代性制度；另一方面，西方中心主义、白人种族主义和教条主义等因素的结合，以及社会主义运动在实践中的挫败和问题，导致他们对现实存在社会主义运动的漠视、否认，甚至基于白人种族主义和“文明等级论”形成了“你不配革命式”的不屑。其结果是，在欧美政治经济学者的理论视野中，社会主义永远成了一个“将来时”，而不是一个至少从十月革命开始就产生了改变世界格局的持续影响的“现在进行时”。要克服西方中心主义和资本主义中心主义叠加的学术政治影响，就需要把后冷战时代的“东方国家”向“资本主义和自由民主政治转型”的问题意识，反转回到从“资本主义”向“社会主义转型”的问题意识，从而真正体现政治经济研究学者在讨论本学科的“历史性”特征时所强调的资本主义发展的不平衡性与矛盾性内涵。①

在去冷战化和破除对国际共产主义运动的历史虚无主义的影响，以及接续“解放、社会主义”叙事这一方面，中国学者拥有得天独厚的条件和义不容辞的责任，也是这一领域“中国的挑战”当下的内涵之一——如何从传播学的视角，阐释一个人口总量相当于所有西方资本主义国家人口总和的后革命东方大国的“崛起”。这不是把“先进的欧洲”和“落后的东方”的西方中心主义和资本主义中心主义叙述颠倒过来，构建一个列宁意义上的“先进的东方”和“落后的欧洲”的新二元论，而是对西方中心主义和教条化马克思主义的双重超越。在这一过程中，生产力落后的边缘资本主义国家通过政治革命和意识形态的变革，促进了生产关系的变革，最终引发生产力的革命性进步和以此为前提的“生产方式的具有不可逆性的整体变迁”，生产力也因此在“事后”意义上发挥了归根结底的决定

① 需要指出的是，这本身并不是国外传播政治经济学的问题意识。但是，由于主流冷战社会科学在问题意识与学术议程中的“主导定义者”（primary definer）角色，国外传播政治经济研究往往受制于被动回应者和辩驳者的“次要定义者”（secondary definer）角色。这也正是资本主义语境下传播政治经济研究的局限性所在。笔者 1998 年出版的第一部关于中国媒体改革的专著，也多少受到这种学术框架的影响。

性作用。[①] 从认识论层面，这也有助于从“以中国为方法”和“以世界为目的”的角度，理解一些传播政治经济学者在超越西方中心主义的努力中体认到的“共时性”（coevality），即不同生产生活方式在同一时代背景下的共存和超越基于西方体验的“我们的”时间观。[②] 沟口雄三曾解释道，在以往的“以世界为方法”的研究中，“世界”归根结底是欧洲；而“以中国为方法的世界，就是把中国作为构成要素之一，把欧洲也作为构成要素之一的多元世界”。[③] 在此意义上，“以世界为目的就要在被相对化了的多元性原理之上，创造出更高层次的世界图景”。[④]

最后，人类中心主义与“人类纪”的偏颇。当东西方批判学者通过知识去殖民化的努力，开始重新想象“更高层次的世界图景”时，地球上承载生命的生态系统都已经岌岌可危了。这要求我们在人与自然关系层面反思西方中心主义和资本主义中心主义的偏颇。当然，这种反思也一直内在于批判传播研究的学术实践。比如，加利（Sut Jhally）早就开始了从生态可持续性的角度批判消费资本主义的媒介素养教育与知识生产实践。他在 1989 年导演的一部媒介素养教育纪录片，用《广告与世界末日》这一令人惊醒的标题，阐述了以广告作为中介的消费资本主义在社会和生态上的不可持续性。[⑤] 2008 年，麦克斯韦尔（Richard Maxwell）和米勒（Toby Miller）在《国际传播学刊》

---

① 孟捷：《中国共产党与当代中国经济制度的变迁》，《东方学刊》2020 年春季刊；另见孟捷《历史唯物论与马克思主义经济学》，社会科学文献出版社 2016 年版，第 49—68 页。

② Wayne Hope, “Global Capitalism, Temporality and the Political Economy of Communication”, in Janet Wasko, et al., *Handbook of Political Economy of Communications*, 2011, p. 535. 关于共时性问题更系统和深入的中国语境下的讨论，参见汪晖《作为思想对象的二十世纪中国》（上、下），《开放时代》2018 年第 5 期、第 6 期。

③ ［日］沟口雄三：《作为方法的中国》，孙军悦译，生活·读书·新知三联书店 2011 年版，第 131、132、138 页。

④ ［日］沟口雄三：《作为方法的中国》，孙军悦译，生活·读书·新知三联书店 2011 年版，第 131、132、138 页。

⑤ Sut Jhally, *Advertising and the End of the World*, Amherst, Mass.: Media Education Foundation, 1999.

上发表了《生态伦理和媒介技术》一文，从生活方式、社会组织结构和技术三个层面讨论了传播领域的生态伦理和整个学科急需的生态视角。从消费主义生活方式的不平等和不可持续角度，两位学者指出，当下占全球5%的超级富裕人口消费了全球40%的资源，如果现有全球人口的生活要达到“美国水平”，则需要三个地球；从社会组织和制度层面，作者提出，需要考虑资本主义、社会民主和社会主义这些不同社会制度对生态危机的不同应对方式，而这也应该是媒体政策和政治经济研究能有所作为的场域；从技术层面，作者以彻底的唯物主义立场，从传播技术和传播设施本身的物质性切入，讨论了信息和媒介产品从生产到消费整个过程的巨大生态代价。作者从人类中心主义伦理、生态主义伦理以及处于两者之间被他们称为“中等绿”的这三种伦理立场出发，开创性地讨论传播领域在处理人和自然关系问题上的盲点。他们问道：在过去30年中，对全球生态危机的认知不断增强，但在媒介技术历史和有关媒介产业和制度的政治经济研究中为何不见环境议题?[①] 他们对传播政治经济学者喊话道：如何在一直聚焦的媒体所有权、内容多元性以及民主化媒体改革议程中加入生态伦理视角?[②]

如果正在崛起的环境传播研究挑战了传播政治经济学的人和自然关系盲点，那么，在更广阔的气候科学和人文社会科学领域，2000年开始流行的“人类纪”（Anthropocence）概念，则把人和自然关系问题推到了前所未有的高度，它认为人类已经成为影响地球进化的地质力量。站在2020年全世界不分国家和种族，不得不投入一场抗击新冠病毒的生命健康之战的高度，超越社会制度和文化差别的“人类命运共同体”理念和“人与自然和谐共生”理念从未像现在这样让人感到真切。然而，从上面所辨析的西方中心主义和资本主义中心主义的角

① Richard Maxwell and Toby Miller, “Ecological Ethics and Media Technology”, *International Journal of Communication*, Vol. 2, 2008, pp. 333, 347.

② Richard Maxwell and Toby Miller, “Ecological Ethics and Media Technology”, *International Journal of Communication*, Vol. 2, 2008, pp. 333, 347.

度，也从知识去殖民化目标出发，我们不得不警惕，“人类纪”概念是否带有资本主义中心主义的知识霸权烙印。我们有必要追问，当下的生态危机，是人类本身的问题，还是人类社会中的资本主义全球霸权和消费资本主义这样一个特殊世界历史时代的问题？毕竟，正如加利在《广告与世界末日》中所明示的那样，环境危机与战后以美国社会为主导的消费主义生活方式密切相关。“人类纪”学者也有充分科学证据证明，尽管可以追溯到工业革命，人类对环境的影响在 20 世纪 40 年代末和 50 年代初开始加速度上升，而这也是“人类纪”出现的关键年代。①

当然，问题不仅仅是商业广告在资本实现剩余价值过程中的一般作用和消费主义对生态的破坏，更深层的问题还在于，农业、生物技术与健康医药等领域的跨国垄断资本集团通过对基因信息的操纵以及对地球上生物资源的攫取和控制，威胁到了生物多样性和人类生存的基本条件。气候变化也可能带来新的自然灾害和新型病毒的产生及灾难性全球传播。更可怕的还有生物武器的威胁及美国是唯一拒绝在《禁止生物武器公约》核查议定书上签字的国家这一事实。所有这些都表明，“人类纪”概念的命名一方面把人类本身对自然界的影响提升至前所未有的高度，但另一方面也有在学术话语层面转移矛盾焦点的效果，而这也是西方中心主义和以美国为核心的资本主义中心主义的表征。

从这个角度，20 世纪中期以来以美国商业广播和电视为主体的大众传媒作为消费资本主义不遗余力的宣传者、组织者和鼓动者，以及这一体系在全球层面的影响，尤其是消费主义意识形态、反共意识形态和战争宣传对社会主义国家和后殖民国家精英的引诱与威慑双重作用，包括对这些国家的媒体制度转型的影响，无论如何高估也不过分。也正是在这个意义上，斯迈思对广告在资本主义再生产过程中角色的强调，是传播政治经济研究重归唯物主义立场的关键第一步。他对中

① 参见 Ian Angus，*Facing the Anthropocene*，*Fossil Capitalism and the Crisis of the Earth System*，New York：Monthly Review Press，2016。

国以社会主义为价值基础对外来文化所进行的“文化甄别”的赞赏，对消费主义生活方式的批判，对资本主义和社会主义不同生产目的的区分，以及对中国能否发展出社会主义技术政治路线的关心，体现出这位传播政治经济学奠基者超越资本主义中心主义和对中国社会主义在社会组织、技术政治和生活方式三个层面都不要重复资本主义老路的殷殷期许。[①] 这是我们发展有中国社会主义视野的21世纪跨文化传播政治经济学需要重新打开的东西方历史性对话，也是从践行“创新、协调、绿色、开放、共享”五大发展理念和推进生态文明转型的高度，反思中国改革开放过程中的发展主义偏颇和重构“发展传播学”，进而克服现有传播政治经济学在发展问题上只有负面批判而没有建设性问题的关键。

二 跨文化转型、中国社会主义与第二次“文艺复兴”

首先，跨文化转型与“作为方法的中国”的挑战。除了上文所讨论的偏颇，当代国外传播政治经济研究往往被认为只注重所有权、控制、生产和结构层面的问题而忽视文化主体性议题。然而，颇有悖论色彩的是，传播政治经济学者最初的重要贡献就是对“文化帝国主义”的批判，而这恰恰在超越了西方中心主义和资本主义中心主义偏颇的同时，触及了文化主体性问题。如果斯迈思对中国社会主义文化理论与实践的关注是一个正面“可能性”的研究，赫伯特·席勒（Herbert Schiller）对“文化帝国主义”的如下定义，则是从批判视角聚焦不平等国际体系中的文化主体性问题：“今天，‘文化帝国主义’概念最能描绘某个社会进入现代世界体系的一系列过程的总和，也即这个社会的统治阶层是如何受到引诱、压力、强迫、有时是贿赂，以至于塑造出一种与现代世界体系中占统治地位的价值观和社会结构相

① 参见［加］达拉斯·斯迈思《自行车之后是什么》，王洪喆译，《开放时代》2014年第4期；Dallas W. Smythe，“Mass Communication and Cultural Revolution：The Experience of China”，in George Gerbner，et al.，*Communication Technology and Social Policy*：*Understanding the New “Cultural Revolution”*，New York：J. Wiley，pp. 441 –465；*Dependency Road*，NJ：Alex，1981。

适应的社会制度，以弘扬这些价值观和社会结构。”① 显然，这个定义针对的恰恰是第三世界统治阶层的价值观塑造问题和发展道路问题。同样重要的是，在早期对“文化帝国主义”的批判中，“文化”与“民族文化”也都是有特定内涵的。首先，这是一个人类学意义上的“文化”概念。在这个定义中，“文化作为一种整体性的生活方式和价值体系，被视为争取资本主义之外的替代性发展模式和构建新型社会结构的主要场域”。② 这与电视机前作为全球资本主义文化工业的消费者的特定受众对某部美国电视剧剧情的解读不是一个层面上的问题。对于资本主义意识形态的传播来说，节目前后的跨国公司商业广告和作为剧中人物活动背景的高楼大厦、高速公路上飞驰的私人汽车所代表的个人主义流动性，以及打开冰箱就是食品的消费主义现代生活方式，也许比剧情本身更有效。其次，“民族文化”也不是通俗意义上的“本真”/“原生态”文化或“传统文化”，更不是世界资本主义市场体系里各国文化工业所提供的文化产品，而是一个需要从一个民族在“生活方式选择的动态意义和未来意义”层面来把握的概念。因此，对于新成立的后殖民国家的解放性事业来说，“民族文化”不是过去的东西，而是“未来的东西”，它是“超越了殖民主义和传统社会关系，隐含着新的社会组织形式以及人与人之间新的社会关系”的人类学意义上的文化。③ 这样的“民族文化”的锻造与争取民族独立的斗争紧密相连，是殖民地人民在反帝反殖斗争中成为独立自主的社会主体的结果。总之，对于奠基性的“文化帝国主义”批判者来说，后殖民国家新型的“民族文化”的培育不仅需要对外挑战国际资本主义的信息、文化与传播体系，而且对内要一方面反对“反动传统主义”的复兴，一方面反对新生的买办资产阶级文化的产生。④ 用斯迈思基于中国社会主义

① Herbert I. Schiller, *Communication and Cultural Domination*, New York: International Arts and Sciences Press, 1976, p. 9；中文译文转引自赵月枝《传播与社会》，中国传媒大学出版社2011年版，第7—8页。

② 赵月枝：《传播与社会》，中国传媒大学出版社2011年版，第268—269页。

③ 赵月枝：《传播与社会》，中国传媒大学出版社2011年版，第268—269页。

④ 赵月枝：《传播与社会》，中国传媒大学出版社2011年版，第268—269页。

建设时代经验的洞见，这就是对外进行“文化甄别”和对内坚持无产阶级文化政治。

虽然中国学者一直以一种隔岸观火的姿态讨论“文化帝国主义”论题，及“政治经济学”与“文化研究”的论争，但是，如果我们回到20世纪70年代的国际语境，把前文所引赫伯特·席勒对文化帝国主义的定义和斯迈思对中国社会主义传播理论和实践的研究放在一起考虑，我们就能在国际共产主义运动与中华文化创造性转型和创新性发展的双重视域下，从世界观和认识论高度来讨论传播政治经济学的“跨文化”内涵。中华民族是一个以文化认同而不是血缘来定义自己的多民族共同体，文化的濡化作用在国家与社会层面历来受到高度重视。与此一脉相承，文化领域在现代中国革命与社会主义现代国家建设中有特别重要的地位。正如戴锦华所强调的，不是1911年的辛亥革命，而是1919年的五四“新文化运动”，是中国现代史的真正开端性事件，新文化实践展示了现代中国对“前现代”中国的全面否定和决裂，毛泽东时代对“社会主义新文化”建设的自我意识强度和实践的多样性更是国际共产主义运动中其他国家不可企及的。[①] 裴宜理也观察到，中国革命一开始，中共领袖们就善于有意识地调用精英和大众层面的文化资源，通过“文化动员”让普通民众加入革命，让他们从中国传统价值观和实践层面理解革命的目标，从而使共产主义“中国化”。[②] 从抗日战争期间毛泽东对“民族的、科学的、大众的”新民主主义文化的理论阐述，到通过农民识字、“诉苦”运动锻造“人民”主体，到更广泛的培育“社会主义新人”的实践，再到试图通过一场“无产阶级文化大革命”来达到“反修防修”和巩固社会主义政权的目的，文化治理在中国革命和建设实践中都是极为重要的理论和实践场域。赫伯特·席勒等“文化帝国主义”的批判者只是在20世纪60

① Jinhua Dai, “Culture”, trans. Rebecca E. Karl, in Christian Sorace, et al., *Afterlives of Chinese Communism*, *Acton*, ACT: ANU Press and London: Verso, 2019, p. 49.

② Elizabeth J. Perry and Hanchao Lu, “Narrating the Past to Interpret the Present: A Conversation with Elizabeth J. Perry”, *The Chinese Historical Review*, Vol. 33, No. 2, November 2015, p. 167.

年代末和70年代初才开始想象和讨论打造新的后殖民和后资产阶级“民族文化”的必要性和可能性。而在中国“新文化运动”中成长起来的马克思主义中国化实践者，早在中国革命过程中就开始了“民族的、科学的、大众的”新民主主义文化的锻造和文化领导权建设实践。作为对城市中心主义和以都市文化为主体的“现代文学”的超越，在不断深入的抗日战争中发展出了面对绝大多数近乎文盲的农民和以农村口传文化为背景的“解放区文学”。在重新界定“为中国老百姓所喜闻乐见的中国作风和中国气派”的过程中，这一新文艺“突破了‘书写文字’和‘印刷媒体’的限制”，发展出从朗诵诗到木刻、版画、黑板报、新年画等丰富多彩的“视听文化”领域，“成为新型的‘人民文艺’”。①

今天，作为文化领域“不忘初心”的体现，“重返‘人民文艺’”已然成为时代新声。② 要深化马克思主义传播政治经济研究的文化内涵，就需要在思想和价值观层面理解“文化”在“信息、传播和文化”相互构建的“三元一体”结构中的基础性地位和作为“身份认同、意义、尊严和社会创新源泉”的关键角色。③ 同时，正如早期“文化帝国主义”批判所包含的解放性的“民族文化”概念已经指涉的那样，针对“逆全球化”语境中的本土主义、民族主义、文明主义、极端主义的崛起，需要在具体的历史语境下，在承认民族国家与“民族文化”的边界性和独特性的互构关系过程中，超越各种形式的文化本质主义和激进主义，强调“文化”作为一个动名词的混杂性、交互性、过程性和开放性内涵。这是因为，“文化特质”是一种“相对稳定却不断变化的事物”，④ 而“跨文化意味着不断地将外来文化的知识和理念加以内化，从而将已有的本土文化进行重构，进而发展为一个‘共可能

---

① 罗岗：《序言：现在是大变动的时期——论“人民文艺”的历史构成与现实境遇》，见罗岗、孙晓忠主编《重返“人民文艺”》，上海人民出版社2019年版，第5页。

② 罗岗和孙晓忠主编的《重返“人民文艺”》一书有代表性的意义。

③ Armand Mattelart, “New International Debates on Culture, Information and Communication”, trans. Liz Libbrecht, in Janet Wasko, et al., *Handbook of Political Economy of Communications*, 2011, p. 505.

④ 孙歌：《寻找亚洲：创造另一种认识世界的方式》，贵州人民出版社2019年版，第275、301、304、342页。

性’文化循环的过程”。[①] 基于此，赵汀阳认为，当代中国已经因为部分地内化了西方文化而变成了一个“混合型的跨文化国家”。[②] 孙歌也指出，中国所在的亚洲，是世界上文化最为多元的大陆，差异化和开放性是亚洲的特质，而作为一个“地处欧亚大陆重要一端的复杂政治体”，“中国在历史上融合了几大文明的基本要素”，因此，可以说，不仅“亚洲内在于中国”,[③] 而且世界也内在于中国了。总之，如果“启蒙”是欧洲的，也是世界历史性的，它受到包括中华文化在内的优秀人类思想的影响又反过来影响了近现代中国；那么，中国革命是中国的，也是世界历史性的，它深受法国大革命和巴黎公社特别是十月革命的影响，是国际共产主义运动的重要组成部分，又拥有中国内部的社会发展逻辑和思想文化土壤。[④] 从这个意义上看，20 世纪的中国革命是一场真正的“跨文化”革命，在此过程中形成的中国化马克思主义新闻理论与实践以及整个中国信息、传播与文化体系，也早就具备“跨文化”特性了。[⑤]

与传播学科中带有殖民主义和美国文化霸权主义胎记的、主要聚焦于不同族群之间的人际传播的“跨文化”（intercultural or cross-cultural）概念不同，我们致力于构建的跨文化传播政治经济学中的“跨文化”（transcultural）概念，与赵汀阳在哲学意义上所讨论的概念相通，它源于古巴学者费尔南多·奥尔蒂斯（Fernando Ortiz）在 20 世纪

---

① 赵汀阳、［法］阿兰·乐比雄：《你是利玛窦那样的人吗——关于一神论的系列通信之一》，王惠民译，《江海学刊》2017 年第 2 期。

② 赵汀阳、［法］阿兰·乐比雄：《你是利玛窦那样的人吗——关于一神论的系列通信之一》，王惠民译，《江海学刊》2017 年第 2 期。

③ 孙歌：《寻找亚洲：创造另一种认识世界的方式》，贵州人民出版社 2019 年版，第 275、301、304、342 页。

④ 比如，沟口雄三早就注意到，“作为政治经济思想的儒教式的‘公’‘均’思想”，即大同主义思想，“才是中国社会主义思想的基础”。见［日］沟口雄三《作为方法的中国》，孙军悦译，生活·读书·新知三联书店 2011 年版，第 182 页。

⑤ 正是出于这样的认识，笔者对中国新闻传播制度的分析一方面强调了这一制度的列宁主义遗产，另一方面挑战了本学科中颇有影响的“比较传媒制度”分析框架。不过，这些研究并没有使用“跨文化”这个概念。

40 年代就西班牙和古巴历史上的殖民关系提出的作为一个过程的“文化互化”（transculturation）一词，[①] 特指殖民主义和帝国主义扩展中的不同文化体系在不平等权力关系中的碰撞所导致的文化转型过程。这一概念不仅突出不平等权力关系和殖民地原有文化的失却，而且强调这一过程中的主体能动性和文化“互构”的过程。在奥尔蒂斯所讨论的西班牙与古巴的殖民关系中，压迫者和被压迫者一起被锁进一个痛苦的文化转型过程，施动者本身也被这个过程影响。[②] 把拉美语境转换到亚洲语境，孙歌的如下讨论尤为相关：“尽管欧洲殖民者‘发现’世界的努力伴随着高度自我中心的霸权本能，但是，人类生活的多样性，也正是在这个西欧试图征服世界的过程中被揭示出来，而亚洲也在这个流动着的状态中越来越获得了存在感”；[③] 同时，由于西方在把自己内部的优秀价值推向世界的过程中，伴随着暴力和剥夺，亚洲“在形成自己的主体性的同时，也重新打造西方，在文化上和价值上进行翻转”，从而获得“把西方创造出的价值提升到人类的高度”的能力。[④] 正是在这个意义上，跨文化传播政治经济研究将传播、政治经济结构和社会发展等问题放在全球资本主义体系内不同文化间的碰撞过程中来分析，聚焦社会体系的动态转型与历史性演变过程以及传播与文化的社会历史嵌入性和社会主体的能动性。

因此，“作为方法的中国”的挑战，与其说是作为实体的东亚大国的“崛起”对现有不平等世界体系的改变，毋宁说是一个明言建设“中国特色社会主义”并高举“构建人类命运共同体”旗帜的东方社会主义国家所提供的另一种认识世界和改造世界的启示。化用韩少功

---

① Transculturation 一词被翻译成“文化互化”，十分贴切。参见［美］玛丽·路易斯·普拉特《帝国之眼：旅行书写与文化互化》，方杰、方宸译，译林出版社 2017 年版。在笔者早先的一篇文章中，该词与其形容词形式 transcultural 一起，被翻译成“跨文化”。

② 关于这个概念的更多讨论，参见赵月枝《跨文化传播政治经济研究中的“跨文化”涵义》，《全球传媒学刊》2019 年第 1 期。

③ 孙歌：《寻找亚洲：创造另一种认识世界的方式》，贵州人民出版社 2019 年版，第 275、301、304、342 页。

④ 孙歌：《寻找亚洲：创造另一种认识世界的方式》，贵州人民出版社 2019 年版，第 275、301、304、342 页。

的说法，这就是从“强国归来”层次到“文明创新”层次的提升，即从“争利”和以“富强”为目标提升为“争于义，胜于道”。[①] 刘同舫从马克思主义理论高度的如下阐述与笔者试图把现有传播政治经济学从以西方为中心的批判性研究“转变、拓展和提升”为有中国社会主义视野的建构性研究，十分切合：

> 人类命运共同体是人类社会发展道路中基于共同利益和共同价值而自我努力、自我创造的全球性社会形态，它立足于“人类社会”的哲学立场，力求促进人类在真正的“普遍交往”中形成具有更高“共同性”水平的人类利益，在变革全球治理体系的基础上推动全球生产力的均衡发展，为实现人类社会更美好的世界图景奠定坚实的物质和精神基础。较之于历史唯物主义理论对于资本主义全球化的批判性研究而言，构建人类命运共同体更需要历史唯物主义理论自身的结构性转变、拓展与提升，即把历史唯物主义理论的重心从批判性世界观转变、拓展和提升为全球化时代的一种“建构性世界观”。[②]

其次，“世界社会”中的中国社会主义道路。根据佩里·安德森（Perry Anderson）在《两场革命》中的著名说法，如果苏联十月革命的轨迹是主导 20 世纪的最重要事件，那么，中国革命的结果将形构 21 世纪。[③] 安德森还指出，面对中国在共产党领导下所取得的经济成功，那种把苏东剧变看成共产主义终结的观点，未免“有点欧洲中心主义”。从资本主义中心主义或“历史终结论”的意识形态角度看，除了苏东剧变，恐怕没有把改革开放的中国描绘成对社会主义的背叛

---

① 韩少功：《“闷声发大财”已不可能，中国还凭什么让人心服口服?》，豆瓣，https：//www. douban. com/note/768242519/? from = author，2020 年 6 月 20 日更新。

② 刘同舫：《构建人类命运共同体对历史唯物主义的原创性贡献》，《中国社会科学》2018 年第 7 期。

③ Perry Anderson，“Two Revolutions”，*New Left Review*，Vol. 61，No. 1，January/February 2010，p. 59.

和向资本主义转型更能强化这一意识形态了。一方面，中国内部右翼知识界与“亲美反共”意识形态共生的“告别革命”的声音从20世纪80年代开始就甚嚣尘上，对中国革命的各种历史虚无主义声音在思想界和舆论场层出不穷；另一方面，许多中国革命和共产主义的左翼支持者则因改革开放所带来的与资本主义的融合与“接轨”及其负面后果，而认为中国已经在没有发生颜色革命的情况下“变色”了。考虑到把当代中国称为“资本主义”还是“社会主义”不仅仅是一个描述性的词汇选择，而且是能产生规范性的影响的话语政治，在中国“姓社姓资”问题上“左右合流”的结果是，与苏东共产主义解体一样，中国的改革开放长期被当作强化资本主义中心主义和“历史终结论”的例证。这不是“去帝国化”，而是重新帝国化。

正是在这样的语境下，我们迫切需要在对传统的历史唯物主义社会阶段论进行反思的基础上，坚定对中国探索社会主义道路的认识。尽管殖民主义和帝国主义加速了各个区域之间的互动关系，使世界任何地区都受到资本主义划时代的历史条件制约，但是，“世界区域之间的互动是以1492年之前已经形成的多元异质的有机状态为基础”的，因此，“虽然欧陆殖民帝国主义以其自身的政治方式将各种机制强行推销到殖民地”，但是，这些机制“必须是有机地连结到原有的状态当中”，殖民帝国主义者“不可能为所欲为”。这导致当代世界一方面确实比1492年之前更统合或杂糅，另一方面在本质上依然是“多元异质的”。[①]

以上洞见，恰好可以理解为融通中西和文理的中国马克思主义系统科学家和战略家钱学森，对历史唯物主义的经典社会阶段论进行补充和修正的跨文化理论基础，也将传播政治经济学所宣称的“整体性”、“历史性”、“价值导向”和“实践性”四大特征推向一个彻底的、融通中西的新境界。作为20世纪冷战时代东西方较量中的一位关键人物和一位有坚定共产主义信仰的科学家和思想家，钱学森晚年致力于系统科学、马克思主义理论框架下的人文社会科学创新研究，提出了“世

① 陈光兴：《去帝国：亚洲作为方法》，台北行人出版社2006年版，第5—6、7、66、69页。

界社会形态”和“世界大同共产主义”等概念。其中，他于1993年提出“世界社会形态”概念，用以描述资本主义和共产主义之间的一个过渡性全球社会形态，把历史唯物主义的社会阶段论补充和丰富为“原始社会—奴隶社会—封建社会—资本主义社会—世界社会（多种社会制度并存——政治一体化）—共产主义社会”这样一种序列。他指出：

> 当今世界有发达国家，发展中国家，不发达国家，在政治上有社会主义国家，资本主义国家，封建主义国家，在意识形态上有以马克思主义居统治地位的国家，以各种不同宗教信仰居统治地位的国家等。这是资本主义社会形成之后，实现共产主义之前的一种过渡性的世界社会形态。它将打破地区、国家的界限，在促进全球经济一体化的同时，也一步一步地向政治一体化的方向发展。①

这个框架一方面保留了“科学社会主义”的实质性内核，另一方面又超越了西方中心主义的线性历史观，给原先相对独立的不同社会在与资本主义这个全球性体系碰撞中形成既统合又异质的“世界社会”中的组成部分留下了足够的空间。在这个框架中，“社会主义”就成了从资本主义到共产主义过渡的“世界社会”中一种代表世界未来方向的混合型社会制度。从人类探索社会主义道路的过程必然是一个“进一步退两步”的曲折过程这一高度来看，对中国社会性质的论争和不同标签的使用不但不可避免，而且本身就是意识形态斗争最重要的“定义”和“命名”环节。随着2008年以来全球资本主义危机的加深，也随着中国在与全球资本主义深度碰撞过程中获得了更强烈的“存在感”、主体性和自信心，更得益于中国在改革开放过程中在国家和社会各个层面的坚守和斗争，“中国特色社会主义”作为“科学社会主义”在当代中国的表述，已经建立起自己的历史、理论和实践逻辑：

① 钱学森、于景元：《我们应该研究如何迎接21世纪》，《钱学森文集》卷六，国防工业出版社2012年版，第341页，转引自李曦恒《缔造大同：钱学森“世界大同+共产主义”理想新论》，社会科学文献出版社2017年版，第44—45页。

> 一个国家选择什么样的国家制度和国家治理体系，是由这个国家的历史文化、社会性质、经济发展水平决定的。中国特色社会主义制度和国家治理体系不是从天上掉下来的，而是在中国的社会土壤中生长起来的，是经过革命、建设、改革长期实践形成的，是马克思主义基本原理同中国具体实际相结合的产物，是理论创新、实践创新、制度创新相统一的成果，凝结着党和人民的智慧，具有深刻的历史逻辑、理论逻辑、实践逻辑。①

在这方面，“文化自信”作为“更基础、更广泛、更深厚的自信”在2016年被提出并与中共十八大提出的道路自信、理论自信和制度自信一起构成“四个自信”，具有重大意义。在总结了从“大道之行，天下为公”的大同思想到“以和为贵，好战必亡”的和平理念等一系列中华民族精神的重要内容后，习近平总书记指出：“马克思主义传入中国后，科学社会主义的主张受到中国人民热烈欢迎，并最终扎根中国大地、开花结果，决不是偶然的，而是同我国传承了几千年的优秀历史文化和广大人民日用而不觉的价值观念融通的。”② 这一表达，不仅体现了人类学意义上的文化概念，而且也是对本文所讨论的“跨文化”过程的精辟概括。

社会主义不仅是资本主义向共产主义过渡阶段的一个社会形态，而且也是一个现实世界历史中的运动。从它出现的那一天起，社会主义作为一项“世界历史性”的事业，就是在与资本主义的斗争中曲折推进的，而每一个时代和每一个具体地域又有不同的主题和斗争内容，为推进这一整体性的世界历史事业做出不同的贡献。马克思和恩格斯所面对的主题是“如何将社会主义从空想变为科学”。列宁面对的主题是无产阶级如何在帝国主义的薄弱环节夺取政权，建立无产阶级专政的社会主

① 《习近平：坚持和完善中国特色社会主义制度推进国家治理体系和治理能力现代化》，《求是》2020年第1期。

② 《习近平：坚持和完善中国特色社会主义制度推进国家治理体系和治理能力现代化》，《求是》2020年第1期。

义国家。毛泽东与邓小平等中国革命者所面临的主题是，如何在一个生产力落后的东方农业国家建设社会主义。[①] 按照何毅亭的观点，马克思、恩格斯的学说是“19 世纪马克思主义”，列宁主义、毛泽东思想和以邓小平理论为首创成果和基本内容的中国特色社会主义理论是“20 世纪马克思主义”，习近平新时代中国特色社会主义思想是“21 世纪马克思主义”，它的研究对象是中国这个“世界伟大样本”，它不但“为解决人类面临的共同难题提供了中国方案，为建设美好世界贡献了中国智慧”，而且“成为世界社会主义走向振兴的中流砥柱”。[②]

在核威慑下的网络时代，信息、传播与文化领域的斗争已经成为世界社会主义振兴最为关键的场域之一。在国际层面，这意味着中国要在一个多种社会制度共存的全球“世界社会”里的信息安全和互联网治理等领域，“以务实姿态采取‘博弈式融合’参与全球体系，又辩证地在物质、体制、观念层面保留关键性的自决能力”。[③] 同时，中国需要在深化对帝国主义和“亲美恐美”与“亲美反共”意识形态的批判基础上，强化社会主义的意识形态，并在尊重文化多样性、“差异的普遍性”，以及实质性地解决发展的不平衡性过程中，超越新自由主义资本全球化的局限，从人类解放和人类社会共同福祉的高度，推进世界一体化进程和人类命运共同体建设。在国内层面，这也必然是一个充满矛盾和曲折斗争的过程。在这一斗争中，中国特色社会主义话语体系的主导地位十分重要，而这一话语被各种社会力量内化和重新言说，以及不断展开的使国家和市场从属于人民对美好生活追求的日常斗争，更是中国社会主义运动的要义所在。

总之，社会主义在当下中国的发展及其世界性影响的扩大，必然是一个充满挑战的内外因素互构和上下力量互动的世界历史性过

---

① 李曦恒：《缔造大同：钱学森“世界大同 + 共产主义”理想新论》，社会科学文献出版社 2017 年版，第 12 页。

② 何毅亭：《习近平新时代中国特色社会主义思想是 21 世纪马克思主义》，《学习时报》2020 年 6 月 15 日第 1 版。

③ 洪宇：《立足问题意识，唱响“世界之中国”》，《新闻战线》2019 年第 21 期；另参见洪宇《中国与国际互联网：博弈式的国际融合》，《新闻与传播研究》2016 年增刊。

程的一部分。从主导意识形态的角度，中国特色社会主义不是其他什么主义而是社会主义已经成为定论。对于许多中国民众来说，社会主义的推进，除了源于对中国革命遗产的认同和对社会主义未来的信念，更多是基于波兰尼式的“反向运动”的结果：正是在深化改革开放的过程中，社会的自我保护机制被激活，社会主义价值观被重新认识，高唱国歌的意义被罢工工人和与他们有共鸣的有机知识分子重新诠释，社会主义在中国的实践被创新，“中华人民共和国万岁，世界人民大团结万岁”的口号在中国抗击新冠肺炎疫情的国内外斗争中被重新理解。

最后，“共产主义道义经济”与“第二次文艺复兴”。在《中国与全球资本主义》一书中，林春从《共产党宣言》中关于共产主义社会的本质是“自由人的联合体”，以及苏联和中国社会主义所追求的不是不能实现的乌托邦而是尚未实现的理想这一立场出发，指出社会主义的“中国模式”应该包含以下四个基本原则：强有力的社会主义国家，强大的公共部门，民生优先导向的发展以及社会的组织、参与和力量。以此为基础，她所勾画的“共产主义道义经济”有如下内涵：至今还拥有近一半人口并坚持集体土地所有制的中国乡村是社会主义创新的“新根据地”；重新组织起来的、作为社会主人的“直接生产者”（direct producers）是主体；以包括信息在内的公共资源的公正、合理和有效使用的知识共同体生态系统为基础的“社会化市场”是载体；工作不等同于雇用劳动、能维持基本平等的生活需要和抵御风险的普遍基本收入是保障；“各尽所能，按需分配”是基本原则。[①] 这里尤为相关的是，西方传播政治经济学中有关数字时代“受众商品 2.0”“受众劳动”“产销合一者”“玩工”“无酬劳动”的讨论，以及“交易生成的信息”的价值实现问题的讨论，[②] 都在事实上超越了雇用劳动的范畴。然而，受到西方中心主义和资本主义中

---

① Chun Lin，China and Global Capitalism，see chapter 5 and chapter 6.

② 这种分析的一个权威例子，可参见 Oscar H. Gandy，“The Political Economy of Personal Information”，in Janet Wasko，et al.，*The Handbook of Political Economy of Communication*，2011，pp. 436 –457。

心主义的局限以及以后结构主义为认识论基础的自主马克思主义思潮的影响，许多讨论不仅偏离了马克思的劳动价值论和剩余价值来源分析，而且有明显的历史虚无主义、无政府主义和极端个人主义倾向。[①]针对生产力越是发展，经济对媒体和信息的依赖性越强，工作变得更自主、更灵活、更广泛，更难以被局限在私人产权和雇用劳动容器内的这些状况，林春指出，只有她所想象的社会主义实践，才有可能总揽公地（commons）、社区（community）、共产主义（communism）、传播（communication）、共同体文化（common culture）这一系列有内在联系的概念。[②] 她更进一步指出，也只有这样的社会主义实践，才能让“全社会参与”代替那个不可能实现的所有人都能找到有工资收入的雇用劳动的“全部就业”这一“乌托邦目标”，从而真正超越没有工作或缺少保障所带来的苦恼和羞辱。[③] 总之，这是一个真正超越了资本主义工业化、城市化、商品化和同质化的城乡协调发展的政治经济模式；而中国革命的成功、工业化和信息化的发展，以及短缺经济的结束和国家综合实力的增强，已经为这一道义经济模式奠定了基础。站在2020年全球抗击新冠肺炎疫情大流行、各种形式的“普遍基本收入”或“国民基本收入”理论和实践成为政策和实践热点的历史节点上，我们更有理由相信，这一模式不仅为未来全球经济的后工业和后资本主义导向发展提供了想象空间，而且在城市化道路走入死胡同和生态危机、粮食安全危机不断加深的时代，为克服贫富分化、城乡分裂和超越人与自然新陈代谢关系断裂的人类命运共同体建设指明了方向。

新冠肺炎疫情大流行已然把“我们需要什么样的生活”这个问题摆在人类面前。大规模失业使现代意义上的“工作”与赚钱谋生的关系受到了前所未有的冲击。正如孟捷所指出的那样，虽然普遍基本收

---

① 参见2020年大夏批判传播学国际论坛第三场“劳动和传播”中曹天予教授的讲座以及相关讨论，文章即将出版。

② Chun Lin, *China and Global Capitalism*, New York: Palgrave Macmillan, 2013, pp. 162, 166, 168 – 169.

③ Chun Lin, *China and Global Capitalism*, New York: Palgrave Macmillan, 2013, pp. 162, 166, 168 – 169.

入目标在现有生产力水平上是“完全可能实现的”，但是，“它能否真正实现，将取决于资本主义社会的劳动伦理在多大程度上允许被改变，因而也必然取决于阶级斗争和政治权力格局的变化”。[①] 林春更进一步指出，现代雇用劳动这一历史建构的转型和“普遍基本收入”的建立注定不仅仅是经济和政治层面的事情，而且需要一场触及灵魂的“文化革命”。[②] 本文开端提到了这次疫情在思想文化方面的可能影响与中世纪黑死病对于神权的挑战，这一层面的“文化革命”必然是人类历史上的“新的文艺复兴”：如果西欧“文艺复兴”把人从“神”那里解放出来，那么新时代的文艺复兴则需要把在资本主义现代性中“过度膨胀”或异化的人——无论是人与人的关系层面还是人与自然的关系层面——还原为一个“和谐”的人。[③] 与马克思的“异化”概念密切相关，这一意义上的“文艺复兴”必然要求克服资本主义体制下的“异化劳动”，并在让劳动不再是基本收入的必要条件的前提下，使劳动成为“第一需要”。对于社会主义传播政治经济研究来说，这意味着，在“受众商品”在看电视、看手机或电脑上玩游戏时是否产生了“剩余价值”这一讨论之外，还可以按照“共产主义道义经济”中的“各尽所能，按需分配”原则，重新定义劳动，让媒体消费和信息交易成为整个社会化的文化和信息生产的有机组成部分。

实际上，早在1986年，在“新启蒙”和“告别革命”的资产阶级自由化思潮已然在中国泛滥、中央电视台于1988年推出彻底否定“黄色文明”文化基因和虚无中国革命和建设历史的电视纪录片《河殇》之前的两年，钱学森就以一个共产主义战略家和思想家的深邃眼光和一位华人学者的坚定文化自信，指出了500年前人类“第一次文艺复兴”的历史局限性，呼唤基于中华文化的“第二次文艺复兴”。[④]

---

① 孟捷：《历史唯物论与马克思主义经济学》，社会科学文献出版社2016年版，第259页。

② Chun Lin, *China and Global Capitalism*, New York: Palgrave Macmillan, 2013, pp. 162, 166, 168－169.

③ 叶小文：《迎接新时代的“文艺复兴”》，《人民日报》（海外版）2009年5月8日第1版。

④ 苗东升：《钱学森与第二次文艺复兴》，载北京大学现代哲学与科学技术研究中心编《钱学森与社会主义》，人民出版社2012年版，第118页。

钱学森的“第二次文艺复兴”讨论因根植于技术革命和社会革命而充满历史唯物主义与辩证唯物主义的光辉。他还从一位科学家的视角，指出了基于第一次文艺复兴的“从实验观察出发，推理为手段”的知识体系的偏颇，认为“建立在还原论基础上的所谓科学方法是有很大局限性的”。作为答案，钱学森提倡定性与定量相结合的“综合集成法”，并指出：“我们社会主义中国应该纠正这一缺点，以马克思主义哲学为指导，取出我国传统文化中的精华，结合现代科学技术，辩证统一扬弃为新的文化。这就是我说的将在社会主义中国出现的第二次文艺复兴。”[①] 在考察中国现代化进程的基础上，钱学森提出了中国将经历“三次社会革命”的观点，即基于建立新中国和社会主义新型生产关系的解放生产力的革命、基于改革开放到21世纪中叶的发展生产力的革命，以及21世纪中叶以后以新的产业革命为先导创造生产力的社会革命。钱学森进而指出，21世纪中叶以后的第三次社会革命，将由信息技术、生物工程和人体科学领域的三次新产业革命所引发。其中，“以微电子、信息技术为基础，以计算机、网络和通信等为核心的信息革命”，将“大大推进最终消灭人类历史上形成的体力劳动和脑力劳动的本质差别的历史进程”；生物工程产业革命将“主要不是发生在大城市，而是发生在农村、山村、渔村和边缘荒漠地带”，导致这些地方被“改造成小城镇”，从而消灭工业与农业，以及“几千年来人类历史上形成的城市和乡村的差别”，而人体科学领域的产业革命将“导致脑体差别、工农差别、城乡差别进一步消失，人的思想觉悟、科技文化知识水平和人体功能得到很大提高，身体状况极大改善”，从而“为‘人的自由而全面地发展’创造条件”。[②] 钱学森进一步预言道：第二次文艺复兴是指在这三次新产业革命后，“体力劳动将大大减轻，人民将基本上转入脑力劳动、创造性劳动，从而人类文

---

① 1990年1月15日钱学森与孙凯飞的通信。参见《钱学森书信选》（下），国防工业出版社2008年版，第491页，转引自李曦恒《缔造大同：钱学森“世界大同+共产主义”理想新论》，社会科学文献出版社2017年版，第52页。

② 以上所有钱学森引文均转引自李曦恒《缔造大同：钱学森“世界大同+共产主义”理想新论》，社会科学文献出版社2017年版，第49—51页。

化将空前加速”，其历史使命就是“以社会主义、共产主义文明取代资本主义文明”，从而为在世界范围内结束资产阶级统治打下文明文化基础。最为关键的是，“按照钱学森的主张，这次文艺复兴需要社会主义中国积极、主动地发起和推动”。[①]

如果林春从政治经济学的角度描述了“共产主义道义经济”的蓝图，那么，在晚年钱学森的思想中，我们看到了一幅以科技革命和社会革命为基础的中国马克思主义战略家的未来想象画卷和实现共产主义的路线图。一方面，这与以托夫勒为通俗化代表的西方未来学家用“技术乌托邦主义”掩盖资本主义矛盾的政治浪漫主义论调截然不同。另一方面，这也与遮蔽了20世纪共产主义革命的欧美传播政治经济学者因垄断资本控制的现实而把技术发展看作是通往“技术独裁”和“监控资本主义”之路的失败主义、悲观主义和虚无主义负面批判形成对照。也正是在这个意义上，汪晖对霍布斯鲍姆（Eric Hobsbawm）因西方中心主义视角把“短20世纪”作为“失败的历史”的定位进行翻转，从“亚洲的觉醒”和革命主体的理论视野以及战略策略角度，把其理解为“革命世纪”的开创性研究，[②] 对重新确立中国社会主义的历史主体意识，有十分关键的基础性意义。更重要的是，与中国改革开放以来不问“姓社姓资”的资本主义“融合论”相左，早在1989年，钱学森在强调技术发展和产业革命的先导性作用的同时就强调指出，“资本主义和社会主义是完全不同的两种社会制度”，“我们和资本主义国家集团的矛盾是根本矛盾”，“‘和平’也是你死我活的斗争”。[③] 1993—1995年，他一方面指出，世界社会充满矛盾与斗争，各种政治制度、信仰以及利益集团间的矛盾一刻也没有停止过；另一方面表示，“作为一个马克思列宁主义者，我们坚信，这一斗争的结

---

① 李曦恒：《缔造大同：钱学森“世界大同+共产主义”理想新论》，社会科学文献出版社2017年版，第53页。

② 汪晖：《作为思想对象的二十世纪中国（上）——薄弱环节的革命与二十世纪的诞生》，《开放时代》2018年第5期。

③ 李曦恒：《缔造大同：钱学森“世界大同+共产主义”理想新论》，社会科学文献出版社2017年版，第53、54页。

果一定是世界大同的共产主义世界社会”。[①] 为了这样的未来，他强调中国作为一个社会主义国家的“国家大战略”的重要性。

今天，面对中国和以美国为首的资本主义国家集团之间不断深化的斗争，尤其是在信息技术、生物技术和人体科学领域正在展开的斗争，我们不得不为钱学森这位融通中西与文理、坚定的马克思列宁主义者的远见卓识所折服。而默多克等西方传播政治经济学者一方面无法超越欧洲启蒙话语，另一方面又因虚无国际共产主义运动转而从人类学家笔下的北美原住民的原始共产主义“礼品经济”中寻找数字时代的新道义经济思想和制度基础。与之形成对照，融通中西的“共产主义道义经济”和“第二次文艺复兴”的讨论，是我们突破冷战传播学和资本主义传播政治经济学的学术想象力局限，构建21世纪社会主义跨文化传播政治经济学的思想资源。

三 社会主义跨文化传播政治经济学的问题意识初探

1980年，联合国教科文组织发布了作为20世纪国际信息传播新秩序运动成果的《多种声音，一个世界》报告，在该报告中，中国这个经历了20世纪最深刻的社会革命和文化革命而且极大改变了世界历史进程的最大第三世界国家基本没有参与者的主体角色。实际上，中国既不在报告不言自明的美苏冷战对立框架中，也不在报告所针对的西方与“第三世界”间的不平衡信息秩序框架中。这恰恰是中国独立自主探索社会主义道路的努力还未能在这样一个国际报告中得到充分反映的证明。今天，从华为在5G领域的领先地位、抖音在美国的流行到中国互联网公司的市场规模，中国这个最先打破美苏冷战格局、从20世纪70年代初就开始了与美国主导的国际资本主义秩序漫长而曲折的整合过程的后发国家，成为在传播技术和产业领域最有潜力挑战美国主导的资本帝国主义霸权的国家。尽管探索社会主义道路是一

① 李曦恒：《缔造大同：钱学森“世界大同+共产主义”理想新论》，社会科学文献出版社2017年版，第53、54页。

个“左一脚，右一脚，深一脚，浅一脚”① 的艰难过程，中国在20世纪血与火的革命斗争中锻造的国家主权和国家能力的决定性作用，社会主义建设时代的技术和工业积累，巨大的国内市场和改革开放所释放的强大社会动能，使一个半封建半殖民地的世界上人口最多、最贫穷落后的东方国家，在没有重复西方殖民主义和对外侵略道路的前提下，在70年中蛙跃成为一个全球工业门类最齐全的高度信息化现代社会和全球第二大经济体。从当年“没有信息化，就没有四个现代化”的主导思想到今天“信息化为中华民族带来了千载难逢的机遇，我们必须敏锐抓住信息化发展的历史机遇”的国家发展战略自觉，再到“如果我们党过不了互联网和新兴媒体这一关，可能就过不了长期执政这一关”的高度政治忧患意识，以及“文化自信是更基本、更深沉、更持久的力量”的认识，信息、传播与文化领域的政治经济构建在中国探索社会主义道路的过程中和未来的国家战略中占据极其重要的地位。

从“反者，道之动”的角度，美国调动其全球性的帝国力量针对华为的信息技术战和围绕新冠肺炎疫情的舆论战攻势，既是殖民主义、帝国主义和冷战意识形态的最新表达，也是中国社会主义的技术基础、制度“品牌”和文化自信已经在“世界社会”产生巨大影响的必然反映。正是在与美国主导的信息资本主义不断深化的融合、碰撞和交锋过程中，中国进一步确立了信息、传播和文化领域的国际和国内政治经济框架。这包括在国际层面更为平等公正的全球信息传播治理秩序、“文明互鉴”、“人类命运共同体”和更为多样化的世界文化表达，以及“一带一路”倡议中“互联互通”与“民心相通”的中国方案和中国愿景；技术层面的自主可控发展方向、军民融合发展道路，以及以网络为基础的全媒体融合平台；意识形态和文化治理层面的党性原则、以人民为中心的社会主义文化领导权建设和公共文化服务体系构建；经济层面在“数字强国”和“数字乡村”相关策略下的区域再平衡与城乡融合发展；传播体系层面的国有资本主导和新型主流媒体集团打

① 王绍光：《奠基与延续——中国道路的世界性意义》，《东方学刊》2018年第1期。

造及县级融媒体中心与基层文化站点支撑等。总之，中国共产党领导和中国的社会主义发展方向为克服数字时代更加激化的资本主义生产社会化和资本私人控制矛盾提供了基本的制度保证。然而，社会主义“初级阶段”的中国内外传播政治经济也充满了问题与挑战。这里提出几个方面的问题意识，以期为确立有社会主义视野的21世纪跨文化传播政治经济学的问题意识和研究议程抛砖引玉。

首先，国际斗争。一国建不成资本主义，一国也建不成社会主义。因此，国际领域社会主义与资本主义的斗争就变得非常关键。面对新冠肺炎疫情大流行，“社会主义还是野蛮主义”的选择已经更加明确地摆在人类面前。在此语境下，中国如何接续20世纪的社会主义文化革命和建设，20世纪70年代的国际信息传播新秩序斗争，以及21世纪以来围绕文化多样性与互联网治理民主化的议题，在推进更为平等公正的全球传播秩序过程中，开拓世界社会中的“解放、社会主义”话语的表达空间？从中国社会主义视野回答这个问题的第一步，是回归对新自由主义全球化所构建的全球传播秩序的帝国主义本质和中国共产党的反帝国主义“初心”的认识。从在帝国主义控制下的上海租界中开启其秘密诞生的时刻开始，中国共产党就是一个反帝反资的社会主义存在；同样，天安门城楼上那句“世界人民大团结万岁”的口号，也彰显了中华人民共和国追求超越族群主义身份认同政治的更高层次人类团结的国际主义立国许诺。韬光养晦的时代已经一去不复返，中国特色社会主义对外不输出革命和意识形态的现实，也无法阻止美帝国中的新麦卡锡主义者和种族主义者的反共和反华信息传播战以及更大范围的“新冷战”攻势。

与20世纪初的大萧条相比，进入21世纪20年代，美国这个全球数字资本主义核心国家已经面临国际与国内更加无法调和的矛盾。特朗普政权逆历史潮流而动，通过操纵美国白人种族主义和反华反共议题，企图转嫁危机和阻止全球层面也包括美国内部的去殖民、去冷战和去帝国进程，不但暴露了其反动实质，而且走到了“多行不义必自毙”的境地。“修昔底德陷阱”之说既强化了位于美帝国学术话语体系顶尖的哈佛大学教授的学术话语主导定义者（primary definer）角色，也掩盖了当下国际斗争中的正义问题以及国家、阶级、种族等层面的复杂交互关系。以北约、G7、“五眼联盟”等为标志的美帝国权力结构和美国动用帝国力量来围堵华为等事实无不说明，需要超越方法论民族主义及其主导的“大国竞争”框架，体认到这是中国所应该也必须代表的世界和平正义力量与资本主义“国家集团”——更确切地说是在这些国家中占统治地位的垄断资产阶级和阶级联盟——之间的斗争。如果国外传播政治经济学在20世纪开辟的“解放、社会主义”议程在21世纪还有未来，而一个“人人都有麦克风”的社交媒体时代已经把当年美苏冷战期间的“电波战”推向了真正“赢心赢脑”全球全媒体传播战，那么，这场必然旷日持久的激烈斗争的结果就不应是一个依然坚持社会主义立国初心的中国被“和平演变”，而是毛泽东早在1965年就指出的美国民众从垄断资本压迫下的自我解放，以及马丁·路德·金们所期望的美利坚民族在种族层面的真正融合。这也正是一直秉持“文化帝国主义”原初批判锋芒的当代传播政治经济学者丹·席勒（Dan Schiller）早就指明的，即美国民众“在政治上对这种帝国主义遗产采取行动”的基础上，开启“通往民主重建的道路”。①

从这样的反帝国际政治高度和跨文化视角出发，中国传播政治经济学者需要反思那些去政治化的资产阶级民族国家框架内的“国家形象”和“软实力”研究，以及以美国帝国主义文化与传播制度为模板的、一厢情愿的中国“对外传播策略”研究。这不是为中国传播体系内部的各种问题开脱，更不是坐等全球资本主义信息传播体制内部更多斯诺登式或剑桥分析公司式的内爆，而是在接续20世纪共产主义革命遗产的过程中，坚持新中国的立国初心，通过推进国际传播秩序和舆论空间的去殖民、去帝国和去冷战化，给美国主导的垄断资本集团传播体系以打击，给全世界被压迫民众争取社会主义未来的斗争提供基础设施、想象空间与话语资源。这意味着，要冲破当代国外传播政

---

① Dan Schiller, “The Militarization of US Communications”, in Janet Wasko, et al., *The Handbook of Political Economy of Communication*, 2011, p. 279.

治经济学的社会主义历史虚无主义、西方中心主义以及各种二元对立偏颇，把反对新自由主义全球化运动的那句未来指向的“另一个世界是可能的”口号，与中国革命历史相连接——以1921年中国共产党成立为标志，中国人民就在列宁的国际主义原则指导下和中国共产党的领导下，开启了建设这样的一个“新世界”的斗争。

正如汪晖在讨论十月革命和中国革命的历史时所总结的那样，伴随着这个在失败与胜利交替中不断前进的运动过程，对国际和国内情势尤其民族、阶级/阶层和区域复杂交错关系的动态分析、对帝国主义统治“薄弱环节”在国际和国内层面的客观辨认和对革命力量的分析，以及相应斗争战略策略的能动性发挥、“国际主义和世界视野”与“立足于民族生活的品格”的有机融合，具有“革命者人格”的领袖与政党、人民之间既紧密联系又互相促进的革命主体性，形成了改变世界历史进程的巨大能量。[①] 正是在十月革命和中国革命的过程中，马克思主义的新闻传播理论和实践得到了丰富与发展。从国际共产主义运动内部的传播历史研究和对苏联的传播成就，以及苏联如何“建立了一个媒体帝国但输掉了文化冷战”[②] 的教训的分析，到中国革命和建设过程中的文化治理经验与教训总结以及改革开放过程中信息、传播与文化领域“与狼共舞”[③] 的态势分析，再到当下最为前沿的中国政府与社会如何在后美国时代的“全球互联变局”中发挥主体性，“为建设智慧社会提供面向未来、面向全球、立体多维的中国智慧与中国方案”，[④] 有社会主义视野的跨文化传播政治经济研究，必须立足于传播与一个多世纪的社会主义兴衰历史过程的互构关系分析，并在

---

① 汪晖：《作为思想对象的二十世纪中国（上）——薄弱环节的革命与二十世纪的诞生》，《开放时代》2018年第5期。

② Roth-Ey Kristin, *Moscow Prime Time: How the Soviet Union Built the Media Empire That Lost the Cultural Cold War*, Ithaca: Cornell University Press, 2011.

③ 《与狼共舞》是好莱坞一部电影的名称，笔者2001年与丹·席勒合作的一篇文章以此为标题。参见 Yuezhi Zhao and Dan Schiller, “Dances with Wolves? China's Integration into Digital Capitalism”, Info, Vol. 3, No. 2, April 2001, pp. 137 – 151。

④ 洪宇：《全球互联网变局：危机、转机与未来趋势》，《人民论坛·学术前沿》2020年8月上。

此基础上围绕利益之争和价值之辨发展出既有前瞻性又有反思性、既有国际性又有民族性的学术思想。也只有这样，传播政治经济研究的“四大特质”才能更加充分地得到表达。

其次，技术政治。科技是第一生产力，但技术从来也不是自主的力量。在20世纪，中国共产党以“小米加步枪”的技术劣势，以从“农民诉苦”到农村有线广播的最广大民众的传播赋权和人民主体性锻造，获得了革命和建设的巨大成就。然而，也正是在20世纪的热战和冷战中，人类的信息传播技术经历了从无线电通信到卫星通信和互联网技术的飞跃。从生产力的“最后”决定性作用角度，社会主义要最终战胜资本主义，就必须“师夷长技以制夷”——这里的“夷”与其是原意中的“西方”，毋宁是资本主义——在与资本主义的技术竞合中取得工业化和信息化的主动权。这是一个艰难曲折的过程，也是一个充满国内外斗争的过程。从国际层面，从冷战时代的“巴黎统筹委员会”到1996年美国等33个国家重新签订的替代性《瓦森纳协定》，中国一直是资本主义集团技术封锁的对象。从国内层面，部分精英在价值观上成了“文化帝国主义”的俘虏，而“以市场换技术”也一度成为改革开放前期中国信息产业所希望走得通的技术发展策略。然而，自强自立的国家意志和独立自主、自力更生的“中国工业精神”①，最终使中国在信息传播技术这一战略性和支柱性领域取得了骄人的成就。在卫星导航领域，自主创新的北斗导航系统成功证明了中国的“后发优势”；在移动通信领域，中国实现了从2G时代到5G时代的弯道超车。当下，在中美之间的技术战全面升级的情况下，如何更好地定义、维护和发挥国家主权及国家在科研投入、产业政策和市场培育等方面的关键作用，在巩固和捍卫中国在5G等领域的技术发展成果的同时，也能在人工智能、大数据、物联网、云计算、量子通信等新一轮网络和传播技术与产业发展中争取全面领先，从而为中国社会主义的发展提供先进的技术和产业基础？更重要的是，在积极参与后美国全球网络秩序的构建和国家、市场、技术、

---

① 路风：《光变：一个企业及其工业史》，当代中国出版社2019年版。

资本权力在国际和国内两个场域的各种结合方式中，如何实现国际主义原则、中华民族利益和人民利益的最大化？也就是说，作为拥有20世纪民族解放运动和国际共产主义运动最大成果的国家，中国如何一方面通过资本与市场力量以及现有国际合作机制的“去帝国化”改革冲破资本主义国家集团的技术壁垒，另一方面通过“一带一路”等另类全球化平台，与被排除在美国主导的资本帝国秩序之外或不满于美国垄断控制的国家和地区，实现从基础研究、技术标准到信息传播基础设施建设的国际合作最大化？从技术的社会性构建角度，在中国从技术追赶者到领跑者转型的关键历史机遇期，传播学者如何超越对现有信息技术在使用层面的“后卫”研究，通过回应斯迈思在《自行车之后是什么?》中提出的社会主义技术政治路线这一“前卫”问题，促进传播技术创新的核心价值取向和体制机制安排更好地服务于最广大人民群众的需要和公共服务的需要，而非跨国资本扩张的需要、寡头垄断的需要以及满足个人消费主义欲望的需要？更进一步说，在大数据和人工智能时代，面对资本逻辑和悲观主义技术决定论者驱动的“技术与人战争”的话语，传播学者如何从技术哲学和中西方文化在碰撞中创造性转型和创新性融合的层面，做出有马克思主义政治经济学高度的引领性战略和策略研究，从而不但为社会主义的技术发展提供坚实的思想文化基础，最终以社会主义的合作逻辑，降伏资本主义的竞争逻辑，进而想象以《鞍钢宪法》所包含的民主、平等和参与逻辑替代资本主义工业发展中的泰勒主义和精英主义逻辑的可能性？

*再次，意识形态、所有权与控制。*如果传播政治经济学研究的主要关注点之一就是资本主义意识形态统治在维系资本主义制度中的重要作用，那么，逆流而上的社会主义意识形态的建立和社会主义文化领导权的巩固，必然是社会主义跨文化传播政治经济学的核心议题。虽然意识形态被认为是“上层建筑”，但是它不但有相对独立性，而且在特定条件下能转化为物质的力量，并在历史发展中起着方向性的作用。正如孟捷从马克思主义政治经济学的高度指出，“意识形态是缔结和构造生产关系的原则”，而这一原则的意义在于，“一旦改变某

种经济意识形态，同时也就改变了经济本身”。[①] 在20世纪的社会主义革命和建设历史上，中国共产党所倡导的先进意识形态在革命与建设主体的锻造中和对广大群众的影响中转变为物质性的力量，产生过巨大的威力。改革开放以来，“生产力标准”被提到了前所未有的高度，在孟捷所提出的“有机生产方式变迁”模式中起到了更为决定性的作用。同时，由于中国的改革开放与全球资本主义的新自由主义转型有时间上的同时性和结构上的关联性，到21世纪初，“一手硬、一手软”的问题和意识形态领域的新自由主义“沦陷”问题十分突出。在经济领域，这意味着全面私有化有可能成为经济生活的组织原则；在思想文化领域，这意味着资产阶级自由化思潮的影响、内在化的西方文明等级论、逆向种族主义，以及“亲美恐美”甚至“亲美反共”冷战思维甚嚣尘上。尽管如此，中国特色社会主义理论作为中国共产党的意识形态，“既作为生产关系的建构性原则发挥作用，同时也代表着社会主义核心价值体系的要求”，“从根本上决定了当代中国经济制度变迁的性质和方向”。正如孟捷所进一步指出的那样：

> 党的意识形态之所以能作为生产关系的建构性原则、从而作为一种经济权力在社会主义市场经济中发挥作用，不仅在于这些意识形态具有社会主义性质，而且在于这些建构性原则符合现代市场经济自身演化和发展的要求，同时也符合中国作为相对落后的发展中大国的发展要求。[②]

新时期以来，中国共产党在意识形态领导权重建方面收效卓著，全民族的文化自信不断增强。与此同时，美国各种“脱钩”言行和新冠肺炎疫情语境下的政治经济与社会文化矛盾激化所产生的“反面教材”效果也日益明显，使西方自由主义意识形态的局限性和白人种族主义剥削和压迫本质更加昭然若揭。然而，总体上，社会主义与资本

① 孟捷：《中国共产党与当代中国经济制度的变迁》，《东方学刊》2020年春季刊。

② 孟捷：《中国共产党与当代中国经济制度的变迁》，《东方学刊》2020年春季刊。

主义在意识形态领域斗争中的“西强中弱”态势尚未完全扭转，不断加剧的帝国主义文化颠覆和代理人新“文化冷战”更通过无孔不入的海外与港台网络水军，在中国舆论空间兴风作浪。由西方媒体、海内外“亲美反共”中文舆论势力，以及中国国内商业化媒体、网站和右翼“公知”与大V组成的自由主义跨国话语联盟，也从来没有停止“带节奏”的努力。在这种情况下，如何使社会主义意识形态在日益尖锐的斗争中更加深入人心呢？更重要的是，面对新自由主义跨国话语联盟在新冠肺炎疫情全球大流行背景下的空前危机和各种“甩锅”企图，中国共产党所领导的信息、传播和文化领域如何从被动应对外部批判转为主动引领，进而在把中国话语推向世界的同时，赋予民主、人权、自由、平等、博爱新的内涵，把这些“西方创造的价值提升到人类的高度”。

与意识形态问题互为表里，信息、传播和文化产业的所有权、控制、广告资助等问题一直是传播政治经济研究的中心问题。苏联媒体在没有改变其公有制主导的前提下所完成的全面资产阶级自由化转型说明，所有权本身不是保证意识形态领导权的充分必要条件。然而，所有权是控制权的必要基础，让传播领域从私人资本控制和牟利的动机中解放出来是马克思主义新闻传播理论和实践的重要内涵。在中国当下的数字传播政治经济结构中，国有资本在传统媒体领域的主导地位已经无法与私人资本在网络媒体领域的主导地位形成匹敌之势。以“着力打造一批形态多样、手段先进、具有竞争力的新型主流媒体”为目标的媒体融合战略在落实过程中，也面临严峻挑战。在这样的所有制格局中，中国共产党如何贯彻新闻传播的党性原则？如何实现“正确舆论导向”不分信息传播的平台和内容类型的“全覆盖”要求？如何在“人民民主专政”和保障人民群众的信息传播与文化权利的基础上，有理有力有度有效管控和引导私人资本主导的网络公共舆论，节制网络传播领域的资本话语权力，保证社会主义意识形态的主导地位？

作为一种文化形式，广告的本质是把一个社会的文化和创造力资源集中到产品和服务的“销售努力”中去，它不仅与消费资本主义有历史性的互构关系，而且又是商业性传播体系的血液。然而，日益加剧的生态危机使“广告与世界末日”这一命题不再是危言耸听，而传播政治经济学者对广告支撑的商业媒体系统的反民主倾向的批判也早就鞭辟入里。网络媒体的崛起，更加深化了广告所代表的“销售努力”与社会公共传播之间的张力。一方面，广告资源从以产出内容为核心的传统新闻媒体向网络门户和新媒体平台流动，带来了传统商业性新闻媒体经济模式的空前危机和互联网平台霸权的崛起；另一方面，人工智能环境下，精准化的广告投放和内容推送策略意味着广告对公共传播空间更为隐秘和更有操纵性的侵蚀。如果一个去消费主义化的信息、传播与文化环境是文明健康绿色环保的生活方式的题中应有之义，那么，21 世纪的社会主义跨文化传播政治经济学应该如何引导广告业和更广阔的信息传播业向更符合生态可持续发展的方向转型，并在此基础上重新想象全媒体与“流量经济”和“直播带货”时代的信息传播产业链结构和经济模式？回到米勒和麦克斯韦尔关于传播产业的“物质性”特征和生态代价讨论，我们又如何面对他们提出的如下“最大挑战”：由多少传播和娱乐媒体组成的一个系统，才能既公正服务于地球上每个人又不会加剧“生态自杀”？①

最后，从“受众商品 2.0”到跨文化社会主义传播主体。归根结底，任何结构层面的问题都要落脚于群体和个体创造力的发挥和社会福祉的最大化，而这涉及特定社会关系中的劳动者、消费者和公民等各种交互复杂的主体身份的濡化与形塑。21 世纪以来，随着国外传播政治经济学的数字劳工和“受众商品 2.0”研究的引入，以及“新闻民工”“码农”“996”这些本土化批判传播学概念的产生，基于劳资关系的批判性视角已经成为传播研究中的一个分析框架。然而，如前所论，劳工问题不是孤立于一个国家工业化发展阶段和一个国家在全球产业链中地位的存在。虽然私营经济是中国最大的就业领域，富士康也一度成了全球信息资本主义中超级剥削的代名词，但劳动不能仅

① Richard Maxwell & Toby Miller, “Ecological Ethics and Media Technology”, *International Journal of Communication*, Vol. 2, January 2008, p. 335.

仅在资本主义中心主义框架下的劳资关系层面被概念化。在中国的信息、传播与文化领域，发挥主导和引领作用的群体包括各部门和各级党政干部，信息、文化和传播产业管理者，以及一线的技术创新者和内容生产者。这些群体的“三观”、主体意识以及在不同所有制和劳动条件下所产生的对劳动的认识与体验，是社会主义传播政治经济学应该关注的问题，而一旦超越了资本主义传播政治经济学的负面批判学术取向，我们就可以在聚焦中国社会主义实践来开拓马克思主义政治经济学新境界的过程中，全面地、实事求是地研究信息、文化与传播领域不同劳动群体的客观劳动状况与主体意识。比如，北斗科研人员秉承“两弹一星”精神，在“把一年当两年用”的劳动过程中所体现的主体意识，显然是“996”批判者所假定的劳资对立框架所不能包容的；同样，在报道抗击新冠肺炎疫情的过程中，久违的“新闻战士”概念的重现和新闻工作者要“永远与人民共情”理念的表达，[①]也为共产党的新闻工作重新注入了理想主义的内涵。在日益激烈的国际与国内舆论斗争中，各种舆论场中那些有高度话语政治和文化认同意识的参与主体，也不是“间接数据生产者”、“受众劳动”和“产销合一者”这些概念所能涵盖的。依此类推，虽然国外学者对“监控资本主义”的批判十分深刻，但是，基于“国家与社会”二元对立和自由主义框架中的“个人隐私”概念的反监控话语，能在多大程度上抗击国家的信息控制和资本寡头的信息霸权？在中国抗击新冠肺炎疫情的过程中，无所不在的个人行踪监控使中国成为一个数据清晰化的国家，也是最安全的国家。也许，不是监控本身，而是谁在监控，监控的目的是什么，才是问题的关键所在，而国家政权的性质，才是关键中的关键。

二十年前，面对新自由主义意识形态的“别无选择”话语霸权以及传播政治经济学在美国发展所面临的外部权力关系压力，麦克切斯尼就曾指出，政治经济学与传播有着特殊的关系，彼此都直接关涉资本主义与民主、经济与物质性议题，并都最终关涉社会正义与政治自

① 汪晓东：《永远与人民共情》，《人民日报》2020 年 4 月 2 日第 4 版。

治问题。[①] 毫无疑问，社会主义跨文化传播政治经济学更应当把国家、区域、阶级、性别、族群之间的公平与正义当作核心问题来研究与解决。实际上，在传播技术的近用和文化赋权问题上，中国的信息传播网络与公共文化基础设施在普惠性发展方面比许多后殖民发展中国家甚至美国做得更好，这方面成就也是对中国特色社会主义优越性的最好诠释。基于此，有中国社会主义视野的跨文化传播政治经济学在重构“传播与发展”或“发展传播学”方面有广阔的理论前景，而信息、传播与文化在坚持中共十八届五中全会提出的“创新、协调、绿色、开放、共享”五大发展理念过程中的地位与作用又是问题的关键。当然，中国在阶层、城乡、区域、族群之间的技术近用差距依然存在，许多在乡村和边远少数民族地区的个体依然受制于数字鸿沟和文化资源的短缺，而技术迭代更新的过程也有可能加深现存的不平等。面对这些问题，如何在“乡村振兴、文化先行”、促进民族区域地区的发展以及实现人与自然共生的生态文明转型过程中，让乡村和各民族的生产生活生态知识主体在“第二次文艺复兴”中焕发出创造性的能量，从而使知识去殖民化不仅仅停留在学术立场和东西方关系层面，而是体现在克服了城乡、族群与代际鸿沟的制度安排中以及社会生活主体的日常文化实践与人际关系层面？同样重要的是，有中国社会主义视野的跨文化传播政治经济学如何谨记陈光兴关于需要对“中华帝国”的文化遗产，以及汉民族的种族主义也进行去帝国化处理的忠告，在总结族群传播领域的经验和教训的基础上，创新社会主义族群关系的传播理论和实践？

四 结语：重访“新地球村”的想象

正如以上讨论所彰显的那样，这是一项暂时没有结论的进行时工作——尽管笔者有明晰的学术立场和学术议程，但结论还有待历史的评判和检验。一方面，马克思主义政治经济学在国内深得高层

① Robert W. McChesney, “The Political Economy of Communication and the Future of the Field”, *Media, Culture & Society*, Vol. 22, No. 1, January 2000, pp. 110, 115.

重视；[①] 另一方面，在新闻传播学界，马克思主义新闻观的创新性发展与对国外传播政治经济学的批判吸收以及两者的有机融合等方面还有许多未竟的工作，而源于美国的实证主义传播学还是这个领域事实上的“主流”话语。[②] 然而，“两岸猿声啼不住，轻舟已过万重山”。从近现代西方新闻学在中国登陆到山沟沟里马列主义新闻学的发展；从美国主流传播学和作为其对立面的国外传播政治经济学以及后殖民文化研究的引入，到有全球视野和中国智慧的21世纪社会主义跨文化传播政治经济学的提出及其可预见的发展，这既是一个理论与实践持续对话的过程，也是一个学术政治不断演化的过程，更是一个学术主体性不断自我扬弃的过程。

六十年前，为了在美苏冷战的政治氛围中讨论马克思主义的未来打开空间，威廉斯批判各种形式的教条主义，强调体验的重要性，呼吁从苏联、中国与古巴社会主义实践和工业化发展所处的背景来理解这些国家。他还特别指出，“一个中国或古巴的农民看这一过程注定与任何我们能想象的有所不同”。[③] 今天，虽然苏联已经解体，但是中国与古巴依然坚持走社会主义道路，而全球资本主义的结构性危机又为开拓马克思主义理论与实践的新境界提供了机会。不过，威廉斯这位英国马克思主义者和《漫长的革命》作者也许无法想象到，中国这个由古老的东方文明嬗变而来的社会主义国家，在中国共产党的领导下，在奏出了一个世纪的政治革命、文化革命与经济革命的命运交响曲后，2012年中共十八大又制定了统筹推进经济建设、政治建设、文化建设、社会建设与生态文明建设“五位一体”的总体布局。更让这

---

① 2015年11月23日，中共中央政治局集体学习马克思主义政治经济学；2020年第16期《求是》杂志发表了习近平总书记的《不断开拓当代中国马克思主义政治经济学新境界》一文，重申马克思主义政治经济学的重要地位。

② 就在几年前，还有某知名高校的一篇传播学博士学位论文因为把传播政治经济学当作方法论而差点不能通过的现象。

③ Raymond Williams, “The Future of Marxism”, *New Left Review*, Vol. 114, No. 6, November/December 2018, pp. 53 – 65. (originally published in *The Twentieth Century*, July 1961, pp. 128 – 142).

位《乡村与城市》的作者感兴趣的也许还有，在五年后的中共十九大上，“乡村振兴”也被上升为国家战略。这标志着华夏文明在走向现代化的过程中，有可能最终扭转资本主义发展过程中城市消灭乡村的命运。与此相关，中国所提出的“一带一路”倡议中不但包括传播基础设施方面的互联互通，还包括“民心相通”这一颇有中国传统文化内涵的愿景。这一切都在改变全球信息、传播与文化流动的格局，而对外延伸的“一带一路”和对内深化的“乡村振兴”，更是“构成涅槃中的中华民族这只凤凰的双翅，也是我们得以展开‘新地球村’想象的一对理想之翼”。[①]

尽管在一个民族主义和孤立主义高涨的“逆全球化”时刻展开“新地球村”的想象显得不合时宜，新冠肺炎疫情的全球大流行更是加深了孤立主义意识，但是，正如笔者在2020年1月新冠肺炎疫情暴发前所发表的《“新地球村”想象》短文中所指出的，循环往复是事物运动的规律，在资本主义全球化的结构性危机中，包含着一个推进更包容更平等全球化进程的新转机；在被现代化、城市化与生态危机所侵蚀的现有“地球村”中，孕育着一个弥合中心与边缘鸿沟、跨越城市与乡村分野，以及不同族群的人与人之间为了他者的生命安全而相互守望的人类命运共同体的希望。笔者在文章中进一步指出，在中国展开“新地球村”的想象，有以下两个条件。

第一，在从乡土社会向现代国家的转型中，中国保存了作为世界上唯一持续农耕文明的文化和历史连续性。“大道之行也，天下为公”的古典理念与现代共产主义思想交相辉映，乡村的日常生活中依然有丰富的社区共同体内涵，而基于古丝绸之路的商贸和文化实践则展示了历史上非资本主义和非帝国主义另类“全球化”的丰厚遗产。

第二，中国革命是作为资本主义全球化对立面的国际共产主义运

① 赵月枝：《“新地球村”想象》，《新闻与传播评论》2020年第1期。“地球村”是加拿大学者麦克卢汉提出的带有技术浪漫主义色彩的知名概念。从一定意义上，国外传播政治经济学的主要贡献，在于挑战这一概念所掩盖的资本主义全球秩序中的压迫与剥削。笔者的“新地球村”概念既是对麦克卢汉概念的否定之否定，也是“人类命运共同体”理念在传播学领域的形象表述。

动的重要成果，也是一场真正的给下层民众带来尊严的社会革命。这场革命所选择的中国社会主义道路有历史性的社会和民意基础。[①]

当然，也许正因为中国的社会主义发展颇有“离经叛道”的意涵，国外传播政治经济学者不是普遍失语，就是认为中国已经与资本主义融合，甚至“走上了资本主义‘邪路’”。[②] 正因为如此，传播政治经济学所面临的“中国的挑战”的核心，依然是如何从信息、传播与文化的视角，理解中国这个现代社会主义国家主体的过去、现在和未来——王绍光所分析的从社会主义1.0版本到2.0版本和3.0版本的演变[③]——以及信息、传播与文化在这一过程中的地位与作用问题及不同社会主体的体验与对未来想象的问题。本文中，笔者在认同国外传播政治经济学的批判内核，尤其是其奠基性学者的批判锋芒与国际视野的同时，力图超越这一研究在当代发展中的理论和方法论偏颇，进而“以中国/亚洲为方法”，整合相关后殖民文化批判与中国马克思主义学者的洞见，在国际共产主义运动与跨文化/文化互化的双重视野下，打开21世纪马克思主义传播政治经济研究的新局面，为发展马克思主义传播政治经济学贡献中国智慧。

最后，需要强调的是，本文用“社会主义”与“跨文化”这两个定语来丰富与发展传播政治经济学，而不是提出“中国传播政治经济学”[④]，具有双重目的。其一，从“作为方法的中国”的层面，传播政治经济学面对的不仅是“中国的挑战”，而且是另一种认识世界和改造世界的理论与方法论的启示，更具体地说，这就是社会主义普适主义对资本主义普适主义的挑战；其二，从文化的创造性转型与创新性

---

① 赵月枝：《“新地球村”想象》，《新闻与传播评论》2020年第1期。“地球村”是加拿大学者麦克卢汉提出的带有技术浪漫主义色彩的知名概念。从一定意义上，国外传播政治经济学的主要贡献，在于挑战这一概念所掩盖的资本主义全球秩序中的压迫与剥削。笔者的“新地球村”概念既是对麦克卢汉概念的否定之否定，也是“人类命运共同体”理念在传播学领域的形象表述。

② 王绍光：《奠基与延续——中国道路的世界性意义》，《东方学刊》2018年第1期。

③ 王绍光：《奠基与延续——中国道路的世界性意义》，《东方学刊》2018年第1期。

④ 这是笔者英文专著 *Communication in China: Political Economy, Power and Conflict* 中文版2019年在台北唐山出版社出版时用的书名。

发展层面，传播政治经济学不仅需要在其研究中超越文化本质主义和方法论民族主义，而且需要在具体的世界历史进程中发挥其实践特质，通过创新跨文化传播政治经济研究实践和培育社会主义跨文化传播主体，为各民族文化的融合贡献学术与思想的力量。

Socialist Transcultural Political Economy of Communication: Theoretical Path and Problem Awareness

Abstract The political economy of communication research not only expands and deepens Marxist political economy but also enriches and develops it in the three interconnected special areas of information, communication and culture which cut through the classical "economic base" and "superstructure" division. The "challenge of China" that confronts the field at present is a two-fold one: the theoretical and methodological challenges it faces in light of China's development path, and the challenges of developing a political economy of communication from a 21st century socialist perspective. On one hand, in the face of the great transformation of the global political economy and social power relations, the improper Western centralism, capitalist centralism and anthropocentrism existing in the studies of political economy of communication abroad have led this frontier academic field to fall into the mire of involution, nostalgia for post-WW Ⅱ welfarism, and radical individualism; on the other hand, the post-colonial cultural criticism theory, the relevant works of "China/Asia as a method" and China's socialist theory and practice have all provided rich resources for raising the 21st century political economy of communication research to a new height. By exploring the theoretical path and problem awareness for a socialist transcultural political economy of communication from the dual perspectives of international socialist movement and transcultural communication, it can help to contribute Chinese wisdom and the insights of information, communication and cultural research to the development of a new realm of Marxist political economy.

Keywords Political Economy of Communication; Capitalism; Socialism; Marxism; Transcultural Political Economy of Communication

否定之否定？从中外传播学术交流史上的3S说起

赵月枝*

摘要 从达拉斯·斯迈思（Dallas Smythe）、威尔伯·施拉姆（Wilbur Schramm）和丹·席勒（Dan Schiller）这三位以“S”开头的北美传播学者与中国的学术关系切入，可以清楚看到西方“主流”和“批判”传播学术中的中国、传播学被引入中国的过程与学术“本土化”讨论中的政治，以及更为宏观层面的全球资本主义体系内的中外传播学术的知识社会学。而用跨文化传播政治经济研究框架来反思新闻与传播学术发展本身的意义则在于，它在揭示中国马克思主义新闻学是如何在特定历史语境中与“西方学术”碰撞与转型的同时，也让我们在“否定之否定”的辩证历史发展过程中看到中国这样一个后革命国家在全球学术发展中的特殊历史资源、中外学术交流现实的多重性，以及有中国社会主义主体性和世界意义的新学术范式产生的可能性。

关键词 达拉斯·斯迈思；威尔伯·施拉姆；丹·席勒；新闻学；传播学

在中外新闻事业关系史上，美国记者艾格妮丝·史沫特莱（Agnes

---

* 赵月枝，加拿大西门菲莎大学（Simon Fraser University）传播学院全球传播政治经济学加拿大国家特聘教授、清华大学新闻与传播学院卓越访问学者。

Smedley，1892—1950）、安娜·路易斯·斯特朗（Anna Louis Strong，1885—1970）和埃德加·斯诺（Edgar Snow，1905—1972）因他们同情中国革命的新闻报道和姓氏中都以字母“S”开头，被称为“3S”。本文以达拉斯·斯迈思（Dallas Smythe，也有翻译为“达拉斯·思迈斯”）、威尔伯·施拉姆（Wilbur Schramm）和丹·席勒（Dan Schiller）这三位以“S”开头的北美传播学者与中国的学术关系切入，从他们在中国的学术活动、中国的理论和实践是如何体现在他们所代表的西方“主流”和“批判”学术中的角度，来讨论中国传播学术的主体性问题和反思传播学在中国发展的历史，希望以此继往开来。

很显然，这两组“3S”的类比，有不妥的地方。且不说记者和传播学者有重要区别，在中国传播学术史的标准叙事和实际发展中，施拉姆1982年的访华是唯一真正历史性的。除了三位学者到中国的时间点和他们在中国传播学界的影响不一以外，更有人会对丹·席勒（Dan Schiller）的选择有不同看法——毕竟，即使要找施拉姆访问之后的第三个S，许多人会有自己的选择。关于丹·席勒的选择，我会在随后的讨论中说明，这里首先需要指出的是，之所以在这篇关于传播学术在中国发展历史的文章中做这个“3S”类比，是希望从我近十年来所致力于探索的跨文化传播政治经济研究角度来反思传播学本身，讨论不同学术知识体系是如何在不平等的全球资本主义体系中碰撞和转型的问题。套用这一框架的核心议题，这里的关键，是中国这样一个后革命国家在全球学术发展中的特殊历史资源、中外学术交流现实的多重性，以及有中国社会主义主体性和世界意义的新学术形式生成的可能性问题①。

本文的讨论围绕以下四个问题展开：中国革命与改革的理论和实践尤其是中国社会主义新闻理论和实践与这三位学者以及“西方学术”的关系，中国传播学术本土化讨论中的学术政治，中国新闻和传播学科与西方传播学不同学派的复杂历史性关系，以及后改革中国语境下新闻学与传播学的特殊关系问题。还需要说明的是，如标题所言，

① 赵月枝：《中国传播政治经济学》，台北：唐山出版社2019年版。

本文只是从中外传播学术交流史中的“3S”说起。本文既不是对他们在中国的学术交流细节和影响的具体而系统的学术史研究，也不局限于他们。讨论会涉及其他学者，包括我自己作为一位跨文化和跨国传播学者的相关体验。

一 “西方”传播学术与“世界中的中国”

中国革命理论和实践不是外在于“3S”记者的报道，而是他们成为“3S”的原因。更重要的是，他们对中国革命面向西方世界的报道，不但改变了中国革命的外部舆论环境，也反过来鼓舞了中国的革命者，从而影响了中国革命的发展进程。同样，中国革命、建设和改革的理论和实践对于这三位传播学者和更广泛的西方传播学术也不是外在的，不管具体的西方学者是否在研究中涉及中国。一方面，他们是生活在西方、不以中国研究为业的传播学者；另一方面，作为20世纪世界体系中的学术主体，他们的研究直接和间接回应包括中国探索社会主义道路的理论和实践在内的国际共产主义运动和第三世界民族解放运动，甚至有部分是直接关于中国的新闻思想与实践的。正如《风从东来》(*Wind from the East*)[①]、《黑色东方红》(*The East is Black*)[②]等著作所示，中国革命，包括“文化大革命”的理论和实践，对西方批判知识界包括美国黑人知识界和社会运动，产生了巨大的影响。作为北美传播政治经济学的主要奠基者，达拉斯·斯迈思不但深受毛泽东思想的影响，而且在20世纪70年代初和20世纪70年代末两次到中国实地调研中国在探索社会主义道路过程中的传播理论、政策和实践，从而建立了传播政治经济学研究和中国社会主义道路探索之间的跨国和跨文化联系[③]。斯迈思第一次到中国调研是在1971年12月到1972年1月，早于尼克松1972年2月的历史性访华。在一个月的时间

① Richard Wolin, *The Wind from the East*, Princeton: Princeton University Press, 2010.

② Robeson Taj Frazier, *The East is Black: Cold War China in the Black Radical Imagination*, Durham: Duke University Press, 2015.

③ 赵月枝：《中国的挑战：跨文化传播政治经济学刍议》，《传播与社会学刊》2014年第28期。

里，他访问了北京、武汉、上海、广州等地的大学、报社、广播电视机构甚至电子工厂等各种与传播理论、政策、技术和实践有关的单位，在政治经济学的“整体性”高度对中国传播问题进行了全方位的了解。虽然中国传播学界把施拉姆 1982 年的访问称为“传播学进入中国的破冰之旅”，从中西方学术关系，而不是美国主流传播学在中国登陆的角度，是斯迈思在 20 世纪 70 年代的访问[①]，而不是施拉姆在 1982 年的访问，才是西方传播学者对中国的“破冰之旅”。

1972 年 3 月，也就是斯迈思结束中国之行不到两个月后，他就在美国宾夕法尼亚大学安南堡传播学院的一个学术研讨会上发表了有关中国“文化大革命”传播理论和实践的学术论文。一年之后，他的这篇题为《大众传播与文化革命：中国的经验》的长达 25 页的学术文章就在基于这次会议的论文集中出版了[②]。文章开宗明义地指出，中国的“文化大革命”从起源、内容和后果都是一场深刻的和历史上全新的传播革命，而美国主流传播学的理论和方法，只适用于资本主义国家的文化管理和思想规训，并不适用于中国。作为中国经验和这篇文章在整部论文集中分量的一个注脚，这部由乔治·格伯纳（George Gerbner）等人合编的著作，以《传播和社会政策：理解新的“文化革命”》为名[③]。此后，斯迈思对中国传播道路和政策问题的深入思考不但主要体现在他那篇给中国政府的《自行车之后是什么?》内参报告中[④]，而且也成了他最重要的著作《依附之路》的关

① 美国主流传播学者罗杰斯（Everett Rogers）也在 20 世纪 70 年代访问了中国（见方晓恬，王洪喆《从“群众路线”到“人的现代化”：“北京调查”与传播学在中国的肇始》，《新闻与传播研究》2019 年第 2 期）。

② Dallas W. Smythe, “Mass Communication and Cultural Revolution: The Experience of China”, in George Gerbner, et al., *Communication Technology and Social Policy: Understanding the New “Cultural Revolution”*, New York: J. Wiley & Sons, 1973, pp. 441 – 465.

③ Dallas W. Smythe, “Mass Communication and Cultural Revolution: The Experience of China”, in George Gerbner, et al., *Communication Technology and Social Policy: Understanding the New “Cultural Revolution”*, New York: J. Wiley & Sons, 1973, pp. 441 – 465.

④ ［加］达拉斯·斯迈思：《自行车之后是什么？——技术的政治与意识形态属性》，王洪喆译，《开放时代》2014 年第 4 期。

键内容[①]。直到今天，斯迈思基于两次中国调研所提出的一系列理论、政策和实践层面的问题，依然是中国探索社会主义文化和传播发展道路不可回避的真问题，堪称“世纪之问”[②]，而他对毛泽东关于中国走社会主义道路的迂回曲折性（zigandzag）的判断的认同[③]，也具有前瞻性。

对于本文的第二个“S”，即斯迈思的学术论敌施拉姆来说，早在他1982年到中国大陆之前，中国共产主义革命已是他学术研究的一个现实存在的“反例”和对西方资本主义的颠覆性力量。他与人合著的《报刊的四种理论》是经典的冷战新闻学教科书，虽然其关于“共产主义”新闻模式的描述以“苏联”命名，书中对中国的描述也很少，但作为共产主义国家的中国也被包括在这一模式之中，这一点是毋庸置疑的；他有关传播与发展的理论，针对冷战语境下的第三世界后殖民国家提出，用的是当时由美国主导的联合国教科文组织这个平台（他那本影响颇大的《大众传媒与国家发展》一书，就是为联合国教科文组织而写的），目的是避免这些国家走上中国这样以农民为主体的社会革命道路。除了如何遏制国际共产主义运动的蔓延，把西方理论与中国传统文化对接，还有他为自己的华人学生所提出的研究议程。

20世纪80年代，后“文革”中国的改革方向问题成了冷战末期国内外意识形态斗争的关键问题。中国新闻学与传播学的发展也不可避免地成了这一斗争的一部分。1984年，读完新闻系本科后，我因没有自信当记者而选择考“新闻理论”专业的研究生（当时还没有传播学专业），没想到得到了当年公派加拿大留学的资格。当时，我以为，传播学就是西方更广义的新闻理论，而“西方传播学”就是以施拉姆为代表的美国主流传播学。1986年，我不知斯迈思，只知施拉姆，因

---

① Dallas W. Smythe, *Dependency Road: Communications, Capitalism, Consciousness, and Canada*, Norwood, N. J.: Ablex, 1981.

② 赵月枝：《传播与社会：政治经济与文化分析》，中国传媒大学出版社2011年版，第243—262页。

③ Dallas W. Smythe, *Dependency Road: Communications, Capitalism, Consciousness, and Canada*, Norwood, N. J.: Ablex, 1981, p. 247.

担心自己英文不好而带着《报刊的四种理论》的中文版去加拿大西门菲莎大学留学。作为我与现实存在的"西方传播学"的"碰撞"的最初经历和"西方传播学"的"多重性"教给我的第一课，我到后不久就被斯迈思邀请去吃他的"免费午餐"[①]，并从他手上接过了那份当时还未出版的英文手稿《自行车之后是什么?》。

进入20世纪90年代，随着斯迈思和施拉姆这一代相继离世，他们的后辈、美国传播政治经济学者丹·席勒（Dan Schiller）成了最先强烈意识到中国之于传播研究核心地位的学者之一。1996年，丹·席勒是加州大学圣迭戈分校传播系难得的一个传播政治经济方向教职的招聘委员会主任，我因自己的中国背景和批判学术取向被录用，于1997年成了他的学术同事。从此以后，中美两个国家与数字资本主义的关系，就成了我与丹·席勒一直讨论的主题。2001年，我们以《与狼共舞？中国与数字资本主义的整合》为题发表了一篇合作论文，讨论中国与美国主导的全球数字资本主义整合的路径、矛盾与前景[②]。我不知道我的参与是否会影响有关这样的文章算不算"'西方'传播学术"的判断，但是，有一点非常明晰，那就是：到了20世纪90年代，传播学术所面对的是一个与美国信息资本主义深度融合的"世界中的中国"。在讨论《与狼共舞？中国与数字资本主义的整合》一文的过程中，我与丹·席勒有过激烈的争论：在他看来，数字资本主义是一个全球性的逻辑，中国的加入意味着这一逻辑在全球扩展的成功；我同意他的分析，但也认为，事情没有那么简单，中国有社会主义革命的历史遗产，有在这一革命过程中锻造出来的国家以及国家意识形态中持续的社会主义宣称，还有中国工人农民对革命的认同、对正义的追求和社会抗争。基于这些，也是丹·席勒作为资深同事对我这个后辈的提携，一篇本来可能以"西方理论，中国经验"为模式的文

① 在斯迈思著名的"受众商品论"中，他用"免费午餐"来比喻商业广播电视节目。此处我指他邀请我吃了一个午餐这一具体的事。

② Yuezhi Zhao and Dan Schiller, "Dances with Wolves? China's Integration into Digital Capitalism", *Info*, Vol. 3, No. 2, April 2001, pp. 137 – 151.

章，成了一个持续的、开放的对话的开端。① 虽然当时我并没有深究，现在看来，我几乎是凭直觉对包括丹·席勒在内的西方马克思主义学者对中国改革开放的性质和方向的判断表示存疑。这一方面基于中国改革和开放现实的复杂性和多重性，另一方面基于我作为一个深受中国社会主义革命理论和实践影响的华人学者的主体性。

之所以要强调以上这些情况，是希望能在传播学术领域超越作为地域和文化意义上的“中国”与“西方”的简单二元对立，以及这一对立所体现的文化本质主义、相对主义，尤其是丹尼尔·F. 武科维奇在《中国与东方主义》一书中批判的“汉学东方主义”逻辑②。这一逻辑不但包含冷战和反共意识，而且包含白人至上的种族主义逻辑。这两者相互交集，集中体现在对中国革命和新中国前30年的全盘否定上③④，体现在有关中国的发展方向颇有“左”右合流意味的“历史终结论”上。在这里，我希望把自己近十年来所探索的跨文化传播政治经济研究框架运用到对传播学术本身的“理论旅行”与“跨文化传播”的反思中。正如我在最近的一篇文章中所言：

> 这一研究取向聚焦权力这一核心概念，以挑战西方中心主义、文化本质主义和媒介中心主义为己任，将传播、政治经济结构和社会发展等问题放在全球资本主义体系内不同文化间的碰撞和互动过程中来分析，强调社会体系的动态转型与历史性演变以及传播与文化的社会历史嵌入性和社会主体的能动性。一方面，它强调源于西方的强势现代资本主义政治经济体系所主导的殖民主义、帝国主义和新自由主义

① 本人2008年出版的英文著作 *Communication in China*: *Political Economy*, *Power and Conflict* 是这一对话的持续。赵月枝：《中国传播政治经济学》，台北：唐山出版社2019年版。

② Daniel F. Vukovich, *China and Orientalism*: *Western Knowledge Production and the P. R. C.*, New York: Routledge, 2012.

③ Daniel F. Vukovich, *China and Orientalism*: *Western Knowledge Production and the P. R. C.*, New York: Routledge, 2012, p. xv.

④ Chun Lin, *China and Global Capitalism*: *Reflections on Marxism*, *History*, *and Contemporary Politics*, New York: Palgrave Macmillan, 2013.

全球化过程的划时代影响，对任何传统主义和本土主义（nativism）倾向保持警觉；另一方面，它尤为关注以中国为代表的非西方国家和地区在与全球资本主义的碰撞与摩擦中的特殊历史文化资源和所形成的多样现代性，包括挑战资本主义的可能性以及这种挑战的主体等问题①。

首先，这一框架要求我们在全球史和跨国史的视野下，在全球资本主义与20世纪国际共产主义运动和民族解放运动此消彼长的斗争中，在马克思所倡导的过程关系本体论的思维方法指导下，重新反思传播学术在中国的引进和发展历史。其次，从这个框架出发，我们需要直面中国传播学术界一直纠结的“本土化”问题背后的学术政治。说传播学术在中国需要针对西方学术走“本土化”的道路不无原因，甚至有强烈的挑战西方中心主义的诉求，但是，这里也存在用一个问题掩盖另一个问题的倾向。一方面，这一话语意在回应作为学科化的传播学在中国发展过程中对西方尤其是作为美国冷战社会科学一部分的美国主流传播学的依附地位，其所遵从的是方法论民族主义和相对主义的逻辑。另一方面，这一话语遮蔽了学术政治立场的区别。就“3S”而言，这就是作为批判学者的斯迈思和丹·席勒与作为美国冷战学者施拉姆的区别。毕竟，这几位同时或先后在美国伊利诺伊大学香槟分校传播研究院任教、同为白人男性学者的根本区别，在于他们不同的政治立场和意识形态取向。就同时代的施拉姆和斯迈思而言，一个是资本主义制度和美国霸权的维护者，一个是资本主义和美国霸权的批判者，甚至是社会主义道路的同情者和支持者。② 就这个角度

① 赵月枝:《跨文化传播政治经济研究中的“跨文化”涵义》,《全球传播学刊》2019年第1期。

② 当然，学者的立场也不是一成不变的。就斯迈思而言，他的立场经历了一个从年轻时选共和党到后来先后参与美国罗斯福新政改良和全球传播新秩序运动对资本主义进行自上而下的改良，再到后来不断激进化，成为深刻的资本主义制度批判者和国际社会主义运动尤其是当时被认为是更激进的“中国道路”支持者的变化。因为与一般学者年纪变大以后倾向于保守的情况相反，他把自己的思想轨迹描述为“逆时针”——而这也是他的传记的书名（Dallas W. Smythe, *Counterclockwise: Perspectives on Communication*, Boulder, C. O.: Westview Press, 1994）。

而言，没有抽象的“西方化”和“本土化”。“本土化”讨论掩盖的是资本主义意识形态框架中的普适性和特殊性，还有林春在《中国与全球资本主义》一书中所讨论的历史唯物主义框架下的普适性和特殊性的问题。[①][②]

当然，在“历史唯物主义普适主义”（historical material is tunivers-alism）[③] 或“左翼普适主义”（left universalism）[④] 框架内，我们需要分析理论和实践之间的鸿沟，也可以讨论社会主义在具体历史条件下在不同国家和地区的进展、挫折甚至列宁所说的“进一步，退两步”的过程，分析这些国家的不同发展道路和在全球地缘政治经济中的不同地位对其具体理论和实践的影响。从20世纪70年代初到20世纪70年代末，斯迈思正是带着这样的问题意识对匈牙利、中国、智利等国家进行研究的。比如，除了有关中国的研究外，1972年3月，他和赫伯特·席勒（Herbert I. Schiller）还发表了他们在阿连德执政后对智利在传播和意识形态领域的实地考察文章。另外一位对智利的民选社会主义政权的意识形态和新闻传播问题予以极大关注的西方批判传播学

---

① Chun Lin, *China and Global Capitalism*: *Reflections on Marxism*, *History*, *and Contemporary Politics*, New York: Palgrave Macmillan, 2013, pp. 189, 196, 198.

② 在《中国与全球资本主义》一书中，华人马克思主义学者林春基于对马克思主义的去西方中心主义批判阐释和中国与亚洲的革命历史经验提出了“历史唯物主义普适主义”（historical materialist universalism）的概念。林春认为，可以用亚洲作为一个想象中的基点来重铸具体历史斗争中的普适主义。这样的普适主义并不依附于任何文化层面的同一性（uniformity），而是基于共同的政治承诺和社会愿望，以及相互借鉴和平等对话。另一个与林春的历史唯物主义普适主义相关但根植于非洲批判思想的概念是加纳政治哲学家塞科伊－欧图（Ato Sekyi-Otu）的左翼普适主义（left universalism）。虽然各有侧重，林春和塞科伊－欧图的普适主义理念都基于对共产主义作为一个理想和一个历史性运动的认同（林春在书中提出了“共产主义道义经济”的概念，塞科伊－欧图在书中专门有一章讨论“非洲思想中的道义共产主义”），反对后现代主义相对主义，拒绝把“普适主义”的婴儿从欧洲中心主义的洗澡水里泼出去，反对用本土主义和文化相对主义去抗拒欧洲中心主义和资本主义普适主义。

③ Chun Lin, *China and Global Capitalism*: *Reflections on Marxism*, *History*, *and Contemporary Politics*, New York: Palgrave Macmillan, 2013.

④ Ato Sekyi-Otu, *Left Universalism*, *Africacentric Essays*, New York and London: Routledge, 2018.

者是阿芒·马特拉（Armand Mattelart）。他们共同关注的是严峻的传播与阶级斗争问题，包括资产阶级意识形态对正在转型中的社会主义国家的持续影响这一对社会主义成败有重要意义的问题。正如斯迈思研究中国的一个重要内容是中国主导知识界对技术的政治性问题的认识和这方面西方资产阶级思想的遗留如何会影响中国社会主义的成败，马特拉也同样关注西方资产阶级新闻理论对智利社会主义传播实践的束缚和胁迫作用。所以，毫不奇怪，赫伯特·席勒和斯迈思在对智利的调研文章中引用了马特拉已经看到的如下难题："如果社会主义者接受了资产阶级的言论和表达自由的传统论述，那么社会主义者最容易遭受攻击。"①

如果"世界中的中国"对于许多西方传播学者来说还相对遥远的话，"世界中的智利"更加接近他们。这不仅仅因为这个国家在拉美这一"美国的后院"地区和这个国家的社会主义尝试发生在传播学科诞生以后，而且因为这个国家产生过一个在西方议会政治框架内的民选社会主义政权，更因为这个政权在美国的干预下很快被颠覆了。在罗伯特·麦克切斯尼的《传播革命》一书中，据作者回忆，1973 年 9 月 11 日美国颠覆智利政权事件对其作为一个美国青年的政治立场产生了巨大的影响：尽管阿连德政权不同于苏联模式下的威权共产主义国家，美国还是不能容忍这个有社会主义倾向的政权，而是扶持了残酷和专制的皮诺切特政权。这使许多他的同代人不仅怀疑美国对民主的真诚，而且认识到，"如果美国政府反对，世界其他国家的人民能否和平地自治"②。没有比这一认识更能体现一位美国批判学者的全球视野和他们基于对美国帝国地位感知的学术主体性了。

总之，就像包括施拉姆在内的美国现代化理论倡导者把自己当作美国主导的战后资本主义体系的构建者，对于美国的批判传播学者来

① Herbert I. Schiller and Dallas W. Smythe, "Chile: An end to Cultural Colonialism", *Society*, Vol. 9, March 1972, p. 35; Herbert I. Schiller, *Mass Communication and American Empire* (2nd ed.), Boulder, C. O.: Westview Press, 1992.

② Robert W. McChesney, *Communication Revolution: Critical Junctures and the Future of the Media*, New York: The New Press, 2007, p. 38.

说，世界其他国家能否“自主”发展，更枉论社会主义能否在世界得到发展，是一个“内在”于他们作为美国这样一个资本主义帝国的学者的问题。从赫伯特·席勒的文化帝国主义理论[①]到爱德华·赫尔姆（Edward Herman）与诺姆·乔姆斯基（Norm Chomsky）的《制造共识——大众传媒的政治经济学》[②]，我们都可以看到美国批判学者的这一问题意识。直到1986年，当斯迈思把自己的那篇一直没有公开出版的《自行车之后是什么?》的中国调研内参打印稿给我这个中国留学生的时候，他所关心的依然是中国在向西方开放后的政治方向和社会性质问题。斯迈思因为把自己定位为国际社会主义大家庭的一员，以内参的方式向中国政府提交了自己的考察报告，并没有按照西方学术的“独立”和“不出版就出局”的逻辑行事，而我当时也没有把斯迈思这位西方学者的研究“本土化”的问题意识：他关于中国能否与如何建设社会主义的传播与文化体系的问题，就是我的问题。

二 学术“本土化”的政治

饶有意味的是，中国传播学研究的“‘本土化’探索”的“序幕”，是由施拉姆在20世纪70年代访问香港时拉开的[③]。正是施拉姆1977年访问香港中文大学时，首先提出要发掘中国传统文化中的传播学遗产，而他的华人学生、香港中文大学传播研究中心创办者余也鲁，果然在1978年不仅第一次提出“传播学中国化”这一命题，而且在其老师所规定的“中国传统文化中”挖掘中国传播理论，即把这一问题的内涵定义为基于西方的“现代”传播理论与中国“传统文化”的对接[④][⑤]。作为这一命题的华人“先导”，余也鲁的定位和路径显然影

---

① Herbert I. Schiller, *Mass Communication and American Empire* (2nd ed.), Boulder, C. O.: Westview Press, 1992.

② ［美］爱德华·S. 赫尔曼、诺姆·乔姆斯基：《制造共识——大众传媒的政治经济学》，邵红松译，北京大学出版社2011年版。

③ 吴飞：《何处是家园？——传播研究的逻辑追问》，《新闻记者》2014年第9期。

④ 吴飞：《何处是家园？——传播研究的逻辑追问》，《新闻记者》2014年第9期。

⑤ 史冬冬：《传播学中国化：在地经验与全球视野》，《社会科学研究》2015年第5期。

响了此后中国大陆有关这个问题的讨论。也就是说，从一开始，“传播学中国化”或“本土化”的命题，就悖论性地一方面是在带有极强冷战政治色彩和西方中心主义偏颇的现代化理论框架中被提出来，另一方面又包含强烈“去政治化”意味的文化主义内涵。而香港当时作为英国殖民地和冷战东西方交往的前沿，起到了西方冷战学术的“中转站”及其“本土化”先声的作用。

1989年后，这一有“去政治化的政治”内涵的“本土化”话语也恰恰符合了当时中国大陆部分学者的特定学术政治诉求。20世纪90年代，“本土化”成了学术政治上相对于官方意识形态的“权宜之计”①。

虽然“本土化”是个多元的话语结构，但是在这一特定的“本土化”话语中，中国独特的、现代革命过程中的传播理论和实践被虚无了，更枉论中国在这一走向现代的过程中，已经把来自西方的马克思主义理论和来自苏联的共产主义新闻理论和实践“本土化”过一次了。总之，“中国”对“西方”也罢，“传统”对“现代”也好，“中国化”也罢，“本土化”也好，被忽视的往往是本土化了的现代中国社会主义理论和实践这一“传统”，不被认同的是林春所阐述的中国特色就是社会主义这一立场②。实际上，林春在批判西方主流政治学研究时所提出的一个观点对传播学同样适用：与其说西方政治学的问题是西方中心主义，毋宁说其核心问题是“资本主义中心主义”（capitalist-centrism）——毕竟，反资本主义对欧洲而言也从来不是陌生的③④。

正如李彬在1995年讨论到“传播研究本土化困境”时已经体认到的那样，20世纪90年代的传播研究本土化话语是对20世纪80年代

① 姜飞：《中国传播研究的三次浪潮——纪念施拉姆访华30周年暨后施拉姆时代中国的传播研究》，《新闻与传播研究》2012年第4期。

② Chun Lin, *China and Global Capitalism: Reflections on Marxism, History, and Contemporary Politics*, New York: Palgrave Macmillan, 2013.

③ Chun Lin, *China and Global Capitalism: Reflections on Marxism, History, and Contemporary Politics*, New York: Palgrave Macmillan, 2013, pp. 189, 196, 198.

④ Chun Lin, "Discipline and Power: Knowledge of China in Political Science", *Critical Asian Studies*, Vol. 49, No. 4, August 2017, pp. 501-522.

“西学热当中彻底反传统”的一种回应，而这里的反传统，实际上是中国现代革命中形成的新闻学“传统”，“就传播研究而言，1986年的第二届全国传播学研讨会就曾颇为急切地欲将西方传播学的一整套家当全盘照搬进来，并十分自信地断言‘传统’新闻学已走入死胡同，可以寿终正寝”①。

而中国传播本土化问题的“困惑”，或现有讨论所必然导致的刻舟求剑倾向，恰恰在于用“古代”或近代西方引入的传统掩盖和代替现代革命传统，甚至站在“民族文化”复兴的道德高地，批评中国革命破坏甚至摧毁了中华文化遗产。李彬就含蓄地指出：“本土化的指向自然在于常说的‘中国特色’，但当人们试图从传统文化中去总结、概括、提炼什么特色时，不是早有固定的范式与框架预先设置在思想中么?”② 虽然李彬没有点明，这个范式和框架应该就是施拉姆所倡导的现代化框架和线性发展逻辑。这里最为吊诡的地方在于，要在后革命中国的改革开放语境下引入这个包含“现代与传统”对立的框架，就必须“虚无”掉中国1919—1979年的现代革命和社会主义建设传统。参照以上所引姜飞在这个问题上的讨论，不能说这种虚无是完全无意识的。

黄旦在一篇题为《对传播研究反思的反思——读吴飞、杜骏飞和张涛甫三位学友文章杂感》的文章中转引自己的观点指出，“中国大陆一开始之所以对传播学发生兴趣并动了引进之念头，与因‘文革’而陷入僵死的新闻学和新闻实践的刺激有关”③。不过，针对吴飞提出的“中国的传播学研究从一开始就走偏了”，“存在严重的方向性错误”的观点，黄旦强调，当时中国引入传播学有“历史现实根源”，或“自有其道理”的“现实依据——逻辑”，“一开始不存在什么偏”④。此

① 李彬：《反思：传播研究本土化的困境》，《现代传播》1995年第6期。

② 李彬：《反思：传播研究本土化的困境》，《现代传播》1995年第6期。

③ 黄旦：《对传播研究反思的反思——读吴飞、杜骏飞和张涛甫三位学友文章杂感》，《新闻记者》2014年第12期。

④ 黄旦：《对传播研究反思的反思——读吴飞、杜骏飞和张涛甫三位学友文章杂感》，《新闻记者》2014年第12期。

处我无意在这二位学者的讨论中做评判，但是，直到今天，余也鲁所提出的“本土化”问题意识，还影响着这一议题的讨论框架，就不得不让人去寻找这一根深蒂固的问题意识背后的思想根源及其盲点了。比如，在2014年的一篇文章中，李金铨依然诉诸“中国传统知识体系”与“外国全新介绍进来”相对立的叙述框架：

> 据说传播学引进中国三十年了，许多学者对“传播学”有严重的身份危机感：到底传播学在中国走对了路，还是走错了路，下一步何去何从？其实，不仅中国学界对于传播学有认同危机，国际传播学界对这个学科也有认同危机。我提到传播学“引进”中国是很关键的，因为传播学不是继承中国传统知识体系，而是从外国全新介绍进来的。

从厦门大学学者史冬冬2015年一篇对“传播学中国化”问题的文献梳理文章中也可以看到，这个问题的讨论不仅依然遵循余也鲁所提出的“回到过去”，即“在中国传统文化中寻求传播观念”和“着眼当下”，即“借鉴西方理论研究中国问题”[①] 这两条路径，而且依然为“西方”普遍/中国“特殊”这一二元对立框架所羁绊。作为新思路，史冬冬认同西方现代化理论有局限和“以美国为主导的西方理论仍然是一种地方性理论”的观点，并在此基础上提出，“未来的中国化传播研究，一方面继续致力于对中国经验的研究，另一方面也需要具有全球的理论视野，将中国经验的特殊性上升至普遍性”。[②] 不过，在谈中国经验时，通篇文章是高度抽象的。这里没有任何“中国革命”和“社会主义建设经验”的字眼。当然，也更无法知道，马克思主义是否可以被认为是一个有全球视野的理论框架。

其实，“西方”不是铁板一块，李彬所说的“西方传播学的一整套家当”也好，李金铨的“外国”也罢，黄旦文中所指的中国大陆感

---

① 史冬冬：《传播学中国化：在地经验与全球视野》，《社会科学研究》2015年第5期。

② 史冬冬：《传播学中国化：在地经验与全球视野》，《社会科学研究》2015年第5期。

兴趣的“传播学”也好，史冬冬文章中的“西方传播理论”也罢，实指西方资本主义现代化模式和基于这一模式的美国主流传播学。这里被遮蔽的是西方内部的批判理论传统，尤其是马克思主义理论传统，包括马列主义新闻思想在中国的传播及其后果。正是因为“后文革”语境中许多中国新闻学者对于作为马列新闻思想本土化成果的中国共产党新闻学已经“陷入僵死”的认知，以及在更广泛层面彻底否定“文革”，甚至“告别革命”的意识形态思潮，美国主流传播学才有了吸引力。这也恰恰诠释了全球范围内，美国主流传播学作为冷战社会科学和战后美国主导的资本主义体系的“胁迫之术”[①] 的主导地位。回到我自己的亲身体验，1986 年我一到加拿大，有位来自中国大陆的学姐就告诫我，斯迈思对“文革”的认识很“左”，很可怕，最好远离他，而斯迈思则通过一位海外华人研究生主动联系我，我也抱着“兼听则明”的态度与斯迈思交往。在这样的语境下，自 20 世纪 80 年代初“传播学”在中国“创世纪”诞生后，中国的传播学界在 1978—1989 年让西方批判理论成了引入和消化过程中的“失踪者”[②]，也就不足为奇了。

然而，尽管斯迈思在 20 世纪 70 年代的访问和他有关中国如何在西方资产阶级传播理论、实践以及技术路线的影响下走出社会主义道路的问题成了中国传播学的“史前史”，20 世纪 80 年代和 90 年代对西方传播学的引入尤其是吸收也一边倒地倾向美国主流实证传播学，进入 21 世纪，随着中国学术国际化投入的增加，西方批判传播学者还是“前赴后继”来到中国，颇有“你方唱罢我登场”的架势。毕竟，西方传播学界更有全球视野而且对中国更感兴趣的学者，往往是多少有点批判意识的学者。2002 年春，也就是斯迈思访华后的 30 年和施拉姆访华后的 20 年，当时还叫北京广播学院的中国传媒大学举办了一

① ［美］克里斯托弗·辛普森：《胁迫之术：心理战与美国传播研究的兴起》，王维佳等译，华东师范大学出版社 2017 年版。

② 刘海龙：《传播学引进中的“失踪者”：从 1978—1989 年批判学派的引介看中国早期的传播学观念》，《新闻与传播研究》2007 年第 4 期。

场名为“国际关系与全球传播”的学术讨论会。这场讨论会首次大规模邀请了一批欧美批判传播学者参会。这批学者包括 Kaarle Nordenstreng、Dan Schiller、Vincent Mosco、Janet Wasko、John Downing、John Sinclair、Emile McAnany 等。不过，在传播学已在施拉姆的影响下迅速发展的21世纪初的中国，即使是这样的一个庞大的国外批判传播学团队，对于学科发展方向的影响，也极为有限。当然，此后随着西方批判传播学界与中国传播学界的交往增多，“世界中的中国”在他们的学术中的地位也更为重要，这也是不争的事实。

这些学者中，丹·席勒不仅在自己的研究中延续了斯迈思和赫伯特·席勒的问题意识，而且从20世纪90年代中期开始，就把“世界中的中国”放在他的信息资本主义理论的核心位置来分析，从而使他有理由成为本文中的第三个“S”。丹·席勒是一位人文和历史功底十分深厚的美国传播政治经济学者。他在20世纪80年代初的第一部著作——《客观性与新闻：公众与美国商业新闻的兴起》中，聚焦19世纪美国新闻史，从马克思主义的视角讨论了早期劳工报刊与商业新闻业的历史性斗争关系。也正是为了突出丹·席勒传播学术思想中在哲学意义上的创造性劳动（Productive Labor）这一概念和马克思主义理论视角下劳工的重要地位，作为主编之一，我建议北京大学出版社的《传播政治经济学》翻译丛书把他英文原名为 *Theorizing Communication: A History* 的一书中文书名定为《传播理论史：回归劳动》。现在看来，我当时可能有不懂中国学术政治语境与“受众口味”的问题：我想当然地以为，有马克思主义问题意识的“劳动”概念会吸引中国学者，而事实上，对这一概念，一些中国学者可能唯恐避之不及。如果此书书名被直译为《理论化传播：一部历史》，它会不会吸引更多中国学者的兴趣？不过，正如黄旦教授在论及中国传播学引入历史时所言，“一辈子没有后悔药好吃”①。

甘惜分在谈到中国新闻学的未来方向时曾说过，需要“立足中国

---

① 黄旦：《对传播研究反思的反思——读吴飞、杜骏飞和张涛甫三位学友文章杂感》，《新闻记者》2014年第12期。

土，回到马克思”[①]。这对传播学在中国的发展方向同样适用。从与本文论及的“3S”的关系角度，这意味着从施拉姆的影响中走出来，续接斯迈思的问题意识，并在与以丹·席勒为代表的国外马克思主义批判传播学术展开对话和对其进行批判的过程中，确立自己的主体地位。本人也正是抱着这样的目的，引介了《马克思归来》等著作[②]。从一切历史都是当代史的角度，回顾历史，甚至说当年“走偏了”，不是为了表达自己的“后见之明”，而是为了重新出发，尤其是为重新出发找到方向。毕竟，“矫枉过正”有时不可避免，更重要的是，是否“偏了”有历史的原因，还看一个人的旅行目的——一个人的“阳关道”正是另一个人的“旁门左道”。对学者来说，这就是学术立场。我把丹·席勒当作本文中的第三个“S”来讨论，除了与他的学术联系最多，也多次介绍他到中国讲学与开会，让他参与中文丛书编委会外，还因为他的学术立场。从20世纪90年代中期开始，与曼纽尔·卡斯特名噪一时的、明显带有对马克思主义的“修正”色彩的《网络社会的兴起》三部曲形成对比，丹·席勒从西方马克思主义立场出发，先后出版了《数字资本主义》[③]、《信息拜物教》[④]、《数字化衰退》[⑤]和《信息资本主义的兴起与扩张》[⑥]四部著作，强调资本主义社会并没有为“信息社会”或“网络社会”所超越。随着中国与信息资本主义的整合的深化，在这些著作中，有关中国的内容和中国在他的分析中的分量，也不断增加。

丹·席勒有关信息资本主义的前三部著作均有中译本。在《信息拜物教》中文版序言中，我对他的信息资本主义理论作了述评[⑦]。王

---

① 马献忠：《甘惜分：我只是新闻规律的探索者》，《中国社会科学报》2013年9月25日第4版。

② 赵月枝：《〈马克思归来〉：网络时代的马克思主义与传播研究》，《清华大学学报》（哲学社会科学版）2018年第3期。

③ ［美］丹·席勒：《数字资本主义》，杨立平译，江西人民出版社2001年版。

④ ［美］丹·席勒：《信息拜物教》，邢立军等译，社会科学文献出版社2008年版。

⑤ ［美］丹·席勒：《数字化衰退》，吴畅畅译，中国传媒大学出版社2017年版。

⑥ ［美］丹·席勒：《信息资本主义的兴起与扩张》，翟秀凤译，北京大学出版社2018年版。

⑦ ［美］丹·席勒：《信息拜物教》，邢立军等译，社会科学文献出版社2008年版。

维佳在《信息资本主义的兴起与扩张》一书的书评中，更是阐发了席勒有关美国国家在信息和网络技术与产业发展中的主导角色和围绕信息资本主义的全球地缘政治斗争这两个主题[①]。从本文所强调的“世界中的中国”角度，丹·席勒研究数字资本主义的一个重要出发点是，信息技术和中国是全球资本主义20世纪80年代以来得以克服20世纪70年代危机的“两个增长极”，而这一美国为主导的全球资本主义围绕信息传播领域（资本积累逻辑向社会生活领域的深入）和中国（资本积累逻辑在地理空间上的扩展）的重构，则可以追溯到尼克松时代的一系列内政与外交政策。也就是说，尼克松1972年访华这一国际地缘政治重大事件与他执政期间对美国信息传播领域的重组，是美国主导的信息资本主义得以发展的两个相互联系的关键。丹·席勒2016年10月在北京大学“大讲堂”的四场演讲中，从美国信息传播业的历史和全球地缘政治两个层面进行了分析。这四场专门为中国学者准备的演讲，成为2018年北京大学出版社出版的《信息资本主义的兴起和扩张》一书的内容[②]。这部没有英文原著，而是直接在他提供的英文演讲修订稿基础上翻译成中文的著作，不仅成为中外传播学术交流史上一个新的里程碑，也是关注全球传播秩序的中国传播研究者绕不开的一部著作。今天，我们如何在这本书所构建的有关全球信息资本主义批判性视野里，走出被美国主流传播学现代化逻辑所定义的学术“本土化”问题意识的误区，发展有全球视野和中国社会主义立场的传播学术呢?

三　在“主流”和“批判”之间：中美传播研究在兴衰历史时间上的错位

正如中国的改革开放在客观上成全了美国信息资本主义的发展一样，1982年施拉姆访华事件，助推了美国主流传播学在中国的“扩

① 王维佳：《网络与霸权：信息通讯的地缘政治学》，《读书》2018年第7期。

② ［美］丹·席勒：《信息资本主义的兴起与扩张》，翟秀凤译，北京大学出版社2018年版。

散”。不可否认，自1949年来，美国主流传播学因其资产阶级性质一直被斯迈思[①]所赞赏的社会主义中国的“文化甄别”机制堵在国门之外。然而，形式上被堵在外面是一回事，实质上如何看待美国主流传播学是另外一回事。更何况，中国新闻学界也是有迂回引入的办法的。正如姜飞所注意到的，即使在20世纪50年代到1982年，中国对西方主流传播学的介绍和引进就已经“暗流涌动”了，而1982年施拉姆的到来，“掀起中国第二次传播研究大潮”，并形成了“波涛滚滚”的局面[②]。正是在这个意义上，“施拉姆是时代的施拉姆、世界的施拉姆、也是被中国化的施拉姆”[③]。吴飞在他的文章中也认为，“中国大陆传播学的引入分两次”，第一次是20世纪50年代以“批判资产阶级”名义的内部“早期引入”。他特别提到，1978年，郑北渭在复旦大学新办的新闻学刊物《外国新闻事业资料》上介绍了美国传播学。不过“为了防止被指责为‘宣扬资产阶级观点’，郑北渭加了一个按语，批判‘公众传播工具’是‘垄断资产阶级控制舆论，制造舆论，毒害人民，奴役人民的宣传工具’”[④]。按照吴飞这里的行文：郑北渭是为了“防止被指责”才加上这段话的。也就是说，如果这就是斯迈思所称颂的中国对西方的“文化甄别”机制的表达的话，那么，这一机制是从外在（或上面）被强加的，是一种“政治正确”的意识形态装饰，甚至是掩护，而不是内在于学者本人的政治自觉与学术自觉。20世纪80年代，如此并非内在于学者自己的学术信仰和学术价值的“文化甄别”机制已经溃散，再也阻挡不了新闻学界的资产阶级自由化洪流了。

令人匪夷所思的是，施拉姆1982年访华之时，他所代表的美国主

---

① Dallas W. Smythe, *Dependency Road: Communications, Capitalism, Consciousness, and Canada*, Norwood, NJ: Ablex, 1981.

② 姜飞：《中国传播研究的三次浪潮——纪念施拉姆访华30周年暨后施拉姆时代中国的传播研究》，《新闻与传播研究》2012年第4期。

③ 姜飞：《中国传播研究的三次浪潮——纪念施拉姆访华30周年暨后施拉姆时代中国的传播研究》，《新闻与传播研究》2012年第4期。

④ 吴飞：《何处是家园？——传播研究的逻辑追问》，《新闻记者》2014年第9期。

流传播学本身，已在20世纪60—70年代批判传播学者的批判下失去了其主导地位。虽然我们不应该忽视学术领域的相对独立性，但是，西方的“主流”和“批判”传播学的发展和较量以及此消彼长，与资本主义的周期性危机、全球领域内的意识形态和地域政治斗争有着密切的联系。也就是说，“整个学科是在资本主义周期性危机的背景下，在批判与反批判的较量中发展的”①。具体而言，20世纪30年代的资本主义危机和随后的“二战”，催生了法兰克福学派的批判传播思想，也为斯迈思和赫伯特·席勒等人的传播政治经济学思想作了奠基；战后美国自由—多元主义“主流”传播学和“传播与发展”理论，一方面是对法兰克福学派有关“单向度的人”等理论的批判，另一方面又是对冷战语境下以美国为主导的西方资本主义对后殖民国家的意识形态的争夺；而进入20世纪60年代，尤其是20世纪70年代初开始的战后福利资本主义的危机以及“第三世界”的抗争，则催生了以激进批判传播政治经济学、批判文化研究和后殖民理论为主要内容的批判传播学。1976年，连主流学术范式的先驱罗杰斯（Everett Rogers）也不得不承认“激进派十年的攻坚起了作用”，从而致使主流的“这些传统再也没有正当性可言”②。也就是说，如果斯迈思1971—1972年对中国的访问所产生的学术影响还局限于西方批判传播学界的话，那么到了1976年，罗杰斯承认主流范式的失败和中国基于本土系统产生的“现代化奇迹”的文章和他那个“每个国家，也许每个村庄，都可能根据自己的道路发展”的结论，就成了美国“主流”传播学不得不面对中国社会主义实践的见证③④。然而，历史的吊诡之处在于，1976

① 赵月枝、石力月：《历史视野里的资本主义危机与批判传播学之转机》，《新闻大学》2015年第5期。

② ［美］丹·席勒：《传播理论史：回归劳动》，冯建三、罗世宏译，北京大学出版社2012年版，第132页。

③ Everett M. Rogers, “Communication and Development: Passing of the Dominant Paradigm”, in Everett M. Rogers ed., *Communication and Development: Critical Perspectives*, London and Beverly Hills: Sage, 1976, pp. 148 - 211.

④ 赵月枝：《全球视野中的中共新闻理论与实践》，《新闻记者》2018年第4期。

年成了中国改革开放的前夜；几年之后，美国主流传播学在中国登堂入室，得到了处于“新启蒙”和“思想解放”热潮中的中国新闻学者日益广泛的认同。

尽管李金铨在《传播研究的典范与认同》一文中完全忽视了批判传播学术在美国的存在，他还是用“理论贫乏和‘内卷化’”描述了美国主流传播学在20世纪70年代之后的状况①。作为例证，李金铨提到，施拉姆1974年与人合编的《传播学手册》有跨学科和国际视野（有五分之一文章是国际问题），而施拉姆学生史蒂文·查菲（Steven Chaffee）在1987年与人合编的《传播科学手册》，不但“作者全部来自传播本行”，而且“对国际传播几乎全然漠视”②。李金铨的如下观察值得大段引用：

> 早在一九七〇年代，我初入研究院就读时，新闻系内部密集出现以下的“理论”：议程设置（agenda setting）、知识鸿沟（knowledge gap）、使用与满足（uses and gratifications）、沉默的螺旋（spiral of silence）、认知共同适应（co-orientation）、第三者效果（third-person effect）、涵化（cultivation）、框架和铺垫（framing，priming）、创新扩散（diffusion of innovation），等等。这些“理论”的生命力不等，有的一开始就有气无力，有的刚提出时颇有新意，但因为长期孤立使用，过劳而透支，很快呈现疲态。几十年后，我都快退休了，看过各种走马灯似的流行，抓住几个老题目不断再生产，固然资料累积很多，但见解增加几许？何况连这类“内部理论”也长久不见有人提出，而整个学科生态又满于划地自限，不作兴跨学科互动，其理论贫瘠的尴尬境况可想而知……为何我们缺乏深邃的“范式”引导传播学的研究工作？③

① 李金铨：《传播研究的典范与认同》，《书城》2014年第2期。

② 李金铨：《传播研究的典范与认同》，《书城》2014年第2期。

③ 李金铨：《传播研究的典范与认同》，《书城》2014年第2期。

颇具深意的是，李金铨的观察和他关于传播学在美国整个社会科学界没地位的看法，与美国传播政治经济学者罗伯特·麦克切斯尼的看法异曲同工。不同的是，麦克切斯尼发现了为李金铨所遮蔽的西方批判社会科学，包括马克思主义政治经济学理论，尤其是斯迈思和赫伯特·席勒等人开创的北美批判传播政治经济学的“范式”及其引导作用。在麦克切斯尼看来，20 世纪 80 年代是一个关键的转折年代，也是美国学术史上传播学“跳出它的边缘地位”的一个失去的机遇[①]。跨学科、国际化，甚至有基于现实的社会运动是 20 世纪 80 年代出版的批判传播学著作的特色。而且，这些著作即使在规模上和知识体系的建构和“学科化”层面，也不比施拉姆和他的学术传人的成果逊色。

正如我在不同文章中已经分别提到的那样，20 世纪 80 年代初和 20 世纪 80 年代末的两部国际批判传播学重要工具书及其对中国传播理论和实践的处理就是例证[②][③]。首先是阿芒·马特拉联合独立文化人和出版者塞思·塞格拉伯（Seth Seigelaub）主编的国外学界第一部系统梳理马克思主义传播理论和实践的大型文集——上下两卷的《传播与阶级斗争》。这部文集于 1979—1983 年出版，总共收集了 128 篇涉及传播实践和理论在世界范围阶级斗争历史背景中的发展关系的文章，涵盖已经出版、第一次翻译成英文出版的文章和原创文章的三个种类。第一卷 1979 年出版，以“资本主义”和“帝国主义”为两个总揽性主题。第二卷 1983 年出版，与“主流学者”认为批判传播学“只重批判，不重建设”的说辞相反，第二卷以“解放”和“社会主义”为主题，同样收入了 64 篇文章，其中有 38 篇第一次翻译成英文出版或是原创。作为一项有意识地为马克思主义传播与文化理论的发展做奠基性工作的最重要努力，本书的编者在上下两卷结尾收录了 1150 多条参考书目。尤其值得关注的是，该文集上编收集了毛泽东的《实践

① Robert W. McChesney, *Communication Revolution: Critical Junctures and the Future of the Media*, New York: The New Press, 2007.

② 赵月枝：《〈马克思归来〉：网络时代的马克思主义与传播研究》，《清华大学学报》（哲学社会科学版）2018 年第 3 期。

③ 赵月枝：《全球视野中的中共新闻理论与实践》，《新闻记者》2018 年第 4 期。

论》，下编收入了源于中国《自然辩证法》杂志的一篇文章，内容是中国上海科技界围绕如何坚持“独立自主、自力更生”和“群众路线”发展中国的电子计算机。与李金铨批判的美国主流传播学“舍本逐末”、做着“技术性的分发丝”① 的研究不同，“这里没有经院哲学，没有绕来绕去、不知所云的文献综述，更没有为了学术而学术的花拳绣腿”②。

1989 年的四卷本《传播学国际百科全书》是一部美国批判传播学者主导，同时有效整合美国国内各学术流派和国际批判学术资源的集大成工具书。这是世界传播学术的第一部百科全书，用其主编在前言中的话，该书“是全面定义这一领域的第一次努力”③。作为批判传播学术曾一度从边缘走向中心的重要标志，它所确立的跨学科历史视野和全球视野的传播知识体系，为其后类似工具书所难企及。此书由在美国传播学界非常主流的宾夕法尼亚大学安南堡传播学院与牛津大学出版社联合出版，是时任宾夕法尼亚大学安南堡传播学院院长乔治·格伯纳（George Gerbner）1982 年开始推动、历时六年的大型传播学科建设项目。格伯纳是一位非常有组织能力和高超领导能力的批判传播学者，在其任职安南堡传播学院院长期间，他为批判学术争取了空间。为了推进这个项目，他聘请美国广播电视史学界权威埃里克·巴瑙（Erik Barnouw）作为主编（Editor in Chief），自己任“编委会主席”（Chair，Editorial Board），施拉姆被聘为“咨询编辑”（Consulting Editor）。同时，施拉姆和丹·席勒还是 25 位分支编辑中的两位。书中所列的 170 人庞大国际编委会成员中，包括诺姆·乔姆斯基（Noam Chomsky）等国际知名批判学者，同时还有三位华人。不过，他们不是学院派学者，而是资深华人新闻工作者——分别是英文《北京周报》前顾问、中央电视台教育部主任和中国国际广播电台英语部主

① 李金铨：《传播研究的典范与认同》，《书城》2014 年第 2 期。

② 赵月枝：《〈马克思归来〉：网络时代的马克思主义与传播研究》，《清华大学学报》（哲学社会科学版）2018 年第 3 期。

③ Erik Barnouw, “Preface”, in Erik Barnouw ed., *International Encyclopedia of Communications*, New York: Oxford University Press, 1989, p. xx.

任。虽然在此书问世时，施拉姆已经变成“中国的施拉姆”，他在这部百科全书中的位置是他当时在美国的学术地位已经明显下降的注脚，而传播学在中国培养出自己的国际化学者之前，中国的新闻理论和新闻实践与美国传播学前沿也通过书中的内容和编委会成员实现了“对接”。

书中三个条目及其对中国的处理值得仔细分析。第一个条目是“马克思主义传播理论”。这个条目包括《起源与发展》和《第三世界取向》两篇文章。阿芒·马特拉是《第三世界取向》的作者。他在文章开篇就指出，马克思主义传播理论包含多元取向和贡献者的批判理论组成部分，许多来自第三世界。文章把毛泽东新闻思想当作最好的范例之一，并与古巴革命者格瓦拉的思想做了比较。在讨论中，马特拉用更广泛的传播概念代替中国共产党新闻理论中的新闻概念，指出毛泽东对传播理论的贡献主要在以下几个方面：一是基于人民战争和群众路线，强调传播在教育、鼓舞和组织人民斗争中的作用，包括毛泽东如何致力于建立知识分子与其他社会阶级的有机联系和如何不同于格瓦拉，比如“把传播放在更普遍的文化背景中”；二是毛泽东与国际共运中的经济主义传统和阶级化约论的分野①；三是他和甘地倡导的“自力更生”（self-reliance）思想，认为这一思想指导了无数关于先进传播技术的扩散的批判研究和对文化认同和多样性的要求②。

第二个条目是“发展传播”。这个条目包括《历史与理论》《另类体系》《项目》三篇文章，第一篇《历史与理论》由 Predro F. Hernandez-Ramos 和施拉姆合写，文章开头讲到西方殖民历史和发展问题的由来，最后部分提到，到了 20 世纪 70 年代中期，传播与发展的“主导

① Armand Mattelart, “Marxist Theories of Communication: 2. Third World Approaches”, in Erik Barnouw ed., *International Encyclopedia of Communications*, Vol. 2, New York: Oxford University Press, 1989, pp. 480, 482.

② Armand Mattelart, “Marxist Theories of Communication: 2. Third World Approaches”, in Erik Barnouw ed., *International Encyclopedia of Communications*, Vol. 2, New York: Oxford University Press, 1989, pp. 480, 482.

范式”已经被质疑[①]。第二篇文章《另类体系》专门有一节聚焦“西方发展模式反思”。罗杰斯1976年那篇著名的《主导范式的消逝》中总结的这一范式有8个方面的错误被一一列出，其中第四点以中国为例讲到这一范式没有能“解释自主发展的可能性”[②]。

第三个条目是深受一些中国传播学者青睐的自由主义学者迈克·舒德森（Michael Schudson）写的《政治传播》。在这里，有关中国的讨论出现在政治传播的“20世纪发展”这一节里。舒德森一开始就把列宁主义的政党和“可以被称为公关国家的兴起”当作这一世纪的两大发展，而且把列宁缔造的政党叫作“政党的新模式”，它“不是宪政中的多党制度的部分，而是革命的队伍和动员的工具”。接下来，舒德森讨论这一模式在苏联的形式和在古巴与中国被采纳的情况，包括中国的群众路线的内涵和形式，以及人际传播和媒体在其中的地位。他用的词汇是“instrument of hegemonic communication”[③]。舒德森的条目值得关注，是因为他在西方资产阶级政党和列宁主义政党之间作了学术上的区分，而不是像今天冷战和反共意识形态影响下的自由主义学术话语那样，用“一党专政”把这两类政党间的区别一笔勾销。

总之，我们不能机械地理解美国“主流”与“批判”学术间的关系——如果施拉姆是中国的施拉姆，那么，“美国主流”也在一定程度上是“中国的美国主流”，是中国学者20世纪80年代以来无视甚至虚无在本土探索社会主义的理论和实践，不断对美国传播学术有选择地引入，以制度化的访问学者计划和各种几十年不变的教科书叙述所强化形塑的。就这样，尽管北美“批判”和“主流”代表性人物（斯

---

① Pedro F. Hernandez-Ramosand, Wilbur Schramm, “Development Communication: 1. History and Theories”, in Erik Barnouw ed., *International Encyclopedia of Communications*, Vol. 2, New York: Oxford University Press, 1989, p. 12.

② Luis Ramiro Beltran, “Development Communication: 2: Alternative Systems”, in Erik Barnouw ed., *International Encyclopedia of Communications*, Vol. 2, New York: Oxford University Press, 1989, p. 14.

③ Michael Schudson, “Political Communication – 1. History”, in Erik Barnouw ed., *International Encyclopedia of Communications*, Vol. 3, New York: Oxford University Press, 1989, p. 310.

迈思和罗杰斯）都在20世纪70年代初就关注中国本土的“传播与发展”模式，并从不同的角度“反思和修正西方主流传播范式的局限”①，尽管西方“批判”和“主流”的代表性人物（马特拉和舒德森）在20世纪80年代已把包括“群众路线”在内的中国新闻理论与政治传播理论和实践编入权威传播学书籍，“而中国自身，反而在20世纪90年代重新将战后实证主义主导的受众研究奉为某种理想型”②。

与此相应的，是中国学者对国外批判学术如何讨论中国社会主义新闻理论和实践的遮蔽。需要强调的是，在国外批判学术的框架里，中国是有传播理论和传播实践的，两者不可分离。这里没有后来的“西方理论与中国经验”的问题，更没有下文讨论的新闻学与传播学间画地为牢的鸿沟。对国外批判传播学者来说，中国共产党的新闻理论和新闻实践就是中国重要的传播理论和实践，而中国在20世纪70年代没有学科化的传播学这一事实既没有妨碍斯迈思和罗杰斯到中国的学术交流，也没有让西方批判学者把中国新闻理论和实践排斥在国际性传播学集大成学术成果中。今天，我们如果要全面深入了解国外传播研究，就不能既感叹美国主流学术的理论的贫乏，同时又叶公好龙，无视真正有历史和国际视野、有建设性的美国批判传播学术的存在，无视这一学术是如何处理中国的新闻理论和实践的。

至于这一批判学术传统何以在美国本身被污名化、边缘化，甚至被完全遮蔽，除了其内部的局限性之外，当然与美国作为资本帝国的知识权力关系有关。在《制造共识》中，爱德华·S. 赫尔曼（Edward S. Herman）和诺姆·乔姆斯基讨论了作为美国新闻“过滤器”之一的反共意识形态的存在。实际上，这一“过滤器”在传播学术领域也以其独特的方式产生作用。斯迈思的经历是最好的例证。他曾在美国罗斯福新政期间任职美国联邦政府部门，是美国联邦通信委员会的首席

① 方晓恬、王洪喆：《从“群众路线”到“人的现代化”：“北京调查”与传播学在中国的肇始》，《新闻与传播研究》2019年第2期。

② 方晓恬、王洪喆：《从“群众路线”到“人的现代化”：“北京调查”与传播学在中国的肇始》，《新闻与传播研究》2019年第2期。

经济学家，为在美国广播电视业中确立作为“福利方案”一部分的公共利益原则作出了历史性贡献。但是，随着美国政治从罗斯福新政到冷战和反共导向的转型，斯迈思不得不离开美国政府，于1948年转而进入学界，成为美国伊利诺伊大学商学院和传播研究院的双聘教授。然而，他还没有正式上任，一封麦卡锡主义者的诬告信就已寄到他的学校，企图阻止他入职。施拉姆当时是该校新成立的传播研究院院长，他对此事的处理在斯迈思眼里带有落井下石和不那么光明磊落的态度，更使这两位分别作为美国主流和批判传播学的奠基者从一开始共事就有深刻的隔阂[①]。斯迈思在出版方面也受到压制。比如，他批判主流传播效果研究的一篇文章不得不先翻译成意大利文出版；后来由于美国《传播学刊》拒绝出版他那篇发起“盲点讨论”的《传播，西方马克思主义的盲点》（Communications，the Blind Spot of Western Marxism）文章，他只好在加拿大一本新创刊的学术刊物《加拿大政治与社会理论学刊》（*The Canadian Journal of Political and Social Theory*）上出版[②]。著作出版以后，还有书评的问题。例如，一位苏格兰的年轻学者在1981年10月19日给斯迈思的私信中，就为自己对《依附之路》“在许多方面不公正”的书评道歉。这位学者还解释道，由于苏格兰对英格兰的文化顺从，学术刊物的视野非常狭窄，所以只好在一本非学术的刊物上出版《依附之路》的书评。为了迎合这本刊物，就只好牺牲理论讨论，放大此书的民族维度。另外，这位年轻学者说，由于自己刚刚任职，“被迫放弃”对斯迈思的思想“更深刻的回应”。如果斯迈思这样一位曾经有美国联邦通信委员会首席经济学家经历的白人男性学者尚且如此，那么，反共和种族主义意识形态对其他学者尤其非白人和女性学者的压制性作用是什么样，则可想而知。

---

① John A. Lent，“Interview with Dallas W. Smyth”，in John A. Lent ed.，*A Different Road Taken：Profiles in Critical Communication*，Boulder，C. O.：Westview Press，1995，pp. 30－32，37－39.

② John A. Lent，“Interview with Dallas W. Smyth”，in John A. Lent ed.，*A Different Road Taken：Profiles in Critical Communication*，Boulder，C. O.：Westview Press，1995，pp. 30－32，37－39.

四 “新闻”与“传播”学科地位在中国的嬗变与错位

回到“3S”中的施拉姆，正如前文所示，1982年，当美国传播学术界开始编纂其第一部百科全书时，这位已退休的美国传播学之父的地位已经相对边缘了。然而，对亟须“反思”中国共产党的新闻理论和实践，甚至认为以前的道路已经进入“僵死”绝境的中国新闻学界，施拉姆不啻是一个巨大的象征性符号，他的到访成了中国新闻学术从“政治化”到“科学化”、从阶级社会中的“人民”到抽象的“人”转型的“及时雨”和催化剂。施拉姆所代表的、以貌似客观社会科学面貌出现的美国冷战传播学，在20世纪80年代初成为挑战意识形态鲜明的中国共产党新闻学“传统”的利器，而这也开启了新闻学与传播学在中国独特的学术政治关系。1982年第14期《新闻学会通讯》和中国传播学界2012年纪念施拉姆访华的两篇重要文章，十分生动地记录了这一过程。新闻学与当时叫作“传学”的传播学的关系在施拉姆于1982年对中国社会科学院的访问中，是讨论的问题之一。《新闻学会通讯》1982年第14期那篇题为《传学与新闻及其他》的宣伟伯[①]“在中国社会科学院新闻研究所座谈会上解答问题”的文章，记录了有关这一问题的讨论。在中国人民大学，新闻学与传播学的异同也被提了出来。陈崇山也写到了施拉姆对这个问题的回答：“传播学对新闻学没有什么消极的影响，有了传播学以后，新闻工作者在受众和民意方面会得到更多有用的知识，传播学的范围比新闻学广，新闻学研究的也是人的传播，但对人的传播的研究却不等于新闻学研究。”[②]

与陈崇山的讨论形成互文，徐耀魁在回忆文章中也写道，当时“研究传播学会不会影响新闻学研究等问题较多”，但施拉姆认为，“它们之间没有矛盾，没有冲突，只会彼此促进”[③]。

---

① “宣伟伯”是当时余也鲁特意为施拉姆取的中文名字，因为他“可称为美国宣传教育界的一位伟大的伯父”。

② 陈崇山：《施拉姆的理论对我的指引》，《新闻与传播研究》2012年第4期。

③ 徐耀魁：《施拉姆对中国传播学研究的影响——纪念施拉姆来新闻研究所座谈30周年》，《新闻与传播研究》2012年第4期。

本文无意回应吴飞和黄旦两位教授在2014年就新闻学与传播学的“逻辑起点”进行的争论①②，但套用吴飞教授在更抽象和普遍的学科分析层面所得出的新闻学与传播学有“不同的研究逻辑”的结论③，就1982年的中国而言，中国共产党的新闻学与美国主流传播学有着不同的学术政治和意识形态框架，这一点是毫无疑问的。回到施拉姆访华时的历史语境，不管是问者有心，答者无意，还是双方都会心会意和心照不宣，当时横亘于中国新闻学者心中的“马克思主义新闻学”以及“无产阶级新闻学”与“资产阶级传播学”之间的立场区别，就这样去政治化地被抹去了，只剩新闻学和传播学之间研究领域大小和宽窄的区别。

关于受众研究和“反馈”问题的讨论，遵循着同样的去政治化和去意识形态化的“接轨”逻辑。陈崇山回忆道，自己在社科院同施拉姆的座谈会上，介绍了北京新闻学会受众调查项目，即中国传播学发生史上著名的“北京调查”：

> 会上，我介绍了北京调查的指导思想是党的群众路线，即从“群众中来，到群众中去”，通过调查，了解民意，是新闻报道真实反映社会实践，使新闻传播更加切合群众需要。我问“这是否就是你们所说的‘反馈’?”得到施拉姆的首肯④。

徐耀魁在文章中写道，施拉姆认为，“‘反馈’是物理学上的术语，是社会科学中最有用的概念，与中国倡导的‘从群众中来，到群众中去’基本上是一回事”。⑤

---

① 吴飞：《何处是家园？——传播研究的逻辑追问》，《新闻记者》2014年第9期。

② 黄旦：《对传播研究反思的反思——读吴飞、杜骏飞和张涛甫三位学友文章杂感》，《新闻记者》2014年第12期。

③ 吴飞：《何处是家园？——传播研究的逻辑追问》，《新闻记者》2014年第9期。

④ 陈崇山：《施拉姆的理论对我的指引》，《新闻与传播研究》2012年第4期。

⑤ John A. Lent, “Interview with Dallas W. Smyth”, in John A. Lent ed., *A Different Road Taken: Profiles in Critical Communication*, Boulder, C. O.: Westview Press, 1995, pp. 30－32, 37－39.

就这样，以施拉姆的这次访问为标志，传播学作为“增量改革”，最终成功地被中国新闻学者引入；两套性质不同的政治传播模式，也通过“群众路线”和“反馈”机制之间的类比好像似是而非地对接起来了。当然，“传播学在中国的落地并非一蹴而就”，1982年的“北京调查”也“没有复制施拉姆等提到的问题意识”，从这一基于“群众路线”的“本土范式”到以“人的现代化”所代表的“西方框架”的演变，是一个到了1990年初才完成的过程①。但是，回到1982年的语境，在当时意识形态斗争还非常激烈的中国新闻学界，没有比这样的访问和对话更具有“新启蒙”作用和“思想解放”意义了。从斯迈思20世纪70年代到中国做研究时的问题意识来看，恐怕也没有比这更生动的中美意识形态和学术话语较量中哪种学术话语占了上风的描述了。在上一节所讨论的《传播学国际百科全书》中马特拉文章的框架里，“群众路线”是对马克思主义传播理论中的第三世界取向的重要贡献，而以上的对话中，它与美国主流传播学中基于物理学的“反馈”“基本上是一回事”。当然，“反馈”研究从来不是抽象的，当广告学成为传播学的重要分支，当收视率成为“反馈”的主要机制，当“群众”被置换成广告商所需要的“受众商品”时，中国新闻理论和实践离作为共产党政治传播模式的“群众路线”有多远就不言自明了。

1982年，施拉姆是以参加在广州举行的非常技术性的“电化教育讲习会”名义受邀来中国的。是中国国内学者对他所代表的美国冷战传播学的巨大兴趣，促使他的访问期限被延长。与斯迈思以调研为主的访问不同，施拉姆以讲学为主。尽管他“非常谦虚”，中国新闻学者对他的顶礼膜拜跃然于当时新闻学界对他访问的报道中：“在短短的八天中，宣博士就像一位导游家，指点着我们在传学这门新兴学科的花园里游览。”② 可以说，这个在中国社会科学院新闻研究所座谈的

---

① 方晓恬、王洪喆：《从“群众路线”到“人的现代化”：“北京调查”与传播学在中国的肇始》，《新闻与传播研究》2019年第2期。

② 晓凌：《她们精心治学》，《新闻学会通讯》1982年第14期。

一开头就把自己定位为“一个一直对中国悠久的历史和文化非常景仰的美国人”[①]，对当时正处于“文革”后的危机和反思节点上的中国马克思主义新闻学的“和平演变”作用是非常强大的。由于到了当时北京和上海的中国新闻学核心机构——复旦大学、中国人民大学、中国社会科学院新闻研究所，施拉姆的访问产生了巨大影响。然而，如前所述，施拉姆的访问只是外因，中国新闻学界资产阶级意识形态的长期遗存，中国社会主义实践在“文革”过程中的挫折，从资产阶级自由化立场对“文革”的清算，甚至因“文革”而对社会主义道路全面失去信心，才是真正的内因。比如，虽然他在中国以介绍让人耳目一新的传播学为主，但他那更为政治化和意识形态化的新闻理论著作《报刊的四种理论》在 1980 年就被中国人民大学以提供内部“批判”资料为由翻译过来，由新华出版社出版，为中国新闻学界，包括我这样的新闻学本科毕业生所熟知了。所以，施拉姆访问时，围绕这本书的“问题比较多，较尖锐”，其中一个问题是“中国是不是集权主义”[②]。

实际上，在当时的语境下，施拉姆如何回答已经不重要了，讨论的框架从“共产主义与资本主义”的对立变成了民主与集（极）权的对立已经成为不争的事实，而这从现有回忆文章围绕《报刊的四种理论》的讨论中也可略见一斑。姜飞比较坦率地描述了以《报刊的四种理论》为代表的西方资产阶级传播理论引入者的主观动机：

> “文革”所形成的不分青红皂白对西方资本主义思潮一律进行批判的惯性依然存在，作为策略，在引进传播学时学者们是把它当作批判对象引进的。用早年翻译介绍《报刊的四种理论》的人民大学林珊教授的话来说，“要批判，总得有个东西拿在手上批判，我们是打着批判的名义引进介绍西方传播学一些论著”[③]。

---

① 宣伟伯：《传播学发展概况》，《新闻学会通讯》1982 年第 14 期。

② 徐耀魁：《施拉姆对中国传播学研究的影响——纪念施拉姆来新闻研究所座谈 30 周年》，《新闻与传播研究》2012 年第 4 期。

③ 姜飞：《中国传播研究的三次浪潮——纪念施拉姆访华 30 周年暨后施拉姆时代中国的传播研究》，《新闻与传播研究》2012 年第 4 期。

姜飞这里关于林珊的描述与前面所引吴飞关于郑北渭的描述有异曲同工之妙。总之，20世纪80年代初，传播学被引入中国新闻学界是一个充满意识形态斗争的过程，而“文化甄别”机制的失灵和形同虚设也昭然若揭。

到了1997年，当新闻学和传播学并列成为一级学科的时候，传播学在中国的地位已得到充分的承认和巩固。学术可以被理解为广义的“文化”。中国学术界在改革开放后，如果有一个类似于古巴学者菲南多·奥梯茨[①]在描述两种不平等的文化在碰撞时所经历的包括“deculturation”（去文化化或文化萎缩）和“acculturation”（涵化）的“跨文化”（transculturation）过程的话，那么，从新闻学到传播学、从“群众路线”到“反馈”、从社会主义与资本主义的对立到自由民主与集权专制的对立，就是这样的一个过程。正如王维佳所分析的那样，在改革开放初期，包括新闻学者在内的新启蒙知识分子有“十分明确而完整的‘现代化’蓝图，即按照成熟市场关系下的各种法权秩序推动中国社会的‘转型’，直至重构整个中国的上层建筑”[②]。作为这个“现代化”工程的重要组成部分，改革初期的新闻传播研究完成了以下三项任务：一是推动新闻传播理论从“政治化”到“科学化”的转型，“以此完成对中国前一个历史时期传播理念和传播机制的涤荡”，二是构建“人类传播”由落后到先进的一套历史主义叙述，把西方商业传播模式的伦理和原则普遍化和规律化，以此“廓清中国传播业的具体转型路径”，三是提出了信息服务、受众需要、媒体属性、商品机制、新闻法等理解现代传播机制的“元问题”，框定了日后新闻传播研究政治想象的边界。[③]

不过，正如王维佳强调的那样，“如果将中国新闻传播研究的40

---

① Fernando Ortiz, *Cuban Counterpoint*: *Tobacco and Sugar*, *trans.* Harriet de Onis, Durham: Duke University Press, 1995.

② 王维佳：《新时代的知识挑战：中国新闻传播研究面临的几个历史性问题》，《新闻与传播评论》2019年第1期。

③ 王维佳：《新时代的知识挑战：中国新闻传播研究面临的几个历史性问题》，《新闻与传播评论》2019年第1期。

年发展单纯地看作一个与西方学术体系‘接轨’的‘现代化’过程，就会忽视中国本土政治进程对这一学科思想路线所产生的重要影响”①。最重要的是，与奥梯茨所针对的古巴被殖民化的语境不同，在40年的历程中，中国共产党并没有放弃其在新闻与传播学术领域的“文化甄别”努力和以马克思主义为指导的学术领导权建设。在一些传播学者那里，这就是外在于“真正独立”的中国新闻与传播学术的官方意识形态的限制。令人欣喜的是，中国传播学者无论持何种立场，都一直没有停止对传播学引入中国的道路、结果和未来发展方向的反思。一些中国社会主义道路的探索者，不但从来没有中断传播学的中国马克思主义化努力，而且意识到自己在后全球化时代新的批判学术担当。面对全球资本主义2008年以来的新一轮危机和西方“媒体建制派的失败”②，“马克思归来”已成为势不可挡的新学术潮流。正如我和吕新雨在《批判传播学》书系“总序”中所说：

> 以马克思主义为重要理论资源的批判传播研究在长期复杂的历史与现实中，一直坚持不懈地从理论和实践层面推动传播学的发展，在国内和国际层面上促进传播制度朝向更平等、公正的方向转型，并为传播理论的多元化发展作出了重要贡献。今天，时代迫切要求我们在世界范围内汇聚马克思主义传播学研究的力量、视角与方法，探索以马克思主义为基础的新批判理论的新路，对当代社会的危机与问题做出及时而有力的回应③。

基于中国问题与传播问题是讨论资本主义全球化危机与出路的两个重要领域这一认识，我们相信，“中国传播学界具有担当起自己历史责任的义务和条件”，而这要求我们“在全球的视野中整理、理解

---

① 王维佳：《新时代的知识挑战：中国新闻传播研究面临的几个历史性问题》，《新闻与传播评论》2019年第1期。

② 王维佳：《媒体建制派的失败：理解西方主流新闻界的信任危机》，《现代传播》2017年第5期。

③ 赵月枝、吕新雨：《“批判传播学”书系总序》，华东师范大学出版社2015年版。

与反思”20世纪马克思主义新闻理论与实践在中国发展的传统，并在新的时代条件下，促进这一传统的发展。重要的是，我们强调，全球视野不仅意味着面向西方，更意味着面向非西方国家和地区①。

总之，1982年，中国新闻学界借施拉姆访华的“西风”拥抱美国主流传播学，并以此为“增量”，冲击了本土化的、当时面临“文革”后危机的马克思主义新闻学。虽然以美国主流传播学为基本范式的传播学术在中国已经发展得蔚为壮观，但是，马克思主义新闻学传统与美国主流传播学在中国的各种“本土化”演绎有着明显的内在矛盾和意识形态张力。所以，也许是社会主义在中国曲折发展过程中“否定之否定”辩证法的体现，2016年5月17日，是新闻学而非“传播学”或“新闻学与传播学”，被中共中央总书记习近平在哲学社会科学工作座谈会上的讲话中定为11个“具有支撑作用的学科”之一。不可否认的是，传播学的研究范围的确比新闻学广阔，传统新闻学在技术问题上的盲点、网络和社交媒体在人们日常生活中的主导地位，以及传播技术在全球政治经济中的基础性作用、全球治理中广义的传播问题的关键地位等，都意味着把“传播学”定为支撑性学科应该更合适。如果不是从这两个学科在中国发展过程中的具体学术取向的角度来分析，无论如何也没法解释为什么是“新闻学”，而不是“传播学”在国家学术体系中获得如此殊荣。

针对当年引入美国主流传播学的“错”，吕新雨在2018年批判传播学年会等场合所提的建议是“将错就错”。当然，诚如黄旦②所言，这不是简单的“对与错”的问题。这是在特定历史条件下，不同的政治和意识形态议程导致不同学术话语和研究范式的问题，包括研究设计、结果和政策建议的问题③。用跨文化传播政治经济学的视角审视传播理论的跨国传播本身，这是不同的权力和学术话语体系在不平等

① 赵月枝、吕新雨：《“批判传播学”书系总序》，华东师范大学出版社2015年版。

② 黄旦：《对传播研究反思的反思——读吴飞、杜骏飞和张涛甫三位学友文章杂感》，《新闻记者》2014年第12期。

③ Chun Lin, “Discipline and Power: Knowledge of China in Political Science”, *Critical Asian Studies*, Vol. 49, No. 4, August 2017, pp. 501 – 522.

的全球学术体系中碰撞的结果，而这也为社会主义学术思想如何在与更强势的西方主导的资产阶级学术思想在拉锯式的斗争中谋求发展提出了挑战。

如果说，20 世纪 80 年代的“党性与人民性之争”实际上是资产阶级自由化语境下对延安时期的党性与资产阶级、小资产阶级独立性之争的一种置换的话①，那么，20 世纪 80 年代以来新闻学与传播学之间超越研究范围、具体对象以及理论和实践关系之外的分离，也包含着用学科的鸿沟遮蔽政治和意识形态分野的策略。今天，我们需要克服新闻学与传播学之间画地为牢的区隔，在网络化与全媒体的语境下，在推进传播学中国马克思主义化的过程中，促进新闻学与传播学之间的有机融合。这不是回到改革开放前的中国马克思主义新闻学和“工具论”等化约主义教条的过去，而是在“否定之否定”或“看山还是山”② 的基础上走向新闻学与传播学的“跨学科”甚至“后学科”融合的未来。这要求我们在反思“去政治化的政治”以及“方法论崇拜”迷思的基础上，在充分理解东西方学术关系的过程中，重新厘清学术与政治、立场与价值的关系，重新理解何为社会科学方法、何为政治以及何为知识分子的“天职”③。在此基础上，我们需要重新开启西方社会科学方法、本土政治资源和革命遗产，以及中国当下的社会主义实践之间有机对接的探索。④ 而一旦具体历史中的全球地缘政治和国际阶级斗争，国家的阶级性与资产阶级、小资产阶级“独立性”或“中立性”迷思之间的关系被厘清，我们也可以在更深刻的层面把握学者的政治立场与国家、民族、阶级之间的复杂关系，进而更自觉地践行理论和实践相结合、知行合一的学术道路。也正是在这个意义

① 向芬：《理论回响：从“党性与独立性问题”到“党性与人民性之争”》，《新闻与传播研究》2018 年第 10 期。

② 赵月枝：《全球视野中的中共新闻理论与实践》，《新闻记者》2018 年第 4 期。

③ 吕新雨：《学术、传媒与公共性》第 2 版，华东师范大学出版社 2018 年版，第 5 页。

④ 以上观点化用方晓恬和王洪喆有关“西方社会科学方法论与本土的政治资源和革命遗产之间不必然是相互排斥的要素与分析范畴”的观点。他们认为，1982 年以“群众路线”为指导思想但引入了抽样统计方法的“北京调查”，体现了这样的一种历史可能性。

上，就像我们需要对斯迈思以“国际社会主义大家庭一员”的身份主动向中国政府提供政策内参表示敬意一样，我们也没有必要为施拉姆秘密为美国政府工作而觉得他有什么人格上的“两面性”。在20世纪血与火的斗争中，法兰克福学派成员就为美国国家情报机构提供了关于纳粹德国的秘密报告，用自己的知识为世界反法西斯斗争作出了自己的贡献①。

五　结语："3S"和"第三次浪潮"之后是什么?

按照姜飞在2012年的分析，从1997年开始，传播学在中国进入“惊涛拍岸”的“第三次浪潮”。其中，由海外华裔传播学者组成的“域外军团”成了“西方传播学理论、方法的传教士”②。的确，在过去二十年中，海外华人研究学者以自己在语言、文化、学术背景和交流方式方面的优势，影响了传播学术在中国的发展。在海外华人研究学者中，本人因为国家留学计划而走了一条非美国主流的学术道路。尽管出国时既不知西方传播学中有“主流”与“批判”之分，更不知西门菲莎大学的传播学是以美国主流传播学的批判者的定位而建立起来的，但是，一到加拿大，“西方传播学”的现实“多重性”就十分明显地展现在我的面前：不但我不需要在课上阅读自己从国内带去的《报刊的四种理论》中文版，而且斯迈思亲手交给我的《自行车之后是什么?》的内参报告所包含的问题意识，也成了我无法回避的问题意识。当然，斯迈思在他的1979年访华笔记中特别强调，中国“太大、太复杂”，他仅限于中国几个城市的短期观察是“印象式”的。因此，虽然他罗列了当时从中国城市社会和知识与媒体精英阶层所看到和听到的中国在“西化”的几十条证据，他也写道，自己“没有办法评估中国工农大众的态度，也没有迹象表明，他们已经忘记了毛泽东的政治

---

① Franz Neumann, et al., *Secret Reports on Nazi Germany: The Frankfurt School Contribution to the War Effort*, Boston: Princeton University Press, 2013.

② 姜飞：《中国传播研究的三次浪潮——纪念施拉姆访华30周年暨后施拉姆时代中国的传播研究》，《新闻与传播研究》2012年第4期。

路线"[①]。如前所述，他也强调了中国社会主义道路的曲折性[②]。

从1986年与斯迈思的初次交往开始，在与西方批判学者围绕中国与资本主义整合的性质与方向问题进行了多年的学术对话和碰撞之后，我不但深感西方批判传播学中存在的种族主义、东方主义和城市中心主义等认识论层面的局限与偏颇，而且深感他们对中国革命遗产以及中国社会，尤其是乡土中国的认识和理解也存在局限和盲点。正是基于这样的认识，我在批判地分析传播政治经济学的同时，也从西方内部的后殖民和反种族主义批判学术和基于亚非拉历史的马克思主义批判学术中汲取理论资源，进而通过重访乡土中国与重新反思城乡关系和中西方关系视野下的传播与现代化问题，探索跨文化传播政治经济研究的道路。从这个框架出发，与其把自己定位为西方批判学派在中国的"传教士"或"代理人"，我更愿意把自己定位为一名力图融通中外的跨文化马克思主义批判传播学者。

虽然"域外军团"包含强烈的共同体内涵，西方传播学内部的学术范式分野和20世纪90年代以来中国知识界的阵营分化无不影响到"域外军团"中的每个成员，而我也一直把自己当作一名批判传播学术领域的"跨国学术游击者"。这不是因为我没有华人的认同感或"华人传播想象"，而是因为我深深感到，在当下不仅"中国何去何从"是个问题，而且连"何以中国"都成了问题的历史和现实语境下[③]，谈"华人传播想象"就像谈"西方传播学"一样，都有遮蔽传播学术发展过程和中外学术交流的历史和现实的多重性问题、学术主体的不同政治和意识形态取向的问题，以及"华人"和"西方"内部围绕不同的"普遍"和"特殊"想象而展开斗争的问题。这也是我用"3S"与传播学在中国发展过程中的历史性关系来提出问题和重思该

---

① Dallas W. Smythe, China-Dallas Smythe, 1971, F-16-1-5-2; 1979, F-16-1-5-7, Simon Fraser University Archives.

② Dallas W. Smythe, *Dependency Road: Communications, Capitalism, Consciousness, and Canada*, Norwood, N. J.: Ablex, 1981.

③ 罗岗:《"何以中国":"'中国道路'的时间维度和空间跨度"》，载于《中国话语》专题，《开放时代》2019年第1期。

学科在中国发展方向的根本原因。

以“3S”来看西方传播学中“批判”与“主流”学者同中国的互动，看他们对“世界中的中国”的分析，不难看到这样的一个曲折的、多个回合的“否定之否定”的辩证历史过程，而这一过程也是在全球资本主义的发展以及作为对其超越的国际社会主义运动的“不平衡与综合发展”逻辑中展开的：在国外传播学语境下，斯迈思是施拉姆学术的“否定者”，20世纪70年代初，他为当时自己眼中相对于西方资产阶级传播理论和实践更为“先进”的中国社会主义传播理论和实践所吸引，在尼克松访华和中美建交以及中国刚刚开始全面改革开放的这一关键时段（1972—1979），通过两次访问和对中国主导知识精英的意识形态的分析，一方面肯定了中国社会主义传播和文化建设的成就，一方面深感资本主义技术基础、政治经济势力和思想胁迫的影响，提出了中国社会主义何去何从的问题。作为这种影响的证据，施拉姆的《报刊的四种理论》和美国主流传播学思想不但早就以“暗流”形式影响了社会主义中国的新闻学者，而且他在1982年以晚年的一次关键学术访问，为改革开放时代的中国新闻学界拥抱美国主流传播学提供了催化剂。这也证明，斯迈思当年对中国学界能否对资产阶级学术和资本主义意识形态进行有效“文化甄别”的担心并非多虑，在此后30多年中，中国与美国信息资本主义的整合进入了实质性阶段；深受美国主流传播学影响，中国传播学也得到蓬勃发展，并成为这一整合的学术部分。由于中国改革开放前后阶段学术历史的断裂以及中国传播学对国外学术的选择性引进和吸收，即使到2014年，《自行车之后是什么?》这篇从传播角度讨论意识形态斗争和中国社会主义前途命运的文章，依然无法在中国传播学刊物上被采用，最后只能通过《开放时代》进入中国学术界。此时，对于作为施拉姆学术的否定者和斯迈思学术思想继承者的丹·席勒来说，中美之间的问题也是资本主义内部的竞争问题了①。今天，在中美就信息资本主义何去何

① ［美］丹·席勒：《信息资本主义的兴起与扩张》，翟秀凤译，北京大学出版社2018年版，第170页。

从进行激烈斗争的语境下，中国传播学者如何以丹·席勒毕其一生研究，专门为中国传播学界提供的《信息资本主义的兴起与扩张》和更广泛的西方批判传播学术为参考，重新反思40年来中国与全球资本主义整合的历程，包括中国传播业和传播学术在其中的地位和作用？这里最为关键的，正是我和丹·席勒从2001年合作撰写《与狼共舞?》一文时就讨论的问题：中美之间是资本主义之间的竞争，还是资本主义与社会主义的竞争？中国的发展会促进信息资本主义从美式霸权到“多极化”发展，还是会超越信息资本主义逻辑本身?[①] 前文提到，在余也鲁受施拉姆引导所开启的中国传播学“本土化”的讨论中，中国的社会主义新闻理论和实践传统是被他用文化主义虚无的[②]。值得关注的是，在丹·席勒的政治经济学框架里，这一传统也是被模糊和被忽略的，或者至少是没有被更多展开讨论的。

我们不应苛求丹·席勒或其他任何一位不懂中文、没有到中国做过田野研究的学者做华人学者应该做的研究，我们也需要对包括西方马克思主义者在内的西方学者的冷战意识形态、西方中心主义甚至白人种族主义遗产有清醒的认识。在中西方关系因“中国崛起”而更加复杂的当下，我们更需要认识到西方批判学者在涉及中国问题时所面临的资本主义知识权力体系的“胁迫”。但是，有一些问题我们无法回避：如何回应包括丹·席勒在内的西方批判学者的“中资”甚至更为剧烈的“中帝”论对中国内外传播研究的学术议程所提出的挑战？如何通过具体的、基于对城乡中国的大量实证研究的传播学术来有效参与有关中国学术话语的讨论？而一旦“本土化”讨论所掩盖的有意无意虚无中国现代革命历史的倾向被澄清，我们也可以在超越文化本质主义、媒介中心主义和城市中心主义的前提下，重访这一讨论所涉及的真问题。这就是，如何从传播学的角度理解和分析中国农耕文明

① 王维佳在《信息资本主义的兴起与扩张》书评中，就表达了如下愿景：“对信息帝国主义的超越，应该同时指向对信息资本主义的超越!”

② 与文化本质主义相关，这里也不排除香港、台湾学者自身所处的政治环境的影响——毕竟，这些学者没有在一个“现实存在的社会主义”社会生活过的经历。

的遗存和积淀，重思中国革命、建设和改革中农民、农业、农村的地位与作用以及社会主义文化领导权的建立、巩固、发展与乡土文化的关系，进而在全球资本主义工业文明面临多重危机的时代，从生态社会主义的高度重新认识乡村视野的世界历史文化和生态意义及展开"新地球村"的想象[①][②]。只有这样，才能更有效地回应"何以中国?""中国如何在全球资本主义中定位自己?""中国如何改变世界"这样的问题。

总之，传播学要在"第三次浪潮"之后的中国"蝉蜕"和"化蝶"[③]，就必须一方面接续当年被其挑战和边缘化的中国化马克思主义新闻学传统，另一方面克服现有西方批判传播学的局限，对其进行"否定之否定"的扬弃。只有这样，才能在"历史唯物主义的普适主义"或"左翼普适主义"的框架下，在探索社会主义发展道路的过程中，与"新闻学"一道成为有中国立场和世界意义的中国哲学和社会科学发展中一个"具有支撑作用的学科"。毕竟，正如林春指出的那样，以"普适"宣称的欧洲资本主义现代性不可能用任何特殊性来超越，只有不断增强的社会主义才能最终消除资本主义中心主义和冷战意识形态的长期与短期影响。这是因为，只有一个能推翻以欧洲工业资本主义价值观为中心的普适主义宣称的认识论范式转型，"才能抗击东方缺陷的神话和耻辱"[④]。在我看来，这也正是网络时代中国传播学术"本土化"的真正意涵所在。

致谢：感谢黄樱芬、吴畅畅和李彬在文章修改过程中所提的意见，也感谢方晓恬从西门菲莎大学发回的相关中文资料。

---

① 赵月枝：《生态社会主义：乡村视野的历史文化和生态意义》，《天府论坛》2015年第6期。

② 赵月枝：《中国与全球传播：新地球村想象》，《国际传播》2017年第3期。

③ 姜飞：《中国传播研究的三次浪潮——纪念施拉姆访华30周年暨后施拉姆时代中国的传播研究》，《新闻与传播研究》2012年第4期。

④ Chun Lin, *China and Global Capitalism*: *Reflections on Marxism*, *History*, *and Contemporary Politics*, New York: Palgrave Macmillan, 2013, pp. 189, 196, 198.

Negation of Negation? "3S" as Points of Entry in Historicizing Chinese Communication Scholarship in Relation to the Outside World

Abstract Using the respective intellectual engagements of Dallas Smythe, Wilbur Schramm, and Dan Schiller (hence "3S") with China from the 1970s to the present as points of entry, this article applies the transcultural political economy of communication framework to explicate both the transcultural and transnational knowledge/power dynamics between China and the West and the concomitant domestic academic politics in the development of Chinese communication scholarship. While demonstrating how mainstream American communication research as represented by Wilbur Schramm has had a profound impact in undermining China's indigenous Marxist journalism scholarship and shaping the development of communication scholarship in the reform-era China, this article also recovers the "lost" history of Dallas Smythe's research trips to China in the 1970s and underscores the significance of Dan Schiller's ongoing critical analysis of a globalizing digital capitalism in which China is playing an increasingly important role. In demonstrating the "multiple realities" that have been constitutive of China's academic exchanges with the West, this article argues for the continuing relevance of Dallas Symthe-inspired research questions regarding the possibility of developing a socialist knowledge/power paradigm as the only viable challenge against the universalizing pretensions and impositions of capitalistic development paradigm.

Keywords Dallas Smythe; Wilbur Schramm; Dan Schiller; Journalism; Communication

语境真相与单一真相

——新闻真实论的哲学基础与概念分野

虞　鑫*

摘要　“后真相”引发的部分讨论陷入了技术路径单因解释的迷思中，然而分析“后真相”话语的流行语境，发现技术路径并不能解释具体事件中为何公众不相信媒体提供的权威“真相”。为此，本文回到新闻真相概念的哲学基础，认为分别基于“证实”和“证伪”逻辑的“语境真相”和“单一真相”概念，可以补充理论在解释社会实践中的空隙。在对关于新闻真实认识论意义上的四个概念进行辨析说明后，本文强调在一系列技术手段之外，还必须对语境作为辅助性条件的必然性及其作为告知义务的必要性予以充分认识。

关键词　语境真相；单一真相；后真相；新闻真实

一　话语陷阱：“后真相”改变了什么?

2016 年 11 月，《牛津词典》将 2016 年的年度词汇确定为“后真相”（post-truth）。美国大选、英国脱欧等一系列政治事件中的舆论现象，尤其是以社交媒体为主导的网络舆论现象，经过《牛津词典》的年度确认，终使“后真相”这一诞生于 24 年前的老术语，迅速成为大众媒体和学术研究的新宠儿。1992 年，美国《国家》杂志首次提出

* 虞鑫，清华大学新闻与传播学院副教授（北京，100084）。

这一概念，意在形容情感对舆论的影响力超过事实。[①] 时至今日，针对上述的政治“黑天鹅”事件，“后真相”的话语又往往被用来解释民众为什么做出了“不明智”选择的原因，[②] 颇有指责民众轻易受到政治人物谎言诱导和欺骗的意味。[③]

关于“后真相”的讨论让新闻真实这一新闻理论的核心问题重新回到了视野中。然而，如果认为“后真相”就是当代社交媒体政治中的“谎言的艺术”（Art of the Lie）[④] ——在此之前，我们曾经拥有过一个“前真相”时代——那么，又该如何理解二十多年前“后真相”首次提出时的政治语境和技术场景？“后真相”话语的流行和扩散，无疑反映了当今世界政治生活的某种文化症候：如何表述，又如何归因？谁在使用，又对谁言说？因此，要想透彻剖析“后真相”话语的流与变，我们不妨先从学界对“后真相”形成原因的讨论开始，对其如何“被表述”和如何“被归因”的路径进行考察。

（一）“后真相”的技术路径解释

总的来说，技术因素及其形塑的媒介环境和社会结果，构成了对“后真相”形成原因的主流解释。首先，技术赋权了个体的信息生产效能，消解了机构生产者的专业约束。缺乏社会意义的噪音、无法确证但挑动情绪的流言，甚至具有主观恶意和欺骗性的谎言，充斥舆论空间。[⑤]

---

① 史安斌、杨云康：《后真相时代政治传播的理论重建和路径重构》，《国际新闻界》2017年第9期。

② Patrick Worrall, “Fact Heck: Do We Really Send £ 350m a Week to Brussels?”, Channel 4 News, (19 April 2016), https://www.channel4.com/news/factcheck/factcheck-send - 350m-week-brussels.

③ Jeet Heer, “Donald Trump is not a Liar”, The New Republic, 1 December 2015, https://newrepublic.com/article/124803/donald-trump-not-liar.

④ The Economist, “Post-truth Politics: Art of the Lie”, The Economist, 10 September 2016, http://www.economist.com/news/leaders/21706525-politicians-have-always-lied-does-it-matter-if-they-leave-truth-behind-entirely-art.

⑤ Lion Gu, et al., “The Fake News Machine: How Propagandists Abuse the Internet and Manipulate the Public”, *Trend Micro*, Vol. 5, 2017, https://documents.trendmicro.com/assets/white_papers/wp-fake-news-machine-how-propagandists-abuse-the-internet.pdf.

社交媒体充分激发了人们的情感需求和主观欲望，客观事实和现代理性被立场、情感、信仰所取代，[①] 事实和观点边界模糊，观点和个人体验凌驾于事实之上。在被虚假甚至编造的新闻、未经证实的流言和煽情动情的个人经历所挤占的公共舆论里，认知更新导致的信息生产速度远赶不上技术更新导致的信息扩散速度，真相也就被不断发酵的舆论甩在了身后，真实和新鲜之间的矛盾进一步加剧。[②]

其次，信息技术不仅重构了信息生产和传播的方式，也改造了人际关系的结构。社交媒体一方面卓有成效地完成了相同背景、相同观点、相同兴趣个体的组织聚合，另一方面也因本能的利益驱动，通过个性推荐、定制推送等算法机制将业已隔离的网络社群进一步割裂。[③] 价值观念、群体文化成为信息扩散的内在动力，而伴随“事实”逐渐式微的同构过程则是“雄辩”的进一步正当化。以至于有学者将“后真相”时代类比为数字时代的景观社会，认为社会的分化和不信任扩散，根本就是现有技术场景下“后真相”的本质属性。[④]

最后，来自认知心理学和行为实验的结果也揭示，个体认知的局限性以及社会救济手段的无效性，似乎也无法预见社会能动性对技术主导下的“后真相”的突围可能。选择性接触、选择性认知、选择性信任等一系列心理机制，构成了在固定意识形态下忽视事实的基本逻辑——即使是作为补救措施的事实核查新闻也同样如此。[⑤] 据美国超过 2000 个网民的 30 天真实浏览数据发现，只有约四分之一的人读过至少一篇事实核查报道，甚至没有一个人在读过某条假新闻后，阅读

---

① 吴晓明：《后真相与民粹主义：“坏的主观性”之必然结果》，《探索与争鸣》2017 年第 4 期。

② 陆学莉：《反转新闻的叙事框架和传播影响》，《新闻记者》2016 年第 10 期。

③ 张华：《“后真相”时代的中国新闻业》，《新闻大学》2017 年第 3 期。

④ Paul Mihailidis and Samantha Viotty, “Spreadable Spectacle in Digital Culture: Civic Expression, Fake News, and the Role of Media Literacies in ‘Post-fact’ Society”, *American Behavioral Scientist*, Vol. 61, No. 4, March 2017, pp. 441 – 454.

⑤ 虞鑫、陈昌凤：《美国“事实核查新闻”的生产逻辑与效果困境》，《新闻大学》2016 年第 4 期。

了关于此条假新闻的事实核查文章。[①] 这类被称作“持续影响效应”(continued-influence effect)的心理机制认为，受众往往都相信那些错误但传播广泛的信息，而对之后的修正信息视而不见或无意识地忽视。[②] 而且，如果这种修正挑战了受众的价值观念，那么对原先错误信息的信任反而会更加强烈。[③]

概括来说，技术解释路径认为技术因素对信息生产过程的重塑，构成了“后真相”形成的基础——信息技术赋予了个体表达的权利，然而由于缺乏专业媒体的伦理和社会责任约束，个人表达的扩张模糊了事实与观点的边界，降低了公共舆论的“真相程度”。在此基础上，技术阻碍而不是促进了不同网络社群间的连接机会，进一步强化了非事实因素的影响力，与此同时，个体心理机制的局限性也解释了那些针对技术困境的补救方式，但效果非常有限。上述这些具有深厚理论传统和确切实证数据的结论，确实对结构化理解“后真相”时代具有积极作用。但是，“技术赋权个体表达”这一技术解释框架中的基本判断，却仍然无法解释为何在信息技术远未普及的20世纪90年代，就已有人洞察并提出了“后真相”的概念——彼时的新闻和信息，大多都由专业化的新闻机构所生产。那么，一个明显的问题便是：现在的“后真相”时代和曾经所谓的“前真相”时代，区别在哪里？

(二)“后真相”话语的言说对象

虽然在数量和规模上，近两年关于“后真相”的讨论远远多于过去二十多年的总和，这可以解释成是因为技术的影响。但需要注意的是，“后真相”讨论规模的时间差别，仅仅是讨论规模的差别，而并

---

① Andrew Guess, et al., “Selective Exposure to Misinformation: Evidence from the Consumption of Fake News during the 2016 U. S. Presidential Campaign”, (9 January 2018), http://www.dartmouth.edu/-nyhan/fake-news-2016.pdf.

② Stephan Lewandowsky, et al., “Misinformation and its Correction: Continued Influence and Successful Debiasing”, *Psychological Science in the Public Interest*, Vol. 13, No. 3, September 2012, pp. 106 - 131.

③ Brendan Nyhan and Jason Reifler, “When Corrections Fail: The Persistence of Political Misperceptions”, *Political Behavior*, Vol. 32, No. 2, March 2010, pp. 303 - 330.

非现象本身规模的差别——也就是说，近年来关于“后真相”讨论的突然流行，并不意味着在此之前就必然存在一个“前真相”时代。一个可能的解释是，在漫长的时间长河里，“后真相”的讨论并不是重要的，甚至“后真相”的现象被有意或无意地遮蔽了。

事实上，关于新闻真相与新闻生产之间的关系，新闻社会学早期研究的一个重要判断可谓一针见血：专业机构新闻常规的核心不是关于“新闻的选择性”（selectivity of news），而是“新闻的创造性”（creation of news）；新闻不是被发现的，而是被生产出来的。[①] 当然，新闻虽然是创造出来的，但也不能是编造出来的，新闻实际上是由“被挑选的事实”加上“一个不言自明的前提”（unspoken assumptions）组合而成的——比如在西方语境下，工人阶级往往具有冲突性和破坏性，而中产阶级则是理性的、冷静的[②]——或许，自古以来“真相”就是有前提的——一个不言自明的前提。从这个意义上而言，即使是专业新闻生产的年代里，“真相”也并不如我们所想象的那样美好而确定，相对于“后真相”的那个所谓“前真相”时代，同样不是完全的真实——甚至可以说，两者在新闻真实的范畴内区别并不如人们想象得大。

因此，与其说技术是“后真相”的形成原因，倒不如说技术是为了解释“后真相”的一个结果。人们——其实主要是媒体和知识精英——之所以感受到一个“后真相”时代的到来，实际上是由于长期的社会分化和族群撕裂所导致的前提的动摇——原本被文化精英牢牢掌握并反复再生产的前提的动摇。从这个意义上讲，“后真相”话语的本质就是“后共识”，即“当一个社会失去对基本价值和社会秩序的基本共识，观念传达与接受之间就会短路”，人们就只会也只能根据自己的立场来对不同的事实进行选择和判断。[③]

---

① 李红涛：《黄金年代的“十字路口”：〈生产新闻〉与新闻生产社会学的崛起》，《中国传媒报告》2013 年第 4 期。

② Glasgow University Media Group, *Bad News*, London: Routledge & Kegan Paul, 1980.

③ 汪行福：《“后真相”本质上是后共识》，《探索与争鸣》2017 年第 4 期。

回到“后真相”话语的流行语境，美国大选、英国脱欧无疑是导火索。在这些所谓的“黑天鹅”事件中，媒体精英和知识分子发现，他们发表的那些权威的、客观的、可信的“事实真相”不再被民众认可和接受，而特朗普阵营发表的大量虚假的、主观的、信口雌黄的“另类事实”（alternative facts）反而引发了民众的共鸣和狂欢。[①] 于是，一场本来应该关于不同前提的社会争辩，在话语上慢慢变成了“真相”对“假新闻”的严厉审判，并且掀起了倡导严格进行事实查验，呼吁民众关注专业媒体，主动屏蔽社交媒体假新闻的运动，来作为解决“后真相”困境的良方。

如果要通过“谁在使用，又对谁言说”的角度深入探讨“后真相”话语的文化症候，那么结论或许更有启发性。刘建明认为，“后真相”话语是由西方知识精英创造出来的，用于解释当代社会民众对于“真相”的不在乎和所谓“共情”的热衷。通过知识精英（对民众）的批判，似乎只能无可奈何地承认，进入“后真相”时代是一种必然，强调“阐释”而非“真相”是时代的趋势。后真相的核心不是真相的有无和重要与否，而是“竭力把假象视为真相，歪曲和限制人们对事物真相的追求”。[②]

总的来说，“后真相”话语的陷阱在于制造并强调了“真相/事实”和“情绪/雄辩”之间的对立关系，[③] 而缺乏对何为“真相”的深刻反思。技术虽然并非导致“后真相”的原因，但是不可否认的是，技术对传播关系的重构，将“真相在哪里”的问题摆在了公众面前。“后真相”所引发的其实不是客观事实的表述是否具有瑕疵，其真正的问题在于引领我们重新反思“新闻真相”是如何与“另类事实”彼此共存的。[④] 要回答这个问题，我们不妨在冲破“后真相”的

① 史安斌、周迦昕：《“川普”奇观与美国政治新闻的困境》，《青年记者》2016 年第 4 期。

② 刘建明：《“后真相”论的执迷与幻觉》，《新闻爱好者》2017 年第 12 期。

③ 刘擎：《共享视角的瓦解与后真相政治的困境》，《探索与争鸣》2017 年第 4 期。

④ Stephan Lewandowsky, et al.,“Beyond Misinformation: Understanding and Coping with the Post-truth Era”, *Journal of Applied Research in Memory and Cognition*, Vol. 6, No. 4, December 2017, pp. 353 – 369.

技术迷思之后，回过头来重新思考一下“新闻真相”的本来面目。

二 新闻真相：哲学基础与概念分野

（一）哲学基础：从“证实”与“证伪”说起

真实性是新闻的生命，但是新闻真实又是一个颇为复杂的概念。总体而言，新闻真实讨论的核心问题是新闻报道与事实真相的关系问题，即前者是否能够与后者相符合，① 进而又延伸区分为本质真实/现象真实、宏观真实/微观真实、整体真实/具体真实等概念的讨论。②由于新闻真实是关于主体如何反映、再现现实世界的一种认识活动，因此对新闻真实的认识论讨论也是其重要方面。

一般认为，新闻的客观性是新闻真实的认识论原则，然而关于新闻客观性的批评和质疑却又在这一观念诞生的初始就仿佛是与生俱来的双胞胎。对于客观性的批评，主要来源于客观事实的复杂性、认识能力的有限性、环境要素和新闻生产环节的制约性，这些都导致了认知的片面性、碎片化和动态性。③ 这无疑加深了对新闻真实是否可能的忧虑。

从逻辑学的角度讲，新闻真实本身就具有认识论意义上的概念，新闻真实的使命是实现存在论意义上的事实真相。④ 沿着这一理路，王亦高引入逻辑上的“证实”和“证伪”概念对新闻真实进行讨论，他认为证实的报道实际上是“各个论证环节必须100%齐备才行”，这在现实中很难实现，因此也很难是“科学的报道”。相反，新闻报道如果能够通过不断证伪，捕捉确凿的事实，即可逐渐达到新闻真实。⑤

诚然，“证伪”概念的引入对于讨论新闻真实的认识论路径具有很强的操作性意义。但是，如果同样回到哲学层面深入分析，则会发

---

① 杨保军：《如何理解新闻真实论中所讲的“符合”》，《国际新闻界》2008年第5期。

② 郑保卫：《对新闻真实理论中两组概念的解读》，《新闻战线》2007年第6期。

③ 杨保军：《新闻真实需要回到“再现真实”》，《新闻记者》2016年第9期。

④ 杨保军：《事实·真相·真实——对新闻真实论中三个关键概念及其相互关系的理解》，《新闻记者》2008年第6期。

⑤ 王亦高：《试论新闻报道中的“证伪”》，《国际新闻界》2006年第2期。

现“证实”和“证伪”在托马斯·库恩所谓的范式意义上则具有完全不同的前提假定。[①] 在本体论层面，“证实”和“证伪”的逻辑在对于社会现实的属性问题上存在明显分歧：前者认为人类社会的社会现实是由社会中人的思想和实践构建出来的，不同语境和条件下社会现实的呈现形态和因果关系是多元而相对的；后者则认为社会现实是自然存在的，不受人的思想和实践所影响，是具有普遍性的单一且绝对的现实。在这一基础之上，两者在认识论和方法论上也相应具有不同的观念，比如“人”的因素在其中的作用、归纳还是演绎的思维、价值相关或是价值中立等。

表1　“证实”与“证伪”逻辑的区别

	证实的逻辑	证伪的逻辑
本体论	多元现实：社会现实的真相是由社会中的人构建出来的，是多元、主观、相对、因人而异的，且附带假设条件的	单一现实：社会现实的真相是自然存在的，是单一、客观、绝对、普遍通用的，且不受研究者个人影响的
认识论	不认为有纯粹机械式的因果命题；在长时间的社会大背景下来认识人和社会现象	寻找一个机械式的因果命题；试图剔除人为的因素，试图理解并控制社会的规律
方法论	归纳思维：价值相关的相对客观分析，多采用定性的方法论	演绎思维：价值中立的绝对客观观察，多采用定量的方法论

在新闻真实的情境中，新闻真相和社会现实具有一致性，新闻真相是社会现实的反映与再现。这种一致性不仅表现在理论讨论的争鸣上，也表现在新闻实践的趋势中。近年来，借鉴社会科学研究的新闻实践形态逐渐发展出了定性取向的民族志新闻和定量取向的精确新闻两个新兴形态，[②] 而这恰好也分别对应了对于新闻真相“证实”和“证伪”的两种逻辑。可以说，如果认同新闻真相的“单一现实”属性，那么基于量化数据、遵循“证伪”逻辑的精确新闻是对长期以来

① ［美］托马斯·库恩：《科学革命的结构》，傅大为、程树德等译，台北：台湾允晨文化1985年版，第75—83页。

② 黄淑敏：《新闻报道在借鉴社会科学方法中应把握的原则》，《新闻爱好者》2015年第4期。

以“讲故事”（Story Telling）作为呈现真相的新闻实践的反省和补偿，这自然是一类值得称道的尝试。

然而在现实的新闻实践中，我们看到的主流形态仍然是定性的信源采访、内容组织、故事叙述，那么即使暂且不深究其背后“多元现实”的本体论哲学基础，我们是否也应该破除这种“新闻真相”情境中的新闻真实神话，或者说谦虚地纳入民族志对于语境化和多元性的反思，以求恢复新闻叙述中“被遮蔽的多元性和差异性，让新闻释放更多平等的意义”。①

因此，单纯捕捉某些“确凿的事实”来对新闻真实进行“证伪”，并不是哲学意义上“证伪”的逻辑。批判理性主义科学哲学家卡尔·波普尔提出，“可证伪性”是科学和非科学的划分标准，但在他的论述中也明确指出，“单个反例证伪”只是怀疑一个命题的必要条件，而非充分条件，只有“诉诸其他的在主体间可相互检验的、可复制的事实”，才成为证伪的充分条件。②

（二）概念分野：“单一真相”与“语境真相”

而在关于波普尔“证伪”逻辑的讨论中，还有一个重要的观点认为，如果命题具有辅助假说集，严格的证伪也并不可能，这被称为“迪昂－奎因（Duhem-Quine）命题”。尤其在社会现象的观察中，复杂的社会辅助条件和限定前提假说，使得证伪在实践中成为不可能。③可以说，这些社会现实中的辅助假说集就是真相存在的语境。因此，在多数情况下，新闻报道的哲学基础是证实的逻辑，那么就必然要在承认多元现实——新闻真相的相对性——的本体论前提下，强调开展民族志和人类学的语境化反思的重要性。这种根植于一定社会语境的新闻真相，本文将其称为“语境真相”。

与此同时，是否仍然存在或者需要寻找确定存在的“单一真相”

---

① 孙起：《瞬间现象与田野传统：民族志新闻的意义与前提》，《国际新闻界》2016 年第 7 期。

② ［奥］卡尔·波普尔：《科学发现的逻辑》，查汝强、邱仁宗译，沈阳出版社 1999 年版，第 73—74 页。

③ 张杨：《证伪在社会科学中可能吗？》，《社会学研究》2007 年第 3 期。

呢？正如波普尔（Karl Popper）所说，证伪的充分条件在于主体间相互检验的、可复制的事实，这在认识论意义上指的正是“语境真相”，“迪昂－奎因命题”虽然提出了证伪在实践中的不可能，但在逻辑上则是可行的。因此，本文认为在逻辑和形式上保留基于“证伪”逻辑的“单一真相”概念仍具有必要性。在此需要说明的是，虽然“证伪”和“证实”分别基于单一现实和多元现实假说，本体论意义上不能同时存在。但是，社会现实究竟是单一现实还是多元现实，这仍然是人类试图要回答的一个终极问题。因而，本文采取认识论上的折中主义原则，认为没有必要将社会现实本体论的争议绝对化，并将其作为一切讨论的前提——这本身也不符合人类认识世界的规律。

类似“语境真相”的讨论也在当下的学界和业界中有所涉及。近期，美国新闻界正在展开一场辩论，争论的焦点在于新闻是否不应仅满足于关注那些特定情境下的“客观事实”，而且要根据短期的社会需要来判断究竟什么是“真相”。[①] 上述观点看上去似乎离经叛道：真相怎么可以判断呢？但是，如果考虑“语境真相”概念中的价值相关性，对“客观事实”进行价值判断就不可避免了。从这个意义上说，想要获得一个没有争议的“单一真相”，那么前提条件则必然是社会存在唯一的价值判断。而所谓“后真相”时代，一方面是技术打破了原本精英垄断的“真相”呈现权力，另一方面也不得不说与社会价值共识的破裂和社会群体的分化有着密不可分的联系。

寻找“新闻真相”的本来面目，必须艰难地承认“新闻真相”本身并没有那么简单或客观。某种意义上说，“新闻真相”就是建构真相的新闻生产过程，它的目标不是客观地呈现，而是获得社会的信任。作为“与媒体自身的经济、政治诉求相关”的权力机制，[②] 新闻生产领域遭遇的“后真相”挑战，与其说是“假新闻泛滥”“民粹谣言的

---

① Brian McNair, “After Objectivity? Schudson’s Sociology of Journalism in the Era of Post-factuality”, *Journalism*, Vol. 18, No. 10, August 2017, pp. 1318 – 1333.

② 王辉：《瞬间与无限：新闻真实的两种理解方式》，《国际新闻界》2012 年第 2 期。

流行”，不如说是将原来隐藏在主流媒体“真相”垄断权背后的信任危机赤裸裸地摆到了公众面前。

2016年以来关于“后真相”的讨论和反思，往往与“假新闻”的研究联系在一起，仿佛只要消除那些主要产生并流传于社交媒体之上的虚假信息，我们就能够重新回到“真相”时代了。然而，无论从对“后真相”的话语陷阱分析，还是对“新闻真相”的哲学辨析和概念分类，我们都不难发现，“真相”这一概念并非简单等同于“真新闻”或“真事实”。基于“证实”/“证伪”逻辑的“语境真相”/“单一真相”的概念框架，丰富了我们对认识论意义上新闻真实的理解，以下本文就将对这两个概念以及相关的“事实假象”和“单一假象”概念进行详细的界定和辨析。

三　关于新闻真实的四个认识论概念

沃德（Claire Wardle）将按照信息内容是否为事实和生产主体是否具有主观恶意，将假新闻区分为欺骗性信息（dis-information）、误解性信息（mis-information）和误导性信息（mal-information）三类。[①] 其中，欺骗性信息基于虚假信息，且有主观恶意；误解性信息基于虚假信息，但无主观恶意；误导性信息基于真实信息，但有主观恶意。杨保军则从更加普遍和概括的层面提出，作为认识论意义上的新闻真实可以分为现象真实和本质真实，而现象真实则有真相真实和假象真实之分，真相因为与本质之间具有同一性，所以真相就是现象真实与本质真实的统一；与之相对应，假象真实并不必然就是假新闻，“假象本身是一种事实性的存在，并不是想象物、虚构物”，只是假象真实与本质真实并不一定一致[②]——在这一框架中，没有主观恶意的真实信息，也不一定就是“真相”。

---

① Claire Wardle and Hossein Derakhshan, “Information Disorder: Toward an Interdisciplinary Framework for Research and Policy Making”, *Council of Europe*, （November 2017）, https://first-draftnews. org/wp-content/uploads/2017/11/PREMS-162317-GBR-2018-Report-de% CC% 81sinformation-1. pdf? x69924.

② 杨保军：《简论新闻的真相真实与假象真实》，《国际新闻界》2005年第6期。

假象真实概念的提出，敏锐地捕捉到了新闻失实现象的复杂性，新闻失实不仅包括没有事实根据的虚假新闻，也包括具有事实根据但与本质真实不一致的现象再现方式。然而，对于什么是与本质真实相一致的“真相真实”，既有的理论框架并未详尽阐述。本质真实反映了本体论层面唯一的真实存在，而真相真实作为认识论意义上的理论概念，则可以通过“证伪”与“证实”两条路径进行理解和分类，本文认为可以将其区分为“单一真相”和“语境真相”。语境真相，指的是在一定的社会环境和限制条件下，所呈现出的真相状态。结合假象真实的相关讨论，按照新闻现象与本质真实的符合程度进行分类，那么新闻真实在认识论上就具有四种类型：单一真相、语境真相、事实假象、单一假象（见表2）。

表2 单一真相、语境真相、事实假象、单一假象的概念比较

	单一真相	语境真相	事实假象	单一假象
与证实/证伪逻辑的关系	证伪的逻辑	证实的逻辑	无关	无关
与社会现实的本体论关系	单一现实	多元现实	无关	无关
与社会现实的认识论关系	无限逼近	有机再现	再现	塑造
与本质真实的关系	一致	不一定一致	不一定一致	一定不一致
与现象真实的关系	完全真相真实	部分真相真实	假象真实	非真实
信息容量	全部的可信信息	全面的可信信息	局部的可信信息	不可信信息
信息来源	权威信源	权威信源	权威信源	模糊信源
信息组合	事实的确定组合	事实的某类组合	事实的组合	非事实的组合
信息框架	不存在框架	存在某类框架	没有框架	没有框架

首先，从哲学基础上来看，“相”与“象”属于对社会现实不同层次的话语表达。“象”是对社会现实客体的呈现，一般不涉及客体间的关系构建，比如基于事实的事实假象即指对社会现实的客观再现，而基于非事实的单一假象则是对社会现实的一种主观塑造；“相”则不仅包括客体的呈现，也包括逻辑关系的构建。正如上文所述，如果采纳认识论上的折中主义观点，单一真相和语境真相的区别主要表现在：单一真相是对社会现实的无限逼近，而语境真相则是在一定的“辅助性假说”条件下对社会现象的有机再现，人们期待通过对语境

真相的不断发掘，进而逐渐抵达单一真相。实践上来看，完全反映社会现实的单一真相是几乎不存在的，只有通过将不同语境下的真相有机整合，才能逐渐扩大和纠正人们对社会现实的认知，这也正是“语境真相”概念提出的价值所在。

其次，对应于与本质真实、现象真实的关系。单一真相和单一假象是认识论意义上新闻真实的两个极端：单一真相即是完全的真相真实，是本质真实与现象真实的统一；单一假象是欺骗性信息、误解性信息等不可信信息的组合，它和本质真实一定不一致，属于非真实的范畴。语境真相和事实假象则介于二者之间，本文所称的事实假象等同于假象真实，虽然基于事实性存在，但不一定与本质真实相一致。语境真相则是部分的真相真实，它虽然也与本质真实不一定一致，但是相比于事实假象，语境真相完成了对客体间关系的构建，是相对来说更加逼近完全真相真实的认识论概念。语境真相在经过多元新闻传播主体相互补充、对话协商、通力合作，进而达到“有机真实”，[①] 就是一种更加接近本质真实的状态——新闻不是绝对的真或假，很多时候“更真”是一种常态。[②]

最后，从信息的容量、来源、组合、框架等角度观察，基于事实性存在的单一真相、语境真相、事实假象都是可信和权威的，相应的单一假象则是来自模糊信源的不可信信息。其中，单一真相由于唯一性——超越了社会现实中的“辅助性假说”，它必然是包含了“全部的”可信信息。而语境真相，则是由“全面的”可信信息组成。如何理解此处“全面”的含义？本文认为，此处的“全面”指的即是能够满足该语境真相所处的社会语境所要求的可信信息的容量——这正好体现了“证实”逻辑的要求，即真相的呈现是否具有该语境下的典型性。从操作层面的信息框架来看，事实假象和单一假象由于未涉及关

---

① 杨保军：《新媒介环境下新闻真实论视野中的几个新问题》，《新闻记者》2014 年第 10 期。

② 操瑞青：《作为假设的“新闻真实”：新闻报道的“知识合法性”建构》，《国际新闻界》2017 年第 5 期。

系构建，因而没有框架；单一真相由于反映了完全的真相，因而理应不存在人为影响设置的框架；语境真相是唯一具有某类具体框架的，这类框架完成了对事实的某类组合，继而试图符合所处的社会语境。在新闻实践中，这样的案例比比皆是。比如关于某个具体议题的新闻报道，即使全部基于能够通过事实核查的真实信息，也同样能构建出两个完全相反的故事（语境真相）。①

四 结语："后真相"之后是什么？

"后真相"的话语流行虽然具有技术路径解释的偏向性，但是不可否认客观上促进了公共知识对"真相"的反思。"后真相"之后是什么？一方面自然是要解决技术赋权导致的虚假信息——认识论意义上的"单一假象"的泛滥问题，这方面目前已经讨论较多，比如通过算法技术和人工智能对海量信息进行事实分辨，同时通过用户数据分析来寻找使公众愿意接受准确信息的机制和策略。②

但是，另一方面"语境真相"概念的提出，也在操作和实践层面提醒我们，在呈现社会事实的同时，新闻生产的主体也需要同时提供所处的社会语境和价值判断标准。既然新闻记者只能提供"置于某类框架下的现实"，③ 那么对公众进行语境的告知义务，则应当成为新闻传播的伦理要求。

当然，在自媒体等非专业化新闻生产的场景下，新闻传播的伦理要求则显得不具有可行性。那么，对于公众媒介素养知识和技能的培训也应当成为一条必须路径。实验已经证明，通过关于事实核查的专业知识培训，受众对事实信息的分辨能力就会显著提升，效果远远优

① Constantine Boussalis and Travis G. Coan, "Text-mining the Signals of Climate Change Doubt", *Global Environmental Change*, Vol. 36, January 2016, pp. 89 – 100.

② Jonathan Albright, "Welcome to the Era of Fake News", *Media and Communication*, Vol. 5, No. 2, June 2017, pp. 87 – 89.

③ ［美］迈克尔·舒德森：《新闻的真实面孔——如何在"后真相"时代寻找"真新闻"》，周岩译，《新闻记者》2017 年第 5 期。

于专业和学历的影响,① 而提升受众关于新闻生产前台和后台的知识认知，那么他们对于信源评价、背景知识、事实核查等方面的信息则会更加关注。②

总而言之，如果将“后真相”仅仅归咎于社交媒体导致的假新闻泛滥，解决方案也只局限于对假新闻的纠偏，而不对新闻真实的真正内涵进行全面反思，进而发现语境作为辅助性条件的必然性以及作为告知义务的必要性，那么“后真相”或许就只能成为漫漫历史中的昙花一现，当代政治和传播活动的真问题也将继续被湮没。

Contextual Truth and Single Truth: Philosophical Foundations and Conceptual Divisions of Journalistic Truth

Abstract Some of the discussions triggered by “post-truth” are caught in the myth of single-cause explanation by technical path, however, analyzing the popular context of “post-truth” discourse, we find that the technical path cannot explain why the public does not trust the “truth”, which is the authority provided by the media in specific events. For this reason, this article returns to the philosophical basis of the concept of truth in journalism and argues that the concepts of “contextual truth” and “single truth”, which are based on the logic of “confirmation” and “falsification” respectively, can be used to explain why the public does not trust the authoritative “truth” provided by the media. The concept of “single truth” can complement the gaps in

① Sam Wineburg and Sarah McGrew, “Lateral Reading: Reading Less and Learning More When Evaluating Digital Information”, *Stanford History Education Group Working Paper*, No. 2017 – A1 (9 October 2017), https://ssrn.com/abstract=3048994.

② Marju Himma-Kadakas, “Alternative Facts and Fake News Entering Journalistic Content Production Cycle”, *Cosmopolitan Civil Societies: An Interdisciplinary Journal*, Vol. 9, No. 2, July 2017, pp. 25 – 40.

the theory in explaining social practice. After an analysis of the four concepts in the epistemological sense of truth in journalism, the article emphasizes the need to fully understand the necessity of context as an auxiliary condition and its necessity as an obligation to inform, in addition to a series of technical means.

Keywords Contextual Truth; Single Truth; Post-truth; Journalistic Truth

政治性与自主性：作为专业权力的新闻专业主义

虞　鑫　陈昌凤*

摘要　新闻常规的话语想象以及政治经济学的理论批判、新媒体环境的现实挑战和中国语境下适用性问题的批评，构成了关于"新闻专业主义"论争的核心话题。为此，本文对专业化、专业性、专业主义三个关联概念进行了阐释和分析，构建了关于"专业自主性权力"和"专业自定义权力"两个面向的新闻专业主义。在对西方新闻专业主义经典论述的中国适用性问题进行案例讨论后，本文在"专业权力"的框架下，提出了中国新闻专业主义的可能方向在于超越"科层"和"市场"，确认政治性和自主性，建构"有机的公共生活"。

关键词　新闻专业主义；职业社会学；专业权力；新闻理论

一　"新闻专业主义"论争：想象和批评

20世纪90年代，作为西方新闻工作者的"最主要职业规范"和"资产阶级新闻学的重要概念"，"新闻专业主义"（journalistic professionalism）的概念被引入中国。郭镇之[①]在90年代末回顾了新闻专业主义的思想缘

* 虞鑫，清华大学新闻与传播学院副教授（北京，100084）；陈昌凤，清华大学新闻与传播学院教授，常务副院长。

① 郭镇之：《舆论监督与西方新闻工作者的专业主义》，《国际新闻界》1999年第5期。

起、含义目标、局限批评，并且批判性地指出西方媒体在“新闻专业主义”话语下，却有意无意地与政府和资本保持暧昧关系，甚至越来越“成为一体”。时至今日，这一经验事实在西方仍然没有太多改变，乃至有学者借用齐泽克“拜物教式的拒认”（fetishistic disavowal）的概念，认为恰恰是“新闻专业主义”这一具有天然合法性和道德至上的话语，阻碍了西方新闻业的改革进程——从业者并非不知晓来自外部权力的间接控制，但躲在“新闻专业主义”的话语之下，他们将这种关于控制的认知假定为“不可能”，从而使得控制也变得“常态化”①。

新闻专业主义虽然是作为批判的对象在中国学界初次登场，但是当它嵌入彼时的新闻变革语境下，却成为颇具褒义的“建构新闻专业名望的话语场域”②，并在此之后吸引了诸多学者和从业者专题著述进行系统性的梳理讨论或观察分析。③ 作为一种新闻常规的想象资源和话语体系，新闻专业主义被认为创造了“体制缝隙”下实践行动的合法性前提④，同时也被一些新闻机构和新闻记者作为一种策略使用——即使他们的意图仅出于自身利益考量而非社会的公共利益⑤。

在此之外，也许是因为概念模糊仍未完型，抑或移植至中国语境的水土不服，学界对“新闻专业主义”的批评之声常见报端，改造“新闻专业主义”的理论热情也越发高涨。总的来说，理论相关的批评主要可以归纳为三类视角，分别是政治经济学的理论批判，新媒体环境的现实挑战，以及在中国语境下的适用性问题。

一般认为，商业化是新闻专业主义形成的前提。19 世纪末美国

---

① Jesse Owen Hearns-Branaman, “Journalistic Professionalism as Indirect Control and Fetishistic Disavowal”, *Journalism*, Vol. 15, No. 1, January 2014, pp. 21 – 36.

② 陆晔、潘忠党：《成名的想象：中国社会转型过程中新闻从业者的专业主义话语建构》，《新闻学研究》2002 年第 71 期。

③ 参见黄旦《传者图像：新闻专业主义的建构与消解》，复旦大学出版社 2005 年版；吴飞《新闻专业主义研究》，中国人民大学出版社 2009 年版；胡舒立《访美记：新闻专业主义理念下的观察与写作》，中信出版社 2012 年版。

④ 袁光锋：《从文本、制度到行动：体制缝隙与“实践”的新闻专业主义——基于“行动”的新闻专业主义研究路径》，《中国地质大学学报》（社会科学版）2011 年第 9 期。

⑤ 童静蓉：《中国语境下的新闻专业主义社会话语》，《传播与社会学刊》2006 年第 1 期。

独立报刊的兴起，使得报刊能够通过商业化转型摆脱党派和利益集团的资助，进而实现经济独立。在此基础上，以奥克斯（Adolf Ochs）执掌的《纽约时报》为代表，逐渐发展出包括“刊载所有适于刊载的新闻”、职业化、客观性、独立性等新闻理念，构筑了美国的新闻专业主义[①]。然而，从传播政治经济学的视角来看，以商业运营作为前提的新闻专业主义，也恰恰是通过将自身标榜为新闻职业操守和最高信仰，从而掩盖了其高度功利性的实际功能[②]。从新闻生产的角度出发，美国新闻史上关于“新闻专业主义”的产生背景，也可以理解为是分工细化和科学管理的产物[③]。在这一历史进程中，新闻专业主义的话语规范在新闻机构内部成为一套“驯化记者”和“再生产”的工具，新闻记者基本丧失了对某一社会问题的综合判断意识，也丧失了超脱具体问题反思结构性和体制性认识的权利。而在新闻机构外部，“界限清楚，各司其职，互不干涉”的想象，为“控制与被控制的复杂缠绕”所替代，这也同样对新闻专业主义的理想构成了消解[④]。

网络新媒体对新闻专业主义构成的挑战在于，信息技术赋予了公民即时获取信息、发布信息、扩散信息的权利，使得原本通过新闻专业主义构筑的脆弱的职业新闻业的门槛被彻底打破——既然没有了“职业”新闻工作者，那么作为专业意识形态的新闻专业主义也自然不复存在[⑤]。这一假设关注的焦点在于，职业社群和非职业社群间的

---

① Daniel C. Hallin, “Commercialism and Professionalism in the American News Media”, in James Curran and Michael Gurevitch, eds., *Mass Media and Society* (*Third Edition*), London: Arnold; New York: Oxford University Press, 2000, pp. 243 - 262.

② 胡翼青、汪睿：《新闻专业主义批判：一种传播政治经济学的视角》，《现代传播》2013年第10期。

③ 王维佳：《追问“新闻专业主义迷思”——一个历史与权力的分析》，《新闻记者》2014年第2期。

④ 黄旦：《新闻专业主义的建构与消解：对西方大众传播者研究历史的解读》，《新闻与传播研究》2002年第9期。

⑤ 胡翼青：《自媒体力量的想象：基于新闻专业主义的质疑》，《新闻记者》2013年第3期。

边界模糊，是否会导致前者“有质无量”的专业生产沉没于后者“有量无质”的信息传播的“汪洋大海”之中，从而摧毁新闻专业主义赖以生存的传播环境。来自新闻生产领域的经验研究发现，这种缘于职业社群内外的认知和实践张力确实存在于新闻记者的新闻常规工作中。经典的新闻专业主义确立了一系列职业准则，这些职业准则也恰恰封闭了新闻生产过程的种种环节，在试图接纳“外部社群公开参与”这一意识的过程中，新闻记者需要学会在“线性推动（one-way）作品发表的流程控制”和“在多线工作（multi-way）的网络和媒介环境中不断调适自己”之间寻找平衡①。然而，在生产过程之外的信息传播和扩散环节，基于个人传播甚至是机器智能传播的忧虑依然存在，群体意见的分裂、机器的不可控性仍然构成了对新闻专业主义的挑战②，这些问题值得在操作层面进一步回答。

对于新闻专业主义的第三类批评，则是其作为“舶来品”的中国适用性问题。首先，新闻专业主义的历史缘起于美国独立报刊和商业报刊的兴起，它能否适用于广大发展中国家，甚至能否完全套用欧洲的媒介体制，都尚存疑。中国近现代新闻业的发展，和美国的情况大相径庭。正如李金铨③所概括的那样，新文化运动场景的第一要义在于救亡图存，反抗帝国主义侵略，启蒙和宣传是宗旨，提供资讯反而次要。而到了新中国建设时期，“发展”成为硬道理，也是符合公共利益和人民需求的最大公约数，有学者直接建议整合“发展新闻专业主义”作为当代中国主导性的新闻观念④。而贯穿革命与建设两个时期，中国共产党的“政治家办报”和“群众办报”思想不仅高度契合

① Seth C. Lewis, “The Tension between Professional Control and Open Participation: Journalism and Its Boundaries”, *Information, Communication and Society*, Vol. 15, No. 6, April 2012, pp. 836 – 866.

② 陈昌凤：《技术创新与专业坚守：新闻传播教育何去何从?》，《全球传媒学刊》2017 年第 4 期。

③ 李金铨：《超越西方霸权：传媒与文化中国的现代性》，香港牛津大学出版社 2004 年版，第 62 页。

④ 杨保军：《当代中国主导新闻观念的可能选择：发展新闻专业主义》，《国际新闻界》2013 年第 3 期。

了中国近现代新闻事业的叙事主线[①]，也同时在“精英”和“群众”两个面向上求得价值共识和实践方式[②]。可以说，在中国新闻事业发展的历程中，同时存在多条观念脉络和主流意识，并非简单地移植“新闻专业主义”。更进一步针对“新闻专业主义”适用性的批评指向了“价值中立”背后的“价值混乱”和“价值虚无”，即新闻专业主义话语蕴含的“独立性”诉求作为根本性的变革冲动，成为将当代中国的新闻实践与社会目标和政治属性完全割裂开来的理论武器[③]。这套话语的“中国热”其实就是在用“冠冕堂皇”的话语来对抗现有体制——当媒体处于被“收编”和“诱惑”的压力下时，新闻专业主义可以通过“成名的想象”这一“特殊的意识形态”方式，对现行体制下的用人机制进行“改编”[④]。

综上所述，作为新闻常规的话语资源和想象空间，新闻专业主义无论在理论还是现实中都具备显著的张力和动力。与此同时，由于种种原因，新闻专业主义也受到了广泛质疑，比如缺乏对其内涵的普遍共识，甚至认为这一概念存在根本缺陷；社交媒体与人工智能技术的发展，似乎又暗示了算法主导下的新闻业危机。然而，作为一个具有高度政治性和历史性的概念，新闻专业主义又不能仅仅局限于“职业”或“专业”的框架偏安一隅，其与宏大时代主题的紧密联系，使得我们不得不以流动和发展的观点予以看待，进而有所扬弃，实现重构再造[⑤]。因此，近期关于新闻专业主义的讨论又再次成为学界和业界的焦点话题。不过令人遗憾的是，当下的一些讨论仍然没有弥合观点的分裂，相比学界多条路径的探索，业界对新闻专业主义的认知仿佛简

① 朱清河、张荣华：《“政治家办报”的历史起点与逻辑归点》，《新闻与传播研究》2009年第4期。

② 朱清河：《“群众办报”的逻辑起点与未来归宿》，《新闻与传播研究》2011年第3期。

③ 李彬：《专业性还是人民性：新中国新闻业的一点断想》，《经济导刊》2014年第6期。

④ 童兵：《厘清对“新闻专业主义”的认知——兼论对美国“新闻专业主义”的质疑》，《新闻与写作》2015年第9期。

⑤ 吴飞、龙强：《新闻专业主义是媒体精英建构的乌托邦》，《新闻与传播研究》2017年第9期。

单化为通过“基本事实”和“负责言论”进行的“社会抗议”[①]。显然，如果根据新闻专业主义“客观中立”“报道事实”等原则的标准解释，诉诸“社会抗议”的新闻实践显然不符合其所声称的“新闻专业主义”，倒确有“冠冕堂皇的对抗”之嫌。但是，如果将“新闻专业主义”理解为新闻从业者这个“阐释社群”通过各种互动书写，对其边界秩序和文化权威的确认和维护方式[②]，那么对这一“热点事件”的解读，则为我们理解理论丰富了阐释性的案例。

不同学者、学界业界对于“新闻专业主义”的不同理解及论争，驱使本文有探讨的冲动。短短六字为什么招至如此多样的评价？显然，评价的争议点不在于“新闻”的含义——虽然“新闻”的概念确实也众说纷纭，但在关于“新闻专业主义”的论争中，它不是焦点。那么，“专业主义”就成为本文关心的核心概念。在接下来的第二部分，本文就将对“专业化”“专业性”“专业主义”这三个彼此关联的概念进行回顾和分析，并尝试通过概念的阐释对上述的批评作出比较和回应，最终逐渐揭示出“专业主义”的核心内涵和指向——这一过程是去语境化的纯粹概念探讨，在本文的第三部分将会结合中国实际进行进一步分析。

二 “主义”何为？专业化、专业性与专业主义

（一）专业化

新闻是否可以被称为一个“专业”，这是新闻专业主义要回答的首要问题。从职业社会学的角度来看，社会分工产生行业，而“行业”（occupation）经过一系列特定的发展过程即成为“专业/职业”（profession），[③]

---

① 陈昌凤：《未来的智能传播：从“互联网”到“人联网”》，《人民论坛·学术前沿》2017年第12期。

② Barbie Zelizer, “Journalists as Interpretive Communities”, *Critical Studies in Media Communication*, Vol. 10, No. 3, May 1993, pp. 219 – 237.

③ 在职业社会学中，“profession”一般中译为“职业”。但在“新闻专业主义”的语境下，由于“专业主义”所对应的英文即“professionalism”，相应的“专业”“专业化”“专业性”等概念也均对应“profession”“professionalization”“professionality”，因此出于习惯，之后的中译词语皆使用“专业”来作为“profession”的中译。

这个过程就是“专业化”[①]。刘思达[②]将关于“专业化”的研究归纳为功能学派、结构学派、垄断学派和文化学派。

表1列出了不同学派的主要观点，虽然各个学派有其独有的侧重点，但是我们也不难发现其中存在一组具有共性的基本关系，这成为“专业化”研究的核心元素，即专业系统的内部成员（从业者）和外部成员（社会）的关系。一般来说，专业内部成员需要通过学术性/应用性的知识技能（功能学派），或价值规范的认同（功能学派/结构学派/文化学派），或排他性的制度设计（垄断学派），形成一个区别于外部成员的“专业共同体”；而专业外部成员则会为该“专业共同体”提供专业认同（结构学派/文化学派）、制度保障（垄断学派），甚至直接主宰专业领域事务从而获得部分直接控制社会权力的合法性承认（功能学派）。

而在对“专业化”进行彻底批判的阿伯特看来，各学派内部对于“专业化”研究最容易引发误解的一面就是仅仅关注专业知识、专业技能、专业规范等内部问题，而忽视了专业活动的内容与不同专业之间的竞争[③]——也就是说，在研究孤立专业内部成员和外部社会之间关系的同时，同样不应忽视不同专业之间的关系。

表1　“专业化”理论的学派及其主要观点

学派	主要观点/专业社会结构的阶段
功能学派	（1）专业系统分化为学术性专业和应用性专业两个部分 —学术性专业：知识的制度化 —应用性专业：知识的实践性应用 （2）专业系统的内部认同和外部承认 —内部成员：价值、语言、认同感 —外部成员：赋予专业共同体在专业领域的直接社会控制权力

① Robert W. Habenstein, “Critique of ‘Profession’ as a Sociological Category”, *The Sociological Quarterly*, Vol. 4, No. 4, Autumn 1963, pp. 291 – 299.

② 刘思达：《职业自主性与国家干预》，《社会学研究》2006年第1期。

③ Andrew Abbott, “Status and Status Strain in the Professions”, *American Journal of Sociology*, Vol. 86, No. 4, January 1981, pp. 819 – 835.

续表

学派	主要观点/专业社会结构的阶段
结构学派	(1) 获得相对确定的知识与实践的能力，以及行业活动的具体化 (2) 获得知识和实践的机会 (3) 行业内部：从业者自我意识的发展 (4) 行业外部：社会对行业作为一种专业的认同
垄断学派	(1) 以垄断的方式实施会员制度的能力 (2) 以限制性方式控制会员规模的能力 (3) 排除竞争团体的能力 (4) 法律环境的友善性 (5) 与有权力的其他团体的共同利益
文化学派	(1) 专业系统的内部和外部关系 —非理性外部成员对内部从业者的信任、尊重和依赖 (2) 专业系统的科层化和国家干预

（二）专业性

正如上文所述，专业化可以概括为两个同时发生的进程："区隔"和"挤压"。首先是"区隔"。通过提升专业内部成员的知识壁垒、价值壁垒、制度壁垒，进而形成观念认同和利益共享，从而获得外部社会的专业认同、制度保障、权力授予，形成专业系统的"内外区隔"。其次是"挤压"。由于具体工作内容的分化和转化，不同专业系统之间可能处于边界冲突的状况，通过对外部社会权力授予的争取过程，逐渐挤压出较为清晰的管辖权边界，进而完成专业化。

其中，"区隔"产生了保护"专业自主性"（professional autonomy）的需要，而"挤压"则需要通过"专业地位"（professional status）的确认来获得管辖权——这里的"专业地位"指的是阿伯特定义中的"公共地位"，而非专业"内部地位"①。具体到新闻领域，专业化的"区隔"过程如果再进一步进行论述，那么系统内外的关系即可表述为"为了获得外部社会的……权力授予，内部成员就必须提升……制度壁垒，进而形成共同体"。也就是说外部社会的认同、保障和权力授

① Andrew Abbott, "Status and Status Strain in the Professions", *American Journal of Sociology*, Vol. 86, No. 4, January 1981, pp. 819 – 835.

予过程是内部成员提升壁垒的动力来源，在这种情况下“专业自主性”就成为一种必需品。内部成员通过“边界工作”（boundarywork）来确定“自主性”包括哪些内容以及如何建构原则边界①②，并且通过“边界表演”（Boundary Performance）的方式，即专业内部成员彼此之间对于“什么不是专业自主性”的表演，对其进行确定③。

而在追求“专业地位”的过程中，新闻专业性的内容实际上是通过不同专业的竞争被“挤压”出来的。为了区别于政党报刊，以《纽约时报》为代表的美国独立报刊希望通过“独立”“客观”“中立”“公众服务导向”等特征，以期获得“政府和社会公众的信任”④；而在近代中国，为了将“新闻职业”区别于士大夫的文人论政和政治家的言论工具，黄远生通过反思政论和创立新闻通讯等方式，尝试建立“新闻专业”的职业行为准则以及共同体认同，强调实际采访、“正确的材料”、“合法的态度”、“列举统计数字”等准则，立志做“纯粹洁白自食其力之一种精神上之工人”⑤。

（三）专业主义

专业化的“区隔”过程形成了以保护“专业自主性”为核心的专业性，专业化的“挤压”过程形成了以获取“专业地位”为核心的专业性，两者共同建构了新闻专业主义的两个面向，本文将其分别称为作为“专业自主性权力”的新闻专业主义和作为“专业自定义权力”的新闻专业主义。第一个面向处理的是在专业系统内部与外部互动过程中由外向内“授权”和由内向外“划界”的统一关系，第二个面向处理的则是不同专业间彼此冲突中的“规范建构”过程。整合“专业

---

① 陈楚洁、袁梦倩：《新闻社群的专业主义话语：一种边界工作的视角》，《新闻与传播研究》2014 年第 5 期。

② 白红义：《新闻业的边界工作：概念、类型及不足》，《新闻记者》2015 年第 7 期。

③ Matthias Revers, “Journalistic Professionalism as Performance and Boundary Work: Source Relations at the State House”, *Journalism*, Vol. 15, No. 1, January 2014, pp. 37 – 52.

④ Daniel C. Hallin, “The Passing of the ‘High Modernism’ of American Journalism”, *Journal of Communication*, Vol. 42, No. 3, September 1992, pp. 14 – 25.

⑤ 张洁：《新闻职业化的萌芽——重读黄远生的新闻实践与新闻思想》，《新闻大学》2006 年第 3 期。

自主性权力”和“专业自定义权力”，我们也可以理解为新闻专业主义实际是一种“专业权力”，这与芮必峰[①]提出的作为职业权力意识形态的新闻专业主义有类似之处。

辛格[②]将新闻专业主义分为三个维度，即认知维度、规范维度、评估维度。认知维度指的是专业知识和专业技能；规范维度指的是新闻行业所应当具备的公共服务属性，以及一系列职业伦理，包括追求真相、减少伤害、客观独立、审慎负责等；评估维度指的是新闻业在外部压力下多大程度可以保持自身的自主性，从而获得社会声望。本文从“专业化”的两个过程展开，通过“专业自主性权力”（评估维度）和“专业自定义权力”（认知维度、规范维度）的概念化过程，进一步结构化了辛格的理论分类，尝试为准确动态地理解新闻专业主义的内涵提供理论框架。

上述对于新闻专业主义“生态学”意义上的理解，能够一定程度上回应对于新闻专业主义“分工细化，科学管理”的历史权力批判——事实上，在新闻实践层面对新闻专业主义的理解，也确实倾向于韦伯式的社会控制取向，而非本文所理解的涂尔干式的，通过集体身份认同而构筑起来的道德和文化社群取向[③]。从这个意义上说，对于新闻专业主义的政治经济学批评，包括经验性地关于西方媒体在新闻专业主义话语下的报道偏向问题，都能够得到一定的回应，比如，在政府外交战略、社会意识形态和资本利益影响下，西方媒体主动放弃了“专业权力”，陷入“拜物教式的拒认”。

三 主体性 vs. 适用性：理论的时空旅行

通过对专业化、专业性、专业主义等几个相关概念的梳理和分析，

① 芮必峰：《新闻专业主义：一种职业权力的意识形态——再论新闻专业主义之于我国新闻传播实践》，《国际新闻界》2011 年第 12 期。

② Jane B. Singer, “Who Are These Guys? The Online Challenge to the Notion of Journalistic Professionalism”, *Journalism*, Vol. 4, No. 2, May 2003, pp. 139 – 163.

③ Michael Schudson, “The Objectivity Norm in American Journalism”, *Journalism*, Vol. 2, No. 2, August 2001, pp. 149 – 170.

可以了解那些被奉为圭臬的西方新闻专业主义伦理准则和职业规范，仅仅是新闻专业主义的子范畴、一部分。更重要的是，本文所理解的新闻专业主义所强调的动态性和建构性，一定是基于本土的语境而形成的主体建构。这一建构过程又可理解为如下循环：职业伦理、专业价值、行业活动的形成实际上来源于社会、历史、文化、政治、经济、技术的综合性影响。这些综合性影响因素又会通过改变受众需求和社会目标，进而反过来影响专业系统内的教育培训、共同体文化、科层制行为、体制制度环境、奖项荣誉体系、阶级政治倾向以及自我的认知①。

在“主体性”和“适用性”之间，主体性是当然的方法论选择。根植于美国语境下理论的跨文化落地，固然有其表征意义上的“适用性”借鉴价值②，但是这并不等同于方法论上的“主体性”建构。陆晔和潘忠党③在《成名的想象：中国社会转型过程中新闻从业者的专业主义话语建构》一文中，根据相关文献，整合性地归纳出五条关于西方新闻工作专业主义的核心理念。本文将首先根据这段话语的内容，提出其中几处在中国“适用”时的“不适用性”，以作为本部分的案例材料。

> （1）传媒具有社会公器的职能，新闻工作必须服务于公众利益，而不仅限于服务政治或经济利益集团；（2）新闻从业者是社会的观察者、事实的报道者，而不是某一利益集团的宣传员，或政治、经济利益冲突的参与者或鼓动者；（3）他们是资讯流通的“把关人”，采纳的基准是以中产阶级为主体的主流社会的价值观

① Kenneth Starck and Anantha Sudhaker, “Reconceptualizing the Notion of Journalistic Professionalism across Differing Press Systems”, *Journal of Communication Inquiry*, Vol. 4, No. 2, January 1979, pp. 33 – 52.

② 郭恩强：《理论的旅行：重思职业社会学脉络中的中国新闻专业主义研究——由〈新闻专业主义之于我国新闻传播实践〉一文谈起》，《国际新闻界》2011 年第 9 期。

③ 陆晔、潘忠党：《成名的想象：中国社会转型过程中新闻从业者的专业主义话语建构》，《新闻学研究》2002 年第 71 期。

念，而不是任何需要向社会主流灌输的意识形态；（4）他们以实证科学的理性标准评判事实的真伪，服从于事实这一最高权威，而不是臣服于任何政治权力或经济势力；（5）他们受制于建立在上述原则之上的专业规范，接受专业社区的自律，而不接受在此之外的任何权力或权威的控制。

下面将借鉴经济学中使用的PEST（Political，Economic，Socio-cultural and Technological）分析框架，从政治（P）、经济（E）、社会文化（S-c）、技术（T）四个维度，结合上述5条理念与中国语境，分析中国宏观环境与新闻专业主义的相异性质，说明新闻专业主义在中国的不适用性。

（一）政治语境：政治权威—行政宣传

由于国家建构过程和体制逻辑的不同，中国的政治权力不能够简单地作为“铁板一块”来看待。从科层体制和行政运行的角度出发，“国家的分化”表现为不同层级、不同条块的行政部门之间行为逻辑的不一致和偶然性，在新闻领域则更加体现为在行政控制网络中的随意性和“非法定性”[①]。

黄月琴[②]将当前中国新闻业的象征资源分为权威型、历史型、浪漫型、改革型、衍生型，其中权威型指代“党的新闻事业”，历史型和浪漫型分别概念化为中国文化传统中的“文人论政”和“侠义精神”，改革型概念化为具有科学管理取向的“西方传播论”和“市场绩效主义”，“新闻专业主义”则被视为具有职业意识和自主意识的衍生型象征资源。在此基础上，本文将权威型象征资源也进行了一定的区分，即指代党的新闻事业的“政治权威型”和指代政府公关的“行政宣传型”两类。

---

① 夏倩芳、袁光锋：《“国家”的分化，控制网络与冲突性议题传播的机会结构》，《开放时代》2014年第1期。

② 黄月琴：《象征资源“褶皱”与“游牧”的新闻专业主义：一种德勒兹主义的进路》，《国际新闻界》2015年第7期。

从经验层面来看，在“层级—条块”的行政体制中，党的新闻事业和党的媒体在诸多公共事件中都较其他类型的新闻媒体，更多承担起“深挖真相”的功能[①]。一项由网络论坛组织的名为“肝胆相照”的个案研究发现，中央电视台的广泛报道和讨论，推动了运动的扩大，并最终促进了乙肝病毒携带者的隐私权和平等就业权的实现[②]，而在中国的拆迁抗争研究中，作者也发现中央媒体的强干预也是运动成功的关键因素[③]。

（二）经济环境：利益集团—产消融合

新闻媒体的工作不受到利益集团，尤其是广告厂商对内容生产的影响，一直是西方新闻专业主义的核心内容，但是这却是建立在新闻媒体对产业实践的垄断性地位之上的[④]。然而，随着“专业生产内容”（PGC）\ “用户生产内容”（UGC）的兴起，新闻生产和消费的界限正在变得模糊不清，随之而来的关于新闻专业主义的认知也自然趋于融合和再造[⑤]。新闻记者专业身份和公众直接参与之间的张力，来源于专业控制的制度性逻辑和开放参与的透明性伦理之间的碰撞[⑥]。

从新闻生产融合的角度出发，陆晔和周睿鸣[⑦]通过对澎湃新闻案

---

① Jia Dai, et al., “Networked Anti-Corruption: Actors, Styles and Mechanisms”, in Wenhong Chen and Stephen D. Reese, eds., *Networked China: Global Dynamics of Digital Media and Civic Engagement: New Agendas in Communication*, New York: Routledge, 2015, pp. 37 – 57.

② Yapeng Zhu and Joseph Y. S. Cheng, “The Emergence of Cyber Society and the Transformation of the Public Policy Agenda-Building Process in China”, *China Review*, Vol. 11, No. 2, Fall 2011, pp. 153 – 181.

③ 黄荣贵等:《多渠道强干预:框架与抗争结果——对40个拆迁抗争案例的模糊集定性比较分析》,《社会学研究》2015年第5期。

④ Christopher Meyers, et al., “Professionalism, Not Professionals”, *Journal of Mass Media Ethics*, Vol. 27, No. 3, August 2012, pp. 189 – 205.

⑤ Deborah S. Chung and Seungahn Nah, “Negotiating Journalistic Professionalism”, *Journalism Practice*, Vol. 8, No. 4, July 2014, pp. 390 – 406.

⑥ Matthias Revers, “The Twitterization of News Making: Transparency and Journalistic Professionalism”, *Journal of Communication*, Vol. 64, No. 5, August 2014, pp. 806 – 826.

⑦ 陆晔、周睿鸣:《“液态”的新闻业:新传播形态与新闻专业主义再思考——以澎湃新闻“东方之星”长江沉船事故报道为个案》,《新闻与传播研究》2016年第7期。

例的研究，提出“液态”新闻业概念，阐述了记者身份的“液化”（职业记者、公民记者、社会大众之间的转换）和新闻职业共同体的“液化”（信息与信息控制边界的弥散以及职业与非职业社区信息生产流动结构的共塑）两个过程，认为新闻专业主义是“在实践中开拓、发展、阐述的动态、开放的话语体系”，应当超越职业角色期许的局限，将其视为“浓缩并彰显民主的公共生活的‘元传播范本’之一”的规范体系[①]。

然而更严峻的挑战在于，当新闻的“专业权力”遭遇诸多其他专业系统的竞争挤压时，原有的专业主义定义又该如何重构。社交媒体、人工智能技术的广泛应用，产生了原生广告、热搜定制、算法推荐、社群经济等诸多介于“新闻”和“信息商品”之间的领域，在这一市场环境下的新闻专业主义该如何调适，仍然值得探讨。

（三）社会—文化：中产阶级—人民群众

在西方新闻专业主义的叙事中，作为对“把关人”理论所揭示的记者编辑自身框架与“以事实为最高权威”冲突性的调适，“以中产阶级为主体的主流社会的价值观念”成为记者编辑框架选择的“基准”，并作为西方新闻专业主义缺陷的一次重大修正，成为其核心理念。这一历史过程确实一方面反映了新闻专业主义作为“专业自定义权力”的动态性，但另一方面，“中产阶级”的叙事也深刻留下了西方社会结构的烙印。

如果我们以同为西方新闻专业主义核心理念第一条所宣指的“必须服务于公众利益”作为前提，在西方发达国家，“公众”或许可能指的是“中产阶级”，但在中国却一定指的不是“中产阶级”，而是包括广大底层在内的人民群众利益，按照中国社科院 2002 年发布的调研报告，中国社会阶层达十个[②]。即使按照 2016 年 7 月《经济学人》的统计，中国的中产阶层也只是 2. 25 亿人，而实际上中国专家的统计为：在 2016 年中国中等收入的人群占总人口不到 20% 。中国新闻专

① 潘忠党、陆晔：《走向公共：新闻专业主义再出发》，《国际新闻界》2017 年第 10 期。

② 陆学艺主编：《当代中国社会阶层研究报告》，社会科学文献出版社 2002 年版。

业为人民服务，人民的指称远远多于中产阶级。然而，正是由于“适用性”的迷思，新闻专业主义话语在中国当代的新闻实践中，已经成为精英主义和专业主义的复合体①，新闻媒体的工作对象已经不再包括“人民群众”，而是先转向较为中性的“受众”，再完成向具有消费能力的、有价值的、主流的“消费者”——“中产阶级”——的转换②。

新闻从业者是“社会的观察者、事实的报道者，而不是……宣传员，……参与者或鼓动者”——“做一只墙上的苍蝇”或许是西方新闻界的金科玉律。然而，正如前文所述的关于近代中国“救亡图存”“启蒙宣传”的历史渊源，以及文人士大夫、侠客英雄气等具有“入世”改造世界冲动的知识分子传统③，中国当代新闻实践的观念仍然离不开这些文化因素。

如果说新闻专业可以被宽泛地认为是具有权力和声望的职业的话④，那么在与其他同样具有或希望具有权力和声望职业的竞争挤压中，“观察报道”似乎还并没有完成其“专业的自定义”。在经验研究层面，一个关于中国媒体与社会运动互激模式的阐释也表明，相比仅仅当作“工具”的信息报道和传递中介，中国媒体在一些社会运动中更愿意成为“能动”的媒体——主动超越框限于报道事实本身和新闻客观性原则，直接与新闻当事人接触，推动议题的发酵和发展⑤。

（四）技术：个人权利—公共利益

大数据、智能化、移动互联网对未来新闻业的影响和冲击，不亚于这些最具能量的技术对其他任何领域的影响。西方视野下最强调的

---

① 樊昌志、童兵：《社会结构中的大众传媒：身份认同与新闻专业主义之建构》，《新闻大学》2009 年第 3 期。

② 徐桂权：《从群众到公众：中国受众研究的话语变迁》，人民日报出版社 2016 年版，第 170—177 页。

③ 芮必峰：《描述乎？规范乎？——新闻专业主义之于我国新闻传播实践》，《新闻与传播研究》2010 年第 1 期。

④ Margali Sarfetti Larson, *The Rise of Professionalism: A Sociological Analysis*, Berkeley: University of California Press, 1977.

⑤ 黄煜、曾繁旭：《从以邻为壑到政策倡导：中国媒体与社会抗争的互激模式》，《新闻学研究》2011 年第 109 期。

是权利意识，将人的权利置于至高无上的地位——这些权利是较为明确清晰的。在中国，个人/个别利益通常要服从公共利益、社会利益，而这些利益的界定有时存在不确定性。诸如2016年苹果公司以保护客户隐私为由拒绝美国政府协助解码的要求，这类案例会在中国出现吗？

技术也在形成对新闻专业的挑战，而对技术的管控，则深刻地体现出中西专业主义维护方面的差异。技术商业化的要求，使得新型的“科学”在不同范围和程度上影响新闻的专业性，即使新闻专家也难以主宰专业权——技术将新闻线索发掘、新闻文本写作、评论策展、标题制作、网页编辑、新闻分发渠道的诸多流程推向了“黑箱”，并带来了“流量工厂”驱逐优质新闻、定制推送回化社会分层、技术平台反收编新闻机构等社会格局变化①。专业性维护者和不同权力的互动结果，会在美国出现用户要求Facebook公开算法的情形，而在中国，政府正在以管控的方式，要求那些新媒体平台公开算法。

四　超越“行政”和“资本”：建构“有机的公共生活”

弗莱德森②试图将专业主义视为与“科层体制”（bureaucracy）和“市场规则”（market）并列的组织社会的第三条逻辑。如果将新闻专业主义作为一种“专业权力”来看待，它确实存有纠正过度依赖行政权力或是资本权力的种种弊端的潜力。

本文认为，行政权力对专业权力的干预弊端主要表现在不同“层级—条块”行政机构的权力运行逻辑往往具有自利性，这种自利性在有些时候会与作为国家整体权威的政治性、公共性相冲突，如果放任自利的行政权力对专业权力的干预，使得专业权力无法通过内部的自主性保护构建社会的信任和授权，那么就会反过来伤害国家的政治权威，陷入“塔西佗陷阱”。资本权力对专业权力的干预，则主要体现

① 仇筠茜、陈昌凤：《黑箱：人工智能技术与新闻生产格局嬗变》，《新闻界》2018年第1期。

② Eliot Freidson, *Professionalism, the Third Logic: On the Practice of Knowledge*, Chicago: University of Chicago Press, 2001, pp. 11-14.

在市场规则的短期性和遮蔽性。如果任由不同的市场主体入侵新闻的专业领域，并通过“粉丝包”、利益导向的算法推荐等“看不见”的商业行动占据公众的注意力，那么好不容易从资本赞助中“经济独立”出来的新闻专业主义，将再一次受控于资本的权力之中。

因此，本文认为生态学意义上作为专业权力的新闻专业主义，可以成为“有机的公共生活”① 的“有机组成部分”。一方面，既然要成为一个“有机”的部分，那么就必须保障新闻专业主义的“专业自主性权力”。在当前的新闻实践中，专业策略或许可以保护专业性，但是却不能保证专业主义。比如最近国内社交媒体上讨论的“媒体报道汤兰兰”的伦理问题事件，从专业策略上确实可以通过信源平衡、隐私保护来达成专业性，但是假如有网络讨论到的自利性的行政权力介入，那就不是专业策略能够解决的问题了，必须以具有社会普遍共识的具有“专业自主性权力”的新闻专业主义予以调节。有学者曾提出，中国需要找出一套在宣传体制和市场体制并存的传播体制内的新闻专业主义，“在性质上，报刊是一个独立的专业，因此，它必须是自主的，不屈服于政治权力与经济权力，从大局上服从国家与公众的根本利益”②。

另一方面，既然作为“专业权力”，新闻专业主义也必然同时包含“权力”的政治性属性。在当代“去政治化”的政治语境下③，也就是说新闻专业主义中“专业自定义权力”的部分，不仅应当包括专业知识、职业伦理、操作规范等内容，也同时应当包括对新闻与政治关系的理解。中国共产党领导语境下的新闻政治性，着眼点在于解决和回应“为了谁、依靠谁、我是谁”的这个根本问题。维护国家利益、保障人民权利、推动社会进步、开展舆论监督、整合社会共识④，

① 林尚立：《有机的公共生活：从责任建构民主》，《社会》2006 年第 3 期。

② 樊昌志、童兵：《社会结构中的大众传媒：身份认同与新闻专业主义之建构》，《新闻大学》2009 年第 3 期。

③ 汪晖：《去政治化的政治、霸权的多重构成与六十年代的消逝》，《开放时代》2007 年第 2 期。

④ 李彬、马学清：《中国新闻专业主义的核心理念：责任感和建设性》，《湖南科技学院学报》2011 年第 3 期。

这些都是中国学者在探讨的新闻专业的政治性问题。如何结合中国本土化实践，通过构建合理的新闻专业与外在环境的联系，从而通过一个“有机的公共生活”来建构中国的新闻专业主义，是未来可以探索的一个路径。这也意味着，就目前而言，现有的“新闻专业主义”理念并不适用于描述中国语境与新闻实践。在中国，要构建新闻专业主义，必然包含“专业自主性权力”和“专业自定义权力”两个面向。中国构建新闻专业主义，可能的方向在于超越“科层”和“市场”，确认政治性和自主性。

Politicalness and Autonomy: Journalistic Professionalism as Professional Authority

Abstract The arguments of journalistic professionalism were formed from two ways, including the discourse imagination of journalism routine and the critiques followed by three aspects, such as political economics approach, new media and technologies and applicability in Chinese context. Therefore, this article tried to illustrate and classify the three related concepts including professionalization, professionality and professionalism, which finally came out a two-dimension understanding of journalistic professionalism in terms of the professional autonomy authority and the professional definition authority. With a case interpretation on the applicability of the western classic style journalistic professionalism, the conclusion suggested a theoretical framework of professional authority with emphasizing on politicalness and autonomy, in order to construct the "organic public life" beyond the bureaucracy and market rules.

Keywords Journalistic Professionalism; Sociology of Professions; Professional Authority; Journalism Theory

第二部分

新闻实践

新媒体环境下中国新闻管理与舆论引导问题、趋势分析

柳斌杰　郑　雷*

摘要　坚持正面宣传为主与依法管理相结合的舆论引导机制，是党中央确立的新闻舆论工作的基本方针，也是党委和政府进行新闻传播管理和舆论引导时的宏观指导原则。这个机制需要进一步建立和完善，从主体方面来看，党委、政府、行业协会、媒体必须合理发挥应有的作用；从制度方面看，必须从正面宣传为主与依法管理结合机制、舆论研究机制、假新闻治理机制三个方面，增加有效制度供给；从法律方面看，当前中国新闻传播领域法律体系并不完善，一部完整的新闻传播类的法律还在准备过程中。

关键词　新闻制度；正面宣传；新闻法制；智能化；媒体融合

新闻管理和舆论引导是党和国家的大事，关乎意识形态的稳定和国家政权的稳定，关系国计民生与老百姓的切身利益。从本质上来说，新闻管理影响舆论引导，对新闻传播进行管理是为了实现更好的舆论引导。让舆论更加正确，保证引领方向，是加强新闻管理的根本目的。

---

* 柳斌杰，原国家新闻出版总署署长，第十二届全国人大常委会委员、教育科学文化卫生委员会主任委员，中国出版协会理事长，清华大学新闻与传播学院院长，博士生导师；郑雷，美国南加州大学安纳伯格新闻传播学院博士后，清华大学新闻与传播学院博士，电子邮箱：lz_106@usc.edu。

本文将从新闻舆论主体的职能与趋势、有效制度供给、新闻传播法律体系三个角度进行相关论述，对如何完善当前中国新闻管理制度和舆论引导能力进行讨论。

一 新闻管理与舆论引导的理念

坚持正面宣传为主与依法管理相结合的舆论引导机制，是党中央确立的新闻舆论工作的基本方针，是一个宏观性的、提纲挈领的方针政策。该舆论引导机制包括两个方面。一方面，要营造正面的舆论，正确引导社会公众，弘扬正能量，团结一致实现新时代的奋斗目标；另一方面，要强调依法管理，对新闻传播的管理要以法律为依据、为准绳，同时依法限制一些错误舆论、错误思潮的公开传播。正面宣传为主与依法管理相结合，也是党委和政府进行新闻传播管理和舆论引导时的宏观指导原则。

党和政府多年的新闻实践经验证明，新闻管理与舆论引导必须适度、必须正确，才能促进社会思想积极、健康的发展，才能确保意识形态的稳定。在新闻管理与舆论引导的关系中，往往会出现一些问题。一方面，如果领导出现错误，就会限制正常的新闻传播活动，压制正确舆论，例如“文革”后真理标准问题讨论初期的新闻舆论工作。本来真理标准问题讨论是正确的，是对马克思主义的回归，但是真理标准讨论刚一出现，便受到了压制，有声音说这是砍旗，是要砍掉毛泽东思想，这就是领导的错误，使正确舆论不能充分展现出来，影响了正确的舆论导向。另一方面，如果管理上过于放松，又会造成舆论失控，例如十一届三中全会结束后出现的短暂的舆论放松局面。当时在真理标准问题讨论过程中，由于对舆论的管理过于放松，出现了西单民主墙、《北京之春》等非法刊物，甚至有声音呼吁美国总统卡特来领导中国的改革，这些杂音造成了一定的舆论失控。所以邓小平同志提出要坚持四项基本原则，整顿报刊，打击非法出版物，主要就是为了纠正舆论出现的问题。

适度的新闻管理和舆论引导，才能既确保主流舆论得到充分发挥，同时又防止舆论失控。唯有如此，舆论引导才有力量，才能坚持大的方向。同时，制度的好坏，对舆论具有重大的影响。一个正确的新闻管理制度，能够带来良好的舆论生态，既能让人民群众保持心情舒畅，也能使媒体真实地传递社会信息，实现较高的社会公开透明度。

我国目前在新闻管理与舆论引导的关系方面，基本上是适应的。正面宣传为主与依法管理相结合的机制，党和国家已经进行了多年的设计规划，但目前还没有完全做到，机制还不够完善，存在诸多不协调的情况。比如正面的舆论宣传在传统媒体当中能够得到贯彻，却不能在新媒体里完全贯彻；有法可依的领域，基本可以实现对新闻传播的依法管理，但当前部分新闻传播领域还面临无法可依的状态。同时，因为这个机制不够完善，现在往往依靠一些部门和人来管理新闻、引导舆论。人的行为不像制度那样标准化，不同的人，也会有不同的管理方式、管理尺度，这就会带来一些问题，例如不同媒体、不同业态之间的新闻失真、舆论混乱。

既然我们已经明确了正面宣传为主与依法管理相结合的机制，就要朝着这个目标努力。只有不断完善这个机制，才能依靠制度来排除人为的错误和干扰，正确处理新闻管理与舆论引导之间的关系，从根本上解决中国新闻舆论领域长期形成的“松—紧”“宽—严”“放—收”不协调问题。

二 党委政府、行业协会、媒体的职能演进与发展趋势

在我国新闻管理与舆论引导中，主要有六个主体在发挥作用，分别是党委、政府、行业协会、媒体、公众、市场。其中，党委指明新闻传播的方向，制定新闻传播的方针，提出新闻传播的要求，从宏观角度对新闻管理和舆论引导局面进行规划，从大的方向进行调控，这是党管意识形态、党管媒体的要求，也是党和国家机构改革后，党委统一调控新闻传播与新闻舆论的要求。政府从执法的角度，对媒体行为、公共传播行为进行考量，鼓励守法行为，处罚违法行为，同时政府也要处理与新闻传播相关的行政许可事项。行业协会要保障协会中媒体成员的利益，同时提出本行业的公约，成立道德委员会，通过自我约束实现行业自律要求，肩负道德责任，进行道德评价。媒体是新

闻传播和舆论引导的主体，肩负新闻舆论宣传功能，负责传播事实真相，弘扬正能量。公众是新闻传播的受众，是舆论的主体，同时也是媒体和公共传播的监督者，媒体为人民传达信息，人民群众对媒体最有监督权。当前新媒体先天的互动性使得人民群众参与度较高，虽然主流媒体早已设置监督电话、监督信息，但与人民群众的互动性还较差。市场调节是自然规律问题，我国坚持改革开放的总方针，实行社会主义市场经济，市场通过经济方式对新闻传播的各方面产生影响，如今市场化的媒体从数量到形态都在大幅增加，市场依照市场规律和规则对其进行自动调节，所以电视收视率、报纸发行量、新闻性刊物发行量都在大幅下滑，而新媒体逐渐成熟的同时，也在不断吸引走传统媒体阵营中的广告，媒体市场运营竞争激烈。

这六个主体在新闻传播与舆论引导中不是孤立的个体，而是通过互动，作用于国内的新闻传播管理与舆论引导。互动关系主要表现为五个方面：第一，国家新闻宣传舆论方针政策影响国家法律的执行；第二，国家法律的执行影响媒体的生存；第三，市场和人民群众对媒体的选择，影响新闻舆论作用的发挥；第四，市场和人民群众的选择，影响媒体的社会效益和经济效益；第五，媒体的进步与发展，影响法律的制定和国家新闻宣传舆论方针。

当前，五个方面的互动基本上是比较好的，以下主要结合当前新闻传播管理和舆论引导发展现状，对党委和政府、行业协会、媒体的职能演进与发展趋势做进一步的阐述。

（一）从人治向法治转变——党委政府的新闻舆论工作流变与趋势

近年来，党委和政府一再强调，要善待媒体、善用媒体、善管媒体。善待媒体就是党委政府工作人员要不断提升自身的媒介素养，尊重新闻规律，尊重新闻工作，按照新闻规律办事；善用媒体就是要善于利用传播工具，特别是最新的新闻传播手段，使新闻宣传达到最优效果，提升舆论引导能力；善管媒体就是要做到管理规则与管理方式与时俱进。当前党委和政府在这三方面都有很大的改善。过去出现一点负面的消息，被媒体曝光了一点问题，就不得了，就是天大的事情，现在媒体上登载、指出一些问题，已经很正常了，这表明党政人员的媒介素养在提高。

改革开放以来，党委和政府在新闻管理与舆论引导的工作中，根据新闻传播规律和媒介发展趋势，不断提出新思路，打造新理念，引导、规范中国新闻传播的发展，满足人民群众的需求。党委政府的新闻管理与舆论引导理念的流变可以概括为以下六个方面。

第一，打造自己的传播体系。自改革开放初期以来，党和政府便开始提出国家传播体系建设。党的十一届三中全会为国家新闻传播发展带来了全新的思路和理念，解放思想、实事求是的指导思想，《关于建国以来党的若干历史问题的决议》等重要文件，为党中央及时调整新闻管理和舆论引导思路提供了理论依据。面对实现四个现代化的总体任务，发展社会主义物质文明和精神文明的宏观要求，中国新闻媒体的功能也开始从阶级斗争转向为改革开放服务、为现代化建设服务。国内的广播、报纸、杂志、电视等媒体，从样态到数量，迅速增加。20 世纪 90 年代中期，互联网进入中国。传媒体量的增加，新闻报道方式和媒体经营理念的变革，也推动了整个国家传播体系的建设。国家也开始制定各种政策、法规来规范日渐形成的传播体系。

第二，导向是关系党和人民祸福的大事。1996 年，中央提出了舆论导向正确，是党和人民之福；舆论导向错误，是党和人民之祸的论断。这个论断表明新闻舆论导向关乎党的前途命运、关乎国家发展道路、关乎群众生产生活的重要性。

第三，"三贴近"原则。"非典"事件暴露了中国新闻媒体存在脱离实际、脱离社会生活、脱离人民群众的问题，党中央对此有深刻的认识，为此，十六大之后，党中央便提出了贴近实际、贴近生活、贴近群众的"三贴近"具体要求，并对全国新闻媒体工作者进行"三贴近"教育和培训。"三贴近"原则切中时弊，针对性强，是当时情况下新闻工作改革和加强新闻传播管理工作的重要切入点，也是推动中国新闻传播领域与时俱进、深化改革、加快发展的突破口。

第四，"走转改"要求。为了进一步践行"三贴近"原则，中央提出了走基层、转作风、改文风的"走转改"要求。在此号召下，众多主流媒体记者深入基层，走进百姓生活，"裤脚上沾满了泥巴"，用朴实、生动的文风和平实、鲜活的镜头，全面反映中国基层的社会实况与大众生活。

第五，真实、客观、准确、及时。这四点要求代表了党委政府对新闻传播新的认识，也是中国新闻管理和舆论引导工作日益尊重新闻规律的体现。真实是新闻的生命，是新闻之本。客观是新闻报道的基本要求，新闻媒体不能只站在一边说话，不能以偏概全。准确要求新闻报道要精准，不能模棱两可。及时不仅代表了新闻媒体对党和政府、对人民群众负责任的态度，也是新闻媒体提升竞争力、提升国际影响力的关键。

第六，融合发展舆论力量。十八大之后，习近平总书记指出，要推动传统媒体和新兴媒体在内容、渠道、平台、经营、管理等方面的深度融合，着力打造一批形态多样、手段先进、具有竞争力的新型主流媒体，建成几家拥有强大实力和传播力、公信力、影响力的新兴媒体集团，形成立体多样、融合发展的现代传播体系。融合发展是根据科技趋势、经济趋势、传播趋势提出的宏观性战略规划，体现了党中央在传媒领域改革的勇气和创新的智慧。媒体融合发展的理念也对新形势下党的新闻舆论工作提出了新的要求。习近平总书记提出，新闻舆论是推动社会强大的舆论力量。这要求新闻舆论工作者高度重视传播手段建设和创新，提高新闻舆论传播力、引导力、影响力、公信力，巩固壮大主流思想舆论，弘扬主旋律，传播正能量，使新闻舆论成为激发全社会团结奋进的强大力量。

从管理角度来看，在互联网时代，面对形式日益丰富、内容日渐多样的新媒体，党委和政府应当更加贴近媒体，要了解各类媒体发展的现状与趋势，适时调整相关的政策。回望过去四十年，党委和政府在新闻管理与舆论引导方面演进的趋势可以归纳为以下四点。

其一，从人治向法治转变。人治，是以个别人的意志为导向，以上层领导的意志为标准和参考，对新闻传播进行管理，对国内舆论进行引导，这使得我们过去的新闻管理和新闻工作总是听上面的指示，依照指示办事。法治，是以法律为依据，媒体和公众依法进行新闻传播活动，管理者依法对新闻传播进行监管。在新闻传播领域，从人治转向法治，也是人类历史发展规律的要求。

其二，从硬性管理向软性管理转变。以前党和国家对新闻传播领域的管理，处分、处罚是经常性手段，对媒体的处分时有发生。如今这种硬性的管理方式和手段已经很少使用，而是为教育、培训、引导这些软性的管理方式和方法所取代。

其三，由虚的管理向实的管理转变。过去党和政府对新闻传播领域的管理，往往只是给个大方向，通过党报进行号召，强调媒体要突出主旋律，要讲爱国主义，在新闻管理和舆论引导中相对务虚。如今管理在朝实的方向转变，主要表现为两个方面，一是管理目标比较实，强调新闻传播中真正的问题，例如新闻报道要讲事实真相，新闻传播如何提高舆论影响力等；二是管理手段比较实，如今党和政府不断从传播技术角度、知识产权角度、网络后台管理角度，推出实际措施，调控新闻舆论方向。

其四，由对物的管理向对人的管理转变。过去管理互联网媒体，主要集中管理互联网媒体的物质形态，例如网站、网页、互联网账号，发现违法违规行为后，将违法违规互联网媒体的物质形态停办，违规者可以接着再开办一个，做不到有效管理。在当前新媒体高度依靠算法的环境下，这种以物为目的的管理方式更加失效，只有逐渐实现对人的管理，才能有效解决问题。党和政府作为管理者，如今已经开始对新媒体中进行技术设计、信息传播、后台操作的人进行管理，提高新闻传播从业者的新闻传播意识，提高他们的主观能动性，不能让算法决定一切，人一定要主动参与进来。在对人的管理上，除了传统的方法，例如过去对传统媒体从业者的管理，通过加强领导和定期学习以提高他们的政治意识与专业素养，还要培养一批高素质的新媒体传播人才，让他们既懂政治、了解国情，又要掌握新闻传播的技术与规律。以后新闻传播的物质基础会日益丰富，不是身处当下的我们所能够想象的，新的媒介形态、传播方式会不断被创造出来。如果只是管理媒介的物质形态，不可能管得过来。归根结底，传播的内容是由人制造出来的，传播的技术手段是由人来发明创造的，只有把人的工作做好，才能从根本上实现对新闻传播的有效管理。

（二）必须切实为会员服务——行业协会存在的问题与发展方向

媒体行业协会是由媒体，与媒体相关的企事业单位、组织，新闻工作者等基于共同利益，自愿联合组成的非营利性社会团体。在中国新闻业发展过程中，众多全国性和区域性的媒体行业协会应运而生。经过多年的发展，国内媒体行业协会从规模、质量到数量，都取得了不小的进步。但目前国内的现状是党委和政府比较强势，社会组织比较弱小，发展还很不平衡，仍处于发育阶段。在新闻传播领域也是如此，多数行业协会处于散、乱、小的状态，谈不上有多大的影响力，也谈不上有多大的社会作用。从国家政策角度来说，当前正在积极培育社会组织，鼓励和引导社会组织发挥应有的功能。行业组织是我国新闻管理与舆论引导中的重要主体和力量，众多媒体行业协会应该借助国家积极培育社会组织的契机，明确自身定位，提高自身素质，提升服务会员的能力和社会运作能力，建立团结整个行业的机制，在团结、引导、规范媒体成员方面，发挥行业协会应有的作用。为此，中国媒体行业协会应该从以下五个方面入手做好本职工作。

第一，贯彻国家在新闻舆论领域的方针政策。媒体行业协会是介于党委政府与媒体之间的“中介和桥梁”，应代表传媒行业与政府进行良性互动，引导媒体成员，贯彻党和政府在新闻舆论领域的方针政策，特别是媒体行业协会要积极吸纳新媒体成员，引导新媒体贯彻国家方针政策。

第二，维护新闻舆论工作者的权利。维护成员利益的职能，是社会组织的核心吸引力，同样，维护会员的利益，是媒体行业协会的立会之本。中国媒体行业协会在对新闻工作者利益的维护方面还比较落后，例如过去记协不仅对记者权利维护较少，还经常代替政府部门查处记者；当记者受到不公正待遇时，遭到地方势力打压、陷害时，行业协会很少发声，很少主动维护记者群体的权益。最近面对沙特记者被杀事件，全世界的新闻机构、行业组织都在声讨，中国竟然没有说话的声音，站不到道义的制高点上。

第三，加强行业内道德自律。既然行业协会制定了新闻道德规范，成立了新闻道德评选委员会，就要通过道德规范引导新闻舆论工作者，督促成员遵守共同认可的规范要求，通过行业自律和道德评价，培育媒体行业内健康良好的风尚。

第四，积极进行人才培养。国内媒体行业协会应该落实培训职能，特别是在当前网络媒体大发展的环境下，应该积极协助国家培养素质高、业务强、技术硬的新闻工作者，壮大互联网环境下中国新闻舆论工作者队伍。例如可以联合相关部门制定切实可行的培训方案，联合高等院校设立专业培训班等。

第五，切实为会员服务。对于社会组织来说，服务是核心问题和最终落脚点。最近记协设立了记者救助基金，当记者遇到困难时，可以寻求行业组织的帮助。当然这种服务还应该进行多方面扩展，比如，多组织媒体和记者参加重大活动，参与国际交流。通过这些服务，不仅可以增强媒体行业协会的吸引力，同时也能提醒媒体行业协会有义务也有能力推动社会进步。

（三）数字化迈向智能化带来的挑战——媒体发展问题与建议

媒体是新闻传播与舆论引导的主体。如今新闻传播业态不断创新，平面媒体、电子媒体、数字媒体、互联网媒体、大数据媒体层出不穷。当前新闻传播业态正从数字化迈向智能化，这也是新闻传播领域最值得关注的重点。在媒体领域，新媒体欣欣向荣，传统媒体寻求转型。传统媒体是国内主流媒体的中坚力量，更是肩负着弘扬主旋律、传播正能量、提高国际话语权的重任，但各家传统媒体仍在努力探索如何解决主流媒体日渐弱化的路径。新媒体快速发展，在带来新的新闻生产模式、传播模式和接受模式的同时，也带来了内容问题、规范问题等诸多亟须解决的问题。

1. 五大问题造成主流媒体弱化

主流媒体的传播力看似世界第一，但影响力、引导力、公信力不断弱化，主要有以下五个方面的原因。

第一，体制问题。中国的主流媒体大多是事业单位，实行事业单位特有的管理模式和发展模式，市场竞争力弱，在与新媒体的媒体融合过程中，在资本等关键问题上，受制约较大，不能适应现代传媒市场的需要。

第二，机制问题。媒介体制和新闻体制是由众多机制构成，当前中国媒介体制和新闻体制缺乏活力，包括媒体内部的劳动机制、人事机制、分配机制、采编机制等，这些机制僵硬，使得新闻传播内容缺乏活力，传播手段缺乏竞争力。

第三，话语体系问题。当前主流媒体的话语体系比较陈旧，而且形成了一个自说自话的话语体系。这造成了主流媒体的话语体系和人民群众的话语体系、国际话语体系，都有很大不同。例如我们谈民族复兴，我们自己很明白民族复兴的含义，是希望我们中华民族强大起来，走向强盛，而外国人关注的却是中国民族复兴的参照时间是什么，复兴的标准是什么，是秦始皇还是大蒙古。外国人认为，如果以秦始皇或者大蒙古为参照，中国就成了世界的侵略者。这是主流媒体最初在传播民族复兴概念时所想不到的。再比如我们传播人类命运共同体的理念，一开始对人类命运共同体的翻译类似于全世界的人都要走到一条路上去。外国人理解不了，他们就提出问题说，为什么全世界都要走到你们中国那条道路上去？后来外交部只能请众多外国专家对人类命运共同体进行重新翻译，外国人这才理解。这种例子有很多，集中反映的就是话语体系的问题。

第四，脱离实际问题。主流媒体往往过分强调正面宣传，以至于造成了扭曲，很多时候喜欢唱高调、讲原则，脱离了实际。主流媒体传播这些大而不当的新闻报道、新闻评论时，老百姓的感觉却不是这么回事，特别是工人、农民、贫困家庭的感觉与此相差甚远。主流媒体对外讲中国故事，既要讲好的故事，也要讲差的故事和不好的故事，这样才能令人信服。如果全是美好的故事，外国人不信服，中国老百姓也不信服。所以主流媒体的新闻传播一定要贴近实际、真实可靠。

第五，失信问题。近年来，老百姓关心的事情、关注的问题，主流媒体说得很少，光顾着传达上级领导口中美好的东西，久而久之，老百姓就不愿意看主流媒体的报道了，更不信任主流媒体，宁愿去看手机上传播的内容，宁可相信互联网和移动互联网上未经核实的内容。在国内，这种情绪对新闻舆论的影响非常大。主流媒体很少造假，主流媒体出的问题是选择性失真，新闻报道时只选择好的一面，却不提存在的问题和困难，所以实际上新闻报道是失真的。老百姓已经感觉到这种失真，产生的结果就是主流媒体失信于人民群众。

2. 新媒体的问题：传播庞杂、传播失信、传播规范

数字化是当前一切新闻传播业态创新的根基，是基础技术，近年来，整个新的传播生态都在趋于数字化，内容庞杂、信息失真、传播混乱是主要问题。大数据是数字化的积累，增加了分析、选择。下一代智能也是以数字化为基础。现在 5G 技术实际就是解决数字化的问题：扩充数字传播的容量，提高数字传播的速度，扩展数字传播的范围。5G 技术发展了什么？本质就是无线带宽。5G 技术免去了中间环节，让任何人都可以实时享受数字化内容。现在网上刷图经常很慢，5G 技术普及后，刷图就跟现在看文字一样快。5G 解决了数字化的基础问题，下一步便是智能传播的发展。

智能新闻传播的主要体现，就是把新闻事实、新闻表达与人工智能、虚拟现实、仿真技术结合起来。如今智能机器人技术不断更新，国家几个部委都有智能机器人了，可以 24 小时随时发布新闻信息。另外还有体验式、沉浸式、跨时空的传播方式、接收方式。比如今天媒体推送一个消息，说出版了一本宋代的书，通过智能化接收设备，例如 VR 设备，受众就能身临其境体会书中宋代的场景。再比如，受众想看美国一个城市一百年前的景象，媒体可以通过智能化接收设备将受众融入它设计的虚拟环境中，受众就能身处这个一百年前的美国城市，身边是一百年前西方的风土人情。这种传播方式在未来影响巨大。

新闻传播业态的创新，从数字化迈向智能化，是对新闻传播的极大丰富，代表了时代趋势与科技规律，与此同时，也为新闻传播管理与舆论引导带来了巨大的挑战，主要表现为以下三个方面：

第一，传播什么的问题。智能传播解决了传播对受众的吸引力问题，但利用这个吸引力传播什么呢？目前国内利用智能技术制作、传播的内容还暂时没有争议，例如用虚拟现实技术制作的长城、故宫的内容，但随着技术的成熟和进一步发展，新闻传播的体验就不一样了。如果有突发事件，比如爆炸事件、群体性伤害事件，群众通过智能设备看到的、体验到的和当前看到的、体验到的是完全不一样的，这对

群众的感官感受、社会舆论能带来多大冲击呢？在智能传播的情况下，我们如何保证新闻舆论能够把握主流，传播先进文化，需要下大的功夫。

第二，传播失信的问题。新媒体同样存在失信问题，新媒体中充斥着大量的谣言与虚假内容，这与主流媒体的选择性失真不一样。所以中央一直主张，要营造互联网清朗的天空，换句话说，就是如何能在新媒体环境中，虚假内容少一点，正能量多一点，不再专门炒作绯闻，不要刻意放大负面新闻的影响。

第三，传播规范的问题。长期以来，我们对传统媒体形成了一套完整的管理办法，但是面对数字媒体、互联网媒体、大数据媒体，管理办法并不完善。新媒体是将各方面汇总起来的内容，通过算法，以受众和市场为着眼点，往外推送。这其中涉及的数据太多，无法像传统媒体那样以内容为主进行推送，并且配备有专门的记者和作者进行创作，有职业编审进行把关。这就造成了新媒体传播的内容五花八门，经常是新媒体的大量数据和内容，冲淡了主流媒体的传播，引起了舆论圈的巨大变化，甚至是舆论生态的改变，对社会思想形成巨大冲击。面对各种新形态的新闻传播媒介，如何有效进行规范是个大问题。

3. 解决媒体问题的关键：融合发展、深化改革、统一法度

我们必须正视主流媒体弱化与传播业态从数字化迈向智能化所带来的问题。以下五点建议有助于上述问题的解决。

第一，融合发展。实现媒体融合发展是解决上述问题的关键。传统媒体必须采用先进的技术，必须与新媒体融合发展，才能获得更多的话语权，增加引导作用，同时也能对传播规范问题起到一定缓解作用。从长远讲，党和政府希望传统媒体能够通过融合发展，吸收一切好的先进技术，吸收新媒体中好的经验，实现自我良性发展，实现与新媒体同时进步发展。新媒体与传统媒体，如果一个发展越来越好，一个发展却越来越弱，这不是党和政府希望看到的。

第二，传统媒体要找准自身定位。一方面，只有更加贴近人民群众，更加贴近社会实际，传统媒体才能具备更大的吸引力；另一方面，对于传统媒体来说，当前最重要的是，在网络媒体环境下，如何找到

自身的读者和观众，尤其是在未来新闻付费、阅读付费、影视付费成为常态的情况下，谁来为传统媒体买单。传统媒体应当认真思考，如何借助先进技术向受众提供他们所需要的内容。转向内容服务，也将是传统媒体必然的转型之路。传统媒体不能总想着如何去卖一张报纸、一本刊物、一本书籍，而是要定位于提供知识服务。未来有实力的传统媒体生产的是新闻知识，任何媒体、任何媒介形态都可以使用这些新闻知识，并为之付费，这是未来的趋势。

第三，新媒体亟须改进内容传播。新媒体应当尽量克服因为技术主导而出现的负面影响，要致力于增加社会正能量，而不是过分炒作绯闻，渲染骇人听闻的事件，不能放大负面舆论的影响。

第四，坚持进一步深化改革。从党委和政府的角度来看，要解决上述问题，必须坚持进一步深化改革，解决主流媒体的体制机制问题，活力问题，市场竞争问题，技术方面的问题。国家应该给主流媒体一个竞争发展的环境，让主流媒体形成自己的特色，具备自己的影响力。

第五，最根本是法制问题。当前国家对主流媒体的政策法制和新媒体不一致，需要纳入统一法度。比如报道尺度的问题，目前对主流媒体和新媒体执行的是不同的管理尺度，新媒体中出现一些内容很正常，但是这些内容如果放到《人民日报》或者中央电视台，就会遇到大麻烦。这就是法制不统一造成的舆论混乱。

三　从三大机制入手增加制度供给

当前新闻管理和舆论引导工作的根本目的可以概括为四点，一是坚持党的领导，维护意识形态稳定，传播主旋律，弘扬正能量；二是报道事实真相，满足人民群众的新闻传播需求；三是促进媒体健康发展，做大做强；四是扩大国际舆论影响力，增强国际话语权。要实现上述四个目的，完善中国新闻管理和舆论引导，需要从以下三个方面增强有效制度供给。

第一，要建立和完善正面宣传为主和依法管理结合的机制。从管理角度来看，需要从以下四个方面创造良性互动条件。

一是要实现分层管理，责任要清楚，不能笼统。二是管理要讲科学性，要符合新闻规律和传播规律，现在我们的有些要求还不是很科学。三是管理新闻传播中的任何行为，都要依法有据，做到依法管理。当前新闻传播领域的一些管理行为还要进一步从法理上进行研究，比如个人隐私保护问题、宪法规定的公民权利问题等。不讲法理，不遵守法律，遇到问题想管就管，限制公民合法的活动，是不正常的。管理新闻舆论要遵守国家法律，要保护个人正当的权利，要保护新闻工作者正当的权利。最近发生了一件事，一名女记者去泉州采访化学品碳九泄漏事故，当地公安部门派人去她所在的酒店房间“抓嫖”。这就是地方使用非法手段限制记者的采访行为。这件事情发生后，中央和全国新闻界都很关心。如果地方动用权力非法干扰正当新闻采访活动，哪里来的真相和事实呢？四是尽量依托制度进行管理，不要依靠临时的措施来管理。规则一旦制度化，就具有稳定性和权威性，要让政府机构、媒体机构、新闻从业者都了解这些制度，遵守这些制度中的规则。

第二，要建立科学有效的舆论研究机制。在一定条件下，舆论可以形成现象和思考，有巨大的反作用。习近平总书记提出一定要重视舆论力量。所谓舆论引导、舆论工作，不是禁止群众发表意见，但也不能放任自流，而是让公众舆论积极、健康、友善、向上，形成推动社会文明进步的正能量。重视舆论力量，做好舆论引导工作，首先需要我们了解舆论，特别是网络媒体环境下的舆论产生机制、舆论发酵机制等。只有深入实际、实事求是地研究舆论现状，与实际结合进行深入分析，才能知道我们下一步需要怎么做，光有原则是不行的。

第三，要建立有效的假新闻治理机制。目前假新闻是一个全球性问题，各个国家都在重点关注这个问题。要解决这个问题，首先包括传统媒体和新媒体在内的各类媒体都要讲真话、报实情、重事实，这是解决假新闻泛滥问题的根本。各类媒体拒绝假新闻，才能为下一步国内对各类媒体执行统一的新闻舆论管理尺度创造有利的条件。新闻工作是一项神圣的工作，不需要去掩盖事实真相，也不能编织谎言。现在的新闻信息是非常透明的，一家媒体如果不讲事实真相，别的媒体或个体也会讲。在网络媒体环境下，如果大家对一个新闻事件感兴趣，什么事实真相都能搜罗出来，假新闻一定会被戳破。其次，国家从治理角度，要严厉查处假新闻，打击新闻造假，打击数据造假，当前有关部门正在进一步出台相关的政策。

四　新闻传播领域法律的现状与趋势

在全面依法治国的背景下，任何一个行业，都主要依靠法律进行治理。在新闻舆论方面，也要落实全面依法治国的方针。党和国家从总的方向上一直在倡导依法管理新闻传播。完善中国新闻传播法律体系，是建立和完善正面宣传为主与依法管理相结合的舆论引导机制的基础。目前我国并没有一部完整的新闻传播类的法律。当前新闻传播领域的法律法规，包括部门规章、国务院条例和全国人大颁布的法律，都有不少条文，但是没有系统化。

近年来，国家在出台或修订某些专门领域的法律时，都强调关于新闻传播领域的立法条文。例如《网络安全法》《国家安全法》《食品卫生法》《环境保护法》《广告法》《电影产业促进法》《公共文化服务保障法》等，都有关于规范新闻传播的条款，就是为了保障记者的知情权、采访权，以及对媒体报道行为进行规范。例如保护记者对环境、对食品安全进行监督批评的权利，禁止媒体登载虚假食品药品广告等规定。

当立法条件尚未成熟时，针对新闻传播的细分领域或具体事项，一般先出台部门规章对其进行规范，例如当前对互联网、数字出版、大数据的规则，就是部门制定。执行一段时间后，如果部门规章相对合理，便将其上升为国务院条例。国务院条例是一种过渡形式，在立法条件还不成熟的时候，先用国务院条例进行规范，通过具体实践，对国务院条例的实施情况进行总结，加以修改，如果条件成熟，就上升为全国人大审议颁布的法律。

当前中国新闻传播领域法律体系并不完善，还存在一些滞后的问题。第一，在新闻传播领域存在法律盲区，时常面临无法可依的情况，容易出现“法治的盲区”和“人治的特区”；第二，多年来，我国传媒行业实行分业管理，不同媒介形态面对不同的部门规章，造成了媒体管理中规则不一、尺度不同的现实问题；第三，部门规章是低阶位的法规，缺乏稳定性和权威性。

从中国新闻传播发展实际来看，需要把新闻传播领域现有的国务院条例，进一步进行总结，吸收新的、发展的经验，将其上升为国家法律，使其成为一部完整的新闻传播类的法律。这个问题已经酝酿了三十多年，也经历了几起几落。

目前制定一部完整的新闻传播类法律的主要问题是，对新闻传播领域各方面的责任和权利关系还认识不清楚。我们的立法倾向是规范党和政府管理的权限呢？还是规范媒体、新闻工作者的职责和权利？还是明确新闻当事人的权利义务，还是保护公众的知情权？当前这些关系还理得不是很清楚。因为法律主要是体现权利和义务关系，新闻传播领域永远是公共传播领域，涉及的面比较广。相关部门在调研的过程中，媒体就主张，立法应当主要规范政府管理新闻舆论的行为，管理者有多大的权限，就要承担多大的义务；也有人说，要保护媒体和媒体工作者的权利、义务；也有声音提出，新闻当事人的权利、义务必须明确；法律工作者建议，应该重点保护公众免受媒体伤害，特别是互联网传播中隐私保护权的问题。当前全社会对这些问题的认识，还很不统一。

另一方面，也有人提出，言论自由和出版自由是宪法规定的公民权利，新闻传播领域的立法应该保障这两大自由的实现。公民个人当然是有言论自由、出版自由的，应当保护。但新闻舆论是指向公众、面向社会的传播，就要有一定的规范。任何国家对于公众传播都有所限制，都从法律上进行规定，哪些内容是不能传播的，比如淫秽色情的内容、伤害宗教情感的内容。在德国，支持纳粹、希特勒的内容是不能传播的；在美国，种族歧视的内容是不能传播的。如果把我国宪法规定公民的权利搬到公共传播上，将公民个人的言论、出版自由与公众传播混为一谈，那是错误的。这是两码事，不能混淆。公共传播必须是有规范、守法律、有秩序的传播，这是国家的社会责任。如果公民的作品不是向公众传播，公民自己的行为当然是自由的。在国家新闻传播法律建设方面，一定要把这两者的关系搞清楚：一方面，法律要保护公民个人的言论自由、出版自由，公民个人说什么、写什么，不能强行限制；另一方面，一旦进入公共传播领域，进入媒体传播领域，就应该用法律规范作为管理依据。所以新闻传播领域的立法也在不断讨论和权衡多方面的关系，既保护公民权利，也维护公共利益。

总之，党和国家很早就提出对新闻传播领域依法管理，建立正面宣传为主和依法管理相结合的舆论引导机制，这是党和国家的决策、方针，也是新闻舆论工作的指导方向。当前社会虽然需要制定一个专门的新闻传播方面的法律，但是由于各方的认识还不一致，加之新媒体还正在发展，特别是正在向智能化转化，未来媒体格局会发生什么变化，我们也难以预测，立法也要考虑到今后技术对新闻传播和舆论的影响，所以一部完整的新闻传播类的法律还在酝酿、准备的过程中。但是我们坚信，依法治国的阳光必然会照耀到新闻传播战线。

Analysis of Problems and Trends of Journalism Management and Public Opinion Guidance in China under the New Media Environment

Abstract Adhering to the public opinion guidance mechanism combining positive publicity and legal management is the basic policy of the journalism and public opinion work established by the Party Central Committee, and also the macro guiding principle when the party committee and the government conduct journalism and communication management and public opinion guidance. This mechanism needs to be further established and improved. From the perspective of the main body, the party committee, the government, the media association, and the media must play their due role reasonably. From the perspective of institution, we must increase effective institutional supply from three aspects: the mechanism of combining positive publicity with legal management, the research mechanism of public opinion and the governance mechanism of fake news. From the perspective of law, China's current legal system in the field of journalism and communication is not perfect, and a complete law on journalism and communication is still in the process of preparation.

Keywords Journalism Institution; Positive Publicity; Journalism Legal System; Intelligence; Media Integration

俄罗斯的断网风波与未来网络战

刘建明*

摘要 俄罗斯的断网试验，引发西方传媒界的广泛批评，国内有些人对此也多有猜疑。俄罗斯这次断网演习尽管在国内一度引起风波，却是在民主与立法框架下进行的，具有重大的战略意义，是应对未来网络战的一次重要备战。

关键词 断网试验；主权互联网；网络立法；网民风波；网络战

2019 年 12 月 23 日晚，俄罗斯政府对外宣布切断全球互联网的试验圆满结束，“俄罗斯内联网”（Рунет）运转平稳。这一消息一出立即成为全球的爆点，“大多数西方媒体质疑俄罗斯此举是对网络自由的威胁，一些国内人士则将此举视为俄罗斯走向封闭的消极防御之举”。[①] 自互联网在各国运营以来，除印度、沙特、巴基斯坦、孟加拉国、巴西、刚果、土耳其、叙利亚、伊朗和伊拉克外，俄罗斯是主动切断全球互联网的第 11 个国家。前 10 个国家由于国内骚乱，或游行示威，或其他原因突然关掉对外网络，而俄罗斯这次断网试验，是在国内异常平静的情况下，经过一年多的酝酿和准备，有计划进行的一次内联网的演习（учение）。其目的是一旦遭遇外部“断网”或网络

---

* 刘建明，清华大学新闻与传播学院教授。

① 方兴东：《“围攻”俄罗斯断网试验的，怎么还有中国人?》，知乎，https：//zhuanlan. zhihu. com/p/100285049，2020 年 2 月 7 日。

受到全面攻击时，俄罗斯将掐断全球网来应对。这是对美国垄断全球互联网主导权的一种挑战，对那些未来可能遭遇网络战（кибервойна）而网络自主权又被美国操控的国家，具有深远的警示意义。

一 俄罗斯切断全球互联网测试的起因

最近几年，俄罗斯不断遭遇西方的网络攻击，2016 年约有 20 个政府、科研和军事部门的电脑系统被恶意置入间谍软件。同年俄罗斯五大银行的 2.4 万台计算机遭到病毒侵入，在 48 小时内成为网络僵尸。俄罗斯要害部门的网络设施，随时受到来自美国和欧盟的严重威胁，每年经济损失严重。[①] 2018 年 9 月 20 日，美国发布“新网络安全战略”，指责俄罗斯是攻击美国服务器的国家之一，调整其网络攻击的对策和部署。美国网络政策研究员贾斯汀·谢尔曼（Justin Sherman）指出，美国新网络战略中最重要的方面就是强调威慑。总统安全事务助理博尔顿在新闻发布会上说，美国将识别、应对、降级和威慑那些破坏稳定和违背我们国家利益的网络空间行为，授权有关部门进行攻击性的网络行动。根据这一战略，美国可以阻止俄罗斯人使用美国的在线资源，其实质是“为了美国的国家安全而让其他国家不安全，以牺牲别国的安全而谋求自身所谓绝对安全”。[②]

美国的新网络战略引起俄罗斯相关机构的严重关切，许多知名人士认为，互联网已成为政治、经济和军事活动的致命手段，必须建立自己独立的互联网保障国家安全。一些议员纷纷发表谈话强调，当全球互联网构成真正的威胁，切断俄罗斯国内网与世界互联网的连接已成为紧迫的现实，俄罗斯有必要通过一项法案，锁定并迅速脱离所有西方服务器，而且这是容易做到的。[③] 统一俄罗斯党参议员安德烈·克利沙斯（Андрей Клишас）、柳德米拉·波科娃（Людмила Бокова）

---

① ФСБобнаружилашпионскоеПОвсетяхоргановвластиивоенныхструктур，ТАСС，2016/7/30.

② 习近平：《不能牺牲别国安全谋求自身所谓绝对安全》，新华网，http：//www. xinhuanet. com//world/2014 –05/21/c_ 1110792116. htm，2014 年 5 月 21 日。

③ Новости：чтоРоссияполностьюотключаетсяотмировогоинтернетавсечащепоявляетсяв Сети，Sputnik，2019/3/28.

及自由民主党国家杜马议员安德列·卢戈沃依（Андрей Луговой）共同起草了《主权互联网法》（ОСуверенноминтернете），于 2018 年 12 月 14 日提交国家杜马审议。该法案提出，将俄罗斯境内所有用户接入自主网络，创立俄罗斯国家域名系统，尽快建立“俄罗斯内联网”；实行严格的网络监测机制，确定数据传播的线路和地址清单；大型网站将安装专门设备，计算流量的来源，包括限制访问被禁数据的网站。该法案没有规定何时切断与全球互联网的连接，只是将此作为“预防性”措施，当俄罗斯网络控制受到持续性威胁时才会断网。①

该法案一经媒体报道，批评者认为，政府希望对互联网实行审查制度，这项法律不仅使网络运行质量恶化，而且侵犯言论自由和人权，还会导致其他问题。经专家们计算，实施这项法律每年需要的资金不是克利沙斯估算的 200 亿卢布，而是 1340 亿卢布，电信运营商和互联网公司将不得不为设备安装、维修和供电支付大笔费用，一些议员、审计法院和俄罗斯工商业联合会对此法案表示不予支持。② 但这一法律倡议却受到新闻与 IT 行业和多数议员的肯定。塔斯社（ТАСС）副部长奥列格·伊万诺夫（Олег Иванов）说：“我们认为，早就应该这样做了。我们希望，该法律草案一旦生效将有助于保障俄罗斯互联网的安全，使其免受各种外部和内部威胁。”“信息观察机构”的首席执行官纳塔莉亚·卡斯别尔斯卡亚（Наталья Касперская）强调：“现在有很多网络攻击，数量越来越多、越来越难对付。如果有明显不好的事情发生，像我们这样的信息安全公司就会成为攻击对象。”③ 国家杜马权衡支持与反对的理由和人数，终于接受了这项法案，认为这一法律是个“保险”，面对华盛顿的敌意，网络自治是必要的。最后，把它列为 608767－7 号法案提交表决。

2019 年 2 月 12 日，经过议会一读，国家杜马审议了《主权互联

① Михаил Борнаков，ОтключениеинтернетавРоссии，off. ru. net，2020/1/17.

② Андрей Сошников，Когда отключат интернет в России в 2019 году 66news. ru，2019/2/12.

③ ОЛЕГМОСКВИН，Каκзащитятроссийскийинтернетвслучаекибервойны，vz. ru，2018/12/14.

网法》并通过了法律草案。随后，一些媒体的报道传出谣言：自2019年4月1日起俄罗斯各地的全球互联网将被关闭，测试将持续多久不得而知，网上立刻出现恐慌情绪。大多数用户还没有阅读法律草案内容，就开始责骂投票支持该法案的政治家。法学家德米特里·伊万诺夫（Дмитрий Иванов）评论说，如果对法律有更详细的了解，知道俄罗斯断网的原因，断网测试不会影响普通用户，人们就不会惊慌失措。① 4月11日，国家杜马二读再次通过这项法律文本，320名议员投了赞成票，15名投了反对票。4月16日，俄罗斯国家杜马三读正式通过法案，307名议员投了赞成票，68名投了反对票，并决定提交总统签署后于2019年11月1日生效。5月1日，普京总统在该法案文件上签字。② 根据这项法律，俄罗斯政府每年至少要举行一次“断网”演习。此外，俄罗斯政府还宣布投入3100万美元建设自己的维基百科计划，禁止出售没有安装俄罗斯软件的智能手机。

二 俄罗斯网民的不满与抗议

尽管俄罗斯政府多次呼吁民众不要对《主权互联网法》的生效感到恐慌，但仍有大量网民担心当局对上网进行全面监视，公众积聚的不满情绪先后引发了数千次“保护现有互联网”的集会和抗议。③ 在国家杜马一读通过《主权互联网法》草案后，俄罗斯电信业首先呼吁用户举行反对这一法律的集会，2019年3月7至9日，哈巴罗夫斯克市的自由党人在共青团广场散发传单，号召市民在10日下午两点到广场集会，反对政府关闭互联网的试验。

2019年3月10日这天下午，哈巴罗夫斯克共青团广场上聚集了近百人举行抗议活动，人们不断高呼口号。集会同时在圣彼得堡举行，未注册的自由党人和社会运动的积极分子聚集在俄罗斯联邦通信、信

---

① ДмитрийИванов, КогдаОтключатИнтернетВРоссииВ2019Году, zakony. ru, 2019/3/20.

② МихаилПодивилов, Вступилвсилузаконо суверенноминтернете, podivilov, 2019/11/1.

③ СлаваЛысаков, ОтключениеинтернетавРоссиис1 ноября2019, ИнтереснаяРоссия, 2019/10/10.

息技术和大众传媒监督局门前，在该机构入口的限制带挂上标题为“俄罗斯互联网在这里被杀”的海报，点燃了模拟的“防火墙”。抗议活动的参与者警告俄罗斯政府“互联网隔离法”不仅限制了公民在网上表达意见的权利，而且对整个互联网的基础设施都是危险的。政治学家阿列克谢·马卡尔金（Алексей Макаркин）煽动说：“断开互联网是绝望的技术。”“这意味着政府不能在互联网上与反对派竞争。如果你关掉它，你承认你的弱点，没有任何意义，人们将找到一种方法来绕过限制。我们有一个没有互联网的1991年（指苏联解体时的群众示威游行——本文作者），问题是为什么人们会出来，涌向街头，是什么刺激了他们？如果社会问题刺激是强烈的，阻止和干扰他们的集会只会激怒他们。”[①] 参加集会的俄罗斯自由党的两名党员在离开咖啡馆的路上被拘。同一天在阿穆尔河畔的共青城、鄂木斯克和伊尔库茨克等二十几个城市都组织了类似的抗议活动。[②]

2019年3月10日，最大的抗议集会发生在莫斯科。这天，莫斯科萨哈罗夫大街约有15000人参加集会，组织者之一亚历山大·伊萨夫宁在演讲中说：“我们，俄罗斯公民，厌倦了自由空间不断被压缩和压迫性法律的实施……我们是文明世界的一部分。但是，普京政府尽一切努力让我们继续落后于西方。这一次，国家决定走得更远，要切断整个互联网。网络审查继续困扰着我们的生活，我们反对通过一项将俄罗斯与国际网络隔离的法律，并要求互联网自由。”集会的主持者向当局提交了有9万人签名的“反对俄罗斯隔离互联网请愿书”。据目击者称，警察从集会的积极分子手中抢走了横幅，并带走了包括自由电台记者安德烈·基谢列夫在内的29人。[③]

针对发生在印古什和车臣的抗议活动，《莫斯科共青团员报》在评论中指出，俄罗斯专家们认为，说政府当局完全关闭互联网还为时

---

① ЭкспертыоценеиливероятностьотключенияинтернетавРоссиивслучаемассовыхпротестов, Хабре, 2019/11/19.

② ВгородахСибирипрошлиакциипротивизоляциирунета, Сибирь. Реалии, 2019/3/10.

③ ЛюбовьЧижова, Противэтогобезумия: митингнесогласныхс законом о Суверенном интернете, Радио Свобода, 2019/3/10.

过早。在俄罗斯，完全关闭互联网在技术上是困难的，而且是不合理的。“关闭互联网的做法，越来越多的世界经验表明是一种不幸，俄罗斯在这方面也不例外。全国各地网络都要停止一天，是没有必要的。我们毕竟有很多电信运营商，不像伊朗仅有约 5000 家发放许可证。所以，我们不大可能在堪察加和加里宁格勒之间断开网络，这样的可能是不存在的。”但实际上，早在 2014 及 2017 年，俄通信部就开展过“网络演习”，假想国际互联网断开时，俄罗斯的备份域名系统能够正常运行。

面对部分民众对《主权互联网法》的误解和冲动，俄罗斯联邦政府和国家分析员（Государственныеана литики）试图平息这场民间风波（народныеволнения），声称该法令的主要目的是创造一个完全独立的互联网环境，不依赖外国服务器。虽然该法于 2019 年 11 月 1 日生效，但技术设备将无法立即实施断网，需要几年时间的技术完善才能完全实现这一计划。美国在俄的最大门户网站 YouTube，Instagram，Facebook 等在 2019 年 11 月 1 日后将继续在俄罗斯正常运营。俄罗斯专家呼吁不要惊慌失措，因为该法案的影响实际上不会像网络上说的那样广泛。通过法律不意味着 11 月 1 日政府某个人“就将互联网开关拉下来”，即使实施，也不会关闭世界互联网，只有在俄罗斯安全受到威胁时才会关闭全球网。不满的民众渐渐平静下来，普京签署该法案后再没有发生过集会和抗议，不同政党和网民以不同的心态等待断网试验的结果。

三 俄罗斯的断网试验获得成功

2019 年 12 月 19 日，普京在年度大型记者会上回答记者提问时指出：“自由的互联网和主权互联网——这两个概念并不矛盾。主权是指我们拥有自己的链接手段。我们不去关闭互联网。法律的意义在于保护，主权国家需要保护自己不受外界互联网关闭的影响。对外国驻俄网络机构的监管，不是我们的创造（主意），美国在 20 世纪 30 年代就有这方面的法律。我们对外国机构违反规定的监管也只是给予行政处罚，而不是对他们监禁和关押。如果这些组织从国外获得资金参与俄的国内政治，必须向我们说明，我们就不会关闭这些组织。但这不是说，我们允许参与俄国政治活动的任何做法。”① 普京还称，俄罗斯的互联网是自由的，于2019年11月1日生效的《主权互联网法》，主要规定建立国家互联网流量的路由系统。②

据俄新社莫斯科2019年12月23日电，俄联邦数字发展、通信和大众传媒部副部长阿列克谢·索科洛夫（Алексей Соколов）当日傍晚向媒体宣布，23日在全俄进行了确保俄罗斯国内互联网基础设施运行的首次演习，演习在莫斯科、弗拉基米尔、罗斯托夫等几个城市举行。测试场景包括通信稳定性、手机安全、个人数据保护、信息拦截和网络安全。索科洛夫说：“在俄联邦数字发展、通信和大众传媒部以及其他政府机构与当地通信运营商的组织下，国家互联网基础设施、物联网及公共通信运行稳定。罗斯托列克－索拉尔（Ростелеком－Солар）公司作为此次演习的指挥部门之一，在演习中着力研究了电力领域的计算机安全问题。”索科洛夫称：“演习结果表明，总体上政府部门与各通信运营商对威胁做好了有效的准备，确保了互联网和电信统一网络的稳定运行。”③

据今日俄罗斯通讯社报道，当地时间23日，俄罗斯成功完成了全国首次防范外部“断网”风险的保障性演习，国内互联网设施在无法访问全球互联网的情况下运转正常。俄罗斯通信部在演习期间与网络安全公司、紧急情况部评估了政府部门的协作水平和网络故障的检修能力。演习内容包括：在遭遇外部“断网”时检查俄境内互联网运行的完整性和安全性；保障手机通信安全，保护个人信息，防范通话和短信遭受劫持的措施。有关部门也研究了物联网设备的风险和弱点，探讨了电力供应网络的建设和使用问题，策划了有关防范网络传播及工业企业网络风险问题。

俄罗斯《公报》（Ведомости）记者看到了这次演习的结果。该报

---

① Большаяпресс－конференцияВладимираПутина，НГ－Online，2019/12/20.

② КсенияМурашева，ПутинназвалинтернетвРоссиисвободным，NG-Online，2019/12/19.

③ ВМинкомсвязиоценилипрошедшиеученияпоустойчивойработе рунета，РИА，2019/12/30.

指出，至少有一部分测试是在 12 月 16 日和 17 日进行的。四名联邦通信操作员设计了 18 种攻击场景——12 种通过 SS7 信号网络（全球电话网络）和 6 种通过 Diameter 信号网络（4G 网络）发起攻势，每个场景大约需要 20 分钟完成。据报道，扮演的攻击者成功地通过 SS7 渠道完成了 62.5% 的攻击任务，通过 Diameter 渠道实施了 50% 的攻击，每一次攻击的检测时间平均为 2—3 分钟，大部分攻击被有效拦截。测试在指定的流量上进行，没有影响普通用户。[①] 一系列测试表明，俄罗斯不需要访问全球 DNS（服务器）系统就能成功链接国内网，政府部门和互联网服务提供商一致认为，在这次实验中，“俄罗斯内联网”的运行是成功的。

四 美国网络战的叫嚣咄咄逼人

俄罗斯的断网测试，让许多网民对互联网在国家安全中的地位有了清醒的认识。在一般人的印象中，互联网只是一种信息工具，充其量是意识形态的斗争工具，仅有思想的“杀伤力”。绝大多数人没有意识到，互联网发展到今天，能够对一个国家的领土与主权发动“侵略”，迅速冲垮一个国家的政治、经济和行政主宰。[②] 这种网络战正在进入我们的视野。近几年，美国的网络战略经历了从以防为重、攻防兼顾到以进攻为主的发展过程，已经无法掩盖其网络侵略意图。2017 年 8 月 18 日，特朗普宣布将美国网络司令部升级为一级联合作战司令部，2018 年 6 月，美军宣布 133 支网络部队形成作战能力，其中陆军 41 支、海军 40 支、空军 39 支、海军陆战队 13 支。美国总统安全事务助理约翰·博尔顿曾针对此前美国网络行动需要层层审批，高调宣称：“我们不像奥巴马政府时期那样束手束脚了，我们将会在进攻上做很多事情。”[③]

---

① Минкомсвязиподвелоитогипервыхученийпозаконуо Суверенномрунете, Ведомости, 2019/12/23.

② 刘建明：《现代新闻理论》，民族出版社 1999 年版，第 41 页。

③ 吴敏文：《美国最新〈网络安全战略〉攻势毕露》，《中国青年报》2018 年 10 月 25 日第 5 版。

很难预料，网络战会在何时、在哪些国家间突然爆发。1991 年美国中央情报局派特工打入伊拉克防空系统，将其使用的打印机换上含有病毒的芯片。在美国空袭前，通过遥控激活病毒，使伊防空 C3I 系统失灵。1999 年南联盟在科索沃战争中使用多种计算机病毒，组织“黑客”侵入北约军队的一些网站，造成计算机一度瘫痪。北约实施网络反击，将大量病毒和欺骗性信息注入南军计算机网络，又使南军防空系统瘫痪。2008 年 8 月，俄罗斯与格鲁吉亚发生冲突，俄罗斯在军事行动前控制了格鲁吉亚的网络系统，使格鲁吉亚的交通、通信、媒体和金融机构的互联网无法运转，为顺利展开军事行动打开通道。2009 年 5 月 30 日，微软公司执行美国政府的禁令宣布切断古巴、伊朗、叙利亚、苏丹和朝鲜五国的 MSN 服务端口，导致这些国家网络服务暂时中断。2010 年 9 月 26 日，名为震网（Stuxnet）的蠕虫病毒侵入伊朗布什尔核电站网络，使其离心机运行发生故障，不得不停止工作……潜入敌方的电脑和网络系统，以悄无声息的网络战摧毁对方的软硬件，使其丧失还击能力，让当年这类战事的受害者至今仍痛心切骨。

到目前为止，网络战没有普遍发生，由国家层面发动的网络战不到 20 次，以上列举的仅是几个典型战例。但在未来，网络战可能是一种国际冲突的惯例。确切地说，网络战将是一切战争的首轮攻击，发起的第一拨冲锋。随后的大部队进攻，则能长驱直入、轻易得手。战争形态的进一步演变，将没有必要开动钢铁巨兽，网络轰炸就可使敌方全面崩溃。1993 年，美国兰德公司的阿尔奎拉和伦费尔特曾发表题为《网络战要来了》的论文，第一次提出网络战的概念，认为网络战是“为干扰、破坏敌方网络信息系统，并保证己方网络信息系统的正常运行而采取的一系列网络攻防行动”，是“21 世纪的闪电战”。①

网络战分为全面网络战和单一军力网络战两类。全面网络战以计

① 龚新华、韵力宇：《网络战：没有硝烟的战争，用看不见的方式摧毁你》，《中国青年报》2011 年 1 月 14 日第 10 版。

算机病毒、逻辑炸弹、黑客等手段对敌方的金融、交通、电网等民用网络及军事网络进行攻击，摧毁一个国家的所有重要领域。军力网络战则把敌方的战场指挥系统、高技术武器系统、情报侦察和军事通信线路作为攻击目标，破击敌人的军事部署和部队调动，使其彻底丧失战斗力。网络战主要有四个作战目标：一是瘫痪敌方的电脑和网络系统。借助发送病毒和恶意程序，毁灭对方的电脑软件和数据库，导致国家要害部门和军队手足无措，坐以待毙。二是迷惑敌方视线，乱其阵脚。散布网络谣言，释放真真假假的烟幕弹，扰乱敌方的注意力；或将虚拟现实输入敌方网络，诱导敌方判断失误，无法领导和指挥有效的防御。三是获取敌方情报。进入敌方电脑，窃取和破解敌方密码，掌握敌方机密。四是组织黑客攻击。调动计算机技术人员越过“防火墙”之类的防御软件，进行干扰破坏，达到捣毁和控制敌方网络的目的。

互联网已成为各国民众深入交流的工具，“人类命运共同体”的思想正日益为各国人民所接受，发动尸山血海的侵略战争越来越不得人心。对他国进行穷兵黩武的威胁和厮杀，将为全人类所不齿，惯于以武力恐吓为手段的军事霸权日渐孤立。在东西方大国都有核武器的时代，直接的军事对抗将面临巨大的风险和高昂的代价，在未来 20 年，导弹航母、飞机大炮将在国际冲突中渐居次要地位，而“神不知鬼不觉”的网络战或生物战既有毁灭性、隔离性和缓冲性，又无杀人盈野的血腥，很可能成为未来战争的普遍形式。俄罗斯这次断网演习，正是破解未来战争的一次关键性备战。

Russia’s Disconnection Fiasco and the Future of Cyber Warfare

Abstract Russia’s disconnection experiment has drawn widespread criticism from the Western media and suspicion from some people in China. The Russian disconnection exercise, despite the domestic controversy, was conducted under the framework of democracy and legislation, and is of great strategic significance as an important preparation for future cyber warfare.

Keywords Disconnection Test; Sovereign Internet; Cyber Legislation; Netizen Uproar; Cyber Warfare

软实力压倒硬实力的历史纪元

——2019 年世界两种实力的媒体较量

刘建明*

摘要 2019 年是美国硬实力受挫的元年，硬实力碾压软实力的历史可能被改写。霸权主义动用武力欺压中小国家，首先利用媒体欺骗世界舆论。美国政府在 2019 年受到中俄两个大国和世界正义呼声的遏制，在媒体的揭露和抨击下，不得不放弃对伊朗和委内瑞拉的入侵。媒体的报道揭示，软实力压倒硬实力是不可逆转的历史趋势。

关键词 两种实力的解读；两种实力的媒介较量；媒体软实力；作用

自公元前 7 世纪，人类社会通行的规则是硬实力碾压软实力，谁的拳头硬谁就称王称霸，压服总是摧戕说服。但 2019 年发生的两个重大国际事件标志着软实力开始压倒硬实力，世界强权有恃无恐的时代即将结束。在国际冲突中，无论硬实力碾压软实力或软实力压倒硬实力，都需要媒体的助力。作为两种实力的混合体，媒体不仅是软实力发挥威力的利器，也是硬实力的战术工具。

一 媒体软实力让美国霸权收手

软实力是阐述真理的正义力量，体现为各国人民和正义国家的正

---

* 刘建明，清华大学新闻与传播学院教授、博士生导师。

确意见。作为软实力的强大载体，世界主流媒体过去多为美国政府所左右，为美国发动战争散布假消息，制造伪事件，总是充当国际强权的附庸。但在2019年，这一媒介现象发生了明显变化，大量世界主流媒体反击美国的战争气焰，成为世界软实力的堡垒。美国入侵伊朗和委内瑞拉的军事图谋先后被世界正义的呼声挫败，面对多国媒体的叫板，特朗普进退两难，硬实力宰制世界的时代似乎走到尽头。

2019年6月20日晚，伊朗革命卫队发布消息称，19日伊朗击落一架入侵伊朗领空的美国“全球鹰”无人机，各国主流媒体纷纷转载这篇报道，美国政府却矢口否认。当伊朗媒体公布了无人机残骸的照片，各国媒体又相继刊发并嘲笑美军吹嘘的无人机的高超性能，美国中央司令部不得不承认无人机被击落的事实。特朗普在世界舆论面前坐立不安，朝令夕改，似乎已束手无策。据《纽约时报》披露，美国无人机被击落后，特朗普下令对伊朗进行军事打击，当美国战机和舰队已经就位，在最后时刻他又收回了命令。特朗普面对记者声称：“很难相信伊朗是故意的，我可以想象是一个将军或是个人在击落无人机时犯了错误，应该是那些不受约束、愚蠢的人干的。”《纽约邮报》记者鲍勃·弗雷德里克斯报道说，特朗普表示无人机被击落是“一个新的美中不足”“一切都会好起来”。特朗普极力淡化美伊紧张局势的升级令人出乎意料，说明美国不敢或不想对伊朗发动战争。

多年来，美国对中小国家的冒犯从不手软，现在美国挨了一巴掌后却自嘲地寻找不敢反击的理由，开启了历史先例。当2020年1月8日伊朗导弹为“烈士苏莱曼尼”报仇而摧毁美国在伊拉克的两个基地的设施时，美国没有任何还击，特朗普故作姿态地声明：“虽然我们有一支伟大的军队、尖端的武器，但不意味着我们必须使用它，我们已准备好拥抱和平。”① 美国不同寻常的如此畏首畏尾，因为国际媒体的报道使美国陷入世界舆论的压力，不得不考虑各国政府及国内外民众的反战情绪。早在5月14日俄罗斯卫星通讯社披露，欧盟多国集团

① 梁由之：《特朗普正式回应伊朗报复，态度有点出乎预料》，《环球时报》，https://mp.weixin.qq.com/s/MuGzbuLNwPT4VR2f7fOkeQ，2020年1月9日。

决定，不参与美国攻打伊朗的行动。6 月 3 日法国媒体指出，美国想要将霸权利用到极致，却导致自己陷入严重的孤立。路透社 7 月 16 日报道称，英国、法国以及德国等欧盟国家，已经明确表示，若特朗普执意对伊朗动武，那么欧盟是不会提供一分钱经济支持的，这场仗美国想打也打不成。2020 年 1 月，当特朗普在推特上警告伊朗时，1 月 4 日在华盛顿、纽约、芝加哥等 30 多个城市举行了 80 多场抗议，美国媒体全程报道了这些抗议。

世界主流媒体强烈地反映各国抵制美国对伊朗的入侵，在更大范围扩大了媒体软实力的影响力，特朗普进攻伊朗的图谋未能得逞。这标志着 2019 年成为软实力压倒硬实力的历史元年，美国只能对伊朗采取策划暴乱、暗杀和经济制裁的手段颠覆该国政权。对此，中东“阿拉伯观察”网站透露，美国的一些高官和学者认为，特朗普政府“极限施压”的制裁政策可能会适得其反，根本不会摧毁伊朗的经济。长期以来，许多国际关系学者断然预言，美伊必有一战，但国际主流媒体 2019 年的报道转向，标志着反对美国霸权的力量已经超过支持美国发动战争的力量，世界软实力正在压倒硬实力。正如《华盛顿时报》得出的结论：“从 2012 年奥巴马对叙利亚设置的化学武器红线，到特朗普誓言报复伊朗对美国的军事攻击，发出的都是‘没有牙齿’的声明，在世界舞台上似乎连恐吓的力量都丧失了。”① 媒体作为揭示世界政治格局和军事对抗的镜子，让各国人民看清霸权主义纸老虎的真面目，为世界正义力量筑起一道道舆论长城。媒体的伟大作用在于，它能把世界人民的呼声，全面地反映在版面、网页和新闻节目里，形成强大的意识冲击力。看不到媒体的这种力量，根本无法认识人类社会的各种现象。

二 邪恶硬实力的媒体伎俩与媒介较量

英国历史学家、国际关系学者爱德华·卡尔认为，历史发展有三

① Ben Wolfgang, “Red Line Warning: Threats Dare Adversaries to Test Will of Presidents, Risk Backfiring Politically”, *The Washington Times*, January 12, 2020.

种力量，即军事、经济和“观点的力量”。[①] 经济、技术和军事是硬实力，软实力则是思想的能量及其正义的主张。物质力量本身没有善恶与是非之分，但作为实施某种战略的手段，用于不同目的，就构成侵害或造福某国利益的工具，也就有了正义和邪恶的区别。邪恶硬实力把一国“利益优先”和军事威胁强加给他国，以经济制裁或军事入侵要挟他国就范，必然遭到多数国家和媒体的反对。于是，霸权主义往往施展媒体伎俩，利用反动媒体渲染硬实力，一方面对他国发出恐吓，另一方面扰乱世界舆论，掩盖其侵略行径。

2019 年初，美国妄图入侵委内瑞拉，颠覆马杜罗政府，在俄罗斯、中国和世界舆论的揭露和抨击下，美国一小撮鹰派不得不又一次收手，再次证明软实力压倒硬实力的时代已经到来。马杜罗继承查韦斯的对外政策，联手古巴，亲俄反美，引起美国的嫉恨。当马杜罗经过民选在 2019 年 1 月 10 日正式连任总统后，美国部分媒体按照蓬佩奥、博尔顿等极端势力的腔调掀起反马风浪，接连抨击马杜罗：“马杜罗是独裁者，能够连任完全是自己策划的。作为一个冷静的旁观者应该清楚知道，这一切都是虚假的。虚假的投票，能够连任多长时间也是未知数。希望美国能够把委内瑞拉人民从深渊中拉出来，让其恢复民主制度。”[②]

美国早有扶植委反对派、推翻马杜罗政府的阴谋。2019 年 1 月 24 日，反对党领袖瓜伊多自封临时总统，特朗普随即声明予以承认，加拿大、巴西、阿根廷、智利和秘鲁等国紧随美国“站队”。新华社 1 月 24 日在第一时间报道了外交部发言人华春莹在例行记者会上的立场：支持委内瑞拉政府为维护国家主权、独立和稳定所做的努力。新华社援引我国分析人士的话表达了严正立场：“从法律角度说，瓜伊多自封‘临时总统’没有依据。”新华社的报道既是对马杜罗的支持，

---

① Carr Edward Hallet, *The Twenty Years' Crisis 1919 - 1939*, New York: Palgrave, 2001, p. 102.

② 《美媒：马杜罗是独裁者，投票有猫腻，特朗普有责任恢复民主政权!》，头条军事，junshi. eastday. com/a/1. ，2018 年 6 月 8 日。

也是对我国外交软实力的高度概括，有力反击了美国媒体制造的推翻马杜罗政府的舆论。

美国鹰派仍然执迷不悟，利用亲政府媒体释放信息，对马杜罗发出威胁。彭博社引述美国高官的话说，马杜罗不立刻将委内瑞拉的财政控制权移交给瓜伊多，特朗普将对其实施更多的制裁。英国《卫报》也不甘落后，主动充当美国的传声筒，发布敲山震虎的推测："美国若加大对委内瑞拉的经济制裁，或将加剧该国本已十分严重的人道主义危机；军事干预则很有可能带来大规模的破坏，导致许多人失去生命。"不久，特朗普在媒体上要挟说，美国对马杜罗将要采取行动。2 月 21 日，俄罗斯媒体放出试探气球："23 日可能成为委内瑞拉最危险的日子，美国和哥伦比亚有可能直接武装入侵！"马杜罗立即谴责特朗普"好战"，下令展开全国范围内的军事演习。此时，有 70 多个国家及其媒体支持马杜罗，仅非盟就有 55 国的政府和媒体强烈谴责美国对委内瑞拉的威胁。美国的脸书和推特也大量出现支持马杜罗的文章，美国国会立刻召见脸书和推特负责人训话，迫使其删除这些文章并弹出："文章内容违法，背离社会标准！"随后，几千个相关账号被封。[①] 美总统安全事务顾问约翰·博尔顿于 29 日召开白宫新闻发布会，有意将手中便签上写的"向哥伦比亚派出 5000 士兵"的文字让记者拍照，以"狡谲的媒体伎俩"引诱一些记者制造美国即将入侵委内瑞拉的紧张气氛。

媒体发出的信息加重了思想分量，迅速形成舆论强势，美国政客无一不谙熟传媒这一效力，惯于把媒体作为战术工具恐吓他国政府与人民。传播技术与设备雄厚的媒体作为软硬两种实力的组合体，左右人心的潜力巨大。美国利用亲政府媒体的资源优势又向外界宣布：给委内瑞拉的"人道主义"救援物资已运达玻利维亚和巴西边境，警告马杜罗不准阻挠反对派接收，企图激化委国内两派的对立情绪。尽管委内瑞拉缺医少药和食品，电力设施连遭破坏，但马杜罗仍果断派军

---

① 《文章内容不适合发表！脸书屏蔽支持马杜罗的文章》，网易，dy. 163. com/v2/article/，2019 年 2 月 5 日。

队封锁了边境，防止美国给反对派偷运暴乱武器。

此间，俄罗斯和法国媒体一再提醒南美各国，一旦发生战争将殃及它们的安全，造成大量平民伤亡和难民，这类报道使南美国家和美国多数盟国的立场悄然发生了变化。俄罗斯记者借机采访相关国家的反战人士，全力扩散反战舆论。俄罗斯卫星通讯社和 RT（今日俄罗斯）电视台记者采访了哥伦比亚国防部代表，该代表声明哥伦比亚不会为美国向委内瑞拉采取军事行动提供基地，不为美国发动军事入侵提供任何方便。阿根廷、巴拉圭、乌拉圭和巴西四国也改变了立场，发表联合公报，反对军事干预委内瑞拉。欧盟外交事务和安全事务发言人玛雅·科斯亚奇克也对媒体表示，目前的委内瑞拉需要通过外交途径解决危机。反战的舆论完全倒向一边，美国打算把南美国家变成入侵委内瑞拉的跳板已经落空。

俄罗斯和中国支持马杜罗政府的软实力经世界正义媒体的报道和宣传，被世界各国人民普遍接受，美国插手委内瑞拉内政、挑起军事入侵的图谋落空。于是美国国务院新闻发言人罗伯特·帕拉迪诺在 3 月 5 日举行新闻发布会，想证明有 50 个国家承认瓜伊多为临时总统，企图引导媒体支持美国立场。不料当场被《纽约时报》记者马修·李打脸。他反问："联合国有 190 多个成员国，你的 50 个国家甚至连一半都没到。对吗?"罗伯特·帕拉迪诺无言以对，不得不转移话题。[①]

直到今天，美国遭到南美国家的抵制，没有向委内瑞拉邻国派去一兵一卒，5000 士兵之说纯属虚张声势，邪恶的硬实力再次被挫败。两种实力通过媒体的激烈较量，反战的呼声终于击溃了侵略叫嚣，实际是正义的媒体压倒了邪恶的媒体。据《华盛顿邮报》2019 年 5 月 4 日报道，美国的阴谋被粉碎后，特朗普开始质疑身边官员的建议，抱怨博尔顿等人误导了他，[②] 不久，博尔顿被解除了安全事务顾问的职务。但特朗普并没有意识到，他的落败是背离世界潮流和媒介逻辑的结

---

① 《美国务院发言人维护委内瑞拉反对派，被记者怼成这样》，央视网，www. cctv. com，2019 年 3 月 8 日。

② 《委内瑞拉政变失败后，特朗普指责白宫顾问误导自己》，《环球时报》2019 年 5 月 10 日。

果。尽管美国使出种种媒介伎俩，但由于践踏国际关系准则，借助媒体鼓吹战争阴谋不可能受到欢迎，邪恶的硬实力再次败倒在软实力面前。

三 邪恶硬实力的起源与媒体舆论的诱骗

软实力和硬实力概念不是20世纪90年代的发明，而是国家和权力意志膨胀的历史现象。自奴隶社会起，世界到处充满思想和武力的较量，硬实力始终是开疆扩土的锐器。古罗马政治家马克·塔利·齐塞隆曾说，有两种活动可使人站在更高、更有利的地位，就是军事指挥官和杰出演说家的活动。演说家具有“羽毛的力量”，国家的壮大与全面繁荣最终由战争决定，维持和平生活的福祉只能靠武士。[①]

2019年前的整部世界史是弱肉强食的征战史，尽管软实力以各种形式参与其中，硬实力的“丰功伟烈”在几千年内受到征服者的推崇。公元前7—前4世纪，我国周朝各诸侯国展开旷日持久的争霸，都辅以策士周游列国的软实力，劝说君主采纳其富国强兵之道。此时的欧洲，马其顿长期被排除在希腊城邦之外，倡导雅典民主的软实力没有使马其顿人享有公民待遇，其军事统帅亚历山大便率领粗犷尚勇的马其顿大军灭掉一个个国家，把以希腊为核心的马其顿王国的边界推进到欧亚相邻的广袤地区。公元前98年，罗马帝国兴起，先后征服了马其顿、希腊、埃及、波斯、西班牙、高卢、不列颠和莱茵河流域，建立了庞大的罗马帝国，邪恶硬实力在古代欧洲横行了1700多年。[②]

进入16—19世纪，西方虽然创造了人道主义、民主共和、平等博爱和司法独立等伟大的思想成果，软实力灯塔辉煌闪烁，但对弱小国家却奉行炮舰政策，所有的农业国都沦为殖民地。从1840年的中国鸦片战争到2011年1月爆发的叙利亚战争，西方强国利用媒体大肆鼓吹

---

① Akop Gabrielyan, “The History of Origin and Development of the ‘Soft Power’ Concept”, 13 November 2015, csef. ru/en/politica-i-geopolitica/491/istoriya-vozniknoveniya-i-razvitiya-konczepczii.

② Akop Gabrielyan, “The History of Origin and Development of the ‘Soft Power’ Concept”, 13 November 2015, csef. ru/en/politica-i-geopolitica/491/istoriya-vozniknoveniya-i-razvitiya-konczepczii.

“自由贸易”“救赎愚民”“捍卫人权”“推行民主”以至“颜色革命”种种美丽词句，先后对他国进行炮舰攻击、狂轰滥炸，杀戮平民，颠覆他国政府。推行邪恶硬实力，舆论配合不可缺席，服务于列强的媒体以“播撒文明”、“人道主义”和“慈善博爱”的说教，美化新老殖民主义者的血腥杀戮和资源掠夺。最早一批来华办报的葡萄牙人巴波沙、阿美达等人和手持基督教书卷的教士们，为欧洲列强在华推行邪恶硬实力制造媒体骗局，企图麻醉中国人民的反抗意识。硬实力同软实力有明确的界限，但施展邪恶硬实力却离不开媒介制造骗人的舆论，把武力侵略粉饰得天衣无缝。

在历史上，西方一批反动学者笃信邪恶硬实力是国家权力的普遍形式，在书籍和报刊上曾竭力宣扬武力征服是帮助落后民族的途径，因为“我们给他们送去文明”。在当代，无论美国以往的布热津斯基、布坎南还是今天的班农、博尔顿，既利用媒体鼓吹和平演变，又为帝国主义的硬实力狂热代言。《硬实力：国家安全的新政治》一书的作者库尔特·坎贝尔和迈克尔·奥汉伦推销邪恶的硬实力更为露骨，并直言不讳地强调：“军事力量的应用，以满足国家的目的，也就是说，军事力量的部署及全部兵种、海军力量和精准打击，都以确保实现重要的国家目标而配置。”① 弗格森·奈尔说得更为直接：“软实力没有什么新东西，它曾经被称为帝国主义。软实力的影响是有限的，文化帝国主义的真正引擎是硬实力，软实力不过是掩盖铁手的天鹅绒手套。”美国政府在这一理论的怂恿下，不断把航母和导弹部署在对立国家的周边，诱导附庸媒体不停为其宣扬，达到遏制和威慑的目的。在今天，任何炫耀武力都是一种讹诈，不过是想让世界人民看到它露出的“凶恶牙齿”，以便吓到神经脆弱的人。

当代高科技武器的致命性和毁灭性，以及多国拥有核武器，决定了西方霸权挑起战争的狂热逐渐消退。到20世纪90年代，它们把武力入侵转向更加巧妙的媒体诱骗，到处发动“颜色革命”，灌输所谓

---

① Kurt Campbell and Michael O'Hanlon, *Hard Power: The New Politics of National Security*, New York: Basic Books, 2006, p. 7.

“反专制、争人权”的意识形态。美国“颜色革命”的理论家罗伯特·L. 赫尔维写道：“宣传可以在对方队伍里制造不信任和混乱，降低士气。”“除了标志、口号、音乐、印刷、视频等手段外，利用媒体制造谣言也不可忽视。”“如果谣言构成总的宣传工作的一部分，那么谣言至少需要有一点事实作基础，或者至少可以被看作是基于已知的或猜想的事实。谣言的主题应当是目标受众认为重要和有趣的，使他们愿意传播。谣言可以用来提高或降低目标受众的士气，或引起诸如仇恨、厌恶或钦佩等情绪。”美国不仅利用本国亲政府媒体，而且收买对象国媒体制作广播节目，培训反对本国政府的媒体人，发出大量诱骗性报道，煽动反对派示威或武力反抗，制造对象国的分裂。

美国运用这种媒体欺骗和邪恶硬实力相配合的手法，推翻了伊拉克、南联盟和利比亚等国的政权，又用媒体欺骗发动了捷克斯洛伐克的“天鹅绒革命”、格鲁吉亚的“玫瑰革命”、乌克兰的“橙色革命”、黎巴嫩的“雪松革命”、吉尔吉斯斯坦的“郁金香革命”、缅甸的“番红花革命”以及中东的“阿拉伯之春”。但在2019年，美国以媒体开道施展硬实力的新套路，在中国、俄罗斯、伊朗、委内瑞拉的有力反击下，遭到可耻失败。霸权主义的附庸媒体，挽救不了美国邪恶硬实力日渐衰落的趋势，只能成为其挽歌的伴唱者。

四 软实力的意涵及媒体的意识定力

古希腊和古罗马的统治者早已认识到“软”实力与“硬”实力的依存关系：没有软实力，推行硬实力不仅缺乏理由，也不可能长期征服一个民族。但是，“软实力建立在人们赞成与追求之上，使人们愿意做并认为应当这样做”。正如纽约大学教授约瑟夫·奈在1990年所说，软实力是一国通过吸引和说服别国服从你的目标从而使你得到自己想要的东西的能力。科普·加布里埃尔指出，当被古罗马征服的人希望得到公民通行证，融入罗马颁布的社会条例和新型文化，就是软实力发生作用的明证。他在《软实力概念的由来和发展史》一文中写道：“刚性力量在某种程度上包含软性力量的吸引力。首先，它涉及军事人员的信念，有信念的刚性力量是不可战胜的，这些信念培植不可屈服的意志，又能说服对手，让其恐惧和退让；其次，任何刚性力量都是在软性力量指引下产生和发展的，完全脱离软实力，硬实力不可能形成并强大。”这一结论是有道理的，硬实力要发挥作用离不开软实力，在软实力统领下的硬实力不会服务于非正义事业，不可能是邪恶的硬实力。

我国战国时期，反对战争、反对强国欺压弱国的主张成为诸子百家的基本主张，倡导“协和万邦”“四海之内皆兄弟”的思想如繁星闪烁。《孙子兵法》的要旨之一是禁战与避战，“止戈为武”“不战而屈人之兵”被视为上策。老子《道德经》的思想基调突出一个“柔”字，即今天我们所说的软实力。老子坚信：“天下之至柔，驰骋天下之至坚。”（《道德经·四十三》）圣人修身治国，应以柔克刚，天下最柔软的东西，反而能驾驭最坚硬的东西。我国媒体长期宣传的公平正义和以人类命运共同体作为处理国际关系的出发点，无疑是当代世界软实力的核心思想。从严格意义上说，软实力没有好坏和正负之分，把一切思想和主张都视为软实力是一种宽泛的说法，不是科学严谨的界定。在国际争端中，软实力是一种坚持真理和维护各国人民利益的思想力量。软实力的意涵集中体现为人类对公理正义、平等互利与友好合作的追求。把“本国利益优先”、损人利己的主张视作软实力，不会得到世界人民的拥护和支持，也不会有响应者，没有任何实力可言，不可能构成软实力。

软实力离不开媒介而单独存在，所有软实力都以媒介为载体构成精神力量，这就需要媒体的深化诠释和大力宣传。真正的软实力都能得到人民的广泛拥护和响应，在它武装人们头脑后产生巨大的物质力量，拥有战胜一切邪恶势力的经济和军事手段。正如马克思所说：“批判的武器当然不能代替武器的批判，物质力量只能用物质力量来摧毁；但是理论一经掌握群众，也会变成物质力量。”当前，面对美国采取各种损招遏制我国的发展，破坏世界和平和各国的友好合作，我国需要建设一批优秀的媒体，以强大的意识定力走向世界、影响世界，增强世界人民的凝聚力和承受力，挫败霸权主义的各种威胁。

在国际舞台上，媒体宣传人类正义的理念，分析重大事件的是非曲直，擦亮世界人民的眼睛，揭露邪恶硬实力的傲慢丑态，是表达和诉诸软实力的主要任务。中国媒体要在软实力和邪恶硬实力的较量中，尊重事实，遵循世界发展大势，反映各国人民的共同要求，讲清讲透道理，把各国正义的媒体团结起来，造成反对霸权主义的强大舆论态势。没有世界多国媒体软实力的共同奋斗，彻底批驳西方无良媒体的撒谎和谬论，就无法有力回击帝国主义的种种邪说和谣言。世界主流媒体的报道，再现了美国不得人心的尴尬境地，加剧了美国霸权主义的孤立。

A Historical Era in Which Soft Power Overwhelms Hard Power: The Media Contest of Two Kinds of Power in The World in 2019

Abstract 2019 is the first year of the setback of American hard power, and the history of hard power crushing soft power may be rewritten. To uses force to oppress small and medium-sized countries, Hegemony uses the media to deceive world public opinion first. The U. S. government, curbed in 2019 by two major powers, China and Russia, the world's calls for justice, and media revelations and criticism, had to abandon its invasions of Iran and Venezuela. Media reports reveal that the overwhelming of soft power over hard power is an irreversible historical trend.

Keywords Interpretation of the Two Powers; Media Contest between the Two Powers; Media Soft Power; Role

用“症候式阅读法”把握媒体融合的“总问题”*

——阿尔都塞《读〈资本论〉》的“第二种阅读方法”借鉴

王君超**

摘要 作为新闻传播领域的顶层设计，我国的媒体融合已经进入深度融合阶段。但是，在对有关媒体融合的认识与实践方面都仍有一些亟待克服的问题。“结构主义的马克思主义”学派代表人物阿尔都塞提出的“症候式阅读法”，为深入分析媒体融合的深层结构，找出思想的“总问题”提供了一个思路。在“一体化发展”的总体框架下，可以从顶层设计、“特定文章”（习近平总书记的系列讲话）和“新闻传播实践”三个方面把握媒体融合的“总问题”，即“做大做强主流舆论，巩固全党全国人民团结奋斗的共同思想基础，为实现‘两个一百年’奋斗目标、实现中华民族伟大复兴的中国梦提供强大精神力量和舆论支持”。运用“症候式阅读法”解读媒体融合文本的过程，有利于重新理解媒体融合的实质，但在具体运用时，也应避免局限性。

关键词 媒体融合；症候式阅读法；顶层设计；结构主义；深层结构

---

* 本文系国家社会科学基金重点项目“‘新新媒介’环境下的报纸发展趋势及转型研究”（项目编号：14AXW003）的阶段性成果。

** 王君超，文学博士，清华大学新闻与传播学院教授、博士生导师，清华大学马克思主义新闻学与新闻教育改革研究中心执行主任。

我国新闻界的“媒体融合”走在了世界的前列，目前正在按照顶层设计的要求，有序推进媒体的“深度融合”。但是，“推进媒体深度融合，还面临着一些突出问题”。[①]“融合发展是一个全新的课题，我们在许多方面还存在跟不上、不适应、不到位的问题。”[②] 毋庸置疑，在媒体融合的思想认识和实际操作层面，我国的学界和业界还存在一些误区，影响了报纸转型和媒体融合的进一步发展。

如何根据媒体融合的“症候”，把握媒体融合中的主要问题呢？西方马克思主义哲学家路易·阿尔都塞（Louis Althusser）提出“症候式阅读法”（symptomatic reading）（又译为“征候式阅读”），从文本分析的角度为解决类似问题提供了一个新的思路。

一 “症候式阅读法”

“症候式阅读”是“结构主义的马克思主义”代表人物阿尔都塞在阅读《资本论》时归纳出来的一种方法。“症候式阅读”“就是在同一运动中，把所读的文章本身中被掩盖的东西揭示出来并且使之与另一篇文章发生联系，而这另一篇文章作为必然的不出现存在于前一篇文章中。”[③]

这个所谓“症候式阅读法”也就是阿尔都塞的“文本解释学”。[④] 阿尔都塞认为，对于马克思的不同理解，在很大程度上同对马克思的文本的阅读方式密切相关。“症候式阅读”是不同于“直接阅读”的“第二种阅读方法”。

所谓“症候”，本意是指病人的表现与感受，它由若干症状综合

① 刘奇葆：《推进媒体深度融合 打造新型主流媒体》，《人民日报》2017 年 1 月 11 日第 6 版。

② 刘奇葆：《加快推动传统媒体和新兴媒体融合发展》，《人民日报》2014 年 4 月 23 日第 6 版。

③ ［法］路易·阿尔都塞、艾蒂安·巴里巴尔：《读〈资本论〉》，李其庆、冯文光译，中央编译出版社 2017 年版，第 20 页。

④ 张一兵：《问题式、症候阅读与意识形态：关于阿尔都塞的一种文本学解读》，中央编译出版社 2003 年版，第 23、63、87 页。

构成。在文学批评领域，“症候”是“在文本中表现出来的悖逆、含混、反常、疑难现象”。“阿尔都塞这里所讲的症候是由一定的问题式统摄所形成的深层语言之空无，它甚至就是字句的沉默。这是一种理论无意识。”① “症候”这个术语，最早源于弗洛伊德。可以在日常生活和梦境话语的错误、疏忽和荒唐事中，看出无意识的复杂和隐藏结构的症候。拉康进而提出，可以根据这些症候进行语义分析，从而发现没有明白说出的无意识话语。②

“症候式阅读法”之所以对媒体融合研究非常重要，在于它可以由表及里地找出媒体融合的种种问题。比如，在当前的媒体融合理论研究与实践中，有哪些问题和空白、理论与方法的断裂？德里达在《论文字学》中宣称：“文本之外，别无他物。”③ 澳大利亚学者克里斯·巴克（Chris Barker）在评价这一说法时认为，德里达这么说，“并非认定外在世界不存在”，“‘文本’构成了各种实践活动”。④ 作为新闻学的一个关键概念，“‘文本’记录了具有信息传播价值的事件”。⑤ “‘文本’是对传统的认识模式变革，它推翻和取代原来的范畴，自身成为一个永远变形的不确定领域。”⑥ 媒体融合作为体现中国顶层设计的一项创新，也是对传统的媒体发展规律的革命性变革，因此可以被视为一个具有文化意义的文本。那么，应当如何找出其“症候”？

文本的“症候”往往表现为沉默、缺失、空白、严格性上的疏漏。因此，阿尔都塞用“症候式阅读法”来重读《资本论》，方法是“以文本的各种悖逆、含混、反常、疑难现象作为突破口，在寻找原

---

① 张一兵：《问题式、症候阅读与意识形态：关于阿尔都塞的一种文本学解读》，中央编译出版社 2003 年版，第 23、63、87 页。

② 陆扬等：《马克思主义文化理论发展史》，百花洲文艺出版社 2018 年版，第 201、207 页。

③ Jacques Derrida, *Of Grammatology*, Baltimore: Johns Hopkins University Press, 1976, p. 158.

④ ［美］Chris Barker：《文化研究：理论与实践》，罗世宏等译，台北：五南图书出版股份有限公司 2004 年版，第 24 页。

⑤ ［英］鲍勃·富兰克林等：《新闻学关键概念》，诸葛蔚东等译，北京大学出版社 2008 年版，第 351 页。

⑥ 王治河主编：《后现代主义辞典》，中央编译出版社 2004 年版，第 615—616 页。

因的过程中，寻找这些现象的意义”。我国的媒体融合，从 2014 年“媒体融合元年”的“雷声大、雨点小”“表面融”等表征，到全国范围内的“中央厨房”建设片面强调技术、物理空间而忽略意识形态的在场，再到当前现象级的媒体融合作品仍难以产生，产生了一系列的疑难“症候”。它们往往被“三微一端”、“中央厨房”、H5 移动页面、“媒体矩阵”等技术性的文本掩盖，使人忘了媒体融合顶层设计之真意。

发现问题的过程也是一种知识生产的过程。杰拉斯认为：“正确地理解和实践的读法，也像一切知识那样，不是想象力，而是理论性的劳动和生产。”① 从“症候”出发研究媒体融合，实质上是用“问题意识”来反思中国媒体的发展路径。陈国权在《四问报业“中央厨房”的转型价值》一文中提出四个问题，其中三个是“中央厨房”建设过程中的“症候”。一是“新闻同质化”。“前方记者将稿件传到平台上，由各子报根据需要进行编辑加工，结果发现同质化现象相当严重，往往出现几张报纸稿件相似的情况。”二是削弱报纸等传统媒体的竞争力。“‘中央厨房’模式下，新媒体更早获得新闻内容，也比传统媒体更早发布，新闻资源向新媒体倾斜。”三是一个“萝卜”不可能做出十种“菜”。“不同形态的媒体对内容的要求是不一样的……靠一份素材怎能满足这千差万别的需求？”②

以上问题，显然都是“中央厨房”研究与实践中的“症候”，但是在“媒体融合热”的背景下，学界及业界鲜有涉及。该文由此出发，发现了媒体融合实践中容易被忽略的问题，并将其作为探讨“中央厨房”理论基础“波纹理论”③ 的论证。

---

① ［英］诺曼·杰拉斯：《阿尔都塞的马克思主义：说明与批评》，转引自张一兵《问题式、症候阅读与意识形态：关于阿尔都塞的一种文本学解读》，中央编译出版社 2003 年版，第 81 页。

② 陈国权：《四问报业“中央厨房”的转型价值》，《青年记者》2015 年 3 月上。

③ 这里的“波纹理论”是指《烟台日报》传媒集团 2008 年推出“全媒体”改革时，所借鉴的道琼斯公司的“波纹理论”及实践。所谓“波纹理论”，指一个新闻事件犹如投石入潭，媒介集团的各传播渠道充分发挥不同媒介的特色，像水波纹一样一圈一圈荡漾开去，环环紧扣，形成一个完整的报道体系。参见陈国权《中国媒体“中央厨房”发展报告》，《新闻记者》2008 年第 1 期。

二 媒体融合文本的深层结构

在发现及阐释“症候”之后进行“知识生产”，则必须由表及里地研究媒体融合的结构。列维－斯特劳斯认为，“文化的本质就是结构。不仅各种文化都有自己的结构，世界文化也如此，因为各种文化都存在于一个大的文化体系中”。[①] “无论是语言学还是人类学，结构主义方法其实都是要在不同的内容中找出不变的形式。”[②] 在结构主义者看来，“人们所认识的社会现象是杂乱无章的，要达到有秩序的认识，就要掌握现象的结构”。[③] 那么，结构主义视野中的“结构”究竟为何物？

“‘结构’在拉丁语中是struere，它直接来自structura，最初只是具有建筑学的意义。结构指‘建造大楼的方式’。”“在十七八世纪，‘结构’一词的意义被更改和拓宽了……人们开始用这个术语描述一个过程，即局部构成整体的过程。”“在1900—1926年间，‘结构’派生了‘结构主义’。”[④] 雪莉·派克（Shirley R. Pike）认为：“结构观念对于任何系统思想以及任何两种理论框架的整合设想都是核心观念。因此它无法在概念构型或假设构型的逻辑层次上被处理。它是重要的元理论术语，意味着一种逻辑上的认识论上的融贯整体，一种展现融贯原则的知识论。”[⑤]

皮亚杰（Jean Piaget）在《结构主义》一书中，将结构视为“一个由种种转换规律组成的体系”。他认为，“结构包括了三个特性：整

① ［英］阿兰·巴纳德：《人类学历史与理论》，王建民等译，华夏出版社2006年版，第136页。

② ［法］克洛德·列维－斯特劳斯：《结构人类学》，张祖建译，中国人民大学出版社2006年版，第770页。

③ 徐崇温：《结构主义与后结构主义》，辽宁人民出版社1986年版，第27、30页。

④ ［法］弗朗索瓦·多斯：《结构主义史》，季广茂译，金城出版社2012年版，“导论”，第4页。

⑤ ［英］雪莉·派克：《结构和科学性》，转引自张庆熊主编《现象学方法与马克思主义文选》，牟春等译，上海三联书店2014年版，第311页。

体性、转换性和自身调整性”。[①] 英国学者泰伦斯·霍克斯认为，“让·皮亚杰所给出的定义，是最有成效的尝试之一”。[②]

借鉴“结构”的概念研究社会现象，可以将其分为表层结构和深层结构。“表层结构是现象的外部联系，通过人们的感觉就可以认识；而深层结构就是现象的内部联系，不能通过经验的概念去获得它，只有通过理论模式才能认识它。”[③]

媒体融合的“表层结构”是关于“是什么”“如何操作”等表层问题，也就是媒体融合的一般概念、形式与分类方面的基本知识。美国西北大学教授里奇·高登（Rich Gordon）根据传播语境，阐释了媒介融合的五种含义——所有权融合、战略性融合、结构性融合、信息采集融合、新闻表达融合。[④] 类似的基本认识和归类，都属于表层结构的范畴。

从实践上来看，媒体融合的“表层结构”就是指其实践形式和运作状态，如“三微一端”“中央厨房”，以及融合报道在融媒体上的呈现方式。

美国南加州大学教授亨利·詹金斯（Henry Jenkins）归纳出媒介融合[⑤]的五个过程——技术融合（Technological Convergence）、经济融合（Economic Convergence）、社会或有机融合（Social or Organic Convergence）、文化融合（Cultural Convergence）、全球性融合（Global Convergence），也是一种表层结构。[⑥] 但是，与里奇·高登的“媒介融

① ［瑞士］皮亚杰：《结构主义》，倪连生、王琳译，商务印书馆2009年版，第3页。

② ［英］泰伦斯·霍克斯：《结构主义与符号学》，翟晶译，知识产权出版社2018年版，第7页。

③ 徐崇温：《结构主义与后结构主义》，辽宁人民出版社1986年版，第27、30页。

④ Rich Gordon，“The Meanings and Implications of Convergence”，in Kevin Kawamoto，ed.，*Digital Journalism：Emerging Media and the Changing Horizons of Journalism*，Lanham，M. D.：Rowman & Littlefield Publishers，2003，pp. 62 – 72.

⑤ 本文根据语境的需要，交替使用了“媒体融合”与“媒介融合”两个术语，英文都是media convergence，前者一般是结合中国的语境，与中国的媒体报道及文件语言相一致；后者多在引用中出现，或者需要强调媒体的“介质”属性。

⑥ Henry Jenkin，“Convergence？I Diverge”，*MIT Technology Review*，Vol. 104，No. 5，June 2001，p. 93.

合五层次”一样，深入到这“五个过程”内部进行深度剖析，洞悉其意识形态内涵，就属于“深层结构”。如第五个过程——全球性融合，其内涵主要指由于媒介内容的全球化流通而产生的“文化杂糅”（Cultural Hybridity）。“文化杂糅”必然带来意识形态的冲突，各色人等并非平等、虚化身份的“地球村”村民，这就涉及媒介融合的“深层结构”。

表层结构由于通过人们的感性知识即可认识，所以在一个新生事物刚刚出现时，人们往往根据表面的观察对其进行种种归类与界定。在当前的“媒体融合热”中，如果只是关注媒体融合的形式、运行状态等表层结构，则无助于认识媒体融合的深层问题，也无法解决媒体的深度融合“深”不下去的问题。从“症候”出发进行“知识再生产”，寻求解决媒介融合问题的途径，就需要深入到媒介融合的深层结构。

深层结构的研究方法是结构主义方法论的重要内容。根据索绪尔的观点，“结构主义强调事物的结构有深层和表层之分，表层结构是可以被人们的感官直接感知的，是对象的外部关系，是多变的；而深层结构是人们的感官不能直接感知的，是只能借助演绎推理才能得出的对象的内部的稳定不变的关系”，“结构主义深层结构方法要求人们去研究事物的深层结构，强调从事物的内部规律着眼，抓住事物的本质”。①

媒介融合的深层结构，是媒介融合的本质、意识形态以及与此相关的融合文化，也即“意义与知识的合作生产、问题解决的共享”。②亨利·詹金斯对媒介融合本质的认识是较为深刻的，他反驳了“融合主要是一个技术过程，即在一种设备上汇集了多种媒体功能的过程”，认为“融合代表了一种文化变迁”。③ 他从“媒体同时也属于文化体

① 胡雄：《从哲学的角度透视结构主义深层结构的研究方法》，《湖北电大学刊》1997年第3期。

② ［美］亨利·詹金斯：《融合文化：新媒体和旧媒体的冲突地带》，杜永明译，商务印书馆2012年版，第6、31、44、47—48页。

③ ［美］亨利·詹金斯：《融合文化：新媒体和旧媒体的冲突地带》，杜永明译，商务印书馆2012年版，第6、31、44、47—48页。

系”的认识出发，认为“媒体融合并不只是技术方面的变迁这么简单”，因为“融合改变了现有的技术、产业、市场、内容风格以及受众这些因素之间的关系。融合改变了媒体业运营以及媒体消费者对待新闻和娱乐的逻辑”，“反过来，媒体融合也影响着我们消费媒体的方式”。①

将“症候式阅读法”运用于媒体融合研究的要义，在于发现各种文本的本质属性，“把埋藏于原文中的无意识的理论框架的许多症候连接起来阅读”，以从中挖掘出某种学说的“理论框架”。② 当前媒体融合实践与研究的“沟壑”，在于忽略了媒体融合的文化和意识形态属性，因此无法找出相关概念之间的内在联系。

媒体融合的本质，不在于媒介形态汇流的表面形式，而在于意识形态的深处。亨利·詹金斯基于对媒介融合本质的把握，关注了“媒体融合”、“参与文化”和“集体智慧”三个概念的关系。在此基础上，探讨“新媒体和旧媒体相互碰撞、草根媒体和公司化大媒体相互交织、媒体制作人和媒体消费者的相互作用”等被忽略的场域，并完成了其独特的媒体融合文化生产。

在当前的媒体融合热潮中，有的单位和个人陷入被动、积极性不高，主要就在于对媒体融合知其然却不知其所以然，不明白媒体融合热背后所蕴含的政治意义，也不明白其“理论框架”或“思想的总问题”。

那么，当下媒体融合的深层结构在哪里？这就涉及阿尔都塞所说的“思想的总问题”。

三 把握媒体融合的“总问题”

阿尔都塞在阐述马克思关于思想发展的理论原则时明确提出“总问题”的概念，指出它是“文章的内在整体性和思想的内在本质”，“如果用总问题的概念去思考某个特定思想整体……我们就能够说出

① ［美］亨利·詹金斯：《融合文化：新媒体和旧媒体的冲突地带》，杜永明译，商务印书馆2012年版，第6、31、44、47—48页。

② 蓝棣之：《现代文学经典：症候式分析》，人民文学出版社2006年版，第257页。

联结思想各成分的典型的系统结构，并进一步发现该思想整体具有的特定内容，我们就能够通过这特定的内容去领会该思想各‘成分’的含义，并把该思想同当时历史环境留给思想家或向思想家提出的问题联系起来”。①

“总问题”在阿尔都塞的著作中也被译为“问题式”（problematic）。就像“公共领域”的概念之于尤尔根·哈贝马斯，“编码－解码”理论之于斯图亚特·霍尔，“总问题”或“问题式”是研究阿尔都塞的理论入口。张一兵认为，“问题式是进入阿尔都塞理论逻辑大厦的唯一路径”，“是阿尔都塞的全部哲学理论方法的核心范式”。②“总问题”总是寓于“理论框架”之中，因此需要以此为纲，提纲挈领，才能把握某一思想的本质特征。阿尔都塞在《保卫马克思》一书中提出：“一种该理论的同一性不存在于该理论所拥有的任何特定命题中，也不寓于一种理论的作者的意向中，而在它的结构中，在它提出问题的方式中，就是说，在它的‘理论框架’中”，“直接阅读马克思的著作，并不能立即就明白马克思主义理论的特殊性”，“一切都取决于总问题的性质，因为总问题是组成成分的前提。只有从总问题出发，组成成分才能在特定的文章里被思考”。③

运用阿尔都塞“症候式阅读法”研究媒体融合的必要性，在于我们可以循其“理论框架”，找出“思想的总问题”。“一般来说，总问题并不是一目了然的，它隐藏在思想的深处，在思想的深处起作用。”④ 在媒体融合的技术设计中，比如“中央厨房”的建设，似乎人们只是看到了物理空间、技术与融合报道的产出，但对为什么要建设“中央厨

① ［法］路易·阿尔都塞：《保卫马克思》，顾良译，商务印书馆 2006 年版，第 18、49、50、53—54 页。

② 张一兵：《问题式、症候阅读与意识形态：关于阿尔都塞的一种文本学解读》，中央编译出版社 2003 年版，第 23、63、87 页。

③ ［法］路易·阿尔都塞：《保卫马克思》，顾良译，商务印书馆 2006 年版，第 18、49、50、53—54 页。

④ ［法］路易·阿尔都塞：《保卫马克思》，顾良译，商务印书馆 2006 年版，第 18、49、50、53—54 页。

房”、其意识形态内涵又是什么却很少追问。本文认为，至少可以从以下三个方面，来探求媒体融合的“总问题”。

（一）顶层设计

在现阶段，媒体融合是一项自上而下的顶层设计，因此，顶层设计是媒体融合“思想总问题”的入口，只有洞悉顶层设计，才能把握媒体融合的“总问题”。

“顶层设计是中国重要的改革逻辑——由中央政府从全局的角度，系统地对改革任务进行统筹规划，调配资源，高效实现目标。”① 中国的报纸转型，从2008年的数字化实验开始，就是政府组织行为。从2014年开始，包括报纸转型的主流媒体改革上升为“国家战略”，由此报纸转型走上了快车道。这一特点，明显区别于美国、日本和欧洲各国的主流报纸转型和媒体融合。

在资本主义国家，报业都是私人企业，决定其生死的是“看不见的手”——市场规律。在“报纸消亡论”的阴影下，各家报纸基于市场需求进行调整，或关停，或出售，或完全抛弃纸媒的性质，其转型被描述为“公司驱动和受众驱动”②，而非我国以顶层设计的态势推动传媒变革。

顶层设计的出发点，就是为了解决传统媒体转型的现实困境。20世纪90年代以来，中国的报业经营进入寒冬，主流报纸也经历了“边缘化”，由此影响到主流舆论的影响力。因此，报纸的转型已不仅仅是一种媒体形态转型的问题，而是事关主流舆论导向可否实现的全局问题。因此，这项新闻传播变革就上升为顶层设计。由于社会制度和媒体性质不同，世界上没有其他哪个国家像中国一样，运用国家顶层的力量来推动一项传媒变革。日本朝日新闻社执行总编辑西村阳一对此评价道：“在日本，不可能像中国一样推行媒体融合，

① 《顶层设计》，http：//www.china.org.cn/chinese/china_key_words/2016-01/04/content_37448641.htm，2020年7月25日。

② Henry Jenkins and Mark Deuze，“Convergence Culture”，*The International Journal of Research into New Media Technologies*，Vol. 14，No. 1，2008，p. 6.

因为日本的报纸是私人企业。”[①] 因此，顶层设计是中国报纸转型的最鲜明特色。

2014 年 8 月 18 日，中央全面深化改革领导小组第四次会议审议通过了《关于推动传统媒体和新兴媒体融合发展的指导意见》（以下简称《意见》），对新形势下如何推动媒体融合发展提出了明确要求，做出了具体部署。《意见》提出：“着力打造一批形态多样、手段先进、具有竞争力的新型主流媒体，建成几家拥有强大实力和传播力、公信力、影响力的新型媒体集团，形成立体多样、融合发展的现代传播体系”，“提升主流媒体传播力、公信力、影响力和舆论引导能力”。[②] 以上是顶层设计对媒体融合“总问题”的最初表述。2020 年 9 月 26 日公布的中共中央办公厅、国务院办公厅《关于加快推进媒体深度融合发展的意见》，从重要意义、目标任务、工作原则三个方面明确了媒体深度融合发展的总体要求，再次强调“尽快建成一批具有强大影响力和竞争力的新型主流媒体，逐步构建网上网下一体、内宣外宣联动的主流舆论格局，建立以内容建设为根本、先进技术为支撑、创新管理为保障的全媒体传播体系”，“做大做强网络平台，占领新兴传播阵地”。[③] “提升主流媒体传播力、公信力、影响力和舆论引导能力”、“做大做强网络平台，占领新兴传播阵地”和“形成立体多样、融合发展的现代传播体系”，就是有关媒体融合顶层设计框架的简洁表述。

顶层设计的特点有三：一是顶层决定性，二是整体关联性，三是可操作性。[④] 中国媒体融合的顶层设计出自党中央，是党和国家领导人通过对新闻传播事业现状的洞悉，通过对媒体运行规律的把握，制

---

① 资料来源：课题组对朝日新闻社执行总编辑西村阳一的访谈，时间：2019 年 6 月 18 日，地点：日本东京朝日新闻社本部。

② 《〈关于推动传统媒体和新兴媒体融合发展的指导意见〉审议通过》，中华网财经，http：//finance. china. com. cn/roll/20140821/2625866. shtml，2020 年 7 月 15 日。

③ 《中共中央办公厅国务院办公厅印发〈关于加快推进媒体深度融合发展的意见〉》，中国政府网，http：//www. gov. cn/zhengce/2020 – 09/26/content_ 5547310. htm，2020 年 7 月 15 日。

④ 张卓元：《中国改革顶层设计》，中信出版社 2014 年版，第 26、27 页。

定出的事关全局的战略决策。这一决策不是单向的从上至下，而是双向的，也即“从群众中来，到群众中去”。2014 年以来，习近平总书记数次到主流媒体进行考察。2019 年 1 月 25 日，中央政治局第十二次集体学习把“课堂”设在了媒体融合发展的第一线，采取调研、讲解、讨论相结合的形式进行。[①]

“顶层设计就是要自上而下，但必须要有自下而上的动力，要通过社会各个利益群体的互动，让地方、社会及各个所谓的利益相关方都参与进来。”[②] 媒体融合作为当前新闻传播变革的系统工程，不仅关乎报纸转型，也涉及包括以执政党的方针、政策、路线为主体的当代中国主流意识形态，同时还包括技术、人事制度改革，以及就业、培训等诸多方面，因此需要全社会的关注与支持，尤其需要新闻界的普遍理解和参与。

要使顶层设计深入人心，设计方案本身还必须具有可操作性。我国传统主流媒体的转型和媒体融合的方向和步骤，在顶层设计的层面，主要流程为：流程优化、平台再造——实现各种媒介资源、生产要素有效整合——实现信息内容、技术应用、平台终端、管理手段共融互通——催化融合质变，放大一体效能——打造一批具有强大影响力、竞争力的新型主流媒体。[③]

根据这一顶层设计精神，我国的各级、各种媒介资源都融入了媒体融合的大潮。现阶段，通过建设“中央厨房”，基本实现了“平台再造”、“媒介资源、生产要素有效整合”和“信息内容、技术应用、平台终端、管理手段共融互通”。下一步，就是要真正发挥“一体效能”和打造具有国际竞争力的新型主流媒体。

（二）习近平总书记的系列讲话

在《保卫马克思》中，阿尔都塞认为，“只有从总问题出发，组

① 《习近平在中共中央政治局第十二次集体学习时强调推动媒体融合向纵深发展巩固全党全国人民共同思想基础》，《人民日报》2019 年 1 月 26 日。

② 张卓元：《中国改革顶层设计》，中信出版社 2014 年版，第 26、27 页。

③ 习近平：《加快推动媒体融合发展　构建全媒体传播格局》，求是网，http：//www. qs-theory. cn/dukan/qs/2019 -03/15/c_ 1124239254. htm，2020 年 7 月 15 日。

成成分才能在特定的文章里被思考”。[①] 学习与思考习近平总书记系列讲话这些“特定文章”，也有助于我们从“思想的深处”理解媒体融合的政治意涵。

习近平总书记在数次会议上的重要讲话，不仅是中央关于媒体融合顶层设计思想的具体体现，同时也清楚地阐释了媒体融合的政治意义。领会这些意义，正是中国新闻界当前学习习近平系列讲话的现实意义所在。

在2016年2月19日党的新闻舆论工作座谈会上，习近平总书记强调“推动融合发展，主动借助新媒体传播优势”与“加快构建舆论引导新格局”。[②] 2019年1月25日，他在《加快推动媒体融合发展 构建全媒体传播格局》的讲话中提出：“用主流价值导向驾驭‘算法’，全面提高舆论引导能力。”“我们推动媒体融合发展，是要做大做强主流舆论，巩固全党全国人民团结奋斗的共同思想基础，为实现‘两个一百年’奋斗目标、实现中华民族伟大复兴的中国梦提供强大精神力量和舆论支持。”[③]

可见，在顶层设计的总体框架中，媒体融合与主流意识形态是紧密联系在一起的，而“提高舆论引导能力”，则是媒体融合的重中之重。

（三）新闻传播实践

马克思认为：“理论在一个国家实现的程度，总是取决于理论满足这个国家的需要的程度。”[④] 媒体融合作为一项理论创新成果，是中国共产党的领导核心在指导新闻传播事业发展的实践过程中产生的。一方面，顶层设计来源于新闻传播实践；另一方面，顶层设计产生的

---

① ［法］路易·阿尔都塞：《保卫马克思》，顾良译，商务印书馆2006年版，第18、49、50、53—54页。

② 《习近平：坚持正确方向创新方法手段提高新闻舆论传播力引导力》，新华网，http：//www. xinhuanet. com//politics/2016－02/19/c_ 1118102868. htm，2020年7月15日。

③ 《习近平：加快推动媒体融合发展 构建全媒体传播格局》，求是网，http：//www. qstheory. cn/dukan/qs/2019－03/15/c_ 1124239254. htm，2020年7月15日。

④ 《马克思恩格斯选集》第1卷，人民出版社2012年版，第11页。

目的和落脚点，都是为了满足新闻传播事业发展的需要，并为解决新闻传播事业中新出现的问题服务。

深入新闻传播实践不仅可以发现“思想总问题”，而且也能够从“总问题”出发，寻找解决问题的途径。“媒体融合”作为一个“舶来品”，之所以能在中国成为顶层设计和业界、学界实践与研究的热潮，最主要的原因是来自实践的要求和推动。

在“新新媒介”的背景下，微博、微信、微视频、客户端“三微一端”的长足发展，使中国的舆论环境发生了根本性的变化。“主流媒体边缘化”“主流舆论边缘化”的现象相继出现。中央广播电视总台台长慎海雄认为：“新兴媒体的裂变式发展，改变了传统的舆论引导和传播格局，舆论生态更加复杂，给新闻宣传工作带来全方位、深层次的影响。传统媒体被边缘化，主流媒体难以真正掌控主流舆论，主流舆论难以有效传播主流声音的问题已经出现。”[①] 2016 年 2 月 19 日，习近平总书记在党的新闻舆论工作座谈会上的讲话中指出：“我国综合国力和国际地位不断提升，国际社会对我国的关注前所未有，但中国在世界上的形象很大程度上仍是‘他塑’而非‘自塑’，我们在国际上有时还处于有理说不出、说了传不开的境地，存在着信息流进流出的‘逆差’、中国真实形象和西方主观印象的‘反差’、软实力和硬实力的‘落差’。”因此，“要下大气力加强国际传播能力建设，加快提升中国话语的国际影响力，让全世界都能听到并听清中国声音”。[②]

如何解决这些问题？在顶层设计的逻辑框架内，总的思路是以媒体融合推动媒体创新。一方面，“要适应分众化、差异化传播趋势，加快构建舆论引导新格局”；另一方面，要“推动融合发展，主动借助新媒体传播优势”。[③] 在此基础上，使党的新闻舆论工作在理

---

① 慎海雄：《在推进融合发展中巩固壮大主流舆论阵地》，《光明日报》2014 年 8 月 9 日第 10 版。

② 《习近平：让全世界都能听到并听清中国声音》，人民网，http://cpc.people.com.cn/xuexi/n1/2019/0110/c385474-30514168.html，2020 年 7 月 15 日。

③ 《习近平：坚持正确方向创新方法手段提高新闻舆论传播力引导力》，新华网，http://www.xinhuanet.com//politics/2016-02/19/c_1118102868.htm，2020 年 7 月 15 日。

念、内容、体裁、形式、方法、手段、业态、体制、机制方面实现创新。

基于对新闻传播实践的认知和对主流媒体的实际考察，2016 年 2 月 19 日，习近平总书记在党的新闻舆论工作座谈会上提出“融合发展关键在融为一体、合而为一”。他指出，要“推动传统媒体和新兴媒体在内容、渠道、平台、经营、管理等方面的深度融合，着力打造一批形态多样、手段先进、具有竞争力的新型主流媒体，建成几家拥有强大实力和传播力、公信力、影响力的新型媒体集团，形成立体多样、融合发展的现代传播体系”。①

综上所述，媒体融合的“总问题”，就是以习近平同志为核心的党中央所设计的顶层设计框架。媒体融合的“总问题”是“做大做强主流舆论，巩固全党全国人民团结奋斗的共同思想基础，为实现‘两个一百年’奋斗目标、实现中华民族伟大复兴的中国梦提供强大精神力量和舆论支持”。② 运用“症候式阅读”把握这些问题，有利于进一步分析我国媒体融合的本质，以及有关顶层设计的政治意涵。明白了这个“总问题”，就能走出“媒体融合就是技术融合”之类的认识误区，在推进媒体融合进程中，淡化意识形态和舆论导向等问题也就迎刃而解了。

四 克服“症候式阅读法”的局限

人们习惯于把阿尔都塞的思想定义为“结构主义的马克思主义”。阿尔都塞的主要意图，“是以结构主义所强调的结构和系统的重要性来限制个体的自主性，从而使马克思主义成为一种科学的社会历史理论体系”。③ 陆扬等认为，“症候阅读作为精神分析、结构主义和马克

---

① 《习近平：推动传统媒体和新兴媒体融合发展》，人民网，http：//media. people. com. cn/n/2014/0818/c120837 - 25489622. html？ from = groupmessage&isappinstalled = 1，2020 年 7 月 15 日。

② 《习近平在中共中央政治局第十二次集体学习时强调推动媒体融合向纵深发展巩固全党全国人民共同思想基础》，《人民日报》2019 年 1 月 26 日。

③ 衣俊卿：《西方马克思主义概论》，北京大学出版社 2008 年版，第 299—300 页。实际上，阿尔都塞学派使“结构主义的马克思主义”达到了理论的顶峰。

思主义三元结合的一种阅读模式，对于后现代文本观念的形成，影响是不容低估的”。[①] 在这个意义上借鉴“症候式阅读法”分析媒体融合理论与实践文本的深层结构，不失为独辟蹊径的一种尝试。

借鉴阿尔都塞的“症候式阅读法”，应当避免阿尔都塞“把本来不是马克思的观点，乃至把和马克思毫不相干的观点强加于马克思”的倾向。徐崇温认为，结构主义将研究社会现象局限于研究结构，忽略了人类有意识活动在社会生活中的重要作用；赋予结构概念以实体性质，又将其看作是超阶级、社会的原始范畴，因此成为一种孤立结构；将“同时态”原则绝对化，剥夺了阐明历史发展过程的可能性。[②]

另外，在“症候式阅读法”来解读媒介融合现象时，应避免陷于“结构中心主义”——只考虑结构而忽略过程，只考虑系统本身而忽略人的主体性作用。比如，在利用表层结构认识媒体融合时，也应明白“媒体融合”不仅是一个包含各种结构的系统，同时还是一个“连续的统一体”。比如，拉里·戴利（Larry Dailey）、罗莉·德莫（Lori Demo）和玛丽·斯皮尔曼（Mary Spillman）就将“融合”视为一系列“基于行为的活动”（behavior-based activities），并提出了5C融合连续体（Covergence Continuum）的模型——互推（Cross Promotion）、克隆（Cloning）、合竞（Coopetition）、内容分享（Content Sharing）与融合（Convergence）。[③] 此外，美国艾奥瓦大学的大卫·多明戈（David Domingo）提出了新闻行业融合的四个维度——“整合生产”、“多技能专业人士”、“多平台传送”和“活跃的受众”。值得注意的是，在这四个维度中，有两个维度涉及媒体融合的“主体”，也就是“人”的因素。

皮亚杰认为，“作为方法论，结构主义是开放性的”，“结构的研究不能是排它性的，特别是在人文科学和一般生命科学范围内，结构主义

① 陆扬等：《马克思主义文化理论发展史》，百花洲文艺出版社2018年版，第201、207页。

② 徐崇温：《结构主义与后结构主义》，辽宁人民出版社1986年版，第27、30页。

③ Larry Dailey, et al., “The Convergence Continuum: A Model for Studying Collaboration between Media Newsrooms”, *Atlantic Journal of Communication*, Vol. 13, No. 3, 2005, pp. 150 – 168.

并不取消任何其他方面的研究”。借鉴“症候式阅读”分析媒体融合，也应遵循研究方法开放性的原则，而不应局限于该方法的某一方面。

Using the “Symptomatic Reading Method” to Grasp the “General Problem” of Media Convergence: Drawing on Althusser’s “A Second Approach to Reading” of *Reading Capital*

Abstract As the top-level design in the field of news communication, media integration in China has entered the stage of deep integration. However, there are still some problems that need to be overcome in the understanding and practice of media integration. The “symptomatic reading method” proposed by Althusser, a representative of the “structuralist Marxist” school, provides an idea to deeply analyze the deep structure of media integration and find out the “total problem” of ideas. Under the general framework of “integrated development”, three aspects can be grasped: top-level design, “specific articles” (General Secretary Xi Jinping’s series of speeches) and “news communication practice”. The “general issue” of media integration is “to make mainstream public opinion bigger and stronger, to consolidate the common ideological foundation for the unity and struggle of the whole Party and the whole nation, and to provide strong spiritual power and public opinion for the realization of the ‘two hundred years’ goal and the Chinese dream of great rejuvenation of the Chinese nation. To provide strong spiritual power and public opinion support”. The use of the “symptomatic reading method” to interpret the process of media fusion is conducive to a new understanding of the essence of media fusion, but in the specific application, limitations should also be avoided.

Keywords Media Fusion; Symptomatic Reading; Top-level Design; Structuralism; Deep Structure

智能新闻生产：媒介网络、双重的人及关系主体的重建*

吴璟薇　郝　洁**

摘要　当前智能媒介技术发展迅猛并在媒介系统中逐渐占据主导地位，这种激烈的变化引起了学界的多重反响。就本文最为关注的新闻生产的主体性问题，形成了技术主体、人类主体和“人机联姻”等多重观点。从基特勒“媒介网络”理论路径出发，本研究主要考察智能新闻资讯平台，媒介技术与人如何在广义新闻生产的微观过程之中共同构成一个“新”的媒介网络，并在此基础上探讨智能媒介技术的大规模应用与人的主体性境况的关联问题。本研究融合了研究团队对各阶段的新媒体和智能媒介技术的长期追踪观察所得的数据和洞见，综合诠释学和质性研究方法，提出如果将基特勒的媒介思想融会起来看待，而不是简单摘取其具有典型技术决定论的观点，那么媒介网络理论本身蕴含着一种网络关系本体论的解决路径。

关键词　智能技术；媒介网络；平台；新闻生产；基特勒

* 本文为国家社科基金重点项目“当代新闻观念研究”（编号：17AXW001）与清华大学自主科研项目“数字媒介技术视域下的新闻理论与实践探索”（项目编号：2019THZWJC57）成果。

** 吴璟薇，清华大学新闻与传播学院助理教授。电子邮箱：wujw@ tsinghua. edu. cn；郝洁，清华大学经济管理学院创新创业与战略系讲师。电子邮箱 haojie@ sem. tsinghua. edu. cn。

一 问题的提出:智能媒介技术与人的主体性问题

新闻生产研究是新闻传播学的经典话题。传统的新闻生产研究主要从新闻社会学的视角，通过对新闻室进行深度观察来分析新闻内容生产①，或者从场域或权力视角来分析政治、经济等因素对新闻生产的影响，以及各个场域之间的权力关系与权力变化②③。这些研究主要关注社会关系，而对媒介技术的影响讨论得较少。但20世纪90年代以来，技术革新与新媒介技术在新闻领域快速扩散，使得具有深厚社会学视角新闻生产研究的美国学界，又开始重新关注技术主义的研究范式。这一范式强调技术处于新闻生产的核心地位，在理论视角上颠覆了传统新闻研究对以人作为新闻传播主体的关注，以及对新闻内容生产和消费过程的关注④。进入21世纪，由于互联网等新技术开始在国内普及，国内学界也开始讨论媒介新技术带来的影响。前期主要关注互联网与媒介融合⑤⑥，2009年前后的讨论则主要集中在新媒体和社交媒体对新闻生产的影响上⑦⑧⑨。

最近数年，基于大数据与人工智能的智能媒介技术的广泛应用，正在全面重塑和再造新闻与资讯的生产、分发、用户互动与评价等全部流程环节。在这个激烈的变化过程中，社会媒介系统的结构与权力

---

① ［美］盖伊·塔奇曼:《做新闻》，麻争旗等译，华夏出版社2008年版。

② ［法］艾瑞克·内维尔、［美］罗德尼·本森编:《布尔迪厄与新闻场域》，张斌译，浙江大学出版社2017年版。

③ ［美］迈克尔·舒德森:《新闻社会学》，徐桂权译，华夏出版社2010年版。

④ 张斌:《新闻生产与社会建构——论美国媒介社会学研究中的建构论取向》，《现代传播》(中国传媒大学学报)2011年第1期。

⑤ 崔保国:《技术创新与媒介变革》，《当代传播》1999年第6期。

⑥ 孟建、赵元珂:《媒介融合:粘聚并造就新型的媒介化社会》，《国际新闻界》2006年第7期。

⑦ 丁未:《新媒体与赋权:一种实践性的社会研究》，《国际新闻界》2009年第10期。

⑧ 刘丹凌:《困境中的重构:新媒体语境下新闻专业主义的转向》，《南京社会科学》2012年第2期。

⑨ 翟星渊:《展望泛媒体时代下媒介技术的进化趋势——以VR技术的新闻化应用为例》，《新闻研究导刊》2016年第6期。

关系发生了深刻的变化，对“人是媒介的主体”的传统观念形成了明显的冲击。这种激烈的变化引起了学界的多重反响。对新技术条件下新闻生产的研究主要集中在以下三类。第一类研究从技术主体性的角度出发，强调智能媒介技术在效率上的巨大优势，认为更加“个性化”与“人性化”的智能媒体“使得新闻信息为用户而生，使媒体越来越懂用户所想与所需”①，而智能技术赋能下的新闻生产尤其是人工智能写稿机器人的应用，由于其在技术上的“突破性创新”（disruptive innovation）特征，应该被当作新时代的新闻生产主体（之一）来看待②③。对于这种观点来说，强化智能技术主体的发展和应用，是一种需要正面推动的思路。

第二类研究则更深入讨论智能媒介技术在新闻生产、分发、用户互动与评价方面的深度应用，以及这种应用所带来的社会后果和伦理问题，并在这个基础上重申人的主体性。例如，智能媒介技术在新闻领域的大规模应用不仅带来了“黑箱”问题，而且造成多种“社会格局变化”，在新闻与社会的各个层面造成了非“向善”的后果。更为严重的是，智能算法推荐带来的一系列问题可能会导致作为统合性价值体系的主导意识形态面临凝聚力弱化、权威失落、引导乏力和认同窄化的风险④。这个类别的研究明确反对人工智能、自动化技术具有“主体性”。如杨保军等⑤认为将智能机器主体化是“浪漫主义的表现”，在“人—机”共同主体结构的新闻生产传播中，人依然是唯一主体⑥，

① 喻国明等：《智能化：未来传播模式创新的核心逻辑——兼论“人工智能+媒体”的基本运作范式》，《新闻与写作》2017年第3期。

② Matthew Powers, “‘In Forms that Are Familiar and Yet-to-Be Invented’: American Journalism and the Discourse of Technologically Specific Work”, *Journal of Communication Inquiry*, Vol. 36, No. 1, January 2012, pp. 24 – 43.

③ Valerie Belair-Gagnon, et al., “Unmanned Aerial Vehicles and Journalistic Disruption”, *Digital Journalism*, Vol. 5, No. 10, January 2017, pp. 1226 – 1239.

④ 张林：《智能算法推荐的意识形态风险及其治理》，《探索》2021年第1期。

⑤ 杨保军：《“共”时代的开创——试论新闻传播主体“三元”类型结构形成的新闻学意义》，《新闻记者》2013年第12期。

⑥ 杨保军：《简论智能新闻的主体性》，《现代传播》2018年第11期。

因为技术仅仅是“工具”，而人才是终极目的①。薛宝琴②坚持“人是媒介的尺度”，认为尽管人工智能具有强大的数据分析和内容整合能力，但仍然难以成为“新闻伦理主体”。杜娟③强调保持“人是智能的总开关”的统摄地位才能实现工具理性与价值理性的统一。匡文波提出要解决人工智能技术带来的“伦理困境”，必须要“坚持以人为本，重视人的价值”，提升人的主导作用。长期关注自动化新闻的 Nicholas Diakopoulos④，Jason Pawl Whittaker⑤ 和 Shangyuan Wu 等⑥虽然以一种更加积极的态度看待算法、自动化技术与新闻的联合，但也对人在其中可能占据的主导角色持乐观而肯定的态度。

与上述尝试阐述技术主体性或者强调人的主体性的观点不同，第三种视角试图调和人和技术之间的对立关系。例如姚建华⑦认为，伴随着“自动化新闻”技术的普遍应用，新闻记者正在经历由“去技能化”向“再技能化”转型，且进一步向“多技能化”转变的趋势，在这个过程中，写稿机器人和新闻记者作为自动化新闻生产中的两种主体正在形成一种“共存关系”而非零和游戏式的“竞争关系”。这种共存关系如果在根据双方优势、强化二者不同职能分工的同时，能够“促进主体间的双向理解、建立人机合作的‘新闻把关’机制”，那么就可以实现人机之间的融合即“人机联姻”的关系⑧。

---

① 杨保军、李泓江:《论算法新闻中的主体关系》,《编辑之友》2019 年第 8 期。

② 薛宝琴:《人是媒介的尺度:智能时代的新闻伦理主体性研究》,《现代传播》2020 年第 3 期。

③ 杜娟:《走向人机协同:算法新闻时代的新闻伦理》,《新闻爱好者》2019 年第 9 期。

④ Nicholas Diakopoulos, *Automating the News: How Algorithms Are Rewriting the Media*, Cambridge, Massachusetts: Harvard University Press, 2020.

⑤ Jason Paul Whittaker, *Tech Giants, Artificial Intelligence and the Future of Journalism*, Taylor & Francis, 2019.

⑥ Shangyuan Wu, et al., “Journalism Reconfigured: Assessing Human-Machine Relations and the Autonomous Power of Automation in News Production”, *Journalism Studies*, Vol. 20, No. 10, September 2018, pp. 1440 – 1457.

⑦ 姚建华:《走向人机协同:算法新闻时代的新闻伦理》,《福建师范大学学报》(哲学社会科学版) 2021 年第 1 期。

⑧ 姚建华:《自动化新闻生产中的人机联姻及其实现路径》,《当代传播》2021 年第 1 期。

上述三类研究从新闻生产实践的多个方面诠释了媒介技术在新闻与信息生产以及流通全过程中所扮演的重要角色，并从三个不同角度分析了人与智能媒介技术之间的主客体关系，具有深刻的理论和社会意义。然而，这些研究也存在两个层面的明显问题。一是“新闻生产”的定义过窄的问题。这些研究对新闻的自动分发及其社会后果的伦理问题、新闻生产过程中编辑室内的自动新闻生产和机器人写稿的技术主体性问题较为关注，而对于智能媒介技术情境下的广义“新闻生产”的探讨比较有限，对智能媒介技术在整体新闻产业中的实践可能性——算法模型设计与开发，数据汇集、清洗、标记与存储，新闻生产智能机器的深度学习与智能开发，数据挖掘与利用等方面的内容则关注较少。二是过于强调技术媒介与人的关系的当下性，部分忽略了媒介技术—社会关系的历史性问题：这些文章彼此之间虽然存在较大分歧，但却共享一个重要观念，即智能媒介的广泛应用对人的媒介主体性带来了巨大的冲击，而且这种冲击是一种典型的新技术—社会现象。

这两个问题可以进一步细化出一系列的问题。例如，如果将“新闻生产”概念扩大到对智能媒介技术在整体新闻产业中的实践可能性的讨论，那么这种扩展对于理解智能媒介技术与社会、群体和个人的一般性关系会不会有帮助（R1）？如果从长时段的媒介历史观出发，把智能媒介技术下的新闻生产置入媒介技术与社会之间的一般关系之中考察，那么当下的智能媒介技术对媒介主体性的冲击究竟是一种纯粹的新现象，还是一种存在于媒介系统中逐渐变化的、具有本体论意义上的“元”问题（R2）？如果是的话，那么该如何理解人的主体性在媒介系统中逐渐消融的问题，技术是否真的可以成为独立的新闻主体或者成为“人机联姻”中的关系主体，对人的主体性的重新伸张能否解决人的主体性消融的问题（R3）？最后，技术主体、人类主体和“人机联姻”等研究是否穷尽了理论探讨的可能性，是否还有其他的思路可以帮助理解当下智能媒介技术条件下的主体状况，并提供新的媒介主体重建思路（R4）？这些问题涉及如何更为深入地理解智能媒介系统或一般化的人工智能与“人”共处的伦理规则的生成基础、机制与可能的未来状况，因而亟待解决。

本文将从“媒介网络”（Medienverbund），[①][②] 的理论视角来对上述问题进行进一步讨论。[③] 一方面，本文将跳出“新闻分发”和“新闻编辑室”这两个主要论述领域，而是从媒介本体论的角度重新审视智能媒体的智能生产/自动生产的概念以及一些关键侧面的微观操作问题，将现有研究中不太注重的智能媒介技术情境下的广义“新闻生产”过程纳入讨论；另一方面，本文在此基础上透过“媒介网络”理论来重新审视智能媒介技术、计算机网络和人类主体之间的关系，以此帮助我们进一步理解当下的媒介情境，并尝试提供具有启发性的解决思路。

二　“媒介网络”视野下的新闻生产

“媒介网络”是弗里德里希·基特勒（Friedrich Kittler）发展出来的一种具有强烈媒介本体论色彩的媒介理论。基特勒从马丁·海德格尔（Martin Heidegger）的关系本体论出发，强调技术、媒介与身体的融会对于个体和群体存在情境的塑造性作用。基特勒认为，在本体论层面，并不应该依照亚里士多德所开启的形而上哲学的传统，即主要依照以形式与质料的差异来定义事物的方式来定义媒介（例如常见的纸媒和广播电视的区分），而应该延续马丁·海德格尔所开创的技术本体论，从媒介在“时间与空间中的关系”来定义媒介自身[④]。从这种角度来看，那么技术媒介的本体论特征即是基于“处

---

① Friedrich Kittler, *Draculas Vermächtnis*: *Technische Schriften*, Leipzig: Reclam, 1993, pp. 1 - 57.

② Friedrich Kittler, "Towards an Ontology of Media Theory", *Culture & Society*, Vol. 26, No. 2 - 3, March 2009, pp. 23 - 31.

③ 基特勒本人采用 Medienverbund 这个术语，目前这个词并无明确的英文或者中文对译版本。本文采用张雄主译、于成校译的《德古拉的遗产》的译法，认为从基特勒的关系本体论出发，英文对译成 media network 或 media association，中文翻译为“媒介网络”是一种比较符合基特勒本意的译法。

④ Friedrich Kittler, "Towards an Ontology of Media Theory", *Culture & Society*, Vol. 26, No. 2 - 3, March 2009, pp. 23 - 31.

理、传输、存储”数据和信息的网络，这种特征可以在“技术媒介的整个递归历史中寻找到”①。无论是书写、印刷，还是打字机、留声机和电脑，这些技术媒介都使得信息、话语和语言在空间得以“处理、传输、存储”，从而使得信息、话语和语言在时空中成了“不朽的东西”②。

在这个过程中，技术媒介从来不是单独的媒介，而是由诸多媒介形成的网络。例如，“图书馆是被称为书的存储媒介的存储媒介”③。扩大范围，就“被称为书的存储媒介”来说，古登堡式印刷机、书、运输售卖系统、书箱、家庭书架或图书馆（甚至是制造这些技术媒介的其他技术媒介和工具），共同组成了一个技术媒介网络。正是这种网络使得《话语网络 1800/1900》中的“1800”时代，能够形成一种以“母亲”为特征的话语网络（discourse networks，德语原文为 Aufschreibesysteme，意为铭刻系统）。随后，留声机、耳机、录音机、电影等模拟媒介技术组成的媒介网络的大规模应用，使得基于声音（而不仅是基于印刷文字）的交流能够得以记录、打印成文字转存、分发和扩散。在此基础上，小到雅克·拉康（Jacques Lacan）授课时由录音机、耳机以及打字机组成的课程记录媒介网络④，大到一个国家的阶段性的总体话语网络⑤都在模拟媒介网络的基础上得以形成。

基特勒一生中反复阐述的一个重要思路，即无论是从某些特定的

---

① Friedrich Kittler, "Towards an Ontology of Media Theory", *Culture & Society*, Vol. 26, No. 2 – 3, March 2009, pp. 23 – 31.

② Friedrich Kittler, *Draculas Vermächtnis*: *Technische Schriften*, Leipzig: Reclam, 1993, pp. 1 – 57.

③ Friedrich Kittler, "Towards an Ontology of Media Theory", *Culture & Society*, Vol. 26, No. 2 – 3, March 2009, pp. 23 – 31.

④ Friedrich Kittler, *Draculas Vermächtnis*: *Technische Schriften*, Leipzig: Reclam, 1993, pp. 1 – 57.

⑤ Friedrich Kittler, *Discourse Networks 1800/1900*, trans. Michael Metteer and Chris Cullens, Stanford, CA: Stanford University Press, 1990.

时代的话语网络来看，还是从雅典已降的长时段历史来看[①②③]，技术媒介网络都对社会沟通与运行、知识与话语的生产与再生产、资料与知识的存储和传承产生决定性影响。例如，基特勒以哲学书写为例，指出羊皮纸代替莎草纸，古登堡印刷机代替手写，不但对哲学的形式，而且对哲学的内容都产生了系统性的影响[④]。而媒介技术对于艺术和生活的影响，基特勒曾经这样说道，“因此，技术装置可以从所谓的艺术家的眼睛和手中分离出来，形成那些绝对自主的领域——光学媒体技术，它们环绕着我们，甚至决定着我们今天的生活”。[⑤] 在《留声机　电影　打字机》中，基特勒用更加简约的一句话将之归纳为“媒介决定人的处境”[⑥]。

不仅如此，在对“媒介网络”概念做出了系统诠释的《德古拉的遗产》（*Draculas Verdachtnis*）一书中，基特勒直率到令人不适地指出，在机械技术媒介出现之后（如留声机和打字机），人本身“就是机器话语处理的配件和工具的主体”[⑦]。因而，在一代代的媒介技术迭代过程中，每一种新技术出现都会引起社会层面的“恐慌”、忧虑和批评。在《留声机　电影　打字机》一书的前言中，基特勒带有一丝怜悯地写道，“在技术媒介刚刚兴起之时，其革新曾经引起极度的恐慌”，这种以往的“惊恐情绪”，“就成了我们现代对未来充满恐慌的真实写照”。[⑧]

---

① Friedrich Kittler, *Draculas Vermächtnis*: *Technische Schriften*, Leipzig: Reclam, 1993.

② Friedrich Kittler, “Towards an Ontology of Media Theory”, *Culture & Society*, Vol. 26, No. 2 - 3, March 2009, pp. 23 - 31.

③ Friedrich Kittler, *Optical Media*, trans. Anthony Enns, Cambridge; Malden, MA: Polity Press, 2010.

④ Friedrich Kittler, “Towards an Ontology of Media Theory”, *Culture & Society*, Vol. 26, No. 2 - 3, March 2009, pp. 23 - 31.

⑤ Friedrich Kittler: *Optical Media*, p. 19.

⑥ Friedrich Kittler, *Gramophone*, *Film*, *Typewriter*, Stanford University Press, 1999, p. XXXIX.

⑦ Friedrich Kittler, *Draculas Vermächtnis*: *Technische Schriften*, Leipzig: Reclam, 1993, pp. 1 - 57.

⑧ ［德］弗里德里希·基特勒：《留声机　电影　打字机》，邢春丽译，复旦大学出版社 2017 年版，第 2、17、18、54—55 页。

基特勒之所以经常被认为是媒介物质性理论研究的重要推动者，是因为正如上面简述所显示的，基特勒的确采取了一种非常典型的“后人类主义”的叙事视角，在他的论述之中，物质意义上媒介网络具有本体论意义上的主体性，并占据了叙事的主线。至少从表面上看起来，在基特勒以技术媒介为主体的媒介网络中，人更多是信息和媒介的传送、记录和保管者，一种“机器话语处理的配件和工具的主体”。在这个意义上，基特勒比他所自承的“将海德格尔的技术概念转移给了媒介”①，其实还更进一步，将技术对人的“促逼”作用②推向了极致。

但是基特勒毕竟是深受海德格尔影响的媒介理论家，这种后人类主义的叙事视角并不能完全掩盖他的海德格尔式的关系本体论视野——一种基于“共在”的视角。他并不单纯地认为媒介是作为一种限制性的“外部性”来“决定人的处境”，从而使得人的主体性被压制甚至处于奴役之中。基特勒从关系本体论出发，其实非常强调技术、媒介与身体的融会对于个体和群体存在情境的塑造性作用。他始终认为媒介技术在不断发展的过程中与人融合成一个运作网络，也将“所谓的人分裂成生理结构和信息技术”③。例如，数字媒介技术通过声光电等多媒体形式，将原本在书写时代被分割开来的不同感官领域整合在一起，替代了人的中枢神经系统，也“模糊了人与机器之间的界限”④⑤。通过技术的更新迭代，“人和它的模拟者联合起来了”，机器通过不断学习来改进自身程序，以不断贴合人的需求，也因此变

---

① Friedrich Kittler and Stefan Banz, “Platz der Luftbrücke”, *Ein Gespräch*. Cologne: Oktagon, 1996, p. 21.

② ［德］马丁·海德格尔：《演讲与论文集》，孙周兴译，生活·读书·新知三联书店 2005 年版，第 12、180—181 页。

③ ［德］弗里德里希·基特勒：《留声机　电影　打字机》，邢春丽译，复旦大学出版社 2017 年版，第 2、17、18、54—55 页。

④ ［德］弗里德里希·基特勒：《留声机　电影　打字机》，邢春丽译，复旦大学出版社 2017 年版，第 2、17、18、54—55 页。

⑤ ［德］弗里德里希·基特勒：《留声机　电影　打字机》，邢春丽译，复旦大学出版社 2017 年版，第 2、17、18、54—55 页。

得更加智能化[①]。因此，媒介技术物质性能够至少部分地消融人的主体性，但是从本体论的角度来看，人、物、媒介技术关联本身就处在一种关系网络之中[②][③]。杰弗里·温斯洛普－杨（Geoffrey Winthrop-Young）对此评论道，基特勒这种不把人作为绝对主体的理论叙事手法，可能只是对“20 世纪 60 年代人文学科的人类趣味”的一种反动和夸张化的回应[④]。如果统合基特勒前后期的学术思想来看，那么媒介技术本身显然不是唯一的决定因素：技术需要在与人组成的媒介网络之中才能发挥作用。

接下来，将从“媒介网络”的理论视野来讨论智能媒介技术对广义新闻生产的影响，并讨论智能媒介技术的广泛应用所带来的人、媒介技术、媒介网络之间的“变”与“不变”的关系。首先，试图将智能媒介技术引入更长时期的技术—社会关系视野以及媒介网络的历史演化语境之中，从而以关联方式来比较智能媒介技术与历史语境中诸多“新”媒介技术所形成的关系，并考查智能媒介技术的本体论特征；其次，将整合长期线上与线下调查所获取的数据与材料，来进一步分析当下智能媒介网络的广义新闻生产中“人”的多重角色，并对这些角色的境况进行历史化；最后，在上述基础上，试图探讨智能媒介系统或者一般化的人工智能与“人”共处的伦理规则的生成基础、机制与可能的未来状况。

三　研究方法与过程

目前多数对智能媒介技术下的新闻生产的研究，集中在机器人写

---

① ［德］弗里德里希·基特勒：《留声机　电影　打字机》，邢春丽译，复旦大学出版社 2017 年版，第 2、17、18、54—55 页。

② Friedrich Kittler, “Towards an Ontology of Media Theory”, *Culture & Society*, Vol. 26, No. 2－3, March 2009, pp. 23－31.

③ ［德］马丁·海德格尔：《演讲与论文集》，孙周兴译，生活·读书·新知三联书店 2005 年版，第 12、180—181 页。

④ ［德］杰弗里·温斯洛普－杨：《基特勒论媒介》，张昱辰译，中国传媒大学出版社 2019 年版，第 149 页。

作、新闻编辑室内采编工作等与新闻生产最直接相关的流程环节上。媒介物质性视野中对智能媒介技术下的新闻生产来说极为重要的是物质性基础的构建与再生产过程，比如对于智能媒介平台内部的模型与算法开发、机器学习与人工训练调试、内容来源与数据适配、个性化用户信息分发等智能媒介平台内部的广义“生产”实践过程，受到的关注要少得多。当然，在对这种广义“生产”过程的研究中，如果针对的是模型与算法开发、智能机器学习训练这些“黑箱环节”的操作细节，由于涉及技术环节的“黑箱”问题以及智能平台内部运作的商业机密问题，研究起来的确会比较困难。但是，如果将智能媒体平台看作自身不断生产和再生产的“媒体系统”或“媒介网络”，那么对它的研究可以通过当下主流的研究方法来完成。

本文主要通过综合诠释学和质性研究方法来探讨智能算法主导的平台媒介网络的广义新闻生产状况，以及媒介技术物（一般意义上的客体）和人（一般意义上的主体）在这个运作过程中所组成的网络关系。质性方法的研究过程包括三个部分。首先，从 2011 年对新浪微博平台的关注开始，本研究小组的主要成员对包括即时通信、电子商务和新闻聚类分发平台在内的各类平台的技术开发与运营状况进行了长期观察与追踪，关注平台内容、平台技术开发、平台运营、ICT 基础设施更新、用户群体、政策监管等各要素之间的互动与变化。通过这种长时段的观察与追踪，本研究小组建立了对平台技术开发与运营的演进状况的基础了解。其次，本研究小组在 2016 年以后着重关注新闻聚类平台（如头条）、大型融媒体平台（包括光明网、人民网、凤凰网、澎湃等复合在线媒介平台）等新闻资讯平台，以及微信公号、短视频平台的智能推送系统等重要智能媒介技术系统的开发与运营状况，对企业技术开发人员、运营人员进行了包括深度访谈（访谈编号 Z1 – Z12）、非参与式观察等在内的多种方式，以深入了解智能媒介技术平台的开发与运营的基本状况，以及这些媒介技术平台与用户、监管机构、媒体机构、第三方劳务机构和外包机构之间的互动关系。研究小组还在此基础上对从门户网站、社交网络到智能媒体的发展过程进行复原和追踪。随后，该文采用数字诠释学而非单纯的数据分析方法，对所获得的量化和质化数据进行整体性诠释。

四 媒介网络与双重的人

（一）智能媒体平台的（狭义）媒介网络

从媒介网络的角度来看，智能算法平台是基特勒所称的“计算机科学”在互联网时代的升级版本。在“计算机科学”阶段，冯·诺伊曼构架意义上寄存器、总线和随机存储器（RAM）构成了一个循环的反馈回路。“在结构上，存储在寄存器中的比特（bits）执行逻辑操作和算术运算，多条总线传送命令、数据和地址，而随机访问存储器（RAM）则为命令、地址和数据提供存储场所。”[①] “命令、地址和数据”，是媒介网络的基础本体论特征“处理、传输和存储”在计算机科学时代的体现。

在这个意义上，智能媒介网络平台实际上是一种经由互联网而扩大了的计算机体系。平台计算系统形成了复杂的、软件和硬件相互嵌合的技术物质体系[②]。智能媒介平台最大的变化，在于其在“处理、传输和存储”的三个环节都增加了人工智能。[③] 就当下阶段来说，人工智能主要通过“深度神经网络”（Deep Neural Networks）的多层次建模来实现“深度机器学习”（Deep Machine Learning），从而实现具有一定智能的自动化处理，例如新闻智能生产与分发、人脸识别、图像识别、智能导航和设计自动优化等。这种构架以简化的方式描述，相当于在存储部分加入为“数据智能化管理”的并行系统（例如常见的 Hadoop HDFS，HBase 数据管理系统），在处理部分加入适配智能“计算框架”的并行系统（例如 Map Reduce，Spark，Spark Stream 等），

① Friedrich Kittler，“Towards an Ontology of Media Theory”，*Culture & Society*，Vol. 26，No. 2 - 3，March 2009，pp. 23 - 31.

② Mark Coté，“Data Motility：The Materiality of Big Social Data”，*Cultural Studies Review*，Vol. 20，No. 1，March 2014，pp. 121 - 149.

③ 虽然基特勒曾经认为“在人工智能之前，媒体所有的魔力都已经消失，回归基础”，然而，他后来的研究明显修正了这一点（Kittler，2009）。

以及在传输部分加入"智能挖掘与分发"系统（例如Deep Mind，Graph X等)。然而，这些复杂的体系，并没有脱离基特勒[①]所提出的"在硅晶体物理学和冯·诺依曼架构的双重条件下"的计算机体系，大型平台的运行基础仍然是基于命令、数据和地址的"寻址、处理和存储"的媒介网络[②]。总体上来看，当下的智能媒介平台依然延续了技术媒介网络在纯粹物质性层面的总体特征。

（二）隐形工作、新闻生产与智能技术的人—物网络关系

从媒介网络视角来审视智能媒介平台的广义新闻生产，还可以发现智能媒介平台的另一个重要特征，即人或者人工与平台上述的媒介物质性网络所形成的网络关系。由于当下包括新闻写作机器人在内的人工智能仍然是面向特定应用场景的"弱人工智能"（Artificial Narrow Intelligence，ANI)，而非具有类似人类智能的"强人工智能"或者"通用人工智能"（Artificial General Intelligence，AGI)。在很大程度上，当下的智能媒介平台的人工智能应用，需要大量的"人工"参与和干预。例如，中国科学院自动化研究所的谭铁牛提出，按照人工智能开发的简化过程，人工至少在以下环节仍然至关重要："人工设计深度神经网络模型、人工设定应用场景、人工采集和标注大量训练数据、用户需要人工适配智能系统。"[③]

人工干预的诸多环境中，人工采集和数据标注是相对最受关注的人工干预环节，同时也可能是广义新闻生产中最受忽视的环节之一。从2018年开始，人工智能背后的"隐形工作"开始浮出水面[④][⑤]，受到媒体和公众的较多关注。其中，数据标注工作由于工作时间长、任

① Friedrich Kittler，"Towards an Ontology of Media Theory"，*Culture & Society*，Vol. 26，No. 2－3，March 2009，pp. 23－31.

② Friedrich Kittler，*Draculas Vermächtnis*：*Technische Schriften*，Leipzig：Reclam，1993，pp. 1－57.

③ 谭铁牛：《人工智能的历史、现状和未来》，《智慧中国》2019年第1期。

④ 《"数据折叠"：今天，哪些人工智能背后"标数据的人"正在回家》，甲子光年，http：//www. myzaker. com/article/5a84b640d1f1499e780000a2/，2018年2月15日。

⑤ ［美］玛丽·L. 格雷、西达尔特·苏里：《销声匿迹：数字化工作的真正未来》，左安浦译，上海人民出版社2020年版。

务单调、媒体报道较多而备受关注。由于当下主流的人工智能开发工具“深度神经网络”，需要在建立起神经网络模型之后，通过大量输入详细标注后的标准数据来进行“学习”才能建立起处理未标注的同类数据的“智能”能力，因此数据标注工作对于当下的人工智能来说必不可少。例如，谷歌旗下的“深度思维”（Deep Mind）公司的著名人工智能机器人“阿尔法围棋”（AlphaGo，又译作阿尔法狗），在建立模型之后密集输入了超3000万步的现存棋谱走法（等同于标注后的标准数据）来训练模型，并且在这个过程中进行了多次调校，最后才在2016年形成具有高度智能棋力的人工智能。

阿尔法围棋的输入数据是非常标准化的棋谱数据，省去了相当一部分的烦琐“标注”工作。但是，对于需要进行文字、图像和视频处理的神经网络模型来说，无论针对的是智能新闻分发还是自动化新闻写作（或者是导航优化、在线商品推荐优化等其他应用场景），大量的数据标注不可避免。在当下，数据标注已经成为一个规模较大的行业，出现了大量的数据标注公司，甚至已经有百度众测、京东众智、阿里众包等和数据标注有关的大型众包平台。一些资源网站如Github也有很多标注好的文字、图像和视频处理的通用数据集可以通过免费下载或者付费获取的方式来获得。不过，如果一个人工智能产品想要获得超出同类产品的智能化程度，那么额外附加的标注必不可少。对于今日头条等早期智能媒体的开拓者来说，绝大多数的数据标注需要自己或者通过外包服务的方式来完成。

以文字为主、兼含图片与视频的新闻文章为例，数据标注的典型流程包括收集（用网络爬虫爬取或者用新闻文章数据库获取）、数据清洗（去除不必要信息以符合信息格式要求）、数据标注（按照要求对文章内容进行标注）、汇总成数据集等步骤。每一个步骤都涉及大量的人工工作，但是其中数据标注步骤对人工依赖最重。典型的标注工作包括标注出能够体现文章内容的关键词及其类属，以及从上下文理解这些关键词的准确意思，对于图片和视频则至少需要标注出图片和视频的主要内容的关键词。按照具体需要，标注工作还可能更加细节化，比如为了方便算法对文章进行情感分析和判断，标注时需要依据文章的上下文，给涉及情感和价值判断的关键词进行情感赋值标注、语义差异标注等额外标注。精细化的图片标注需要对图片内容进行仔细分区标注，最细致的视频标注甚至需要一帧帧标注视频内容的细节特征。同时，为了提高准确性，每一篇需要被标注的文章最好能被不同的数据标注员重复标注，以形成对照。

由于标注工作需要高度的分析和判断能力，因此目前虽然很多数据标注公司或者智能媒体平台已经开发出具有一定智能的自动数据标注工具，但是总体上这个行业仍然非常依赖人工介入。同时，标注工作也是持续的。以头条等新闻信息平台为例，为了优化算法、应对层出不穷的新语汇和旧词新用等状况、适应新政策和新法规等，平台需要持续对大量的图文进行标注。一位前头条计算工程师（访谈 Z3）在 2018 年的访谈中提到：

> 我去今日头条的时候（2014 年），算法（已经）修改过很多轮了。因为每一次大一点的修改都会调整算法的很多方面，修改以后，一些以前不是很重要的方面就变得重要了，所以每次修改都会加入很多新的标注数据……有一段时间我们要提高图片识别（率），找了外包公司重新标注了很多图片，（单是）我们小组在这上面前前后后（就）花了快有半年，最后效果还算可以……我走之前（2018 年初），算法已经比较稳定，但是（数据标注）工作量还是很大。要提高算法的准确性，标注其实是越来越多的。

也就是说，由于现在的人工智能仍然是弱人工智能，在面向不同的新闻生产流程场景时，人工智能需要根据场景的不同特征，采用不同的标注数据进行机器学习与训练。只有采用这种系统标注后的图文数据训练后的算法，才能形成相对可靠的人工智能来进行智能化的新闻与信息汇总，进行自动化的新闻写作和编辑，并根据用户画像特征进行智能化推送。因此，从媒介网络的角度来看，对智能媒介技术驱动下的新闻生产研究，如果只关注新闻编辑室内的写稿机器人的工作特征及其与人工编辑的互动或互补的关系，就可能忽略了自动化写作与分发的智能技术媒介网络的多层次性，以及其中的人、物之间的网络关系。

同时，这种隐形工作的巨大体量，以及其中劳动的不平等性令人关注。然而，如果换一种视角，从媒介网络的角度来看，数据标注员以及其他的隐形工作（如服务器软硬件维护等），它们在媒介网络中的结构性位置，和纸媒时代的审查、排版、校对人员的工作颇有相似之处。甚至，纸媒和广播电视时代的媒介网络由于具有更强的分散性、多元性和基数大的特征，使得审查、排版和校对等“隐形”工作人员的数量未必少于现在看起来数量庞大的智能媒介网络的隐形工作人员。只是在具体的工作组织形态上，智能媒介平台的隐形工作更加具有分散性、不稳定（precarity）的特征。从这个角度来说，智能媒介平台虽然具有鲜明的数字时代的特性，然而其仍然共享了媒介网络的结构性特征。

（三）智能媒介平台的主体“永存”与人的主体消融

相比数据标注，深度神经网络模型设计与开发、人工智能应用场景适配，常常被认为是人类主体性体现最为完整的领域：作为主体的人类和作为客体的程序模型，两者之间的关系体现的是主客体关系。从这种观点出发，许多论者试图表明作为人类智力的产物，算法模型、人工智能、智能媒介平台体现的是人的意志。从而，对智能媒介的治理，即是要从人的主体性出发，重新审视算法模型、人工智能和智能媒介平台的价值取向，以弱化甚至避免媒介技术对人产生的宰制效应，以及构建更加公平、普惠的智能媒介平台。

然而，如果从媒介网络的视野来看，人在媒介系统中从来都处于一种双重的位置：就微观工作层面，无论是个人还是群体，都对自己的工作具有相当程度的掌控性；然而，就整个媒介网络层面而言，无论是个体还是群体，都成为媒介网络系统的一部分，或者成为多重媒介网络组成的媒介系统的一部分，从而为整个媒介网络的运转逻辑和技术媒介的演进逻辑所影响。就本文主要关注的数字新闻生产的演进历程来看，可以清晰地观察到这种双重性。

1999年前后，以新浪、搜狐和网易等为代表的互联网门户网站引入了“新闻主页”（News Portal）的形式。这些网站将原本登载在报纸杂志等纸质媒体、电视广播媒体上的文字和图片稿件，以网页形式转载出去。在整个所谓 Web 1.0 的新闻生产过程中，承载媒介内容的传统媒介向互联网技术为基础的网页转移，传统媒介的特性的确因为“新媒体的语言”[①] 的语法规则而发生了重大的改变：网页成为电子化的印刷平面，传统媒体的标题和内容被重新编辑成更适合快速阅读和浅阅读特点的形式，并主要根据“点击率”（Page View）来进行评价。然而，从新闻生产的媒介网络角度来看，为了实现新闻与信息的网络发布，网页新闻网络组织了人与媒介技术之间的特定网络关系：程序开发人员负责开发新闻的呈现与发布系统，而以人工操作为主的新闻写作、内容编辑与加工转化仍然占有主导地位，双方的合作推动着网页新闻网络的顺利运作。

进入2003年以后，代表 Web 2.0 时代的博客、早期的脸书、人人网、开心网等社交网络站点开始成为重要的信息传播和社交方式。在 Web 2.0 阶段，算法开始被大量运用到推送中，来满足用户的个性化需求。相比传统的新闻内容生产，技术在 Web 2.0 时代扮演着更为重要的角色。通常在注册时，社交网络用户会被要求选择自己感兴趣的话题，或者填写年龄、性别、所在地和个人兴趣爱好等信息。之后，互联网公司通过标签设置，根据用户所关注或感兴趣的内容、所在地理位置等个人信息来推送内容。从注册时选择相应的兴趣标签，到好友网络和关注、点赞、留言的记录，乃至个人的地理位置信息，都是互联网公司获取个人数据的重要方式和进行内容推送的重要依据。当然，除了个人用户，传统媒体也在社交网络中注册成为用户，并把新闻内容改写为更易于在社交媒体传播的形式。但其中有一个重要的变化，就是内容生产进入社交媒体阶段以后，人工编辑在其中的影响迅速减弱：“我们将越来越多地依赖非专业的编辑和代码来确定观看、

① ［俄］列夫·马诺维奇：《新媒体的语言》，车琳译，贵州人民出版社2020年版，第27—47页。

阅读和了解的内容。”[①] 人工编辑主要在事实核查中和一些重要时政内容的推送中把关，内容的分发则主要遵从用户标签和文章标签之间的相关性，由系统自动完成。因此，在 Web 2.0 阶段，可以看到互联网媒介技术的影响逐渐加深，在整个媒介网络中的新闻与资讯内容生产层面，人工投入与内容产出的比率在下降，技术人员的重要性和占比在同步提升。

在移动互联时代，[②] 智能媒介技术开始逐渐占据主导地位。2006 年在美国诞生的 Buzzfeed 和 2012 年在国内诞生的今日头条（现称“头条”）标志着更具个性化、互联性以及人工智能技术高度融合的到来，新闻实现了彻底的智能平台化运营。[③] 初期的头条将自己定位为一家纯粹的技术公司，自身没有任何内容采编和生产业务，主要依靠汇总传统媒体以及用户生成的内容来投放信息。在这种新业态中，头条主要完成两方面的工作：一是通过人工智能自动对来自不同信息来源的新闻信息进行格式调整和入库储存，并对每一篇新入库的新闻内容进行自动分词处理、标签以完成类别化；二是通过 App 的用户使用痕迹来获取用户的信息偏好，在此基础上借助智能算法进行相对精准的用户画像来定位用户感兴趣的内容类别，然后从前述第一步工作获得的内容中选取匹配类别的内容推送给用户。头条运营人员在访谈中确认了之前在媒体上出现过多次的报道，即早在 2014 年，头条为用户更新“画像”的频率最快达到 10 秒一次，而且用户使用数据累积得越多，就越可能实现“用户用得越久，算得越准”（访谈 Z5）。头条（以及

---

① ［美］伊莱·帕里泽：《过滤泡：互联网对我们的隐秘操纵》，方师师、杨媛译，中国人民大学出版社 2020 年版，第 41 页。

② 关于何谓 Web 3.0 时代，虽然一直没有定论，但是其中一种提法认为移动 App 占据主导的时代即为 Web 3.0 阶段。

③ 到 2020 年上半年，中央级媒体已经有 153 个自有 App，38 家省部级及以上广电机构的自有 App 数量也增加到 220 个（《融合传播与市场化齐头并进 CTR 发布中国媒体市场趋势》，http：//www. ctrchina. cn/insightView. asp？ id = 38701）。在人民网、光明网以及众多的其他内容生产平台中，新闻自动写作、新闻与资讯自动入库、新闻自动分发也已经是常规化操作。这些平台的运作细节和以信息分发为主营业务的头条相比有一定差别，但从媒介网络角度来看，其中人、技术物之间的网络关系具有相似性。为了简化，本文将主要以今日头条为例来阐述这种网络关系。

其他类似的自动新闻分发平台）的这一做法也招致了以“信息茧房”为框架的众多批判，而头条以“构建信息茧房是人的本能，而非技术的诱导”的论述框架加以抗辩的同时，亦对算法采取了“掺沙子”式的优化：在为用户推荐其偏好内容之余，也向其随机推荐一些其他种类的内容，并为用户提供了强干预（“叉掉”）和弱干预（“划过去”）的交互余地（访谈 Z5）。但无论如何，现阶段智能技术在整个信息自动分发系统中的确起到了决定性作用，头条数以千计的工程师团队，无论是负责硬件设施的采购、调试与更新，还是算法的开发、升级与调试，或是移动用户终端 App 的设计和更新，很大程度上都在围绕着算法的开发、升级和长久顺利运转而努力。

从 Web 1.0 到 Web 3.0 的新媒体发展进程可以看出，基于互联网的媒介技术的升级换代推动着新闻与资讯平台的升级换代。媒介技术对于新闻生产过程的介入越来越深，智能化程度越来越高。在这个过程中，技术已经体现出了一定的自主性①，依照自身的发展逻辑进行代际更迭，并且在很大程度上改写了新闻平台的运营规则。技术开发人员的投入占比在不断上升，但在内容生产与呈现层面，平台内部的人力资源投入越来越少。到了智能平台阶段，人工已经成为人工智能技术的辅助。但是，智能媒介平台的媒介网络特征并没有改变，媒介网络人与算法融合到整个智能媒介平台中，无论是人还是算法模型，都是为了整个新闻生产的智能技术系统的有序运行而关联在一起。前述今日头条的运营人员（访谈 Z5）对此评论道：

> 这个公司就是因为这个平台、这套算法存在的。如果这套算法没有了，或者在市场上没有优势了，头条也就不是现在的头条了。所以大家所有的努力，就是维护好这套算法，让这个平台在市场上不要掉下去。

① ［美］兰登·温纳：《自主性技术：作为政治思想主题的失控技术》，杨海燕译，北京大学出版社 2014 年版。

综合起来看，无论在哪个阶段，新闻的采编写作、技术框架的开发与维护、平台的软硬件构架、外包服务机构等所有的运作，都作为媒介网络的一部分为新闻网站或智能平台的顺利运作和“永存”而努力。这种状况回应了前文所说的“双重性”：**在媒介网络中，人在微观层面的确仍具有一定掌控力，但其实在这个媒介网络体系中的所有人和物，都在为媒介网络的“永存”而努力**。因而，认为智能媒体时代，算法工程师或者其他的“人”才是智能媒介平台的“掌控者”，可能在一定程度上忽视了这种媒介网络中人的“双重性”。

（四）人工内容审核：重审“主体性”回归

在智能媒介技术的大规模应用过程中，引起争议的最大问题之一，即是新闻“把关人”角色由新闻编辑室的资深采编人员转交给了算法与人工智能。批评意见认为，这种“把关转移”“取代了传统媒体的价值判断和把关权”，并在受众层面、行业层面、社会层面都造成了并非全都是“向善”的后果，甚至会带来意识形态的风险①和导致人的主体性的部分丧失②。那么，人工内容审核工作的大量回归是否意味着人的主体性得以重新伸张，甚至是通向良性“人机协作”甚至“人机联姻”的路径呢？

由于大量的自媒体生产内容进入各种智能媒介平台并且引发了众多不同类型的网络事件，监管部门逐渐开始强化网络内容审查的政策性要求。这种变化推动了人工审查工作的大量出现。例如，早期的新浪微博主要依靠关键词监测来进行内容审核，这导致了大量以谐音化、符号化、图片化为表达方式来绕开审核的微博推文出现。应政策监管部门要求，新浪微博从 2011 年开始组建人工内容审核团队，在 2012 年初团队人数就超过了 1000 人；截至 2014 年底，新浪微博光外包人工审核团队的人数就超过了 5000 人（访谈 Z11）。从 2018 年初开始，包括头条、微信公众号等大型新闻聚合平台开始组建和扩大人工内容审核团队规模，以对平台内容的真实性、合规性进行核查。由于这些

---

① 张林：《智能算法推荐的意识形态风险及其治理》，《探索》2021 年第 1 期。

② 杨保军、李泓江：《论算法新闻中的主体关系》，《编辑之友》2019 年第 8 期。

平台的体量非常庞大，审核团队的规模从建立开始就急剧扩大。以头条为例，2018 年初每天新增发布约 50 万条内容。面对如此庞大的信息量，人工审核的效率难以跟上：每天 50 万条内容如果全部交由人工来筛选的话，一个人需要工作 500 天才能看完，而机器则只需要 90 分钟。但若全部交由机器，“刷选”的边界就会成为另一个棘手的问题。头条因此建立了“人工审核 + 技术识别”的方式来完成这个工作：先由人工智能进行初步审核，这个过程可以解决 80% 以上的内容审核工作，余下约 20% 的内容则自动提交系统转发人工审核。除了人工智能筛选出来的内容外，举报邮箱中的待处理内容、重点关注人员、重点关注内容的审核，也交由人工审核。

在人工审核部分，头条建立了一套数据分析系统以便审核人员进行分配协作，其机制与质化数据编码信度检测类似：两个审核人员“背对背”审核，如果结果不一致则提交给资深团队来进一步审核。对于重点文章，只有两审操作结果一致才能生效（访谈 Z5）。由于这种设置，人工审查的工作量变得非常大。伴随着头条信源的日益复杂化以及每日新增信息数量的急剧增加，[①] 审核人员团队人数也在急剧上升。截至 2019 年底，头条已拥有一个超过 10000 人的庞大内容审核团队。[②]

对人工审核大量回归的追问，将一个关键问题再次进行审视：头条、微信公众号这样的新闻与信息聚合网站仍是一个媒介网络。正如基特勒所说的“被称为书的存储媒介的存储媒介”的“图书馆”，头条和微信公众号等平台并不生产新闻和信息，它们只是将其他合作信源和自媒体的新闻与信息聚合起来进行推送。然而，它的合作者和自媒体用户的媒介内容生产同样是在媒介网络中进行。这种审视至少提示了两方面的重要内容：一方面，对于智能媒介平台来说，其他合作

① 截至 2019 年 12 月，头条号账号总数已超过 180 万，平均每天发布 60 万条内容。与此同时，头条的社交产品“微头条”每天信息发布量近 1000 万，产生的互动数量超过 2000 万。信息来源：《今日头条简介》，https://www.toutiao.com/about/。

② 包括头条北京总部及各地区分部的审核人员和通过劳务派遣、外包等形式加入的审核人员。作为对照，当时头条的工程师约为 4000 人。数据来自访谈 Z7。

媒介信源、进行用户内容生产的自媒体用户以及各种隐形工作的从业者（如数据标注工作者），构成一个庞大的次级媒介网络。在这个次级网络中，虽然各大内容信源和自媒体的内容创作主体在现阶段仍然在很大程度上归属于人，但这些由人与物构成的网络主体，却在围绕着智能媒介平台而运作。另一方面，现在以及在可预见的将来，人工审核团队在各大智能媒介平台中将保持较大的规模，然而由于当下审核团队的主要工作目的是以政策“合规”为主，这只能解决由于“把关转移”所带来的小部分问题（如新闻与信息的“真实性”、意识形态和社会政策与法律合规性等问题），对于在受众层面、行业层面、社会层面出现的众多问题则无能为力，离实现“人机联姻”还非常遥远，更不用说全面伸张人的主体性。甚至，在将来实现“人机联姻”的情况下，智能媒介平台下的人的境况能否超越媒介网络下的人—物关系框架，仍是一个可以大胆追问的难题。

五　结论

本文循着基特勒“媒介网络”路径，从智能新闻媒介网络的广义新闻生产中的关键微观操作来呈现媒介技术与人之间的网络关系，并以此来考察智能技术与人的关系的问题。首先讨论了智能媒介平台在长时段历史情境中的历史地位，提出从媒介本体论的角度来看，智能媒介平台实际上共享了计算机产生以来的技术构架，它们的运行基础仍然是基于命令、数据和地址的“处理、传输和存储”的媒介网络。智能媒介平台最大的变化，在于其在“寻址、处理和存储”三个环节都增加了人工智能，但这种改变并没有转变智能媒介技术在媒介本体论层面的基本主体性特征（R2）。

如果从媒介网络的视角来仔细观察智能新闻聚合网站的微观生产的发展历程，可以看出从 Web 1.0 时代的页面新闻到当下智能媒介技术主导的新闻聚合平台，“人”在媒介网络主体中的位置正在做系统的迁移：在广义新闻与资讯生产层面，人和人工正在渐渐脱离核心位置。虽然出于政策监管要求，大量的网络内容审查人员重回“把关”位置，然而和内容信息的庞大数量、整个媒介网络的巨大体量相比，在内容层面的“人”的重要性则急速下降。只有在智能媒介技术开发层面，人的投入量在急剧增加。然而，这种迁移无论方向如何，都并未改变一个基本状况：在智能媒介网络中的所有人和物，都在为以算法为核心的智能媒介网络主体的“永存”而服务。换句话说，智能媒介网络主体也共享了媒介本体论的基本特征——具有相对自主性的媒介主体，而人仅作为一种关联要素存在于智能媒介的网络主体之中（R1 和 R3）。

因而，如果以大众传播时期的部分媒介实践经验，来讨论如何在智能媒介技术时代重新伸张人类主体性，可能会面临众多的困难。从基特勒的媒介网络主体视角进行分析，人的绝对主体地位如果不是从来都未曾存在的话，那么至少在机械媒体时代已经大部分消融[①]。尼尔·波斯曼[②]以及批判学派数以百计的研究，也曾从不同角度对大众传播对人类主体的支配性进行了严厉的批判。在技术媒介通过自主性增长日益把人变成技术媒介网络“配件”的情况下，人一直处于一种双重的位置：就微观工作层面，无论是个人还是群体都对自己的工作具有相当程度的掌控性，然而，就整个媒介网络层面而言，无论是个体还是群体，都成为媒介网络系统的一部分，或者成为多重媒介网络组成的媒介网络系统的一部分，从而为整个媒介网络运转逻辑和技术媒介的演进逻辑所影响（R2 和 R3）。

基特勒晚年的关注重点，从技术媒介转移到前技术媒介的“文化技艺”（Kulturtecknik）上。文化技艺在德国媒介研究尤其是媒介考古学领域具有广泛的扩展性、多义性和模糊性，基特勒本人也没有直接进行界定。然而，从他早期的《话语网络 1800/1900》（*Aufschreibe Systeme 1800/1900*）的“1800”部分到晚期的古希腊研究中，可能呈现出一种共同的关注：对能够形成群体性差异、具有文化“培育性”的文化操作实践保持紧密的关注。在这些操作实践中，操作实践本身

① Friedrich Kittler, *Draculas Vermächtnis: Technische Schriften*, Leipzig: Reclam, 1993, pp. 1–57.

② ［美］尼尔·波斯曼：《技术垄断：文化向技术投降》，何道宽译，北京大学出版社 2007 年版。

以更加贴近身体体验的方式，培育一种具有群体区分性的技艺。这种技艺贴合个人但更加关乎群体，却并不要求一种超大范围甚至全球意义上的同一性和垄断性。例如，在《音乐与数学（一）》（*Musik und Mathematik I*）① 里，基特勒提到古希腊的字母表和它的变体能够标记语言、数字、音乐记谱，它构成了一种关系性的技艺网络，连接了个体、群体的多重文化实践。这些技艺显然很难被看作一种“以人为本”的操作，也非“技术决定论”所能概括。与此相反，智能媒介平台目前被广泛质疑的“个体定制化信息生产和推送”，在初期反而被技术乐观主义者看作一种“以人为本”的智能化媒介实践。在智能媒介平台的微观生产与社会后果两大层面都越来越体现出支配性的情况下，重提文化技艺并非主张退回到非媒介技术时代（这既不可能也不必要），也并非要在主体—客体的二分思维下，重新伸张作为主体的人对于作为客体的智能媒介的掌控（这也不太可能）。探讨的方向之一，可能在于从网络关系本体论的视野出发，一方面承认技术媒介的强大自主性，另一方面思考智能媒介技术和平台如何能够生成可以连接个体、群体且能够形成群体性差异、具有“培育性”的操作和实践（R4）。

致谢：感谢《国际新闻界》的审稿人，以及刘海龙老师、曾国华老师等学者为本文的修改提供了非常具有建设性的建议；同时本文引用了张雄主译、于成校译的《德古拉的遗产》（*Draculas Vermächtnis*）的部分未刊发译文，在此一并致谢。

---

① Susanne Holl and Friedrich Kittler, *Musik und Mathematik I*: *Hellas 1*: *Aphrodite*, in Musik and Mathematik I Wilhelm Fink, 2005.

Intelligent News Production: Media Network, Human Duality and The Reconstruction of Relational Subjectivity

Abstract The intelligent media technology has been rapidly evolving and gradually occupying a dominant position in the media system. This drastic change has aroused myriad responses across academies. With regard to the subjectivity of news production that this article focuses on, multiple viewpoints, such as technological subjectivity, human subjectivity, and "human-machine marriage" have been formed. Following the Kittler's theoretical approach of "media networks/associations", this article investigates how media technology and human mutually form a "new" media network in the micro processes of a broad sense of news production in the intelligent news platforms, and explores on this basis how the large-scale application of intelligent media technology is related to the subjective condition of human beings. The article employs hermeneutic and qualitative research methods to analyze data and insights obtained from the research team's continuing tracking of the long-term evolution of new media and intelligent media technologies. It is argued, if viewing Kittler's media thoughts holistically instead of extracting his typical words alleged as technical determinist, that the media network/ association theory contains an endogenesis solution derived from relational ontology of media.

Keywords Intelligent Technology; Media Network; Platform; News Production; Kittler

第三部分

新闻教育

在温史中守正求新*

胡显章

清华大学迎来了110周年华诞，清华大学新闻与传播学科正努力在温史中守正求新，科学处理坚持与发展、一脉相承和与时俱进的关系，以适应中华民族伟大复兴的战略全局和世界百年未遇的大变局对学科发展和人才培养的需求。

清华在历史上有多位学术大师对新闻传播事业产生过重大影响。如清华国学院导师梁启超先生，一生办过《时务报》《新民丛刊》等17种报刊，成为他作为著名政论家的重要舆论阵地，一度产生过所称的“举国趋之，如饮狂泉”效应。他提出的“宗旨定而高，思想新而正，材料富而当，报事速而确”的办报四原则以及报刊的“耳目喉舌”社会功能，至今仍受到报人尊重，他的“时务文体”和简捷刚健文风，曾经影响了众多后人。在新时期，曾执掌《经济日报》《人民日报》，后任清华大学新闻与传播学院院长的范敬宜先生，正如著名报人梁衡所称：“老范继承了报人的正宗一脉，警醒于政治，厚积于文化，薄发于新闻，满腹才学，发为文章，并带出一批高徒。”他为学院确立了“素质为本，实践为用，面向主流，培养高手”的育人宗旨，并身体力行，在马克思主义新闻观指导下推进中国特色的新闻与传播学科建设与教育改革，使年轻的学院呈现蓬勃的生机和活力，其深刻地影响了广播学界和业界。大师所倡导的宗旨与开拓的事业，成

---

* 《全球传媒学刊》2021年第2期，刊首语。

为当今新闻与传播学科守正求新宝贵的财富。

近年来，我们常听到“强基计划”，似乎“强基”不是新闻与传播学科的事情，而实际上，新闻与传播学科也有自身的强基任务，清醒认识这一任务，对于开拓守正创新的局面至关重要。新闻与传播学科应该有计划、有目标地强化自身的理论基础和文化基础。

关于强化理论基础，一方面，我们看往曾经给予中国新闻学和传播学重大影响的西方新闻与传播理论，正如清华新闻与传播学院柳斌杰院长所指“其学术掩盖下的真面目已经大白于天下”。显然，我们面临的更多是清理其不良影响的任务；同时，当今大变局中的激烈较量，突出体现了构建中国特色新闻学与传播学体系的紧迫性，使之体现马克思主义的中国化与时代化。而一个重要的前提就是打好其文化基础，特别是哲学基础。

马克思曾强调哲学是文化的灵魂，我们要特别重视提高哲学自觉。依照教育政治论哲学基础，面对两个大局，强化家国情怀与天下责任；依照认识论哲学基础，强化马克思主义哲学指引，坚持以人民为中心的群众观点和实事求是思想路线，传播真理真知。坚持以学生为中心的教育理念，尊重学生在教育教学中的主体地位，孕育高素质创新型人才；依照生命论哲学基础，坚持将促进人的自由全面发展作为根本使命，关注生命、珍爱生命和发展生命；依照文化论哲学基础，发展“和而不同”的哲学观，继承发展清华会通的学术传统，引导人们通过实践追求真善美的理想境界和价值目标，体现工具理性与价值理性的统一，科学与人文的融合、新闻学与传播学的融合以及跨大学科的融合，在综合中持续创新。

素质为本，实践为用，面向主流，培养高手*

胡显章

清华大学新闻与传播学院自2002年建院以来，从世情、国情和学校的实际情况出发，进行了一系列的教育教学改革，取得了积极的成效。本文谨对有关改革的指导思想与主要的探索做一简述，并谈一点体会。

一　明确改革的针对性

改革需要有明确的针对性。在建院之初调研的基础上，我们认识到，对于我国新闻与传播教育，这个针对性主要有三层意思：一是新闻与传播的从业特点——带有较强的实务性与意识形态性，而过去新闻与传播教育对这一特点存在不同程度的不适应性。表现在某些脱离实际的经院式教育，使许多毕业生到了工作岗位后，需要下大力气再培养，一些业界人士称之为“回炉”；与之并存的现象是相当比例的学生由于不了解媒体工作实际，没有确立正确的新闻观，而不愿意去主流媒体工作。据统计，在清华新闻与传播学院成立之前，在1999—2001年，清华大学传播系毕业的研究生只有大约20%到主流媒体和相关国家机关工作。二是由于目标定位、课程体系、教学过程和教师素养的局限性，学生缺乏国际视野和国际交流能力，不能适应迅速发展

---

* 本文是2005年7月1日在清华大学第22次教育工作讨论会上的大会发言，后发表于《新闻战线》2005年第9期。

的传播全球化要求。尽管1999年清华大学成立国际传播研究中心时就明确清华的新闻传播学科要在国际性的平台上培养人才，并确立自己的影响与地位。但是在教师队伍建设与教学内容与过程上，还不能适应这一要求。三是在教育理念上，长期以来习惯于以教师为中心、书本为中心、课堂为中心的传承式教学模式，使教育资源不能充分利用，抑制了学生主动性和创造性的发挥。

针对这样的问题，新闻与传播学院建院之初，在范敬宜院长的主持下，明确了“素质为本，实践为用，面向主流，培养高手”的办院理念。同时，通过加强教育思想研讨与实践教育，学院在促进单一的教师传承知识向师生共同研讨转变，单一的课堂讲授向多样化的教学方式转变，单一的课内教学向学校小课堂与社会大课堂结合转变，以及单一的固定教师队伍向专兼匹配、理论与实际结合的师资队伍转变等方面进行了积极的探索；并且，在双语教学、英语授课、中外文化交流传播教学方面进行了积极尝试。这些努力取得了一定的进展，积累了初步的经验，学院的教育教学呈现活跃的态势。学生在校期间学习积极性、主动性有所提高，精神面貌发生了可喜变化，专业思想不断明确，专业素质训练比较扎实，国际化的视野比较开阔，国际交流能力也有较大提高。学生学习结束时，对学院的教育教学给予积极评价。由教务处组织的2003届、2004届毕业生教学问卷调查，新闻与传播学院毕业生对教学的满意度名列全校第一。毕业生去主流媒体和相关国家机关工作热情高涨，其比例逐年上升，2002年上升至40%，2003年为60%，2004年达到72%，多数学生上岗后表现出较强的适应性，受到用人单位的欢迎。

二 积极探索教育教学改革的途径与方法

新闻与传播学院的教育教学改革，归纳起来主要有以下几方面的探索。

（一）课堂教学努力贴近实际、贴近学生，以教育理念的转变推动教学改革

目前，清华大学本科教育所实行的是在通识教育基础上的宽口径

专业教育。我们在制订培养计划时，重视学生的人文社会科学和必要的自然科学基础教育，也注意引导学生把握必要的新闻与传播史论的知识与观念。还引导学生认真读书。同时，我们认识到，由于新闻与传播学科具有较强的实务性特点，作为育人主渠道的课堂教学做到理论密切联系实际就显得尤为重要。我们体会到，这个实际包括国情、民情、世情，包括中国新闻与传播的实际、全球传播的实际，还要从学生的实际出发。

有长期从业实践经历的范敬宜院长为大家树立了很好的典范。他承担了多门本科生、研究生的课程，利用课堂这个主渠道，向学生传授基本的新闻传播知识、技能，还讲解积极向上的世界观、人生观、新闻观，通过丰富的人生阅历和专业积累，同学生一起探讨中国新闻人的经验与教训、光荣与梦想，使他们对国情、民情以及中国新闻传播事业的发展有了比较全面而深刻的认识。“非典”期间，他在“评论与专栏写作”课上组织学生围绕“奉献”展开讨论，并写出评论，有关内容被《人民日报》专栏刊载；穆青同志逝世消息传来后，他又在课上讲解穆青平凡而又不凡的一生，在学生中引起思想的激荡。后来，学生们的主题团日活动，即以“人民的好记者穆青”为题展开讨论，体现了思想性与专业性的有机结合，所整理的书面材料受到刘云山、陈至立同志的好评。由于他的课堂给学生展现的是包括国情、世情、自身丰富阅历和同学们的激情与困惑的全景式的画面，贴近社会生活，贴近学生实际，试着讲平易生动的新鲜话，与学生一起讨论，按照他自己的话是“放下架子，先当学生，陪着他们一起成长”。这样的教学很受学生欢迎，他的“评论与专栏写作”课程，在学校教务处组织的本科教学评估中，曾获得新闻与传播学院的最高分。

在这样的氛围下，令人高兴的是，一批走上教学岗位不久的青年教师在贴近学生，贴近实际方面，也进行了的积极尝试。如金兼斌副教授“传播学研究方法”课程由于严谨的治学态度和“从实践中来，到实践中去”的深入浅出的社会科学方法训练，使学生受益匪浅，在研究生课程教学评估中获得全院最高分。

教育理念是关于教育教学的哲学观，教育理念的继承与创新，必定会带来教育教学过程的重大变革。李希光教授运用苏格拉底“老师是知识的助产婆”理念，同时，吸纳了中国传统的教育理念，对传统的课堂教学进行了大胆的变革。从“以教师为中心”到“以学生为中心”，从“教师”到“教练”，从“学而知之”到“惑而知之”，变“单调乏味的课堂”为“充满激情的战场”，积极尝试对话式练习、作坊式教学、大篷车课堂、情景模拟教学、案例教学、新闻现场教学、双语教学等多种教学方式。特别是在“新闻采访写作”课程中，引进了“学在路上”这个教学理念，他邀请记者一起带领学生下煤矿、登太行、穿罗布泊、走长征路、到内蒙古科尔沁草原贫困地区等进行“大篷车”式的采访实践。这些环节使学生的思想素质和实践能力得到明显提高。有学生反映，这种特殊的教学方式不仅帮助自己掌握了新闻采访与写作的基本知识，引导自己注重对事物的观察与思考，培养了洞察力，而且激发了学习与实践的激情，培养了团队精神和创新意识。有的毕业生说，正是李老师别具风格的课程改变了自己对新闻事业的态度，影响了自己对人生的态度。李希光的“新闻采访写作”2004 年被评为国家级精品课。

（二）着力架设课堂与媒体的桥梁

对于新闻与传播学科来说，理论联系实际的一个重要而有效的途径是架设好大学课堂与媒体现场的桥梁。学院一方面注意聘请既有丰富实践经验又有理论造诣的师资，包括聘请担任过《经济日报》《人民日报》总编的范敬宜出任院长，还允许部分教师在媒体适当兼职；同时，采取“请进来”的办法，通过组织“名记者研究”课和“传媒业界前沿讲座”，邀请业界高手前来讲学。形成一支理论与实践紧密结合、专兼结合的师资队伍，使得学院的教学具有新鲜的活力。另一方面，在媒体单位加强实践基地建设，学院在中国新闻社、中央电视台新闻评论部、新华网、中国教育电视台等建立了“教学科研基地”，并与《人民日报》等一批主流媒体保持紧密合作关系，着力精心安排好本科生四年级第一学期在媒体的专业实习。这一实习大多数学生被安排到主流媒体进行，无论是教师、学生，或是媒体有关负责人，都十分重视这一环节。通过这种“准新闻人”的实践，不仅提升了学生的新闻业务水平，而且，通过亲身感受主流媒体的地位、作用、改革的历程和取得的进步以及广大记者编辑付出的艰辛，进一步改变了原有对主流媒体的偏见，增强了自身的使命感和责任感。这种精心安排的一个学期的实习，体现了理论与实际相结合、专业训练与全面素质提高相结合、服务媒体献身社会与择业就业相结合，大大拉近了学生与媒体的距离，加速了学生个体社会化的过程，提高了就业的针对性和适应性。

（三）引导深入社会实际，长知识、知国情、增才干、做贡献

了解社会、了解国情，是新闻与传播工作者的基本素养，更是我们所希望培养的高手的基本素养。学院十分重视引导、鼓励和支持学生以多种途径与方式进行社会实践，在感情上关心社会底层生活实际，在方法上学习与提高把握和反映社会实际的能力。

学院将社会实践进行了规范化管理，以努力科学有效地将第二课堂的实践教育纳入教学体系。在大一小学期，安排了两周认识社会的实践活动，帮助学生认识基层社会，了解国情；大二小学期，安排一个月的媒体实习，以帮助学生亲身体验和了解媒体的基本运作，对今后从事的事业获得感性认识；大三小学期，安排写学年论文，采取理论与实际结合的方式，深入研究本专业的一个学术问题；在第 7 学期，安排 3 个月的媒体实习，以准专业人员的身份参与媒体运作。在这一阶段，大多数学生表现出很高的热情与主动性，有的还突破了所在单位的发稿记录，包括发表高质量的头版文章。真正达到了深入社会实际，长知识、知国情、增才干、做贡献的目的。

（四）立足中国国情、应对全球化挑战，积极开拓国际视野，努力提高国际交流能力

在传播全球化的背景下，具有国际视野和国际交流能力，已成为高层次新闻与传播人才的基本素养，清华大学新闻与传播学院为提高学生这一素养，进行了多方面的探索，包括以下四个方面。

第一，积极开设英语和双语课程。目前，学院已经开设 16 门课，为了有步骤地开阔国际视野、提高中外文化交流能力，学院专门聘请了原外语系副系主任范红教授来主持阶梯式英语课程，努力使本科教育英语训练实践不断线，并能逐步提高。同时，聘请外籍教师开设专业课。

第二，积极编辑出版和选择使用英文原版教材。

第三，经常组织学生参加各种外事活动，与国家首脑、国际新闻人、外国学者等进行面对面交流。现在已成为清华大学与国外领导人、社会名流对话的重要参与者，并发挥了积极作用。

第四，鼓励学生参加为有关部门提供国际舆情的收集分析、筹备并参加国际会议以及参与教师的相关研究课题等工作，使他们在“让世界了解中国，促中国走向世界”的活动中，提升国家意识，开阔国际视野，增强国际交流能力。

在推进国际化教学过程中，我们注意坚持全球化与本土化的统一，以做到既开拓国际视野，增强国际交流能力，又能坚守国家立场和民族意识。

三 一点体会：要关注学校文化氛围的建设和教育理念、教育思想的提升

2005 年 6 月 16 日，《人民日报》头版发表了温家宝总理就新闻与传播学院学生李强的农村调查报告给范敬宜院长的信函，这件事不仅对清华、对学院师生是很大的鼓舞，而且引起了强烈的社会反响。这件事促使我们对过去的教育实践进行进一步的思考。

为什么会有李强的《乡村八记》，这是孤立的吗？是偶然的吗？我们认为不是。正如李强本人所说，这是因为“在清华有一种关注国情的传统，无论课上还是课下，甚至 BBS 上、教室的宣传栏上，随处都可以见到有关中国国情的探讨”，“这使我深刻地体会到清华的氛围对于塑造一个学生有多么大的作用。同时，学校积极倡导的社会实践，为我们提供了一个非常好的平台，使我们受益匪浅”。李强这里说的清华氛围或传统，就是学校的文化，而文化的影响是润物细无声的。所以，引导师生关注国情，深入实践，首先不是一个方法或形式问题，而是一种责任，一种精神文化建设问题。最重要的就是孕育着温家宝总理指出的来源于“对国家和人民深切的了解和深深的热爱”的责任心。有了这种责任心，才能真正做到“用心观察，用心思考，用心讲

话，用心作文章”，才能真正成为“高手”。

同时，李强的事例还告诉我们，光有关心国情民情和贴近社会实际的愿望是不够的，学生的这种主动意识，还需要在教学过程中加强理性的启迪和必要的方法论的指导。就以李强为例，除了学校学院氛围的影响，还有两门课程发挥了重要的作用。

一门是李彬教授的“中国新闻传播史”课。李彬教授在课堂上，除了传授专业知识外，还总是不失时机地引导学生关注社会、关注民生、关注天下，引导学生将自己的理想与成才同祖国和人民的命运紧紧联系起来；同时，还十分注意引导学生学习老报人“读万卷书，行万里路”，不仅把范长江的《中国的西北角》和斯诺的《西行漫记》等与专业相关的著作列为必读书，而且将费孝通先生的《乡土中国》、曹锦清教授的《黄河边的中国》等也列入其中，要求学生写出读书笔记，并在课上讲评和讨论。这对学生起到了重要的导引作用。正如李强在座谈会上所说：“我很庆幸自己学习生活在清华新闻与传播学院这样的环境中，这里，有很多老师指导我们静下心来读一些真正意义上的大作，实在是难能可贵，我这次实践之所以成行，很大层面上是由于读过了《黄河边的中国》和《乡土中国》这两本书，可以说，如果没有这两本书，我的寒假实践无从谈起，因为即使我去了，我无法进行科学有效的调查，从而真正受到教育。因此，现在静下心来读一些书，非常重要。”

对同学们包括李强在内影响较大的另一门课是李希光的“走在路上的叙事艺术”，李希光的新闻学教学遵循的是这样一种教学理念：真正有效的学习不仅仅是为了获取更多的信息、概念或理论，真正的学习更意味着让学生能够对国情、民情有新的观察，在学习过程中使学生在认知、思想、行动上有真正的转变。这需要学生的心、脑、体同时参与。为此，教师要通过教学实践，关注学生作为一个完整的人，在思想、感情、行为各方面的全面发展。正是基于这样一种理念，他在新闻学教学中大力提倡深入社会底层体验真实情景，把课堂延伸到了社会的各个角落。训练学生寻找故事的嗅觉、观察细节的眼睛、聆听语言和各种声音的耳朵、分析问题的大脑和写作的技巧。这种找故事的艺术，给予李强和同学们以新闻人深入实际的激情与方法的启迪。

正是基于以上的启发，在学习落实温家宝总理信件精神时，学院强调：为了适应国家和人民的需要，一手抓认真读书，一手抓深入实践。以使得我们的实践不是盲目的实践，使得我们学习的理论是能够用来指导实践，并能经受实践检验的理论。

教育理念是关于教育目的、功能、过程的哲学思考和理性认识，对教育教学具有全局性和前瞻性影响；而教育思想则涉及教师为何而教、怎样教，学生为何而学、怎样学，以及教学过程中教师与学生的关系、理论与实践的关系等问题。我们不应就事论事地进行改革，而应努力以办学理念和教育思想的转变与提升，来指导、推动改革实践。

目前，我们国家制定了向创新型国家转型的战略，一个值得每个教育工作者思考的问题是教育理念的现代转型问题。过去，我们在向发达国家学习时，多在于物质层面，或具体制度层面，而在教育理念层面却缺乏系统深入的分析与思考。正如中国教育学会会长顾明远教授所说："中国大学在发展过程中可谓先天不足，后天又历经磨难。虽然改革开放以来，大学教育获得巨大成就，但目前与发达国家的大学教育比，在人才培养和知识创新方面仍然有一定的差距。特别是关于大学发展中的一些基本理念问题迄今仍然没有完全弄清楚。"① 所以，认真分析发达国家的大学理念，吸取其先进的带有共性的内容，同时，认真继承中国传统教育理念中的合理内核，实现我国大学教育理念的现代转化，是我国在人才培养与知识创新方面实现赶超，完成向创新型国家转型，从而加速实现国家现代化的关键因素。中国现代大学教育理念的确立，应该在科学发展观指导下，走古今中西融会之路，在综合中实现创新。如借鉴亚里士多德与纽曼的自由教育理念，营造学生自由地参与学习研究的氛围；借鉴苏格拉底"老师是知识的助产婆"理念，转变师生在教学过程中的角色；借鉴近十年在西方加速发展的"合作教育"理念，加速从传承式教育向研究式教育转变；同时，继承中华传统教育思想中关于"教学相长""和而不同"的理

① 顾明远：《为施晓光〈美国大学思想论纲〉作序》，北京师范大学出版社2001年版。

念，“因材施教”“循序渐进”的理念，“实事求是”“知行并进”的理念，以及努力引导学生“从知之、好之到乐之”的理念等，从而实现教育理念的综合创新。这对我们实现教育的现代转化具有重要意义。在这方面，我们有很大的发展空间，我们应当有所作为。

当前，高等教育开始重视实践教育是一个全球性的发展趋势。实践教育教学从认识论哲学内涵看，按照马克思主义的哲学观，强调理论对实践的依赖关系，理论的基础是实践，又转过来为实践服务；同时，从教育学角度看，实践教育与发挥学生的主体作用密切相关，实践教育教学的推进，将有利于教育理念的转变和教育教学改革的深入发展。清华大学党委书记陈希同志与毕业班新闻系同学座谈时同学们的发言，给予我们最大的鼓舞就是他们的精神面貌所发生的深刻变化。著名教育学家叶澜教授说：21 世纪，在教育思想上最终需要实现的核心转变是在对学生精神生命主动性发展的认识上。21 世纪新型教育要自觉地追求把精神生命发展的主动权还给学生，要培养具有主动发展的需求、意识和能力的新人。为此，必须改变师生在校的生存方式。从注重面向过去、面向人类的已知领域转变为注重面向未来、面向需要发现和创造、探索的领域。这就要求教师转变自己的教育观念以至教育角色，把自己的职业本质定位为创造人的精神生命。① 当然，长期形成的教育思想观念的深入转变不是一蹴而就的事情。正如未来学家埃德加·富尔（Edgar Faure）在《学会生存》一书中提到的：“未来的学校必须把教育的对象变成自己教育自己的主体，受教育的人必须成为教育他自己的人，别人的教育必须成为这个人自己的教育，这种个人同他自己关系的根本转变是今后几十年内科学与技术革命中教育所面临的最困难的一个问题。”② 我们一定要高瞻远瞩地来认识这一课题，同时，又脚踏实地地实践这一课题。我们前一阶段的探索，只

① 叶澜：《把个体精神生命发展的主动权还给学生》，引自郝克明《面向 21 世纪我的教育观》综合卷，广东教育出版社 1999 年版，第 334—336 页。

② 联合国教科文组织国际教育发展委员会编著：《学会生存》，华东师范大学比较教育研究所译，教育科学出版社 1996 年版，第 200 页。

是一个良好的开端，无论从新闻与传播学院来看，还是从清华大学来看，认识与实践都不平衡。我们的教师和干部应当关注教育理论的学习和研究，关注教育理念与教育思想的发展与提升。一流大学的建设，应当有一流的教育理论引导，一流大学应当肩负起学习、总结、创新和传播先进教育理论的任务。

马克思主义新闻观教育的创新思路研究*

胡　钰　陆洪磊**

摘要　基于当代青年新闻观形成的基本规律，结合教育教学经验，本文对新时代马克思主义新闻观教育的创新与发展提出了若干认识。从教育目标上看，在价值塑造、理论建构和情感培养上进行创新；从教育内容上看，在宏大理论、现实问题、批判方法上进行创新；从教育方式上看，在思维训练、专业实践、全球比较上进行创新；从教育评价上看，在学术体系、学生反馈、学院建设上进行创新。马克思主义新闻观教育要立足于中国特色新闻学构建的基础，两者间形成良性互动关系。

关键词　马克思主义新闻观；教育创新；新闻理论

习近平2016年2月19日在新闻舆论工作座谈会上的讲话中提出“要牢牢坚持马克思主义新闻观”，同时强调：“新闻观是新闻舆论工作的灵魂。要深入开展马克思主义新闻观教育，引导广大新闻舆论工作者做党的政策主张的传播者、时代风云的记录者、社会进步的推动者、公平正义的守望者。”① 2018年5月4日，习近平同志在马克思诞辰200

* 本文为国家社科基金重点课题“当代中国新闻观念研究”（项目编号：17AXW001）的研究成果。

** 胡钰，清华大学新闻与传播学院教授，博士生导师；陆洪磊，清华大学新闻与传播学院博士生。

① 《习近平在党的新闻舆论工作座谈会上强调：坚持正确方向创新方法手段提高新闻舆论传播力引导力》，人民网，http：//cpc. people. com. cn/n1/2016/0220/c64094 - 28136289. html，2016年2月20日。

周年的纪念大会上，“缅怀马克思的伟大人格和历史功绩，重温马克思的崇高精神和光辉思想”，要求中国共产党人“坚持和运用马克思主义的实践观、群众观、阶级观、发展观、矛盾观，真正把马克思主义这个看家本领学精悟透用好”。① 对新闻舆论工作来说，马克思主义新闻观教育已成为当代中国新闻人才培养中极其重要的核心内容，根本目标是培养新闻舆论工作者以马克思主义立场观点方法为指导来从事新闻工作。

在马克思主义新闻观教育中，高校居于基础性和关键性的环节。2018 年 9 月，教育部、中共中央宣传部联合下发《关于提高高校新闻传播人才培养能力实施卓越新闻传播人才教育培养计划 2.0 的意见》的文件，文中“改革任务与重点举措”的第一条就是“开创马克思主义新闻观教育新局面”。然而，目前我国高校的马克思主义新闻观教育普遍还存在不少问题。这些问题包括教育者本身对马克思主义新闻观的疑问，如马克思主义新闻观如何继续指导新媒体的新闻舆论工作，如何推进新闻教育改革等，也包括马克思主义新闻观教学上的问题，如对学生新闻观形成的规律缺乏认识，授课方式较为单一，知识体系陈旧，教师无法很好回应理论难题等。② 这些存在的问题都会导致马克思主义新闻观教育的效果受到影响。在教学实践中，理论的缺乏使得马克思主义新闻观教学的水平很大程度上取决于授课教师的个人经验与技巧，稳定性的教学效果很难保障。

中国的新闻教育借鉴过美国模式和苏联模式，而今到了创新和创造属于自己的新闻教育模式的时候。③ 提出新时代下马克思主义新闻观教育的创新思路，办好马克思主义新闻观教育，对我国未来的新闻教育、掌握意识形态领导权有着重大的意义。

---

① 《习近平：在纪念马克思诞辰 200 周年大会上的讲话》，新华社，http：//www. xinhuanet. com/politics eaders/2018 –05/04/c_ 1122783997. htm，2018 年 5 月 4 日。

② 杨晶：《关于当前高校马克思主义新闻观教育若干问题的思考》，《广西社会科学》2016 年第 7 期。

③ 骆正林：《我国新闻学教育模式的历史选择与当代创新》，《现代传播》（中国传媒大学学报）2017 年第 8 期。

一 当代青年新闻工作者新闻观形成的基本规律

新闻工作自诞生之初便与政治连根结蒂。在西方近百年的专业主义新闻实践过程中，新闻中的政治符号被逐渐隐去，有学者将之视为“去政治化的政治”。[①] 而“去政治化”的过程本身也是西方政治意志的一种体现。不难理解，西方资本主义社会希望通过市场化的“自由媒体”进行主流意识形态的传播，进而达到拉斯韦尔（Harold Lasswell）所说的“守望环境、协调社会、传承文化”的媒介功能，[②] 其本质仍是为西方政治制度服务的。在这种被广泛默认的西方主流意识形态统治下，西方新闻传播学者往往无法跳脱自己固有的意识形态来反思新闻观本身，也就难以接受其他的新闻观，特别是马克思主义新闻观存在的可能性。笔者发现，国外对于“新闻观”的表述仅限于对“新闻价值”（news value）或“新闻选择”（news choice）等概念的讨论，[③] 并没有专门的表述，更没有专门对此概念做过系统的研究。这种认知的缺位，恰恰是西方意识形态霸权在新闻研究领域内的直接体现。事实上，马克思主义新闻观在当代、在中国被提出来，正是有其独特的时代背景和特点，有其独特的“中国特色”。这种“中国特色”本身就是政治的一部分。在反思和建构当代中国新闻观的同时，必须要做的一个工作就是“用政治去解答政治”。

笔者对13名从事新闻工作的青年记者与编辑进行了深度访谈，受访者所属的媒体既有《人民日报》、新华社、《光明日报》、《科技日报》、中央电视台等中央主流媒体，也有《南方周末》、彭博社等媒体；受访者既有报社总编辑、部门主任等资深媒体人，也有参加媒体工作不久的记者与编辑。访谈后，笔者通过扎根理论进行分析，总结出当代青年新闻工作者新闻观形成的若干规律。

---

① 李彬：《把“政治”带回来》，《新闻大学》2017年第4期。

② ［美］哈罗德·拉斯韦尔：《社会传播的结构与功能》，何道宽译，中国传媒大学出版社2013年版，第37页。

③ Kevin Arceneaux, “Niche News: the Politics of News Choice, by Natalie Jomini Stroud”, *Political Science Quarterly*, Vol. 127, No. 2, 2012, pp. 335 – 336.

研究发现，当代青年新闻工作者新闻观的形成主要依赖两个路径，分别为高校新闻教育和新闻职业实践。此外个人因素和社会环境因素也会对个体新闻观的形成产生一定的影响。从时间上来看，青年新闻工作者的新闻观形成可以分为三个阶段，分别为塑造基础新闻观念的“教育塑造阶段”，新闻观念在新闻实践中不断调整的“实践调整阶段”以及新闻观念趋于稳定后不断强化，并最终形成成熟的新闻观的“自我定型阶段”。

新闻观形成过程如图1所示。

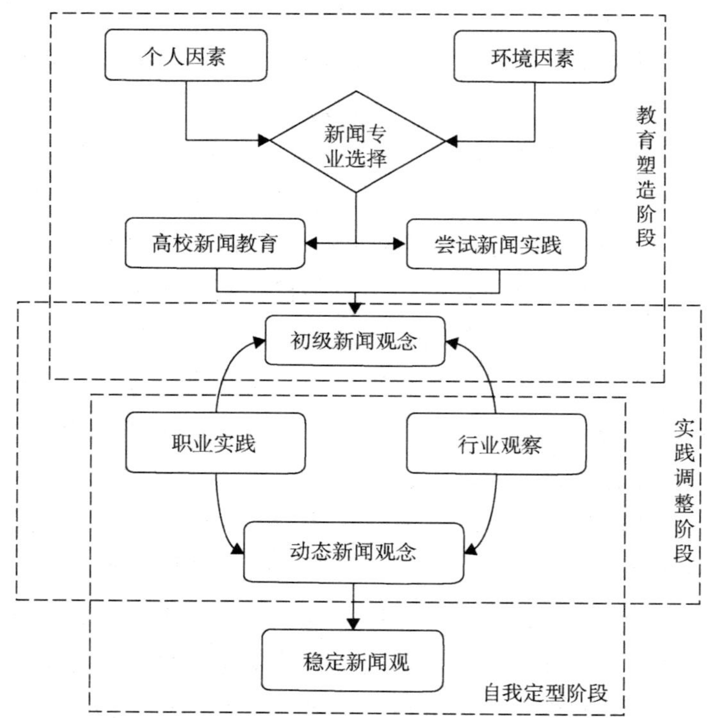

图1 新闻观的形成过程

在进入高校新闻专业之前，个体就会对新闻以及新闻业产生一些懵懂的想法和观点。在进入高校接受系统的新闻教育之后，个体会形成一套初具雏形但未加整合的新闻观念，可称之为“初级新闻观念”，其包含对新闻的看法、对新闻行业的认知和对新闻职业的理解等。

在入行早期，青年新闻工作者的“初级新闻观念”很容易在新闻实践过程中受到影响，经历二次塑造或多次塑造，形成新的、相对动态的新闻观念。在这个“实践调整阶段”中，新闻工作者主要通过参与新闻实践和积累行业观察，不断重塑和调整自己的新闻认知。

当个体的实践经验积累到一定程度，新的新闻实践经验已经无法对新闻工作者的新闻观念产生新的改变时，可以说该个体的新闻观念已经到达一种相对稳定或者饱和的状态。此时，一个典型的特征是，个体愿意对外输出自己的新闻观念，可以借此新闻观念去影响他人和指导实践，同时自己的新闻观念逐渐固化。

当个体的新闻观念已经自成体系，甚至可以演化为自己的潜意识，任何外来的事物和观点都已经无法对其产生颠覆性的影响，那么可以说，这些新闻观念的集合已经成为稳定的新闻观。这种稳定的新闻观具有系统化和内在化特征，可以有力地指导新闻实践，且往往很难被推翻。

教育创新，一定要从教育规律着手。遵循当代青年新闻观形成的基本规律，是新闻院校开展马克思主义新闻观教育的基本要求。高校新闻教育作为新闻观产生的第一个阶段，发挥着重要的启蒙作用，对个体产生深入而持久的影响。这种影响不仅体现在价值塑造上，也体现在理论建构和情感培养上。随着个体参与新闻实践的不断深入，高校新闻教育塑造的新闻观会发生变化，或被打破，或被保留，最终会演化为更加成熟、稳定、系统的新闻观。马克思主义新闻观教育的最终目的，就是让学生最终形成的稳定的新闻观是马克思主义新闻观，是扎根并服务于中国特色社会主义新闻实践的。

教育的目标、内容、手段和评价是进行教育创新的四个重要维度。下文将从目标创新、内容创新、方式创新和评价创新四个部分进行讨论，结合青年新闻观形成的基本规律，着重对新闻院校如何设计和推进马克思主义新闻观教育思路的创新，进行探讨和分析。

二　目标创新：价值塑造、理论建构、情感培养

马克思主义新闻观教育的目标在于“育人”，在于塑造个体的价

值观，简单告诉学生们什么是马克思主义新闻观远远不够，关键是让学生能够真正理解和接受，做到“入脑”“入心”，从而发自内心地去认可和贯彻。根据当代青年新闻观形成的基本规律，从笔者的马克思主义新闻观教学实践看，当下马克思主义新闻观教育应该超越简单的知识传授，而要从价值塑造、理论建构和情感培养三方面入手，引导当代青年接近并接受马克思主义新闻观。

价值塑造是马克思主义新闻观教育的根本性问题。马克思主义以人的解放为最高目标，以人是人的最高本质为理论立足点。与西方新闻实践与理论中的资本中心主义、媒介中心主义和“去政治化”的专业主义等不同的是，马克思主义新闻观强调的是以人民为中心的工作导向，突出新闻舆论工作鲜明的政治属性，并将之作为治国理政、定国安邦的大事。在马克思主义新闻观教育中，应将新闻的政治性和专业性紧密结合起来，不可偏废任一方面。从人类近代新闻业诞生之初，新闻就与政治有着密不可分的关系。美国新闻行业建立之初，便是以宣传性质的政党报刊为主，直至19世纪末20世纪初，美国新闻行业的观念和实践（ideals and practices）才从政党报刊转向自由主义的商业报刊。[①] 即便是进入商业报刊时代，各个媒体依然有着自己鲜明的保守主义、激进主义等政治立场。因此，马克思主义新闻观教育要引导受教育者辩证地看待西方的新闻专业主义，既要认识到新闻专业技能的重要性，又要对新闻专业主义“去政治化的政治”的内涵有更加准确的认知。马克思主义新闻观教育的价值塑造，核心目标是培养学生认识到新闻舆论工作的力量来自“党性与人民性相统一”。[②] 来自某主流媒体并担任重要岗位的高级记者M，在描述自己对新时代新闻工作者的要求和期望时这样说道：

---

① Richard L. Kaplan, “The News About New Institutionalism: Journalism’ Ethic of Objectivity and Its Political Origins”, *Political Communication*, Vol. 23, No. 2, September 2006, pp. 173 – 185.

② 胡钰：《新闻舆论工作的力量来自于“党性与人民性相统一”》，求是网，http://www.qstheory.cn/zhuanqu/zywz/2016 – 05/18/c_ 1118885237. htm，2016年5月18日。

> 新时代的新闻工作者首先要讲政治，传递信息要进行判别；其次要成为专家型记者、专家型编辑，吃苦耐劳，愿意深入实践；最后要有逻辑思维能力，包括对党的思想的理解，对大环境的理解，不能单一以孤立的新闻事件来做新闻，善于将新闻放在时代大背景下来做……简而言之，就是要能坚持不懈，提高政治素质、业务素质、综合能力，在党的思想的指导下创作人民群众喜闻乐见的作品。

在社会价值观念日趋多样、社交媒体传播日趋活跃的新闻生态中，价值塑造成为培养新时代新闻工作者的根本性要求，也是马克思主义新闻观教育的首要任务。

理论建构是马克思主义新闻观教育的关键性问题。马克思主义的强大生命力来自理论的真理性和解释力，唯物史观和剩余价值学说成为分析社会问题的批判的武器。如马克思在《〈黑格尔法哲学批判〉导言》中所言："理论只要说服人，就能掌握群众；而理论只要彻底，就能说服人。"[①]《马克思传》作者戴维·麦克莱伦（David McLellan）认为："由于我们关于历史和社会的很多观点是和马克思的幽灵进行对话的结果，这些理论已经成为20世纪以及未来精神框架的一部分。"[②] 同样，马克思主义新闻观要说服人，就要有"彻底的理论"，引导受教育者树立科学的理论思维，形成分析当代新闻舆论工作的系统的观点、方法、理论。值得重视的是，中国共产党的新闻舆论实践是开展马克思主义新闻观教育、建构中国特色新闻理论的主要来源，其丰富的思想与理论内蕴需要不断挖掘、提炼。在新时代，以习近平关于新闻舆论工作的一系列重要论述为标志的新时代中国特色社会主义新闻舆论思想已经形成，成为当代马克思主义新闻观理论建构的思想指引。

---

① 《马克思恩格斯选集》第1卷，中共中央马克思恩格斯列宁斯大林著作编译局编译，人民出版社1995年版，第9—10页。

② ［英］戴维·麦克莱伦：《马克思传》第4版，王珍译，中国人民大学出版社2016年版，第462页。

情感培养是马克思主义新闻观教育的基础性问题。马克思、恩格斯不仅是抽象理论和政治话语的创造者，也是充满人格魅力和个性特征的伟大人物。如习近平所言："马克思是顶天立地的伟人，也是有血有肉的常人。他热爱生活，真诚朴实，重情重义。"① 培养对马克思主义创始人的情感认同，进而培养对马克思主义的情感认同，是开展马克思主义新闻观教育的有效起点。笔者胡钰在清华大学本科生马克思主义新闻观课程的第一节课中，总会谈到马克思 17 岁时的高中毕业作文《青年在选择职业时的考虑》和青年时期马克思学习、办报、写稿的许多故事，帮助青年学生找到同龄人的共鸣感与亲近感，效果很好。情感认同虽不能替代价值认同，但却能够让后者的实现更加自然、高效、稳固。事实上，对马克思主义的情感认同已经成为马克思主义新闻观的价值认同的坚实基础。

以上三方面的目标共同构成了马克思主义新闻观教育目标体系。正如图 2 所示，这三个目标是一个整体，彼此间有着紧密联系。从情感培养到价值塑造是一个由感性到理性的理解过程，从理论建构到价值塑造是一个由理论到现实的理解过程，而情感培养与理论建构共同构成支撑马克思主义新闻观的价值观认同的感性支柱与理性支柱。

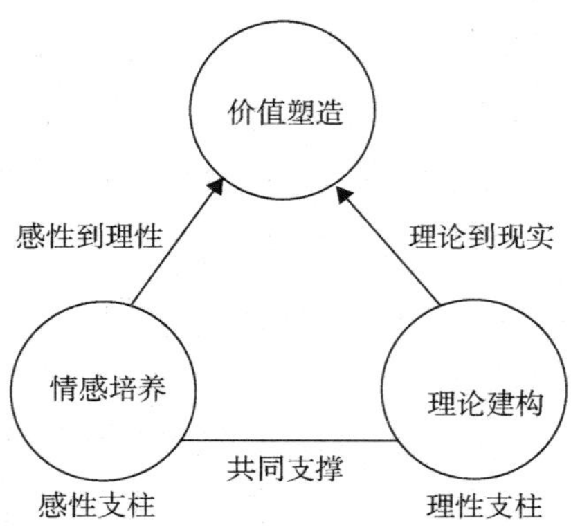

图 2 马克思主义新闻观教育目标体系

① 《习近平：在纪念马克思诞辰 200 周年大会上的讲话》，新华社，http：//www. xinhuanet. com/politics/leaders/2018 -05/04/c_ 1122783997. htm，2018 年 5 月 4 日。

三 内容创新：宏大理论、现实问题、批判方法

在马克思主义新闻观的教育内容上，既要讲马克思主义新闻思想，也要以跨学科的视野讲述马克思主义的历史理论、政治理论、社会理论、文化理论；既要讲理论性的认识，也要回答现实中青年学生普遍关心的热点问题；与此同时，要培养青年学生学会使用马克思主义批判的思维方法，防止主观性、片面性和表面性的思维错误。

重视宏大理论的学习。马克思主义新闻观的理论教育，不仅要讲狭义的马克思主义新闻理论，更要进行广义的马克思主义历史和理论教育，后者可以给学生以更宏大的视角来认识马克思主义新闻观。这种宏大理论学习主要包括：资本主义与社会主义发展的历史，马克思主义基本原理，传播政治经济学，马克思主义文化理论，等等。在这些宏大理论的学习中，要注意重点讲述新闻实践在其间的发展与影响，这不仅能扩展课程的基础认知，让学生产生知识学习的动力，也能以“润物细无声”的方式，引导学生从心底认同马克思主义新闻观的基本判断。从马克思主义认识论来看，新闻活动是主观对客观的认识活动，这种认识关系是能动的辩证关系，不是机械的反映关系。由此，在新闻报道中，既要追求真实是新闻的生命，又要承认价值是新闻的灵魂。这种基于宏大理论学习得出的马克思主义新闻观认识，即便在日后的新闻实践中会受到冲击，但由于其历史基础的稳定与核心理论的彻底，往往可以有效抵御外界的冲击，在经过“否定之否定”的过程后沉淀下来，形成稳定的新闻观。笔者认为，要让马克思主义新闻观教育的理论成效更具彻底性，可以从以下五个着力点出发：讲清楚马克思的形象和马克思主义的立场、观点、方法；讲清楚新闻与政治的关系；讲清楚中国共产党的新闻思想；讲清楚中国国情与问题意识；讲清楚全球传播与文化自信。① 教育者抓好这五个着力点，让理论“触地”，让学生受到启发，对理论形成思考，深层次认同马克思主义

① 胡钰：《马克思主义新闻观教育的着力点》，《现代传播》（中国传媒大学学报）2016 年第 7 期。

新闻观。

关注现实问题的争论。马克思主义新闻观是在马克思主义视角下对新闻活动的总体认识。这种认识源于马克思主义的立场观点方法，但并没有具体的结论。为此，讲授马克思主义新闻观，既要讲述理论，更要讲述理论的现实应用。据某项研究显示，超过75%的大学生学习马克思主义理论是出于课程安排需要，他们排斥与现实严重脱节的教学内容，迫切地希望马克思主义理论教育能结合时事政治。① 这种青年学生的学习需求既反映了马克思主义理论传播的规律，也是马克思主义理论发展的要求。“马克思本人不是先知，对马克思主义社会的应然状态也提到的很少。马克思自己对未来共产主义社会特征的所有阐述都是极为粗略的。他说得更多的是资本主义，而不是共产主义。”② 在讲述马克思主义新闻观时，一方面，要对资本主义的新闻活动进行分析，特别是对当下的文化帝国主义、信息资本主义进行分析；另一方面，要对中国共产党新闻实践中对马克思主义新闻观中国化的探索进行分析，以历史的视野去看待现实的问题，对革命、建设、改革等不同阶段的新闻舆论现象进行分析。实践表明，在马克思主义新闻观的教学中，需要紧贴现实，提升“时代感”和“时效性”。

学会批判方法的使用。哈贝马斯（Jürgen Habermas）在《理论与旨趣》中强调，批判理性相对于科学主义和历史诠释学而言，是最高的人类经验，是人的彻底解放，是人的彻底的自主性。③ 事实上，批判性是贯穿马克思主义理论体系最为核心的一个理论传统，其突出体现是对传统哲学、经济学、空想社会主义的批判，以及对资本主义的批判。在马克思主义新闻观的教育内容中，特别要重视对当代资本主义的批判性分析。这种批判是基于辩证唯物主义与历史唯物主义的方法，基于政治经济学、历史学、社会学等跨学科基础，基于对国际形

---

① 严建雯、汪莹：《大学生心理特征视阈下高校马克思主义理论学习的实证研究》，《思想教育研究》2012年第11期。

② ［英］戴维·麦克莱伦：《马克思传》第4版，王珍译，中国人民大学出版社2016年版，第461页。

③ 甘阳等：《现代中国思想的兴起》（下），《开放时代》2006年第2期。

势和现实问题的把握。例如在谈到新闻自由之类的问题时，就可以比较中西方新闻工作逻辑，看看西方的主流新闻从业者是否真的如他们所说，实践着“华丽的新闻自由”。在这方面，早在20世纪30年代就有西方学者指出，只要商业利益仍旧主宰着广泛的新闻资源，那么就永远不会有完整的自由和健全的民主。① 用比较的视野去分析和解决问题，往往能让受教育者有更直观生动的体验和更深的理解。美国批判学者赫伯特·席勒（Herbert Schiller）的第一本书《大众传播与美帝国》曾经找了25家出版社，但没有一家愿意出版。在丹·席勒（Dan Schiller）看来，当代的数字化时代不过是让资本主义的矛盾完成了现代化而已。如果继续沿着目前的方向走，那么不论是对于全球的自然环境还是政治而言都是一个灾难，“人们总是倾向于相信互联网是种好的、慈善的力量。如果你去讲述事情背后所藏匿的巨大陷阱，人家可能一脸茫然”。②

重视宏大理论，可以扩展马克思主义新闻观教育的知识点；关注现实问题，可以增强马克思主义新闻观教育的吸引度；使用批判方法，可以提升马克思主义新闻观教育的解释力。这些新内容的引入，将会使马克思主义新闻观教育充满生命力与感染力。

四 方式创新：思维训练、专业实践、全球比较

教学方式的创新当以思辨性和实践性为首推。坚持思想引领并不意味着放弃讨论，相反，马克思主义新闻观教育者需要积极开展理论教学创新，鼓励思辨，采用启发式、讨论式、辩论式的方式，让受教育者对理论问题“吃透”；同时也应当坚持学以致用，鼓励受教育者积极参加专业实践，在行业内部将理论“用透”。因此，马克思主义新闻观教育方式的创新可以考虑从以下几个方面入手。

---

① Graham Spry, “The Canadian Radio Situation”, Josephine Harriet Maclatchy, ed., *Educationon the Air*, 1931, pp. 47 - 60. 转引自 Sibo Chen, “Forward: the Legacy of Graham Spry and the Future of Public Media”, *Stream Culture/Politics/Technology*, Vol. 6, No. 1, 2014, pp. 1 - 2.

② ［美］丹·席勒：《信息资本主义的兴起与扩张》，翟秀凤译，北京大学出版社2018年版，第241—246页。

转变教学理念，强化全方位、渗透式的思维训练。首先，马克思主义新闻观作为一门思辨性较强，且有别于思想政治课的课程，不应当按照“老师发言，学生听讲”这类单一的课堂教学模式来开展，而应该充分调动受教育者的课堂参与积极性，活用启发式、课堂讨论式、辩论式等多种教学手段，让思想充分碰撞和交流，达到强化思辨性的教学目标。其次，转变现有的教学理念，真正做到将马克思主义新闻观融入所有专业课程中去，让马克思主义新闻观从“专设课程”的笼子里释放出来。笔者通过对资深新闻工作者的访谈发现，不少人认为不应该将马克思主义新闻观作为单独的一门课进行开设，而是应将马克思主义新闻观真正作为一种指导理念，融合进所有专业课程，做到润物细无声。如一名在某主流媒体担任重要职位的高级编辑 Y 所说：

> 不用单纯去突出这种观念的教育。比如说专门开一个“什么什么新闻”这样的一门课，我觉得效果肯定也是不好的。在教技术的过程中，我觉得还是要把这个理念体现进去，老师应该要有这样的责任心，要不然教出来的学生真的会有问题。

在美国和日本的许多大学，类似的德育教育会渗透到各类课程的教学过程中去，通过“无意识”和“偶发式”的教育方式，让学生在不经意间接受思想教育。[①] 让观念的传授不再局限于专门的观念类课程，将是马克思主义新闻观教育创新迈出的重要一步。

重视专业实践，践行马克思主义新闻观。专业实践按组织群体的不同，可以大致分为学生自组织教育、新闻职业教育、社会教育等多种形式。专业实践对受教育者个体起着至关重要的再教育功能，也是在校大学生即将走上工作岗位之前的重要过渡阶段。笔者在对 13 位新闻工作者的访谈中发现，当前中国新闻院校接受业界的反馈较少，教学活动与业界实践缺乏长线、紧密、有效的互动。这不仅体现在高校

① 叶婷、王超：《国外德育实践对我国思政实践教学模式的启示》，《求实》2010 年第 1 期。

接受业界反馈的途径上，更体现在高校的培养理念和课程设置上。学界和业界无法很好地“打通”高校新闻教育，实践性就有限。高校的学生如果希望参与新闻实践，多是通过自己申请新闻类媒体实习、参与学生媒体运营等，而高校对这类行为进行大规模有效引导不足，在实践环节的师资配备上也明显不足。马克思主义新闻观的教育不应当只是表现为课程内的知识学习，更应是观念在课堂外的实践中的运用。因此，马克思主义新闻观的教育过程要更加重视专业实践，在实践中将这种观念融入受教育者的思维中，成为其行动准则。近年来，国内多个新闻院校广泛开展的“部校共建”正是为高校的新闻学子提供了宝贵的专业实践的土壤，这是有益的尝试，但这种结合后提供的实践教育机会的覆盖面还远远不够，而其马克思主义新闻观教育的效果还有待不断提高。

开展跨文化比较，形成全球视野。当代新闻传播已经进入全球传播时代，国内传播与国际传播的边界日益模糊乃至消失。为了更好地服务国家对外开放战略和“一带一路”建设，马克思主义新闻观教育者应当在教学过程中注重培养学生的跨文化思维，引导学生形成开放格局与全球视野，培养体现文化多样性的思辨方式。清华大学新闻与传播学院开设“全球胜任力海外实践课程”（Global Competence on Belt and Road），以“走出中国看中国”为主题，由学院教师带队，带领学生对“一带一路”沿线国家开展专题型、学术性、调研类的课程实践活动。参与的学生通过亲身调研、采访和体验，了解“一带一路”建设情况，对中国国家形象建设面临的挑战、国际舆论对“一带一路”倡议的误读、国际传播秩序失衡等问题有了更加直观与深入的认知，也更加坚定了对马克思主义新闻观基本原理的认同。实践表明，对当代青年学生来说，在开放的跨文化比较视野中，在国内外不同的新闻观与新闻实践的对比中，对马克思主义新闻观的内涵、意义与发展会有更深刻的理解和认同。

五　评价创新：学术体系、学生反馈、学院建设

改进马克思主义新闻观教育需要有科学的评价机制作为依据，仅

仅有动机导向的举措是不够的，还需要根据实际的效果进行调整。笔者认为，良好的学术体系建构、健全的学生反馈机制和积极的新闻学院建设，是评价马克思主义新闻观教育效果的三个重要维度。

学术体系的完整性和科学性，既体现了马克思主义新闻观教育的成果，也是这一教育扎实开展的基础。早在20世纪60年代，中国初建人文社科学术体系，正是抓准了教材建设、学术论著和理论队伍三个方面的工作。[①] 同样，评价马克思主义新闻观学术体系的建构，也可以从这三个方面入手。开展马克思主义新闻观教育，我们要考量：有没有一批高水平、有质量的教材可用，有没有一批以马克思主义为指导，基于中国特色的基本学术著作问世，有没有一批理论功底扎实，富有理论创新意识和能力，同时跨越老中青，可以实现良好传承的理论学者队伍。在马克思主义新闻观教育中突出学术建设，加强理论研究，以理论感较强的学术论著作为学科支撑，以富有理论创新意识和能力的理论队伍作为中坚，马克思主义新闻观的教育才有可能日趋深入。

人才培养的成果是评价马克思主义新闻观教育的直接衡量标准，也是这一教育有效改进的依据。马克思主义新闻观教育的目标是为了培养掌握这一新闻观念的新闻人。高校的毕业生在走上工作岗位之后，其新闻观念是否符合新时代中国特色社会主义要求，是否具备马克思主义的批判思维能力，直接体现了高校马克思主义新闻观教育的效果。然而，这些特征往往难以衡量。因此，建立一套完整、可持续的人才跟踪调查机制，对于评估人才培养成果有着重要的意义。开展毕业学生跟踪调查的目的，是通过对新闻职业队伍的观察，了解学生对马克思主义新闻观教育的反馈，为持续改进提供依据。世界上比较成熟的毕业生跟踪调查，如意大利的ISTAT调查、法国的CEREQ调查、德国的毕业生跟踪调查研究网络KOAB等，[②] 包括国内各类高校开展的

① 傅颐：《“大跃进”前后高等学校文科教材建设的历史回眸——兼论我国人文社会科学学术体系的初创》，《中共党史研究》2010年第8期。

② 包艳华等：《德国毕业生跟踪调查研究的理念和模式》，《中国高等教育》2017年第5期。

毕业生调查，都能为马克思主义新闻观教育的效果评价提供借鉴。笔者此次采访的13位新闻工作者，其中就有不少曾在高校中接受过马克思主义新闻观课程，他们的反馈意见很能促进教育者思考。青年记者D在回忆高校上课的经历时说：

> 那个时候Z老师开了一个课叫《马克思主义新闻理论》，一听名字我们都觉得这个课特别枯燥、无聊，学不到什么东西。但实际上他用一些比较风趣、幽默的方式方法给我们梳理了一下新闻史，我觉得很有趣，那个课是我当时比较喜欢的。但是你说它对我的工作有没有直接影响我觉得很难说。

从跟D的交流中笔者可以发现，目前《马克思主义新闻观》等观念类课程尚未形成统一、成熟的授课模式，教学效果受授课老师个人风格、素养影响较大；学生的收获停留在知识层面，未能更加深入，观念类课程对观念层面的影响还需不断提高。

高校新闻学院建设是开展马克思主义新闻观教育的基本支撑，也是这一教育持续开展的具体载体。新闻学院能否坚持马克思主义新闻观的教育导向，根据这一导向确立学科方向、队伍结构、课程体系，是考察马克思主义新闻观教育效果的显性窗口。办好马克思主义新闻观教育，在学院层面能做的工作其实有很多。[①] 清华大学新闻与传播学院在学院建设中，与人民日报社开展马克思主义新闻观课程共建，与复旦大学共建中国特色社会主义新闻学理论研究基地，联合十余所高校新闻院系成立了中国新闻史学会中国特色新闻学研究委员会，既为学院的马克思主义新闻观学术研究和教学工作提供了强有力的支持，又为学院教师和学生开展马克思主义新闻观研究和学习提供了重要的外部平台。

---

① 柳斌杰：《办好中国特色的新闻传播学院》，《传媒》2017年第21期。

六 结语：马克思主义新闻观教育创新的根本出路在于中国特色新闻学的发展

目前，国内新闻与传播学界对马克思主义新闻观的研究现状可以用“分支众多，百家争鸣”来形容，因此，亟待建设统一的理论基础和理论框架。研究表明，2017年学界对马克思主义新闻思想的研究总体上并未有大的发展。① 许多关于马克思主义新闻观的研究还处于表态性与表面性的阶段，对于复杂性的现实问题与深层次的理论问题缺乏规律性与学理性的研究。

本文认为，当前中国的马克思主义新闻观教育面临着理论研究落后于教学需要的突出矛盾。尽管对于无论是学界还是业界，马克思主义新闻观教育都是不可缺失的，这是塑造新闻教育者和新闻工作者价值观的重要一环。但是，基于中国特色新闻舆论活动的系统性、学术性的话语体系、理论体系还不完备，还没有提炼出有学理性的新理论，概括出有规律性的新实践。这从根本上制约了马克思主义新闻观的教育水平。

从推动马克思主义新闻观教育的需求看，关键还是要打造具有中国特色和普遍意义的新闻学理论体系。这一理论体系的突出特点是主体性、原创性，根本依据是中国新闻实践，即“如何构建中国特色新闻学，成为中国新闻理论工作者的重要使命。在新的时代条件下，要做好这一工作，就要做到理论与现实的高度统一，立足现实，直面问题，融汇中西，返本开新，以彻底的理论去观察新闻传播实践并赢得国际话语权”。②

马克思主义新闻观是中国新闻舆论工作坚持的独特观念，这一观念的学理支撑正是也只能是中国特色新闻学，是以对中国新闻实践的

---

① 叶俊：《创新与升级：2017年马克思主义新闻观研究》，《中国社会科学报》2018年1月4日。

② 胡钰、虞鑫：《构建中国特色新闻学：何以可能与何以可为?》，《国际新闻界》2016年第8期。

学理性研究提出的具有解释力与引领性的新闻理论。与西方新闻实践和理论中强调新闻游离于意识形态之外，新闻媒体独立于政府管理，新闻自由具有绝对地位不同，中国的新闻实践和理论强调新闻舆论工作是极端重要的意识形态工作，新闻媒体要围绕国家发展大局开展工作，新闻自由是有明确边界的。在中国特色新闻学研究中，要运用历史唯物主义和辩证唯物主义的方法，对中国新闻实践中的这些特点，从历史、政治、文化、全球等多个维度给出理论性的阐释，对西方新闻实践与理论中的资本中心主义、媒介中心主义、西方中心主义等现象给予针对性的批判。

马克思主义新闻观教育要立足于中国特色新闻学构建的基础。在中国的新闻实践中，新闻价值的核心原则是积极性效果，而不是冲突性内容，新闻媒体要成为社会进步的参与者、推动者，而不是旁观者、批判者。中国特色新闻学体现的是建设性的新闻观念、有机性的社会参与、正向性的社交心理、伦理性的算法体系和人文性的文化底蕴。

马克思主义新闻观教育的创新需要具备合目的性与合规律性的统一。在教育中，必须避免理论的苍白与“肌无力”，既要牢牢把握马克思主义的基本原理，也要紧紧抓住当代全球变化与中国发展的新情况新问题，提出新思想、新理念、新话语。有效的模式是：通过马克思主义新闻观教育来推动构建中国特色新闻学，通过构建中国特色新闻学来推动马克思主义新闻观教育。

Innovative Thinking on the Education of Marxist Views of Journalism

Abstract Based on the basic law of the formation of contemporary youth's views of journalism, combined with the experience of education and teaching, this article puts forward a number of understandings on the innovation and development of the education of Marxist views of journalism in the new era. From the perspective of educational goals, it requires innovation in value shaping, theoretical construction and emotional cultivation. From the perspective of educational content, it requires innovation in grand theory, practical problems, and critical methods. From the perspective of educational methods, it requires innovation in thinking, professional practice and global comparison. From the perspective of educational evaluation, it requires innovation in academic system, teaching feedback, and school construction. The education of Marxist views of journalism should be based on the construction of journalism with Chinese characteristics, forming a benign interaction between the two.

Keywords Marxist Views of Journalism; Educatimal Innovation; News Theory

新闻实践教学之“学”

——兼谈融合新闻传播教育背景下实践教学的“1＋1”模式*

王君超**

摘要 “新闻实践无学”是从“新闻无学”衍生出来的一种观点。从理论与实践关系的角度来看，“新闻实践无学”的观点不符合马克思主义新闻学的既有认识。破除“新闻实践无学”，有助于深化对“新闻实践教学”重要性的认识。新闻实践教学之“学”，在于其对传播学、社会学理论的勾连，以及理论与实践的融会，从而达到对学生的意识形态和价值观的引领。融合新闻传播教育背景下实践教学的“1＋1”模式，是指采取授课教师与业界导师共同指导实践教学的一种模式。本文基于对清华大学新闻与传播学院执行的雄安实践教学“1＋1”模式的案例，阐释了这一模式的设计及各个环节的要点。

关键词 实践教学；勾连理论；融合新闻传播教育；马克思主义新闻学

---

* 本文受清华大学研究生教改项目“融合传播教育背景下的新闻实践教学改革与创新”（项目编号：201703J020）及本科教改项目“融合传播教育背景下的新闻实践教学改革与创新”（项目编号：ZY01_ 02）资助。

** 王君超，清华大学马克思主义新闻学与新闻教育改革研究中心执行主任、新闻与传播学院教授、博士生导师。

一 破除“新闻实践无学”论

“新闻无学”的说法由来已久。正如中国新闻学会联合会原副会长钱辛波所说：“自从新闻学萌生以来，新闻是否有学之争也随之俱起，到现在争论了将近一个世纪。”① 伴随着20世纪90年代末新闻传播学成为一级学科、2004年新闻学被确定为国家重点发展的九大哲学社会科学学科之一，以及2016年习近平总书记将新闻学列为对中国哲学社会科学具有支撑作用的11个重要学科之一②，“新闻无学”的说法不攻自破。

相比“新闻无学”的谬论，“新闻实践无学”的认识似乎在学界、业界更具有普遍性。与“形而上”的论、史等新闻传播学基础学科相比，“新闻实践”则隶属于“形而下”的“新闻传播业务”层次，一般被认为只能为新闻学贡献经验总结。因此，似乎“新闻实践无学”成了理所当然的说法，而“新闻有学”似乎也并非“新闻实践有学”的充分条件。

破除“新闻实践无学”论，首先，就要先了解什么是“学”。“学问”的最初含义即学习和询问（知识、技能等）。之后，“学问”一词逐渐循着“知识，学识”的泛义和“正确反映客观事物的系统知识”的狭义路径演化。③ 在实践（实地采访）中学习、询问（访谈、提问），由感性认识上升为理性认识，并以此为基础形成正确反映客观社会、揭示事实与真相的系统知识，正是新闻实践教学的题中应有之义。由此可见，无论是根据最初“学”的最初含义还是引申义，新闻实践之“学”都符合以上含义。

其次，从实践论的观点来看，“新闻实践无学”与现有的公理性认识相悖，是一个逻辑悖论。“马克思主义者认为，只有人们的社会

---

① 徐培汀、裘正义：《中国新闻传播学说史》，重庆出版社1994年版，第1页。

② 《习近平：在哲学社会科学工作座谈会上的讲话（全文）》，人民网，http：//politics. people. com. cn/n1/2016/0518/c1024－28361421－4. htm，2016年5月18日。

③ 上海辞书出版社：《辞海》，上海世纪出版集团2010年版，第2162—2163页。

实践，才是人们对于外界认识的真理性标准。”“实践是检验真理的标准。”“只有在社会实践过程中（物质生产过程中，阶级斗争过程中，科学实验过程中），人们达到了思想中所预想的结果时，人们的认识才被证实了。”[①] 强调理论与实践相统一是马克思主义的基本原则。也就是说，如果只有理论没有实践，不仅割裂了完整的知识系统，而且使理论缺少了检验的标准。

由此看来，“新闻实践无学”的观点不符合马克思主义新闻学的既有认识。新闻实践教学是新闻院系的“新闻实践”。在认识上破除“新闻实践无学”，与承认“实践教学出真知”是一个硬币的两面。

二 实践教学如何勾连相关理论与社会

新闻是实践性较强的学科，加强实践教学是新闻传播学教学改革的重要一环。

“新闻工作者的采写活动，本质上是一种调查研究工作，这决定了新闻工作必须深入实际工作和人民群众中去，进行独立的艰苦的工作，考察现实领域中的各种情况，了解群众的情绪、反映和要求，从调查研究中获得新闻报道的素材。”[②]

从获取知识的角度来看，社会是一本大“书”，“走进社会”是获得“活的知识”的最佳途径。明代画家董其昌提倡“读万卷书，行万里路”；周恩来倡导“从无字句处读书”[③]，就是基于对“实践出真知”的充分认识。

社会作为新闻发生的现场和知识生产的场域，与课堂的区别就在于它融会了世间的各种知识与问题，提供了新闻发生的环境和场景，孕育着各种发现和创新。当学生带着兴趣与问题意识与社会接触时，可以直接勾连（articulating）和检验习得的知识与理论，并予以及时

① 毛泽东：《实践论》，《毛泽东选集》（第一卷），人民出版社 1991 年版，第 284 页。

② 童兵主编：《马克思主义新闻观读本》，复旦大学出版社 2016 年版，第 118 页。

③ 王树人：《周恩来的几副对联》，《党史博览》2001 年第 3 期。

修正。

“勾连”（articulation，又译“接合”），本为语言学中句子与段落的组合方式。英国文化研究学派的代表人物斯图亚特·霍尔（Stuart Hall）将“后马克思主义者”拉克劳与墨菲的概念借来用于文化研究，从而发展出“勾连理论”（又译“接合理论”）。这一理论认为，不同的意识形态要素通过勾连（接合）而形成新的意义。勾连理论关切的是：“一个意识形态如何发现其主体，而不是主体如何认定属于它的必然且不可避免的想法；它使我们去思考一个意识形态如何赋予人民力量，使他们开始对自己的历史情境有所意识或理解，而不会把这些理解形式化约为他们的社经或阶级位置，或是其社会地位。”①

新闻传播事业“是思想上层建筑即意识形态形式”。② 实践教学的重要作用，一方面在于在将贴有各种意识形态标签的知识与理论与具体实践勾连起来，从而完成理论与实际的结合和实践对理论的检验；另一方面，将知识与理论和具体的社会存在勾连起来，从而正确地理解社会的组成方式。

中国的新闻传播理论是以马克思主义的新闻观为指导，以中国特色的社会主义新闻理论与实践为主体的一个开放理论系统。长期以来，由于西方新闻传播理论在大学新闻传播教育中的影响，大学生在新闻宣传、新闻自由、新闻体制、新闻专业主义等方面疑惑较多，而课堂上的灌输与说服式的教育往往不能真正地“释疑解惑”。只有在具体而生动的社会实践中，教师抓住鲜活的案例进行启发、引导，使具体的实践活动与新闻传播学理论和主流意识形态相勾连，才能收到事半功倍的效果。

比如，为什么中国的主流媒体要承载主流意识形态、“党报姓党”，而不是像西方媒体那样可以和政府“对着干”？为什么西方新闻

---

① ［英］斯图亚特·霍尔：《后现代主义与接合理论》，选自陈光兴、杨明敏编《Cultural Studies：内爆麦当奴》，台北：岛屿边缘杂志社 1992 年版，第 197 页。

② 童兵主编：《马克思主义新闻观读本》，复旦大学出版社 2016 年版，第 30 页。

专业主义推崇的“独立于任何团体和党派”在中国语境下行不通？

在课堂上阐释这些问题，不外从理论到理论的空洞论述，很难令学生心服口服。但在具体的实践教学中，当学生从策划选题开始，到现场采访、作品制作，直到最后在媒体发布，每一步都要经历一个新闻传播学的理论勾连和中西比较的过程，从而在实践中检验有关理论的适应性，最终达到理论与实践相结合的目的。

在选题策划阶段，传播学的议程设置理论无疑是正相关的传播学理论。对这一理论以及西方的“传播运动”（Communication Campaign）的勾连与比较，有助于学生重新认识向来为西方诟病的“宣传”（propaganda）一词的学术含义，从而正确认识中国的“新闻宣传”和西方新闻专业主义的异同。

在实地采访阶段，不仅可以勾连传播学的多种技巧[①]，并将其运用到采访中去，而且可以勾连田野调查（Field Study）、参与观察（Participate Observation）、深度访谈（In-depth-interview）、焦点小组（Focus Group）等传播学、社会学的研究方法，还可以批判地解读“文本分析”（Text Analysis）的功用和局限。比如，如果研究者只是对《人民日报》的版面进行显性的文本分析（包括内容分析、话语分析等），而没有运用“症候式阅读”的方法寻找其版面之外的意义，则不可能理解其版面语言的具体运用，以及有关部门“换稿”“倒版”的要求的影响，很可能用科学的研究方法得出不完全的结论。因此，社会实践是一种“反文本阅读”。新华社高级记者张严平坦言，被采访单位“有时候会给我们发很多材料，说句实在话，这些材料我基本上不看”。“在我采访之前我基本上不看……对我的这种对他的认识中是一张白纸。没有任何先入为主的概念……”[②] 这正是为了避免既有文本的约束，而自觉运用“反文本阅读”的策略。

在写作阶段，教师可以通过展示不同学生对于采访对象的不同观

---

① 王君超：《西方的宣传模式与技巧》，《中国广播电视学刊》2009 年第 9 期。

② 《央视〈东方之子〉：专访新华社记者张严平》，新浪网，http://news.sina.com.cn/c/2005-12-07/22268518561.shtml? from=wap，2005 年 12 月 7 日。

察角度、不同的报道取向，引导学生清楚地认识新闻框架（News Frame）对新闻体裁的选择、角度的选取和叙述策略的影响，由此，引导学生进行批判性写作（Critical Writing）——选择多方信源、进行事实核查（Fact Checking）与做到观点平衡就非常自然了。

在编辑阶段，把关人理论（gatekeeper/watcher）是最容易被勾连的传播学理论。当学生将个人作品与经过媒体编辑修改的作品相比较，对于媒体的把关行为就会有更深刻的了解；在融合报道的发布、呈现阶段，他们又会对符号学、舆论引导和整合传播（Integrated Marketing Communication）等相关理论有进一步的认识；在作品发布以后，则可以勾连传播效果、舆情监测等传播学与舆论学的理论。

在理论与实践的勾连背后，实际上强化了意识形态教育。霍尔认为："一种接合理论既是一种理解方式，即理解意识形态的组成成分何以在一定条件下通过一种话语聚合在一起；同时也是询问方式，即询问意识形态的组成成分何以在特定的事态下结合成或没有结合成某一政治主体。"①

以上说明，"新闻实践教学"之"学"，在于以实践的方式勾连理论，获得新知，重塑意识形态教育。

三 融合新闻传播教育背景下的"1+1"实践教学模式

融合新闻传播教育是指在媒介融合背景下以融合文化为特色的新闻传播学教育。融合新闻传播教育不仅是教学方法、理念的融合，同时也包括学科内容、教学手段和思维方式的融合。通过实践达到教学的目的，不是"灌输"而是融会新闻传播学的各种理论。融合新闻传播教育背景下的"1+1"实践教学模式，不仅能勾连新闻传播学理论，而且能够锻炼融合性思维和批判性思维，造就理论与应用素质俱备的融合型人才。

所谓"1+1"模式，是指基于媒介融合的背景，在实践教学中采

① ［英］斯图亚特·霍尔：《接合理论与后马克思主义：斯图亚特·霍尔访谈》，周凡译，载周凡、李惠斌主编《后马克思主义》，中央编译出版社2007年版，第203页。

用“任课教师+业界导师”的模式指导学生。这种“双师结合”的融合方式，能够从理论与实践两个维度来对学生进行引导，从而将“实践”与“教学”有机地结合起来。

下文以清华大学新闻与传播学院师生 2018 年 6 月执行的雄安实践教学为案例，具体阐释这一模式的程序与意义。

（一）地点选择与“新闻富矿”

实践教学的选点十分重要，是否选对了地点，最重要的一个判断标准，就是所选地点是否是新闻的富矿，能否挖掘出具有新闻价值的新闻。根据近几年笔者的实践教学经验，判断“新闻富矿”可以参考以下几个标准。

1. 它是舆论关注的热点。包括重大历史事件或突发事件的发生地。

2. 从新闻价值判断，它具有历史上的“第一”和“唯一性”。

3. 与国家政策和中华民族未来走向密切相关。

4. “斜阳草树、寻常巷陌”——只要能反映当前全球化进程中的中国社会的某一个有价值的侧面，都是值得选取的地点。

雄安被誉为“千年大计、国家大事”，是当前国家的重要战略之一。雄安的一切都引起世界的关注，因此以融合报道的形式反映雄安的建设具有较大的新闻价值。同时，雄安是“生态先行”和未来“智慧城市”建设的典范，以雄安为地点进行教学实践，能够洞悉未来中国的发展方向，也有助于青年学生更好的认识国情。

（二）联系公函与业界导师选择

在选定地点后，向雄安有关部门发出实践教学单位的正式公函，说明实践教学的意义、宗旨，实践教学主体的组成，以及初步选题的考虑和日程安排等。

根据这次实践教学的任务，经双方协商，选择了四位当地媒体的资深记者和媒体领导作为“业界导师”，明确了他们指导学生在现场观察、选题策划点评以及编辑稿件和发稿把关等职责。

（三）选题策划

召开统一的“选题策划会”，是教学实践区别于单纯的采写作业的明显之处。

雄安题材的选题策划，是“自上而下”与“自下而上”的结合。一方面，授课教师经过对雄安历史与现状的了解，结合对宣传部门负责人的预先采访，初步形成了一些有价值的选题；之后，授课教师与业界指导教师协商，优选出一些具有新闻价值和可行性的选题。将这些选题策划发给学生进行分组选择与讨论，这是“自上而下”。另一方面，由学生根据对雄安的了解和个人的兴趣，分组自报选题，并在选题策划会上进行汇报，经指导教师和任课教师点评后予以最后确定，这是“自下而上”。这种选题策划的模式实现了“师生融合”与“双师融合”，避免了无的放矢。

（四）现场观察与采访

由授课教师和业界导师带领学生进行现场观察与采访，这是实践教学的最重要一环。融合报道的采访，不仅利用照相机、摄像机、录音笔等多种采访工具进行现场采访，同时还融合了一般意义上的新闻采访、传播学的深度访谈等研究方法和政治传播中的座谈会等方法；在采访技巧上，则融合了诸多的传播学技巧。

（五）融合报道的新闻制作

传统的新闻写作或新闻制作，是指某一单一媒体的新闻写作或新闻制作。融合新闻的制作，则融合了文字、图片、音视频、H5 移动页面、大数据、位置信息、超级链接等多种表现手段①，因此对学生的技能要求较高。笔者参考了《纽约时报》的《雪崩》、《华盛顿邮报》的“TSA”（《美国最高机密》）、新华社的《三北造林记》（又名《地球的绿飘带》）等中外知名媒体的相关报道案例。

具体要求如下。

1. 必须是融合了文字、图片、音视频等的“富文本”形式。

2. 融合报道不同于电视报道。文字并非简单的视频解说，而是起着主体、统率性的作用。

3. 音视频与文字的关系不是互相重复，而是互为补充。

---

① 这种“富文本形式”的作品形式，在新华社被称为“集成报道”，新加坡《联合早报》称之为“互动新闻”。

4. 音视频、图片、图表等表现手段不是点缀性的，而是融合报道的有机部分。

5. 融合报道的舆论引导和价值导向，既存在于融合报道的图文、画面、声音文件等各个独立的部分，同时也表现于融合报道的整体效果。

（六）作品发布与效果检验

目前的融合媒体的发布平台，既包括《人民日报》的中央厨房、新华社的新华通等主流媒体的专门发布平台，同时也包括新闻性网站的相关频道，以及微信公众号、博客等社交媒体的网页。清华大学雄安实践教学的合作平台是雄安新区官网——中国雄安官网。

在作品发布之前，授课教师与业界导师的两轮修改与把关，实际上构成了对作品效果的第一次评价；作品发布后的受众留言及反馈，构成了对学生作品的第二次评价。对于实践教学来说，如果将发布作品视为唯一的导向，无疑会陷入功利目的；评价导向则能促使学生认识到自己的不足，从而悟出更多的学问与道理。

这次实践教学结束后，中国雄安官网推出了“清华学子看雄安”融合报道专题（如图 1），参加实践教学的学生从策划、采写、制作到授课教师与 4 位业界导师的联合把关，直至作品在网络发布，充分体会到了主流媒体在舆论引导、编辑把关和网页呈现等方面的规范，从而找到了新闻理论与实践的结合点。

图 1　中国雄安官网推出了“清华学子看雄安”融合报道专题

融合新闻传播教育背景下的“1+1模式”实践教学，将课堂搬到了广阔的“田野”，使得书本知识与社会知识、新闻传播理论与社会实践发生勾连，从而激活了学生的辩证思维，深化了书本的知识，使实践教学获得了“有学”的效果。在“1+1”实践模式中，由于后面的“1”是个变量，可以是数量上的“1+N”，也可以是实际工作上的“1+X”——灵活根据融合报道制作的需要，聘请具有各种跨媒体制作的业界专家或某一方面学有专长的资深媒体人作为业界导师。与课堂教学相比，在获得知识的广度和批判性思维（如好询问性及质疑能力）方面，“1+1”实践教学模式无疑具有独特的优势。

The “Learning” of Journalism Practice Teaching: The “1 + 1” Model of Practice Teaching in The Context of Integrated Journalism and Communication Education

Abstract “Journalism practice without the theories” is a viewpoint derived from “journalism without theories”. From the perspective of the relationship between theory and practice, the viewpoint of “journalism practice without theories” is not consistent with the established understanding of Marxist journalism. Breaking the “journalism practice without theories” can help deepen the understanding of the importance of “journalism practice teaching”. The “learning” of journalism practice teaching lies in its connection with communication and sociological theories, and the integration of theory and practice, so as to lead students' ideology and values. The “1 + 1” model of practice teaching in the context of integrated journalism and communication education refers to a model in which lecturers and industry mentors jointly guide practice teaching. This article explains the design of this model and the key points of each aspect based on a case study of the “1 + 1” model of practice teaching in Xiong'an implemented by School of Journalism and Communication of Tsinghua University.

Keywords Practical Teaching; Collocation Theory; Integrated Journalism and Communication Education; Marxist Journalism

中德新闻传播教育的比较与思考*

吴璟薇**

摘要 承袭了德国人文社会科学注重独立思考与理论创新的特色，德国新闻传播教育将科研与教化并重。本文将从学术史的角度，分析德国新闻传播教育产生的社会背景，并与中国新闻传播教育进行对比，总结德国新闻传播教育的特点及其可资借鉴之处，助力中国新闻传播教育的长远发展。

关键词 德国；特殊模式；新闻传播教育；理论创新；概念史

由于教育体系不同，中国和德国的新闻传播教育差别较大。在中国，新闻传播本科专业的课程设置比较注重实务，以培养专业记者为主。而德国的高等教育体系有一个非常大的特点，那就是将综合性大学（Universitat）和高等专科学校（Fachhochschule）严格区别开来，前者以理论和思辨教育为主，后者则注重培养学生的实践动手能力。因此，德国综合性大学的新闻传播教育仍以理论为主、实践为辅，尤其注重培养学生的独立思考能力和理论创新能力。而新闻采编等业务技能的培训，则交由培养实践能力的高等专科学校来负责，根据

---

* 本文为国家社科基金重点项目“当代中国新闻观念研究”（项目编号：17AXW001）研究成果。

** 吴璟薇，清华大学新闻与传播学院助理教授、马克思主义新闻学与新闻教育改革研究中心主任助理、伊斯雷尔·爱泼斯坦对外传播研究中心研究员。

"learning by doing"（在实践中学习）的教学理念，提高学生处理实际问题的能力。总体来说，在新闻传播教育方面，中美两国较为相似，而德国则有着自己非常独特的新闻教育理念，这些教育理念又根源于德国的学术传统。本文将从学术史的角度，分析德国新闻传播教育体系产生的历史背景和发展过程，并对中德新闻传播教育体系进行比较，思考德国经验的可资借鉴之处。

一　德国新闻传播教育模式形成的社会背景

19 世纪初期的德国虽然错过了第一次工业革命，却非常幸运地赶上第二次工业革命，以军事立国的普鲁士最终完成了德意志的统一。然而，无论是在国家治理、经济发展还是文化教育上，德国都没有追随自己在欧洲的兄弟姐妹——英、法两国的模式，也没有学习大洋彼岸的美国，而是渐渐走出了自己的发展道路。伴随着经济的发展和国际地位的不断上升，德意志地区的思想观念和学术研究也在逐渐发生变化。1790—1840 年这 50 年是欧洲现代学术迅猛发展的时期。在此期间，德意志的学者对欧洲现代学术的发展起到了引导和决定性的作用。[①] 19 世纪上半叶，由于新教的传播，加上法国大革命与启蒙思想的影响，德意志的意识形态发生了变化。到 1850 年，德意志的大学几乎完全转化成研究机构。[②]

（一）德国新式大学的成立与理论创新

此时，德意志的大学建立起注重创新的"研究律令"，主要体现在以下四个方面："其一，在原创研究的基础上出版新的研究成果是教师的责任，也是获取哪怕并不重要的大学教职的必要条件；其二，为了支持研究，大学开始兴建图书馆、学院和实验室等基础设施；其三，教学重新定位，尝试向学生介绍研究方法；其四，普鲁士教授认

---

① Steven R. Turner, *The Prussian Universities and the Research Imperative*, Princeton: Princeton University Press, 1972, pp. 1, 223.

② 沃森：《受教育中间阶层的崛起》，《德国天才》（第二卷），王志华译，商务印书馆 2016 年版，第 5—6、9、11、15 页。

同一种大学的意识形态，即赞美原创研究。在19世纪早期的德意志大学中，‘探索的体制化’第一次融入了教学。”①

直到1860年前后，这样的教育研究理念才逐渐传播到了英国和美国。② 在德国大学的教育体系中，创新被放到了首要地位。“比大学的机构组织更重要的是理论的创新，是在精神上和哲学上重新焕发青春。”③ 因此，德国大学也渐渐达成了一种共识，将“创新”作为一种“学术意识形态”（Wissenschafsideologie）。“柏林大学创建后，这一‘学术意识形态’得到了空前成功的实践，成为19世纪德意志大学的官方意识形态，人们不但赋予它一种令人敬畏的、宗教式的地位，而且还将它定义为德意志大学的‘思想’，强调科研和教学的统一。”④

虽然在学术上建立起了重视创新的意识形态，但当时的学术和教育环境并不像众多知识分子所设想的那样良好。早在18世纪，功利主义的思想已经在大学蔓延，甚至开始威胁到学术和教育质量。于是，当时的新人文主义学者尝试从传统文化中寻找解决上述问题的方法。他们从希腊罗马精神中找到了可以提升德意志教育之思想道德和美学能力的内容，并且将这些内容在高中和大学推行。⑤ 他们认为，学习经典文化可以帮助学生“摆脱堕落的生活”。

（二）独特教育体系的创立

在确立科研体系的同时，德国也发展出了独特的教育体系。中小学和大学有着明确的学习目的：中小学以获取知识为主，而大学则更加注重培养学生的独立思考能力。哲学家施莱尔马赫（Friedrich Dan-

---

① 沃森：《受教育中间阶层的崛起》，《德国天才》（第二卷），王志华译，商务印书馆2016年版，第5—6、9、11、15页。

② 沃森：《受教育中间阶层的崛起》，《德国天才》（第二卷），王志华译，商务印书馆2016年版，第5—6、9、11、15页。

③ 沃森：《受教育中间阶层的崛起》，《德国天才》（第二卷），王志华译，商务印书馆2016年版，第5—6、9、11、15页。

④ 沃森：《受教育中间阶层的崛起》，《德国天才》（第二卷），王志华译，商务印书馆2016年版，第5—6、9、11、15页。

⑤ Steven R. Turner, *The Prussian Universities and the Research Imperative*, Princeton: Princeton University Press, 1972, pp. 1, 223.

iel Ernst Schleiermacher）认为，大学应该是衔接中小学和科研机构的桥梁。“适合‘德意志天才’……大学应该启动一个进程……完全是一个全新的知识生命进程，以启蒙年轻人的学术思想……从而养成习惯……以学术的观点看待一切事物。”[①] 因此，大学所提供的教育不应该是“面包学业”（Brotstudium），即学生为了获得一份养家糊口的工作而学习基础知识，而应该“促进学术知识的积累”。这一理念也影响到后来德国高校的教学体系设置：综合性大学主要培养学生的理论思维和科研能力，而高等专科学校则传授应用型职业技术，从而能满足业界对于技术工人的需求。

（三）德意志学术传统的形成

19 世纪的德国大学，逐渐形成了几个重要概念，其中最重要的两条是教化和批判。

1. 教化（Bildung）

在德语中，教化这个词有着特殊的意义，指的是人们通过精神上的、身体上的以及社会和文化方面的塑造而达到的“人性化”（Persönlickeit）和一种精神能力。现代意义上的教化理念指的是人们提高其精神、文化和生活技能，以及提高个人和社会技能的过程。威廉·冯·洪堡（Wilhelm von Humboldt）在现代大学的理念中尤为强调教化与科研的结合。同时，教化这个词在德语中具有特殊的含义，它包含了教育和社会化的过程，与英美的教育（Education）有所区别。

2. 批判（Kiritik）

批判的理念起源于 18 世纪康德哲学。“该术语意味着，焦点从现存的知识内容转向针对知识来源和现存知识真实性的评判性评估。”[②] 批判理念注重从来源上对知识进行真实性的反思，因而也形成了德国学术的一大传统特色——概念（Begriffsge-schichte）的研究

---

① 沃森：《受教育中间阶层的崛起》，《德国天才》（第二卷），王志华译，商务印书馆 2016 年版，第 5—6、9、11、15 页。

② 沃森：《受教育中间阶层的崛起》，《德国天才》（第二卷），王志华译，商务印书馆 2016 年版，第 5—6、9、11、15 页。

方法。

“如果没有任何固定的、永恒的、坚持不懈的事物，世界的可辨别性将会停止，一切都会陷入混乱。人们认为，概念出现在个体的灵魂中，就像树上的树叶一样，它们的存在可以通过研究它们的起源而被认识，并从人类的灵魂中被解释出来。这一过程将所有事物汇集到人的主观性上，最后就能获得真相。所谓的历史，就是我们对概念或词义的认识的历史。”①

因此，众多德国人文社会学科的研究都从概念史的方法入手，通过解释某个概念在不同历史时期的变化，进而讨论社会结构变迁与历史发展进程。哈贝马斯的《公共领域的结构转型》、艾利亚斯（Norbert Elias）的《文明的进程》，都是典型的“概念史”著作。使用概念史的研究方法可以梳理一个学科的前后发展路径，更好的找准自身学科定位。同时，这一方法也帮助德国的知识分子成功地找到了本国的学术特色。其中一个典型的例子就是艾利亚斯的《文明的进程》一书，他对文明（Zivilisation）和文化（Kultur）的区分并非自己首创，而是来自德国的学术传统。1848 年欧洲革命后，知识分子认为自己重视的东西才是德国的，而宫廷里的繁文缛节只是抄袭法国。以知识分子为代表的市民阶层开始尝试建立德国的“文化”，而上层的宫廷社会则模仿法国的宫廷制度，说法语，遵守严格的礼仪。因此，牧师和教授作为中坚知识分子开始思考：什么才是德意志自己的东西？他们试图寻找不同于他者的自我认同。德国统一前后，德意志民族正是在寻找自我认同的过程中，找到了一条具有自身发展特色的道路。

二 德国新闻传播专业的课程设置特色

创新、学术、教化、批判的精神一直在德国高等教育体系中流传至今，其新闻传播教育也保持了高等教育的传统，注重理论基础、培

① Gottlob Frege, *Die Grundlagen der Arithmetik: Eine Logisch Mathematische Untersuchung über den Begriff der zahl*, Centenarausgabe, Meiner: Hamburg, 1986, S. Ⅶ (7 f.).

养独立思考能力、推崇创新精神，并在教学中把教化与科研相结合，促进教学相长。在德国，综合性大学的新闻传播专业的设置也极具特色，虽然在20世纪60年代后受到美国经验主义的影响，但仍然与英美两国以及中国的新闻传播教育存在很大差别。

在现代德国学术体系中，与新闻传播研究相关的主要有新闻学（Journalistik）、公共媒体学（Publizistikwissenschaft）、传播学（Kommunikationswissenschaft）、媒介学（Medienwissenschaft）四大领域。因此在德国的综合性大学，与新闻传播相关的学院命名，都与上述四个领域密切相关。

例如，柏林自由大学（Freie Universität Berlin）设有“公共媒体学与传播学学院”（Institut für Publizistik-und Kommunikationswissenschaft），慕尼黑大学（Ludwig-Maxi-milians-Universität München）设有“传播学与媒体研究学院”（Institut für Kommuni-kationswissenschaft und Medienforschung），多特蒙德工业大学（Technische Universität Dortmund）设有新闻学院（Institut für Journallistik）。另外，由于研究团队的规模较小，这些学院通常也会隶属于社会学与哲学研究大类，例如莱比锡大学（Universität Leipzig）；或者社会学与政治学研究大类，例如柏林自由大学；又或者经济学研究大类，例如柏林洪堡大学（Humboldt Universität zu Berlin）、耶拿大学（Friedrich-Schiller-Universität Jena）。①

上述四个领域各具特色，也代表着德国新闻传播学在不同时期的发展特点。新闻学和公共媒体学出现的时间较早。其中，新闻学更多的传授新闻实践专业技能，学生实习时间也比较长，而公共媒体学则更加注重从理论层面对大众媒介进行研究。② 公共媒体学的前身可以追溯到专门研究印刷媒体出版、发行、组织结构及社会功能的

---

① 德国大学的机构组成名称与中国有很大不同，通常一所综合性大学下设众多“研究大类”（Fachbereich），在这之下又按照专业划分学院（Insititut），学院之下再根据每位教授的研究重点划分教席（Lehrstuhl）。

② “Was genau wird beim Joumalistik Studium vermittelt?”, 2017 - 10 - 28, http: //www.bild.de/infos/studium/joumalistik - 10692384. bild. html.

报学（Zeitungswissenschaft）。[①] 三十年战争期间，柏林的弗里德里希－威廉大学（Friedrich-Wilhelms-Universität）开设报学专业。1916 年，莱比锡大学开设了报学学院（Institutfuer Zeitungskunde），1993 年改为传播学与媒介学学院（Institutfür Kommunikations-und Medienwissenschaft）。[②] 目前，大多数综合性大学的新闻传播院系都采用“公共媒体学”这一名称，极少用“新闻学”命名。

另一个比较注重理论研究的领域是传播学。20 世纪 60 年代，受美国影响，德国开始盛行民意研究（Meinungsforschung）。可以说，德国传播学的兴起与德国大选的民意调查和电视辩论密切相关。随着伊丽莎白·诺艾尔－诺依曼（ElisabethNo-elle-Neumann）1966 年在美因茨大学（Johannes Gutenberg-Universität Mainz）创办公共媒体学学院（Institutfür Publizist），量化研究方法开始引入德国新闻传播学界，并且产生了较大影响，这也标志着传播学作为一个研究领域在德国确立下来。德国的新闻传播学研究开始从以历史和哲学视角关注媒体社会影响的质化研究，转向以量化为主，融合了心理学、社会学等视角的经验研究。[③] 而学者们也试图在公共媒体学与传播学之间划出一个明晰的界限，但凡与量化方法有关的经验研究，都称为传播学。[④] 20 世纪 70 年代，德国的新闻传播学领域还分化出了媒介学。虽然早在 1916 年莱比锡大学开设的报学学院中已有相关研究，但作为一个研究领域，媒介学此时才得以确立下来。它结合了文学、戏剧学以及音乐学（Literatur-，Theater-，Kunst-und Musikwissen-schaft）的研究视角，关注大众媒介、公共传播，以及媒体美学与媒介史。媒介学是一个涵

---

① Otfried Jarren，Heinz Bonfadelli und Gabriele Siegert，*Einführung in die Publizistikwissenschaft*. 3，Au-flage，Stuttgart：UTB，2010.

② Araulf Kutsch，*Zeitungswissenschaft im Dritten Reich*，*Sieben Biographische Studien*，Koln：Ertay Hayit，1987.

③ Hans-Bernd Brosius und Christina Holtz-Bacha，eds.，*German Communication Year Book*，Cresskill：Hampton Press，1999，p. 3.

④ Lutz Hachmeister und Michael Meyen，*Kommunikationswissenschaft*，Lutz Hachmeister，Hrsg.，Grundlagen der Medienpolitik. Ein Handbuch. Bonn：bpb，2008，p. 221.

盖了社会科学与人文学的研究领域。

三 中德比较：德国当代新闻传播教育的特色

与中国相比，德国大学的新闻传播学专业设置主要有以下五个特点。

第一，在德国的综合性大学中，新闻传播教育特别注重理论。德国大学教育改革后，本科的学习年限变为三年，即六个学期。学生入学后，先学习基础理论，例如从第一学期开始研读卢曼（Nikolas Luhman）的系统论（Systemtheorie），或者哈贝马斯（Jürgen Habermas）的公共领域理论，难度很大，阅读量也很大。通常到第五个学期才会安排学生到媒体参与实践。以柏林自由大学公共媒体学与传播学学院的学生为例，每个周末会有一个半小时到德国电视二台（ZDF）参加实践教学。而中国的情况则相反，学生入学之初，学校主要开展通识教育或者新闻实务课程，学生进入高年级后，学校才会慢慢开设理论课程。在德国，播音主持等实践性较强的专业课程不会出现在综合性大学里，这方面的教育主要由高等专科学校来完成。

第二，在德国的综合性大学中，本科的大课（Vorlesung）和研讨课（Seminar）几乎占一半，学生参与讨论的机会比较多。而硕士研究生阶段则以研讨课为主，每周安排一次论文讨论会（Kolloquium），占两学分，所有筹备硕士论文的学生必须参加。讨论会的特点在于，“有着更小的课堂规模和更亲密的气氛。这儿不是表达口才的地方，而被认为是学习的高阶阶段，是为那些真正投身于专业研究的人才而开设的”。[①] 在中国的新闻院校中，本科几乎是清一色的大课，到了研究生之后才设置研讨课。硕士研究生的讨论会一般不计入学分。

第三，本科生必须辅修第二专业（Nebenfach），这也是德国大学的特色。在新闻传播专业的课堂上，经常可以看到政治学、社会学等其他专业的学生，甚至有主修自然科学的本科生同时辅修新闻传播学。

① 沃森：《受教育中间阶层的崛起》，《德国天才》（第二卷），王志华译，商务印书馆 2016 年版，第 5—6、9、11、15 页。

辅修第二专业可以拓展学生的知识面，跨学科的学生构成也丰富了课堂讨论的内容面向。中国的大学现在也在慢慢尝试着拓宽新闻传播学学生的专业领域，鼓励学生辅修第二学位。

第四，就学科范围来讲，德国的新闻传播教育也有自己的特色。在中国，根据2009年颁布和实施的《中华人民共和国国家标准GB/T13745—2009》，新闻学与传播学下设新闻理论、新闻史、新闻业务、新闻事业经营管理、广播与电视、传播学以及新闻学与传播学其他学科这七个学科分类。上述学科体系的划分基本是按新闻实践的内容构成进行分类，而德国则是按照研究领域的理论基础和研究方法将新闻传播学划分为新闻学、公共媒体学、传播学和媒介学四个领域。

第五，课程设置的稳定与灵活并重。由于深受洪堡现代大学教育思想的影响，德国新闻传播学类专业课程的设置比较灵活，注重将科研与教育紧密联系起来，设有“固定课程”和“机动课程”，意即在教学大纲中只规定专业必修课的内容，至于选修课，其内容通常来自任课教师的研究课题或当年新闻传播领域的热点话题，学生通过参与最前沿的议题讨论，做到紧跟前沿、与时俱进。在中国的新闻传播学课堂上，虽然课程名称相对固定，但教师也可以根据最新的研究情况调整课程内容。甚至，一些大学目前也在开发科研与教学相结合的培养模式，比如清华大学的“学生研究训练”（SRT，Student Research Training）。

四 德国经验的可资借鉴之处

经过19世纪以来的改革与发展，德国在教育和科研上开创了一种不同于英、美、法的新模式。经过近百年的不断完善，到20世纪初期时，德国在哲学社会科学的发展上已经创建出一套属于自己的独特体系，也形成了富有深度和创新特色的学术传统，其新闻传播教育也秉持了这一传统。目前，中国的新闻传播教育正在探寻一条符合自身特点的发展道路，这与19世纪的德国非常相似。因此，笔者认为，在讨论中国新闻传播教育之时，我们可以从德国经验中找寻可资借鉴之处，取其精华，为我所用。如前所述，通过对德国新闻传播教育的梳理与分析，我们可以将新闻传播教育领域的“德国经验”归纳为以下几点。

（一）注重概念史的研究方法

在自身哲学和社会科学的基础上，通过概念史的方法，德意志将自己与英、法等其他发达国家进行比较，找寻适合自身发展的独特路径，并以此为基础，发展出了独具特色的哲学社会科学教育及科研体系。德国的新闻传播教育植根于这一深厚的哲学理论基础。《公共领域的结构转型》等在新闻传播领域产生深远影响的著作也是沿用了概念史的范式，分析了公共领域在德国社会的两次转型。20 世纪 70 年代后，虽然德国的新闻传播学教育受到美国的巨大影响，但仍然能保持自己的理论特色，在编写大学教材时，也能做到德文与英文并重。

（二）植根于哲学理论体系

德国学术发展模式的优势在于：思想与哲学先行。在社会科学发展之前，德国哲学已经发展出了自己独特的、高水平的理论体系。借助这一理论体系，新闻传播学等人文与社会科学得以发展。其中，卢曼的系统论对德国新闻传播理论的发展产生了重要影响，因此也形成了从宏观层面和中观层面思考媒介问题、分析媒介系统与其他社会系统互动关系的学术传统。因此，比起美国的大众传播学模式，德国的新闻传播学理论更加注重多方互动，也更适合用来解释新媒体时代的信息流动关系。

（三）强调原创的重要意义

德国大学和学术界几乎将“原创”放在了最高位置。“原创”成为大学的“研究律令”，并将这一意识形态融入教学中。在德国的新闻传播教育中，非常注重理论的原创性，博士生的论文需要完成大量的文献综述工作并且实现理论创新。博士论文完成以后，也需要作为专著发表才能最终获得博士学位。同时，在德国，如果要申请教授职位，通常需要花 2—3 年的时间完成教授资格论文，以确立自己独创而系统的学术地位。

（四）将大学作为学术传承的重要场所

德国的中小学和大学都有自己明确的定位，三者之间紧密衔接以确保教育的系统性与持续性。特别是，德国会对综合性大学和高等专科学校进行划分，综合性大学注重学术研究，高等专科学校用于技能训练，以满足社会对技术人才的实际需求。

（五）从古代传统中找到今日之需

在社会变革中，德国的大学也面临着功利主义带来的弊端，但它能够在欧洲传统文化中及时找到适用于当下的思想文化，并在教育中有效推行。

伴随着中国经济和社会的发展，我国也急需一套能够彰显中国特色的学术体系。虽然近现代科学与学术体系起源于欧洲，后来在美国开花结果，但无论是社会发展还是学术发展，中国与欧洲、与美国都存在巨大差异，不可照抄欧洲和美国的模式和体系。中国新闻传播学的发展，既带有梁启超等中国文人的传统，也深受美国的影响。因此，在新闻传播领域，借助概念史的方法，对中国语境下的新闻传播基本观念进行梳理，探索基础概念在本国社会中如何变化，以及这种变化与社会变迁、与全球化的关系，并与他国概念进行比较，可以帮助中国新闻传播学找到适合自己的发展道路。同时，类似于当年的德国，目前中国的大学中也存在功利主义的情况。笔者认为，或许中国也可以从历史传统中发现一些能够为当下所用的理论与思想，从“经典”中寻找解决功利主义和信仰缺失等问题的具体办法。此外，中国的新闻传播教育也需尝试将教育与科研相结合，结合自身特色进行创新，探索符合中国国情、具有中国特色的新闻传播教育发展路径。

Journalism and Communication Education Comparison between China and Germany

Abstract Inheriting the traditions from German humanities and social science which highlights the independent thinking and theoretical innovation, German education of journalism and communication has initiated a special model. This article explores the social background on which the German education of journalism and communication developed and compares its characters with the Chinese model from the perspective of Academic History. By analyzing how German model differs from the Chinese ways, we finally find how to develop Chinese education for journalism and communication.

Keywords Germany; Special Model; Journalism and Communication Education; Theoretical Innovation; Concept History